16세기 영남지역 서원의 운영

동양학 연구총서 13

16세기 영남지역 서원의 운영

임 근 실

단국대학교출판부

머리말

2006년, 현재 지도교수이신 김문식 선생님께서 교내 연구프로젝트로 단국대 퇴계기념도서관의 고도서를 조사하셨다. 당시 학부 3학년이었던 필자는 어떤 장소인지도 제대로 알지 못한 채 선생님께서 서적을 조사하는 현장에 함께 갔었다. 도서관 한켠의 조용한 고문헌실에는 고도서가 가득하였고, 왠지 모를 따뜻한 느낌에 필자는 가슴이 뛰었다. 그때부터 막연히 고도서를 읽고, 그 내용이 무엇인지 연구하는 삶을 꿈꾸게 되었던 것 같다. 그리고 그 꿈은 대학원의 진학으로 이어졌고, 석사학위논문의 주제로 고도서의 일종인 서원지를 잡게 되었다.

석사학위논문의 연구 대상은 『오산지』였다. 그 책은 조선의 지식인들이 서원을 설립하기 시작한 16세기에 건립된 오산서원의 서원지로, 서원보급운동을 주도했던 퇴계학파에서 편찬한 서적이었다. 한국사에서 서원은 향촌사회사의 관점에서 주로 다루어졌었고, 필자가 대학원을 진학할 시기에는 인기가 많지 않은 분야였다. 조선후기의 시대적 모순으로 인하여 서원의 단점을 부각한 연구가 많았기 때문이었을 것이다. 하지만 필자는 조선시대 지식인들이 자신들의 이상세계를 현실에 구현하려 노력했고, 그것이 서원이었으리라 생각하였다. 그래서 16세기를 연구하기로 하고, 서원을 조선에 보급하기 위해 노력했던 퇴계학파의 지식인이 편찬한 서원지를 연구대상으로 선택하였다. 석사학위논문을 쓰면서 필자의 가설이 맞는 부분도 있지만, 아직 알지 못하는 공백이 더 크다는 사실을 깨닫게 되었다. 박사학위논문의 주제로 16세기 서원을 선정하게 된 계기였다.

16세기, 서원, 서원지, 지식, 지식인. 이러한 단어들만 생각하며 시작한 박사과정은 공백과의 싸움이었다. 다른 사람이 안 하는 주제는 그만한 이유가 있었다. 조선전기 지식의 상당량은 임진왜란과 병자호란으로 후대에 전해지지 못하였고, 서원에 관련된 지식도 마찬가지였다. 추수 후 빈 논에서 이삭을 줍는 농부처럼, 엉성한 돗자리를 기우는 수공업자처럼 16세기의 서원과 관련한 사료들을 모았다. 영남지역은 16세기부터 현재까지 가장 많은 수의 서원이 운영되었던 지역이다. 그래서 16세기의 서원에 대한 자료도 절대 다수가 영남지역에 관련된 사료였다. 그러다 보니 자연스레 16세기 '영남지역' 서원이 박사학위논문의 주제가 되었다.

박사학위논문의 작성에 한국서원학회의 선생님들이 많은 도움을 주었다. 먼저, 정만조 선생님께서 박사과정 중 한국서원학회에서 석사학위논문을 정리하여 발표할 수 있는 기회를 주셨다. 또한 정만조 선생님께서 석사학위논문의 대상 지역인 경상도 선산을 답사할 수 있도록 신경써주셨다. 그때 김학수 선생님을 통해 선산지역의 선산김씨, 해평길씨, 인동장씨 문중을 소개받고 원활히 서원과 유적의 답사를 할 수 있었다. 지금 다시 생각해보면 여러모로 바쁘셨을 선생님들께서 같은 분야를 전공한다는 이유 하나만으로 마음써주셨던 것이다. 이수환 선생님께서 중국서원학회와의 국제학술대회에서 발표를 할 수 있는 기회를 주셨다. 또한 서원학회의 답사를 통해 중국의 무이정사와 악록서원에도 다녀올 수 있었다. 그러면서 조선 서원과 중국 명대 서원의 비교도 생각하게 되었고, 연구를 진행하였다. 몇 편의 소논문을 쓰고 이를 박사학위논문으로 다듬으면서 조선 서원의 원형을 찾으려고 하였다. 사료가 적은 시기에 복합적인 관점에서 연구를 진행하여 서원의 설립, 서원지의 편찬, 강학과 향사에 대한 규정과 그 내용, 지식기반인 장서의 형성, 서원의 도통론 등의 세부 주제를 묶어서 미진한 부분들을 채웠다.

이 책은 2020년 2월에 취득한 박사학위논문을 수정·보완한 결과물이다. 미흡한 부분이 많아 그간 단행본으로 출간할 엄두를 내지 못하고 망설였다. 그러던 중 동양학연구원에서 동양학연구총서로 단행본을 출간할 기회를 얻게 되었다. 윤재환 선생님의 추천이 있었고, 원장이신 이재령 선생님의 허락을 받아 단행본을 기획하게 되었다. 박사학위논문을 책으로 낼 수 있게 된 배경에는 두 선생님의 배려가 컸다. 이 자리를 빌어 단국대학교동양학연구원과 두 선생님께 감사의 말씀을 전한다. 물론 틈틈히 부족한 부분을 다듬었지만, 아직도 수정할 부분은 많기만 하였다. 하지만 지도교수님과 여러 선생님들께서 격려해주셨고, 학과의 선생님들께서 저서로 출간하셨던 동양학연구총서의 저자가 될 수 있다는 생각에 용기를 내게 되었다.

학부, 석사, 박사 과정 동안 지도해주신 단국대학교 사학과의 선생님들과 박사학위논문을 심사해주신 전덕재 선생님, 김영제 선생님, 김학수 선생님, 옥영정 선생님, 마지막으로 항상 따뜻한 가르침을 주시는 김문식 선생님께 감사드린다. 또한 필자가 고문서와 고도서를 읽을 수 있게 도와주신 사단법인 유도회의 선생님들과 국사편찬위원회의 선생님들께도 감사드린다. 그리고 대중과 함께하는 보다 유연한 글씨를 염두에 두도록 생각을 전환할 계기를 준 한국국학진흥원과 정재석 선생님께 감사드린다. 이외에도 함께 공부했던 대학과 유도회의 동학들에게 고마움을 전한다. 학위논문과 저서를 꼼꼼하게 교정해 준 맹영일 선생님께도 감사드린다. 또한 이 책이 무탈히 출간될 수 있도록 애써주신 단국대학교동양학연구원과 출판부의 선생님들께도 고마움을 전한다. 끝으로 필자가 지금까지 공부를 할 수 있었던 가장 큰 요인은 가족의 지원과 사랑 덕분이었다. 계속 공부할 수 있도록 부족함없이 뒷받침해주시고 사랑으로 보듬어주신 아버지와 어머니, 늦은 나이까지 공부하느라 뒤늦게 사람 구실한 누나를 묵묵히 지지해 준 동생에게 고마운 마음을 전한다.

2023년 12월

죽전 법화산 자락에서

임근실

목 차

제1장

서 론

16세기는 조선의 영남지역에서 최초로 서원이 설립된 시기였다. 조선의 건국 후 1세기 이상 지나면서 정치세력이 사림으로 교체되고, 여말선초부터 수용된 성리학을 본격적으로 조선에 실현하기 시작한 시기였다. 영남지역은 선진 농법을 수용하면서 축적된 부를 기반으로, 『주자가례』에서 표방하는 종자宗子 중심의 부계 혈족 가문을 이루기 시작한 지역이었다. 더구나 영남지역에는 왕조교체 후 절의를 추구하여 중앙정계로 진출하지 않은 신진사대부의 학문을 계승한 인물들이 있었다. 이와 같은 시기적·지역적 특성은 영남지역의 중소지주로 자제를 교육하려 한 사림에게 성리학적 질서를 가시적으로 구현하게 하였다. 영남지역 사림은 불교식 의례儀禮를 유교식으로 변화시키려 노력하였고, 교육과 존현의 중심지였던 사찰을 대신하여 새로운 기관을 설립하기에 이르렀다. 이러한 여러 가지 요인이 결합하여 16세기 영남지역 지식인은 서원을 설립하였다.

16세기 서원을 대상으로 한 연구를 통해 서원은 강학 위주로 운영되었고, 사서삼경과 성리서를 강독하고, 제향인물에게 향사를 지내는 곳으로 인식되었다. 하지만 이와 같은 16세기 서원이 지니고 있는 기존의 통념에 대해 몇 가지 세부적인 질문을 던져보고 싶다. 16세기 서원은 정말 강학 위주로 운영되었나? 향사는 의미가 없었을까? 또 향사의례는 어떤 절차로 진행되었을까? 성리서를 배웠다는데 어떤 서적인가? 제향인물로 도학자가 선정된 이유는 무엇이며, 다른 성격의 인물은 배향되지 않았을까? 이렇게 하나하나 물어보면 현재까지 연구성과로는 대답할 수 없는 부분이 너무나도 많다. 이는 우리가 16세기 서원을 막연한 관념 속의 기관으로 인식하고 있었음을 여실히 보여준다.

이러한 문제의식을 바탕으로 먼저, 지금까지의 연구 성과를 살펴 기존의 연구자들이 지녔던 서원에 대한 인식을 확인한 후 이 책의 연구 방향을 서술하고자 한다.

현재까지 역사학에서 진행된 조선시대 서원을 대상으로 한 연구 중 단일 저자의 저서는 5권에 불과하다. 조선시대 서원 연구를 본격적으로 전개한 정만조의 연구,[1] 조선후기 서원의 운영과 사회적 역할에 주목한 이수환의 연구,[2] 서원과 향촌지배세력인 양반의 관계에 집중한 윤희면의 연구,[3] 향촌사회 속의 문중서원이 지닌 위상을 분석한 이해준의 연구,[4] 교육사적 관점에서 서원의 강학에 집중한 정순목의 연구[5] 이다. 박사학위 논문으로는 조선후기 영남지역 서원의 운영과 사회적 역할을 분석한 연구,[6] 교육사에서 소수서원의 강학활동에 초점을 맞춘 김자운의 연구[7]가 주목된다. 일반 논문의 경우 대다수는 특정한 서원이나 특정 지역의 서원을 분석한 연구인데 조선후기 서원을 중심으로 분석되었다. 이러한 연구의 동향 가운데 16세기와 영남지역의 서원을 대상으로 분석한 연구를 특징에 따라 분류하면 다음과 같다.

첫 번째, 16세기 서원의 건립과 서원지의 편찬을 다룬 연구이다. 16

---

1 鄭萬祚, 『朝鮮時代 書院研究』, 집문당, 1997.

2 李樹煥, 『朝鮮後期 書院研究』, 일조각, 2001.

3 윤희면, 『조선시대 서원과 양반』, 집문당, 2004.

4 이해준, 『朝鮮後期 門中書院 研究』, 경인문화사, 2008.

5 정순목, 『韓國書院教育制度研究』, 영남대학교 민족문화연구소, 1979.

6 이병훈, 「朝鮮後期 慶州 玉山書院의 運營과 役割」, 영남대학교 대학원 박사학위논문, 2018; 채광수 「18세기 영남지역 노론계 서원 연구」, 영남대학교 대학원 박사학위논문, 2019; 김순한, 「朝鮮後期 尙州 玉洞書院의 賜額과 運營」, 영남대학교 대학원 박사학위논문, 2022.

7 김자운, 「朝鮮時代 紹修書院 講學 研究」, 한국학중앙연구원 한국학대학원 박사학위논문, 2014.

세기 서원 전체를 대상으로 이루어진 연구는 없고, 각 지역별로 서원의 분포를 살핀 연구들이 있다.[8] 서원의 도입과정에 주목한 연구[9]와 초창기 서원 건립에 중요한 역할을 했던 이황李滉 1501~1570의 서원론에 초점을 맞춘 연구가 있다.[10] 그리고 서원지書院志에 대한 연구가 있다. 서원지에 대한 연구는 서지학계에서 『죽계지竹溪志』를 분석하면서 시작되었다.[11] 이후 역사학계에서 중국의 서원지 체례體例와 특징을 분석한 연구,[12] 서원지의 분석에 기초하여 초창기 서원의 성격을 규명하려 한 연구가 있다.[13] 이처럼 기존의 서원에 대한 연구는 특정 지역을 중심으로 조선시대 전체를 대상으로 하여 전체적인 분포와 수치를 분석한 경우가 대부분이다. 이러한 연구는 기초 연구로써 의미를 가지지만 자칫 수치적인 특징만을 파악하는데 그쳐 개론적인 결과만이 도출되는 한

---

8 宋楊燮, 「江原道 書院現況調查」, 『論文集』 26, 春川教育大學, 1986; 宋楊燮, 「朝鮮時代의 書院分布에 관한 一考察」, 『春川教育大學論文集』 28, 춘천교육대학교, 1988; 韓文鐘, 「全北地方의 書院·祠字에 대한 試考-『全北院字錄』을 中心으로-」, 『全羅文化論叢』 3, 전북대학교 전라문화연구소, 1989; 方承熙, 「朝鮮中期 嶺南·畿湖地域의 書院-中宗~光海君代를 중심으로-」, 숙명여자대학교 교육대학원 석사학위논문, 2002; 윤희면, 「조선시대 서원정책과 서원의 설립 실태」, 『歷史學報』 181, 역사학회, 2004; 윤선자, 「일제하 호남지역 서원·사우의 복설과 신설」, 『한중인문학연구』 22, 한중인문학회, 2007; 이병훈, 「조선후기 영남지역 원사의 건립과 변화 검토」, 『韓國書院學報』 6, 한국서원학회, 2018.

9 윤희면, 「白雲洞書院의 設立과 豊基士林」, 『震檀學報』 49, 震檀學會, 1980; 安敏燁, 「書院 勃興期 朝鮮 士林의 書院認識」, 국민대학교 석사학위논문, 2008.

10 박양자, 「李退溪의 書院觀」, 『退溪學報』 83, 퇴계학연구원, 1995; 정만조, 앞의 책, 1997; 조준호, 「退溪 李滉의 서원건립 활동과 서원론의 실현」, 『역사문화논총』 2, 역사문화연구소, 2006.

11 옥영정, 「『竹溪志』의 編纂과 版本에 관한 書誌的 研究」, 『書誌學研究』 31, 書誌學會, 2005.

12 정만조, 「조선시대 書院志 體例에 관한 연구」, 『韓國學論叢』 29, 국민대학교 한국학연구소, 2006.

13 조준호, 「書院志 分析을 통해 본 初期 書院의 성격」, 『韓國學論叢』 33, 국민대학교 한국학연구소, 2010; 이수환, 「星州 迎鳳書院 연구」, 『歷史教育論集』 54, 역사교육학회, 2015.

계점이 있다. 또한 몇 편의 서원지 연구도 16세기 서원지의 전체 모습을 그리기엔 부족한 상황이다.

두 번째, 16세기 서원의 원규院規를 분석한 연구이다. 현재까지의 연구는 교육사를 중심으로 학규學規를 분석하면서 이루어졌다. 이황과 이이李珥 1536~1584의 학규분석을 통해 그들의 서원교육관을 연구한 정순목을 필두로 하여,[14] 와타나베마나부渡部學,[15] 박종배[16] 등의 연구가 주목된다. 이외에도 서원의 학규를 다룬 2편의 석사학위논문과[17] 서원교육 연구의 일환[18]으로 연구된 것을 확인할 수 있다. 기존 연구는 학규를 분석하여 조선시대 교육의 과정과 기능을 정리하였다는 점에서 일정한 의의를 가진다. 특히 박종배의 연구는 다양한 서원의 학규를 수집·소개하여 관련 자료를 체계적으로 연구할 수 있는 기반을 제공하였다는 점에서 의미가 있다. 다만 16세기 서원의 원규는 해당 서원의 인적구성, 강학생활, 향사의례 등 다양한 사항들을 포함하고 있음에도 불구하고, 기존의 연구는 서원의 원규에서 나타나는 교육과정 이

---

14 丁淳睦,『韓國書院教育制度研究』, 영남대학교 민족문화연구소, 1979.

15 渡部學, 도광순 譯,「道東書院規目의 構成과 內容」,『寒暄堂의 生涯와 思想』, 寒暄堂先生紀念事業會, 1980; 渡部學,「栗谷先生의 教育思想」,『韓國思想論叢』2, 율곡사상연구원, 1980.

16 박종배,「조선시대 학령(學令) 및 학규(學規)」,『한국교육사학』28-2, 한국교육사학회, 2006; 박종배,「병산서원 교육 관계 자료 검토」,『교육사학연구』18-2, 교육사학회, 2008; 박종배,「학규를 통해서 본 조선시대의 서원 강회」,『교육사학연구』19-2, 교육사학회, 2009; 박종배,「조선시대 유학 교육과정의 변천과 그 특징」,『한국교육사학』33-3, 한국교육사학회, 2011.

17 김해용,「학규(學規)를 통해 본 조선시대 서원 교육과정의 변천」, 한국교원대학교 석사학위논문, 2010; 정진옥,「學規分析을 通한 朝鮮時代 書院의 教育機能 研究」, 경북대학교 교육대학원 석사학위논문, 2011.

18 宋楊燮,「朝鮮時代의 書院教育-江原道와 관련하여-」,『江原文化研究』13, 강원대학교 강원문화연구소, 1994.

외의 다양한 측면을 다루지 못한 한계점이 있다. 그리고 몇 종의 학규를 가지고 조선시대 전체의 교육과정으로 일반화하는 부분도 유의할 점이다. 이러한 연구들은 서원의 인적구성과 그 역할을 살핀 연구,[19] 서원의 경제적 기반과 활동 양상을 분석한 연구,[20] 서원 향사의 의례와 제물 등을 다룬 연구,[21] 교육사적 영역에서 서원의 강학 기능에 초점을 맞춘 연구[22] 등으로 보완될 수 있다. 따라서 16세기 서원의 원규를 전

---

19 윤희면, 「朝鮮時代 書院 院任 硏究」, 『역사교육』 54, 역사교육연구회, 1993; 송정숙, 「紹修書院 任事錄 연구-16,17세기를 중심으로」, 『書誌學硏究』 38, 한국서지학회, 2007; 송정숙, 「18·19세기 소수서원의 院生 연구: 「소수서원 입원록(紹修書院 入院錄)」 제2권을 중심으로」, 『書誌學硏究』 41, 한국서지학회, 2008.

20 이수환, 『朝鮮後期 書院硏究』, 일조각, 2001; 윤희면, 『조선시대 서원과 양반』, 집문당, 2004; 강상택, 「朝鮮後期 嶺南地方 書院의 經濟的 基盤: 現 慶尙南道 地域을 中心으로」, 『역사와 세계』 15-16, 효원사학회, 1992; 민병하, 「조선서원의 경제구조」, 『大東文化硏究』 5, 성균관대학교 대동문화연구원, 1968; 손병규, 「조선후기 경주 옥산서원의 원속 파악과 운영」, 『朝鮮時代史學報』 35, 조선시대사학회, 2005; 윤희면, 「조선후기 서원의 경제기반」, 『동아연구』 2, 서강대학교 동아연구소, 1983; 윤희면, 「조선후기 서원의 경제기반(2)」, 『전남사학』 19, 호남사학회, 2002; 이수환, 「嶺南地方 書院의 經濟的 基盤」, 『民族文化論叢』 2-3, 영남대학교 민족문화연구소, 1982; 이수환, 「영남지방 서원의 경제적 기반 2」, 『대구사학』 26, 대구사학회, 1984; 이수환, 「朝鮮後期 書院奴婢 身貢에 대한 연구」, 『民族文化論叢』 10, 영남대학교 민족문화연구소, 1989; 전형택, 「朝鮮後期 筆巖書院의 經濟基盤과 財政」, 『역사학연구(구 전남사학)』 11, 전남사학회, 1997.

21 윤숙경, 「鄕校와 書院의 祭禮에 따른 祭需에 관한 연구」, 『한국식생활문화학회지』 13, 1998; 윤희면, 「조선시대 書院의 祭禮와 位次」, 『진단학보』 90, 2000; 김학수, 「17세기 초반 永川儒林의 學脈과 張顯光의 臨皐書院 祭享論爭」, 『朝鮮時代史學報』 35, 조선시대사학회, 2005; 조춘호, 「慶山地域 鄕校·書院의 祭享 笏記」, 『東洋禮學』 7, 동양예학회, 2002.

22 정순목, 『韓國書院敎育制度硏究』, 영남대학교 민족문화연구소, 1979; 김자운, 「朝鮮時代 紹修書院 講學 硏究」, 한국학중앙연구원 한국학대학원 박사학위논문, 2014. 김자운, 「19세기 소수서원 『중용』 강회의 특징과 퇴계학의 분화 -'호학(湖學)'의 계승과 분화를 중심으로-」, 『퇴계학논집』 19, 영남퇴계학연구원, 2016; 김자운, 「퇴계의 서원관과 조선후기 소수서원 講學의 변화」, 『퇴계학논집』 18, 영남퇴계학연구원, 2016; 김자운, 「조선시대 서원교육의 公的 기반 변화와 그 대응」, 『지방사와 지방문화』 18-2, 역사문화학회, 2015; 김자운, 「16세기 소수서원

체적으로 분석하여 인적구성, 강학·생활, 향사의례 규정으로 나누어 특징을 살펴볼 필요가 있다. 또한 이 특징을 기반으로 하여 이 시기 서원운영론의 의미를 확인할 수 있다.

세 번째, 16세기 서원의 장서를 분석한 연구이다. 지금까지 16세기 조선의 서원 장서를 분석한 연구는 서원 연구에서 많은 비중을 차지하지 못하였다. 16세기 서원 장서는 70년대 이춘희의 연구[23]를 시작으로 서지학과 역사학에서 연구가 이루어졌다. 이 중 서지학에서는 조선시대 서원문고 설치와 도서 수집을 다룬 김윤식의 연구,[24] 소수서원의 문고 성립과 수장·간행한 서적을 분석한 배현숙의 연구,[25] 소수서원·도산서원의 장서를 검토한 옥영정의 연구,[26] 경상남도 지역의 서원문고를 분석한 윤상기의 연구[27]가 주목된다. 또 역사학에서는 서원의 도서관 기능을 다룬 윤희면의 연구,[28] 서원 기록 자료의 정리를 주제로

교육의 성격」, 『유교사상문화연구』 58, 한국유교학회, 2014; 문태순, 「교육기관으로서 서원의 성격 연구」, 『교육문제연구소 논문집』 20-1, 慶熙大學校 教育問題研究所 論文集, 2004; 민병하, 「조선시대의 서원교육」, 『大東文化研究』 17, 성균관대학교 대동문화연구원, 1983; 박종배, 「학규를 통해서 본 조선시대의 서원 강회」, 『교육사학연구』 19, 교육사학회, 2009; 박종배, 「學規에 나타난 조선시대 서원교육의 이념과 실제」, 『한국학논총』 33, 국민대학교 한국학연구소, 2010; 박종배, 「19세기 후반 武城書院의 講習禮에 관한 일 고찰」, 『韓國書院學報』 1, 한국서원학회, 2011.

23 李春熙, 『李朝書院文庫目錄』, 國會圖書館, 1969.

24 김윤식, 「조선조 서원 문고에 관한 일고찰」, 『書誌學研究』 41, 한국서지학회, 2008.

25 배현숙, 「紹修書院 收藏과 刊行 書籍考」, 『書誌學研究』 31, 한국서지학회, 2005; 배현숙, 「朝鮮朝 書堂의 書籍 刊行과 收藏에 관한 研究」, 『書誌學研究』 35, 한국서지학회, 2006.

26 옥영정, 「『竹溪志』의 編纂과 版本에 관한 書誌的 研究」, 『書誌學研究』 31, 한국서지학회, 2005; 옥영정, 「엄격한 서책 관리와 도서관 역할」, 『도산서원과 지식의 탄생』, 글항아리, 2012.

27 윤상기, 「경남 함양군 서원판본에 대한 연구」, 『書誌學研究』 32, 한국서지학회, 2005; 윤상기, 「조선조 경남지방의 서원판본」, 『書誌學研究』 60, 한국서지학회, 2014.

28 윤희면, 「조선시대 서원의 도서관 기능 연구」, 『歷史學報』 186, 역사학회, 2005.

한 이수환의 연구,[29] 도동서원·옥산서원의 장서를 검토한 이병훈의 연구가 있다.[30] 이상의 연구들은 조선시대 서원 장서를 전반적으로 검토한 개론적인 연구이거나, 특정 서원의 장서를 통시대적으로 다룬 연구, 일정 시기를 중심으로 특정 서원의 장서를 분석한 사례 연구였다. 이러한 상황에서 영남지방 서원을 대상으로 그 문고가 만들어지던 시기의 장서를 살펴본 배현숙의 연구는 16~17세기 영남서원의 장서를 대상으로 정리하였다는 점에서 주목된다.[31] 다만 배현숙의 연구는 유네스코의 세계유산으로 등재된 9기의 서원 중 영남지역의 서원의 장서 연원을 분석하고 있다. 이 때문에 각 서원의 설립 시기에 따라 장서가 형성되었던 시기 역시 16~17세기에 걸쳐있을 수밖에 없다. 이에 16세기 서원의 장서가 가지고 있는 시기적 특성을 모두 보여주기에는 부족한 부분이 있다. 따라서 16세기 영남지역 서원의 장서를 분석하여 해당 시기 장서의 특징을 명확히 보여줄 필요가 있다.

네 번째, 서원의 제향인물 선정과 도통론을 분석한 연구이다. 16세기 조선 서원의 제향인물과 도통론를 분석한 연구는 근래 시도되고 있는 실정이다. 기존의 연구에서는 도통론과 관련한 부분은 문묘종사를 중심으로 진행되었다.[32] 다만 학파의 형성과 도통론의 분기 양상을 서

29 이수환, 「영남서원의 자료 현황과 특징」, 『대구사학』 65, 대구사학회, 2001; 이수환, 「서원 기록자료 정리의 현황과 과제」, 『民族文化論叢』 52, 영남대학교 민족문화연구소, 2012.

30 이병훈, 「도동서원 소장 자료의 현황과 특징」, 『韓國書院學報』 2, 한국서원학회, 2013; 이병훈, 「경주 옥산서원의 장서 수집 및 관리 실태를 통해 본 도서관적 기능」, 『한국민족문화』 58, 한국민족문화연구소, 2016.

31 배현숙, 「嶺南地方 書院藏書의 淵源과 性格」, 『大東漢文學』 46, 대동한문학회, 2016.

32 진상원, 「朝鮮中期 道學의 正統系譜 成立과 文廟從祀」, 『韓國史硏究』 128, 한국사연구회, 2005; 김영두, 「宣祖初 文廟從祀 論議와 道統論의 變化」, 『韓國思想史學』 31, 한국사상사학회,

원을 중심으로 살핀 연구가 있다.[33] 16세기 영남지역의 지식인들은 도학의 계보를 의식하며 여러 사업을 진행하였고, 따라서 서원에서도 도통론이 나타났을 것이다. 하지만 현재까지의 연구는 해당 시기 서원에 나타난 도통론 전체를 조망하기 어려운 부분이 있다. 따라서 시기적으로 영남지역 서원의 제향인물 선정 과정을 살펴서 그 추이와 특징을 분석하여야 하겠다.

이상과 같이 기존의 연구는 시기적으로는 조선후기에 집중되었고, 연구대상으로는 특정 서원의 사례 연구 또는 통시적인 연구를 중심으로 이루어졌다. 개별 서원을 대상으로 한 통시적인 연구는 한 서원의 사례를 집중적으로 분석하여 시기별 운영의 변화를 상세하게 고찰할 수 있다는 장점이 있다. 하지만 특정 서원만을 대상으로 하기 때문에 비교사적 검토가 불가능하다는 단점 역시 존재한다. 따라서 16세기 영남지역 서원에 대한 종합적인 연구가 필요하다.

이 책은 16세기 영남지역 지식인이 서원을 건립하고 운영하면서 나타난 종합적인 모습을 살피는데 목적이 있다. 이 시기 서원의 다양한 사례를 비교하여 16세기 조선 서원의 실제적 모습을 조망하고자 한다. 이에 16세기 영남지역 서원의 원규를 분석하여 운영의 특징을 살펴보고자 한다. 서원의 원규에 나타나는 모습은 영남지역 지식인들이

2008; 이수환, 「16세기전반 영남사림파의 동향과 동방오현 문묘종사」, 『한국학논집』 45, 계명대학교 한국학연구원, 2011; 이경동, 「16세기 도통론의 전개와 포은 정몽주의 위상」, 『圃隱學研究』 17, 포은학회, 2016; 심예인, 「여말선초 道學의 성격과 道統論」, 『朝鮮時代史學報』 85, 조선시대사학회, 2018.

33 김학수, 「17세기 嶺南學派 연구」, 한국학중앙연구원 한국학대학원 박사학위논문, 2007; 김성우, 「15세기 중후반-16세기 道學運動의 전개와 松堂學派의 활동」, 『歷史學報』 202, 역사학회, 2009.

지향하는 이상적인 서원의 모습일 것이다. 또 서원의 장서를 분석하여 영남지역 사림의 지식 기반을 확인하고자 한다. 영남지역 지식인들이 지식의 매개로 접할 수 있던 서적을 확인하여, 그들 사유하는 방식과 내용을 알 수 있을 것이다. 마지막으로 조선의 지식인들의 제향인물 선정에서 나타나는 논의를 살피고, 영남지역 지식인들의 학통과 조선 도통의 상관관계를 살펴볼 것이다.

이 책은 16세기 영남지역 지식인들이 서원을 설립하는 과정을 살펴보고, 그에 대한 역사학적 의미를 살펴보기 위해 준비되었다. 16세기 영남지역 서원을 분석하여 "왜 조선의 학자들은 서원을 도입하고자 하였는가? 그들의 사상적 기반은 서원 건립과 서원지 편찬에 어떠한 영향을 미쳤는가? 나아가 이후 조선식 서원과 서원지는 어떤 전개 양상을 보였는가?"에 대한 종합적인 답을 탐구하고자 한다.

조선시대 학자들의 활동을 고려하면 특정한 사건의 성격을 단선적으로 규정하기 어려운 경우가 대부분이다. 조선의 학자들은 성리학을 연구한 학인이자 시문을 작성한 문인이며, 중앙집권적 정치체제의 관료이자 지방 향촌사회의 지도자였다. 따라서 이들이 지방 향촌에 건립한 서원도 하나의 특정한 관점으로만 설명하기는 어렵다. 그렇기 때문에 서원 연구에서도 당시의 지배이념이었던 성리학과 사회·문화·경제·정치적 상황을 동시에 고려하는 역사적 관점의 필요성을 생각하였고, 이에 서원의 의미에 주목하게 되었다.

최근 들어 조선을 지식사회로 보고, 조선의 선비를 '지식인'으로, 조선의 문文을 '지식'으로 보는 연구가 진행되고 있다. 지식사회에서 최상층의 층위는 정책과 제도, 풍속과 이념을 일상의 현상으로 경험함이다. 이때 교육기관인 향교와 서원에서의 제향과 교육의 경험은 예禮와 교敎의 경험으로 주목된다. 예·교의 경험은 지식인이 양성되고 지식이 재교육되는 과정이기도 하다.[34]

지식사회의 관점에서 조선 사회를 바라보며, 16세기 조선의 서원과 서원지를 분석한다면, "조선의 지식인들은 어떠한 지식을 가지고 서원을 건립하고 서원지를 편찬하였는가? 그들의 '가치관 혹은 사유방식으로서의 지식'은 이후 조선식 서원과 서원지에 어떠한 영향을 끼쳤는가?" 등의 의문점을 해소할 수 있는 단서를 찾을 수 있을 것이다. 그리고 이러한 개념을 기저에 두고 16세기 조선의 서원을 분석한다면 정치·사회·사상·경제·문화와의 상호 영향을 주고받는 복합적인 관계를 탐구할 수 있을 것이다.

이 책에서는 16세기 영남지역의 서원을 대상으로, 서원의 원규·장서·도통에 나타나는 특징과 의미를 구명하여 역사학적 의미를 찾는데 목적이 있다. 16세기 영남지역 지식인이 설립한 서원은 모두 36개소이다. 조선전기 영남지역 서원의 자료는 임진왜란으로 많은 수가 소실되었다. 그러나 현존하는 16세기 서원의 자료들은 대부분 영남지역 서원의 것이다. 16세기 영남지역의 서원을 분석하기 위한 주요 대상 자료를 정리하면 아래의 표와 같다.

34 김형찬, 「조선시대 지식생산체계 연구방법과 지식사회의 층위」, 『民族文化研究』 65, 고려대학교 민족문화연구원, 2014, 10~12쪽.

〈표 1-1〉 16세기 영남지역 서원 관련 사료

	서원	16세기 자료
1	백운동서원[소수서원]	『죽계지竹溪志』, 소수서원원록등본紹修書院院錄謄本, 입원록入院錄, 홀기笏記
2	남계서원	『서원부보록書院裒寶錄』, 『경임록經任錄』
3	임고서원	고왕록考往錄, 서원범규書院凡規, 서원규범書院規範
4	영봉서원[천곡서원]	『영봉지迎鳳志』, 천곡원규川谷院規
5	쌍계서원[도동서원]	『도동서원지道東書院誌』, 도동원규道東院規
6	금오서원	금오원규金烏院規
7	역동서원	전장기傳掌記, 서책질書冊秩, 역동원규易東院規
8	이산서원	『이산서원지伊山書院誌』(입원록入院錄, 입격록入格錄, 유사안有司案)
9	옥산서원	서책치부書冊置簿, 원장록院長錄, 입원록入院錄, 임사록任事錄
10	도산서원	『도산서원고문서陶山書院古文書』, 홀기笏記, 서책질書冊秩
11	덕천서원	『덕천서원지德川書院誌』
12	자계서원	토지안土地案, 노비안奴婢案
13	오산서원	『오산지吳山志』

이를 보면 16세기 서원을 분석할 기본 자료로 서원지, 원규록, 장서록, 입원록, 홀기 등이 있음을 알 수 있다. 이 자료들은 서원의 원규·장서·도통을 다룬 각 장에서 선별하여 사용하도록 하겠다. 각 장의 구성은 다음과 같다.

2장에서는 조선의 지식인들이 서원을 조선에서 설립하는 과정과 서원지를 편찬하여 서원에 관한 다양한 지식을 정리하는 모습을 파악하고자 한다. 서원이란 기관이 처음으로 조선에 성립되던 과정을 초창기 서원의 여러 양상을 통해 확인할 수 있다. 먼저, 중국에서 서원이 발전

했던 과정을 살핀 후 16세기 영남지역 지식인들이 최초로 서원이 설립하는 과정을 분석하고자 한다. 이후 16세기 조선 서원의 전국 분포를 확인하여 건립연대와 사액시기 등을 분석하고, 이를 통해 영남지역 서원이 지닌 대표성과 위상을 확인하고자 한다.

또 현존하는 16세기 서원지 3종[『죽계지』, 『영봉지』, 『오산지』]이 편찬되는 과정과 체제를 분석하고자 한다. 이때 명대明代 서원지의 편찬과 체제를 먼저 분석하여, 조선 서원지의 편찬과 체제를 살펴보겠다. 이를 통해 명대 서원지와 조선 서원지의 영향 관계를 확인하고, 영남지역 서원지의 특징을 파악할 수 있을 것이다.

3장에서는 원규의 정비과정과 내용을 분석하여 서원 운영의 기본 방침이 정립되는 양상을 살피고자 한다. 연구대상인 16세기 영남지역 서원의 학규는 모두 6종으로, ① 백운동서원[소수서원]의 『죽계지』「잡록후雜錄後·(원규院規)」, ② 영봉서원[천곡서원]의 『영봉지』「학규록學規錄」, ③ 이산서원의 「이산원규伊山院規」, ④ 임고서원의 『임고서원범규臨皐書院凡規』, ⑤ 오산서원의 『오산지』「향사享祀」·「학규學規」 ⑥ 임고서원의 『서원규범書院規範』이다.

16세기 영남지역 서원의 원규를 인적구성, 강학·생활, 향사의례에 대한 부분으로 나누어 분석한다. 이를 위해 지역적으로는 16세기 기호지역 서원문헌文憲·은병隱屛의 원규와 비교하여 영남지역 서원 원규의 특징을 살펴보려고 한다. 또 공사公私의 차이를 살피기 위해 공립 교육기관인 경주향교의 학령學令과 국가례로 정립된 주현 문묘의 석전의례를 비교의 대상으로 하여 그 특징을 고찰하고자 한다. 이를 토대로 영남지역 서원간의 원규 수용 양상을 분석하여 퇴계학파의 서원운영론을 확인할 수 있을 것이다.

4장에서는 영남지역 서원의 장서에 초점을 맞추어 서적의 집적을 살피고, 영남지역 지식인의 지식 기반을 확인하고자 한다. 일차적으로 서원의 장서를 경사자집의 사부 분류체계로 구분하고, 각 부部의 특징을 고찰하여 16세기 영남 지식인의 지식 기반을 살피고자 한다. 이를 위해 16세기 간행·필사된 장서록류[서원지·장서록藏書錄·부보록裒寶錄·서책목록書冊目錄·고문서古文書 등]를 1차 연구의 대상으로 하고자 한다. 16세기 영남지역 서원의 장서와 관련한 기록류는 6종이다.[35] 먼저, 서원지에 수록된 장서록은 백운동서원[소수서원]의 『죽계지』「장서록」와 영봉서원[천곡서원]의 『영봉지』「장서록」의 2종이다. 필사본 형태의 서책 목록은 도산서원의 『서책질書冊秩』, 역동서원의 『역동서원기易東書院記』「서책書冊」, 옥산서원의 「서책치부書冊置簿」의 3종이다. 서원에 기증된 물품에 장서가 포함된 목록은 남계서원의 『서원부보록書院裒寶錄』이다. 이후의 자료에서도 16세기 서원 장서와 관련 사료를 추출할 수 있다면 보조 자료로 활용하였다.

5장에서는 제향인물의 선정과 이 과정에 반영된 영남지역 지식인의 도통론을 고찰하고자 한다. 16세기 영남지역 지식인은 제향인물의 선정 과정에서 서원 제향인물의 성격을 규정하는 논의를 주요 대상으로 선정하였다. 우선 1550년에서 1560년대까지 있었던 영봉서원과 서악정사의 사례를 살펴보겠다. 1550년대 영봉서원은 충절자를 제향인물로 선정하였으나 결국 좌절되었다. 영봉서원은 논의를 거쳐 충절자

35 16세기의 서원 藏書와 관련한 記錄類는 다종의 서적과 고문서 내에 다양한 명칭으로 기록되어 있는데, 편의를 위하여 이하에서는 藏書錄으로 표현하겠다.

와 도학자를 함께 제향하여 서원으로 남고자 하였다. 하지만 그 노력은 좌절되어 서원의 제향인물과 명칭이 변경되었다. 1560년대 서악정사는 무덕자武德者를 제향인물로 선정하여 논란이 발생하자 유학자를 추향하여 무마하려하였다. 이 곳은 서원의 규모를 갖추었으나 제향인물의 성격으로 인하여 '정사'의 위치에 머물렀기 때문에 논의의 대상으로 삼았다.

다음으로는 16세기 조선의 지식인들이 조선의 도통과 서원의 제향인물을 연결하려는 양상을 금오서원金烏書院과 오산서원吳山書院의 사례를 중심으로 다루고자 한다. 1570년대 송당학파는 금오서원을 건립하여 조선의 도학적 계보에 위치한 길재와 함께 그들의 학통을 이어 제향인물을 선정하였다. 1580년대 류운룡은 인동현에 오산서원을 건립하고 길재를 제향하였다. 이때 류운룡은 『오산지』를 통해 퇴계학파의 도통론을 천명하고 그들의 학통으로 이어가는 모습을 보였다. 이러한 16세기 영남지역 서원의 제향인물 선정은 17세기 이후 퇴계학파 인물의 추향으로 이어졌다. 이 부분의 연구를 위하여 서원지[영봉지, 서악지, 오산지 등], 영남 지식인의 문집[퇴계집, 금계집, 구암집, 소고집, 야은집, 송당집, 서애집, 겸암집 등], 지리지류[『대명일통지大明一統志』, 『일선지一善志』, 『영가지永嘉志』 등]를 주요 분석 자료로 활용하겠다.

제2장

서원의 설립과 서원지의 편찬

1. 서원의 설립과 분포

1) 최초 서원의 설립

조선의 서원은 16세기 중엽 주세붕1495~1554이 건립한 백운동서원이 그 시초이다. 조선의 서원은 중국 서원과 성리학의 영향을 받았으나 기능과 성격에서 중국과 일정한 차이를 가지고 발전하였다. 중국의 서원은 당唐 말기부터 시작되어 송宋에 들어와서 사학私學으로서의 성격이 명확해졌다. 특히 남송南宋의 주희朱熹1130~1200가 백록동서원을 중수한 후 성리학을 보급하면서 발달하였다. 이후 중국의 서원은 원元·명明을 거치며 관인 양성을 위한 교육기관으로서의 성격이 점차 강해졌다. 하지만 16세기 조선의 서원은 사림의 교육기관이면서 동시에 향촌의 정치적·사회적 기구로서의 특성을 지녔다.

중국의 서원은 사학으로 성리학을 전수하고 선현을 향사하며, 도서관의 기능을 가진 곳이었다.[1] '서원'이란 명칭은 중국 당 현종대 여정서원麗正書院과 집현서원集賢書院에서부터 사용되지만 이 때의 서원은 주로 서적을 보관하는 기능을 하였다. 당대의 서원은 학자의 개인적인 수양을 위한 독서의 장소로서 사용되었다. 서원의 원생에게 강학을 하는 학교의 역할 대신 개인의 서재로서 활용되었던 것이다. 강학 활동을 하였던 서원은 오대五代 말기에 여산국학廬山國學 또는 백록국상白鹿國

[1] 丁淳睦, 「서원의 기원과 특징」, 『中國書院制度』, 文昌社, 1990, 18~37쪽.

庠이라 불렸던 백록동서원의 전신이 시초였다.

송의 서원은 '관사합판官私合辦'의 형식을 주요한 특징으로 하였기에,[2] 관학과 사학의 구분이 명확하지 않았다. 북송北宋의 서원이 인종대 관학의 흥학운동에서 영향을 받아 13개가 창설되었다는 점에서도 이를 알 수 있다.[3] 북송 초기의 경제력으로 광범위하게 관학을 건립하기 힘들었고, 이에 사립의 서원이 대체 역할을 하였다. 사대서원 또는 육대서원으로 불리는 모산서원茅山書院·백록동서원白鹿洞書院·석고서원石鼓書院·숭양서원崇陽書院·악록서원嶽麓書院·응천부서원應天府書院이 설립된 시기가 바로 북송시대였다.

남송의 서원은 주희의 부흥운동으로 발달하게 되면서 성리학과 사학정신을 강조하였다. 이때 사액 등의 지원과 교육 방식은 관학의 제도를 취하였고, 서원의 조직과 제도가 정비되었다. 당시 주희는 백록동서원과 악록서원을 중건하면서 성리학을 서원에서 강의하였다. 이학理學의 강의로 서원의 원생이 증가함에 따라 관학보다 서원의 중요성이 커지게 되었다. 이러한 서원의 발달로 남송 이종대에 이르러 123개소의 서원이 설립되기에 이른다.[4] 북송대에 비해 남송대에는 서원의 수가 획기적으로 증가하였다. 또한 송대 인쇄술의 발전으로 서원에서 주요 서적을 출판하였고, 다량의 장서를 구비하였다. 서원은 장서기관으로서 지역 내 지식인을 결집시키는 역할도 병행하였던 것이다.[5]

---

2 정순우, 「서원의 탄생」, 『서원의 사회사』, 태학사, 2014, 21~25쪽.

3 李瑾明, 「12세기 兩浙 일대의 書院과 讀書人」, 『中國史研究』 119, 중국사학회, 2019, 33쪽.

4 李瑾明, 위의 논문, 2019, 33쪽.

5 박지훈, 「12세기 南中國 地域社會의 書院 네트워크」, 『中國學報』 49, 한국중국학회, 2004,

원의 서원은 관학화되었고, 과거에 집중하는 경향을 보였다. 원의 서원은 산장山長[원장]이 학관學官에 속하였고, 그 때문에 거처도 관서 또는 '공해公解'라고 부르는 아문에 해당하였다. 더구나 원의 서원은 경제적 기반이 송宋의 서원에 비해 위축되었다.[6]

명의 서원은 과거중시 정책과 학교진흥책으로 침체하다 왕수인王守仁1472~1528과 그의 문인들이 연 강회로 다시금 부흥하였다. 명대에는 1500~2000여 개소 이상의 서원이 신설되었는데, 양명학파의 지식인들이 강학 활동을 활발히 전개한 결과였다.[7] 지방 서원의 반정부 비판으로 인해 발생한 가정嘉靖·만력萬曆연간의 서원철폐령으로 16세기 명의 서원은 많은 부침을 겪게 되었다.[8]

16세기는 조선에서도 관학의 진흥책이 요구되는 시기였다. 1392년 조선을 건국한 국왕 태조는 한양에 상급 관학인 성균관·사학四學을 설치하고, 지방 군현에 하급 관학인 향교를 설치하였으며 중앙에서 교수와 훈도를 파견하였다. 하지만 조선의 관학은 관료의 기강 해이와 과거제의 문란, 연산군1476~1506, 재위: 1494~1506의 폭정 등으로 중종1488~1544, 재위: 1506~1544대에 이르러 교학 진흥책이 절실하게 필요하였다. 이러한 상황에서 훈구파인 공신세력은 사장師長과 사유師儒의 확보를 통하여 관학 자체의 강화를 시도하였다. 하지만 이 방법은 관학을 관인 양성기구로만 규정하였기에 근본적인 해결책이 될 수는 없었

482쪽.

6 鄧洪波, 「元代 湖南書院의 規模와 規制」, 『韓國書院學報』 3, 한국서원학회, 2015, 34~36쪽.

7 박종배, 「회규를 통해서 본 명대의 서원 강회 제도」, 『교육사학연구』 21-2, 교육사학회, 2011, 81~82쪽.

8 丁淳睦, 앞의 책, 1990, 44~59쪽.

다. 조광조1482~1519로 대표되는 사림은 도학정치에 기초하여 '소학小學의 장려, 존현尊賢, 사우지도師友之道의 확립'의 3가지 대책을 제시하였지만, 기묘사화1519년로 이들이 몰락하면서 점차 그 대책은 폐지되었다.[9] 이후 1542년중종 37에 공신계 관료였던 어득강1470~1550은 지방 교육 진흥책의 하나로서 중국 송대宋代의 서원을 소개하였다.[10]

이 같은 상황에서 주세붕은 영남지역 풍기에 백운동서원을 설립하였다. 주세붕은 공신계 관료들과 교류하였던 인물이며 당시 풍기군수로 재임중이였다. 주세붕은 풍기지역 사림의 교화를 위하여 향교를 이전하였고, 사림과 그 자제를 위한 교육기관으로 백운동서원을 설립하였다. 1542년중종 37에 주세붕은 고려의 유현儒賢인 안향1243~1306의 사묘를 건립하였고, 1543년에 그 옆에 서원을 건립하였다. 백운동서원은 사묘에서 '존현尊賢'을 하는 기능과 서원에서 '강학講學'을 하는 기능을 동시에 지닌 조선 최초의 서원이었다.

1544년중종 39에 주세붕은 사학인 서원을 설립한 당위성을 천명하기 위해서, 최초의 서원지인 『죽계지』를 편찬하였다.

"가정嘉靖 신축년1541, 중종 36 가을 7월 무자일에 내[주세붕]가 풍기에 도착하였는데, 이해에 큰 가뭄이 들었고 다음해 임인년1542, 중종 37에도 큰 기근이 들었다. 이해 백운동白雲洞에 회헌선생晦軒先生[안향]의 사당을 세우고, 다음해 계묘년1543, 중종 38에 향교鄕校를 고을 북쪽으로 옮겼으며, 또 사당 앞에 따로 서원을 세웠다.……'내[주세붕]가 보건대 주자가 남강南康을 다스린 1년 사이

9 鄭萬祚, 『朝鮮時代 書院硏究』, 집문당, 1997, 12~28쪽.

10 『中宗實錄』 卷98, 37年 7月 乙亥.

에 백록동서원을 중수하였고, 또한 선성先聖과 선사先師의 사당과 다섯 분 선생의 사당, 그리고 세 분 선생의 사당을 세웠고, 또한 유둔전劉屯田[유환]을 위하여 장절정壯節亭을 지었다. 그 당시엔 금金이 중하中夏를 함락하여 천하가 피비린내로 가득하였고, 남강지방은 연이은 큰 흉년으로 벼슬을 팔아서 곡식으로 바꿔 굶주린 백성을 구제하였다. 그 당시 위태로움과 곤궁함이 그토록 심하였는데도 그[주자]가 세운 서원과 사당이 한둘이 아니었던 것은 무엇 때문인가? 하늘이 뭇 백성들을 낳음에 사람이 사람다운 이유는 바로 교육이 있기 때문이다.……아, 회옹晦翁[주자]이 어찌 나를 속이겠는가. 죽계竹溪는 바로 문성공의 궐리闕里이다. 교육을 세우려고 한다면 반드시 문성공[안향]을 높이는 것에서 시작해야 한다. 내[주세붕]가 보잘 것 없는 몸으로 태평한 세상을 만나 외람되게 이 고을[풍기] 군수가 되었으니 고을을 위하여 그 책임을 다하지 않을 수 없다. 이에 마음과 힘을 다하여 사당과 서원을 설립하고 토지를 마련하고 경전을 소장하기를 한결같이 백록동서원의 고사에 따라 하고서, 무궁한 후일에 훌륭한 인물을 기다린다.'……갑진년1544, 중종 39 겨울 10월 갑술일에, 상주尙州 주세붕이 쓰다."[11]

주세붕은 『죽계지』의 서문에서 백운동서원의 설립을 주희가 남강에서 백록동서원을 중수하고, 선현의 사묘를 건립하였던 사업에 비교하였다. 주세붕은 주희가 백록동서원을 중수하였던 시기도 흉년이었지

11 『竹溪志』 卷首, 「竹溪志序」. "嘉靖辛丑秋七月戊子, 余到豊城, 是年大旱, 明年壬寅大飢. 其年, 立晦軒祠堂於白雲洞, 又明年癸卯 移建學宮於郡北, 別立書院於晦軒廟前.……'然, 吾觀朱子之爲南康, 一年之間, 申修白鹿洞書院, 又立先聖先師祠, 又立五先生祠, 又立三先生祠, 又爲劉屯田, 作壯節亭. 當是時, 金虜陷中夏, 天下血肉, 加以南康地面連歲大飢, 方賣爵取穀, 以活流殍. 其危如此, 其困如此, 而其立院立祠不一而止者, 何也. 天生蒸民, 所以爲人者, 有教也.'……'嗚呼. 晦翁豈欺我哉. 今夫竹溪, 文成公之闕里. 若欲立教, 必自文成始. 某以無似, 當太平之世, 忝宰是邦, 於一邑, 不得不任其責. 遂竭心力, 乃敢立其廟而架其院, 置其田而藏其書, 一依白鹿洞故事, 以俟來哲於無窮.'……甲辰冬十月甲戌, 尙山周世鵬序."

만 교육의 중요성이 크기 때문에 설립할 수밖에 없었다는 논리로 백운동서원 설립의 당위성을 설파하였다. 또 주세붕은 '죽계'는 문성공 안향의 궐리[12]이며, 이 지역[풍기]의 교육을 세우려면 반드시 안향을 존숭해야 한다고 주장하였다. 이에 따라 주세붕은 서원을 건립하고, 학전인 토지를 마련하고, 강학 교재로 경서를 구비하였다. 이러한 주세붕의 노력은 모두 주희의 백록동서원 고사에 근거하여 이루어진 사업이었다.[13]

백운동서원은 재정과 운영에 관한 정비와 국가의 사액으로 안정화되었다. 안향의 후손인 안현1501~1560은 백운동서원의 재정과 운영을 정비하였다. 1546년명종 1에 경상감사 안현은 영남 전역에 걸쳐 백운동서원의 재정적 기반을 마련하였고, 이를 영속적으로 시행하기 위해 「사문입의斯文立議」를 작성하였다. 그리고 1550년에 풍기군수 이황1501~1570은 조정에 백운동서원의 사액賜額을 요청하였다.[14] 이황의 노력으로 백운동서원은 국가의 공인을 획득하여 '소수서원'이라는 액호額號와 사서오경·『성리대전』·『강목』과 『사문유취事文類聚』 등의 서적을 받았다.[15]

주세붕의 백운동서원 건립은 이전에 없던 새로운 기관의 설립이었

12 闕里 : 중국 山東省 曲阜縣에 있는 孔子의 출생지역이다. 조선시대에는 先賢의 고향을 뜻하는 단어로 사용되었다.

13 백록동서원 故事는 기근 등의 어려운 상황이지만 唐의 李渤 형제가 은거하여 독서한 지역에 주희가 서원을 중후한 일, 서원에 해당 지역 先賢의 사묘를 세운 점, 서원에 藏書와 學田을 마련한 부분을 말한다(김자운, 「朝鮮時代 紹修書院 講學 硏究」, 한국학중앙연구원 한국학대학원 박사학위논문, 2013, 30쪽.)

14 李滉, 『退溪先生文集』 卷9, 「上沈方伯」.

15 『明宗實錄』 卷10, 5年 2月 丙午; 『明宗實錄』 卷10, 5年 3月 己卯.

기 때문에, 막대한 파급효과와 서원의 운영과 관련한 지적 논쟁을 야기하였다. 이 때문에 이후 전개되는 조선 서원의 역사에서 백운동서원은 복합적인 영향력을 끼쳤다. 백운동서원의 설립이 가지는 주요한 의미를 서술하면 크게 3가지로 나눌 수 있는데 서원의 성격 규정, 제향 인물의 선정기준 제시, 사림의 성리학 보급 및 학파 형성의 기능이었다.

첫 번째, 조선 서원의 기본적인 성격을 규정하였다. 조선의 서원은 선현을 존숭하는 향사의례와 학생을 양성하는 강학활동이 결합되어 운영되었다. 이와 같은 두 가지 기능의 결합은 앞서 살펴본 송대 주희의 백록동서원 고사에서 연원을 찾을 수 있다. 주세붕은 이를 조선에서 백운동서원을 건립하면서 반영하였다. 또한 주세붕이 시행한 학전의 구비, 경서의 소장 등도 백록동서원의 고사에 근거한 사업이었다. 이와 같은 일은 조선시대 지식인들이 성리학을 수용하여 현실 세계에 가시적으로 구현한 일례로 볼 수 있다. 비슷한 예로서 16세기 사대부가의 가묘家廟 설립과 유교식 제향의례의 정비를 꼽을 수 있다.

두 번째, 조선 서원의 제향인물을 선정하는 기준을 제시하였다. 송대 주희가 선정한 서원의 제향인물에 대한 성격을 살펴보면 도학의 정통을 계승하였거나, 사문斯文에 큰 공을 세운 인물이었다. 주세붕은 이를 반영하면서도 지역적 연고를 가진 현인賢人인 안향을 제향하여, 서원의 제향인물과 해당 지역간에 밀접한 관계를 가지게 하였다. 이후 조선의 서원은 제향인물이 태어난 장소, 공부하던 장소, 관직 생활을 하였던 장소, 혹은 유배를 갔던 장소 등에서 주로 건립되었다. 여기서 주목되는 부분은 많은 조선의 서원이 중국과 달리 제향인물의 고향 또는 연고지에 설립되었다는 점이다. 서원이 위치한 장소와 제향인물의 연관성은 재정지원을 하였던 세력에서도 나타났다. 서원 건립에 필요한 재정적 지원을 제향인물의 가문에서 담당하였던 것이다. 농업생산력의 증대로 지방 향촌의 중소지주로 위치했던 사림은 점차 자신들의 선조를 제향하는 서원을 건립하였다. 그 결과로 18세기 이후 많은 서원이 문중서원으로 건립되었다. 따라서 제향인물의 선정기준은 중국 성리학의 이론을 기반으로 만들어졌지만, 조선에서의 전개 양상은 정치·사회·경제 등 다방면에 걸쳐 영향을 받아 이루어졌다.

세 번째, 사림의 성리학 이념 보급과 학파 형성의 기능이 있었다. 15세기 말부터 중앙 정계에 등장한 사림은 유향소, 향약, 향음주례鄕飮酒禮, 향사례鄕射禮 등의 제도를 시행하며 향촌에서 성리학 이념을 보급하고 위로부터의 개혁을 시도하였지만, 몇 차례의 사화로 모두 실패하였다. 이때 등장한 서원은 이황의 서원보급운동으로 인하여 도학을 강론하는 교육기관으로 자리매김하였다. 따라서 피화로 인하여 중앙 진출에 어려움이 있었던 사림은 서원을 통해 후진을 양성할 수 있는 기회를 가지게 되었다. 또한 이황·이이1536~1584 등 조선을 대표하는 학자들의 사후에는 문인들이 스승을 제향하는 서원을 건립하여 결집하고, 서원에서 스승의 문집을 간행하면서 조선의 학파가 형성되었다. 이와 같은 서원의 기능은 서원이 가지는 학문·정치·사회의 복합적 영향력을 보여준다.

백운동서원의 건립과 사액은 향후 정여창1450~1504을 제향한 함양의 남계서원과 정몽주1337~1392를 제향한 영천의 임고서원의 건립으로 이어졌다. 이후 영남지역을 중심으로 서원의 건립과 사액이 이루어졌고,

차츰 조선 전역에 서원이 보급되었다.

2) 서원의 분포

16세기 영남에서는 36개소의 서원이 설립되었다. 해당 시기의 조선 전역에서 건립된 서원의 절반에 해당하는 숫자이다. 이는 백운동서원의 설립 이후에 전국적으로 서원이 건립되었고, 그 중심은 영남이었음을 의미한다.

16세기 조선 전역에서 건립된 서원은 70여 개소였다.[16] 조선 전역의 서원을 도별로 살펴보면 경상도[영남] 36개소, 경기도 7개소, 충청도 7개소, 전라도 12개소, 황해도 7개소, 강원도 1개소, 평안도 2개소, 함경도 2개소 등이었다. 이 서원들의 설립 시기, 명칭, 지역, 사액 여부, 제향인물 등을 표로 정리하여 16세기 조선 서원의 분포를 살펴보았다.

---

16 16세기에 건립된 서원은 『俎豆錄』·『增補文獻備考』 등의 사료와 기존의 연구성과(宋楊燮, 「江原道 書院現況調査」, 『論文集』 26, 春川教育大學, 1986; 宋楊燮, 「朝鮮時代의 書院分布에 관한 一考察」, 『春川教育大學論文集』 28, 춘천교육대학교, 1988; 韓文鐘, 「全北地方의 書院·祠宇에 대한 試考-『全北院宇錄』을 中心으로-」, 『全羅文化論叢』 3, 전북대학교 전라문화연구소, 1989; 吳洙彰, 「17, 18세기 平安道 儒生層의 정치적 성격」, 『韓國文化』 16, 서울대학교 규장각 한국학연구원, 1995; 鄭萬祚, 『朝鮮時代 書院研究』, 집문당, 1997; 이상해, 『書院』, 悅話堂, 1998; 方承熙, 「朝鮮中期 嶺南·畿湖地域의 書院-中宗~光海君代를 중심으로-」, 숙명여자대학교 교육대학원 석사학위논문, 2002; 윤희면, 「조선시대 서원정책과 서원의 설립 실태」, 『歷史學報』 181, 역사학회, 2004; 윤선자, 「일제하 호남지역 서원·사우의 복설과 신설」, 『한중인문학연구』 22, 한중인문학회, 2007; 安敏燁, 「書院 勃興期 朝鮮 士林의 書院認識」, 국민대학교 석사학위논문, 2008; 이병훈, 「조선후기 영남지역 원사의 건립과 변화 검토」, 『韓國書院學報』 6, 한국서원학회, 2018)를 참고하여 정리하였다. 각 도별로 정리한 부분에서는 주요한 참고 논문을 각주로 표기하였다.

먼저 16세기 건립된 경상도의 36개소의 서원은 아래의 〈표 2-1〉과 같다.[17]

〈표 2-1〉 16세기 영남지역 서원

	설립	명칭[18]	지역	사액	제향인물(제향연도)[19]	비고
1	1543년 (중종 38)	백운동서원 [소수서원]	영주	1550년 (명종 5)	안향(1543), 안축·안보(1544), 주세붕(1663)	건립 : 주세붕 사액 : 이황
2	1552년 (명종 7)	남계서원	함양	1566년 (명종 21)	정여창(1552) 강익(1634) 유호인·정온(1642)	건립 : 박승임
3	1553년 (명종 8)	임고서원	영천	1554년 (명종 9)	정몽주(1553) 장현광(1643) 황보인(1787)	건립 : 정윤량·노수·김응생
4	1555년 (명종 10)	백학서원	영천 [신녕]		이황·황준량	건립 : 황준량
5	1556년 (명종 11)	빙계서원	의성	1576년 (선조 9)	김안국·이언적(1556) 류성룡·김성일·장현광(1689)	건립 : 신원록
6	1558년 (명종 13)	영봉서원 [천곡서원]	성주	1573년 (선조 6)	이조년·이인복·김굉필(1560) 정자·주자·김굉필(1568) 정구(1623) 장현광(1642)	건립 : 노경린·황준량·김우옹·정구

---

17 이병훈, 앞의 논문, 2018; 方承熙, 앞의 논문, 2002.

18 서원의 명칭은 가장 알려진 서원명을 기본으로 정리하였다. 정사·생사당·영당·사우로 건립되었다가 승원된 경우나 서원 명칭이 바뀐 경우, 사액된 경우 등은 []로 시기 순으로 서원명 위와 아래에 표기하였다.

19 제향인물 다음에 ()로 표기하여 제향연도를 밝혔으며, 제향연도가 다른 인물은 연도순으로 다른 줄에 표기 하였다. 제향연도가 없는 경우는 추향기록만 있고 정확한 연도가 밝혀지지 않은 경우이다. 아래의 다른 지역 서원도 같다.

	설립	명칭[18]	지역	사액	제향인물(제향연도)[19]	비고
7	1559년 (선조 6)	이산서원	영주	1574년 (선조 7)	이황(1573)	건립 : 허충길·박승임·장수희·김륵·김륭·이덕홍
8	1561년 (명종 16)	서악서원	경주	1623년 (인조 1)	김유신(1561) 설총·최치원(1563)	건립 : 이정
9	1563년 (명종 18)	[풍악서당] 병산서원	안동	1863년 (철종 14)	류성룡(1613) 류진(1629)	
10	1564년 (명종 19)	청계서원	합천 [초계]		이희안(1564) 전치원·이대기(1702)	
11	1564년 (명종 19)	[화암서원] 연경서원	대구	1660년 (현종 1)	이황(1564, 1613) 정구(1622) 정경세(1676) 별사 : 전경창(1639) 이숙량(1647)	건립 : 이숙량
12	1567년 (명종 22)	예림서원 [덕성서원 점필서원]	밀양	1669년 (현종 10)	김종직(1567) 박한주·신계성(1634)	건립 : 배삼익
13	1568년 (선조 1)	도동서원	대구 [현풍]	1573년 (선조 6)	김굉필(1568) 정구	건립 : 정구
14	1568년 (선조 1)	금곡서원	예천		박충좌(1568) 박눌·박손경	
15	1568년 (선조 1)	선암서원	청도		김대유·박하담(1568)	건립 : 황응규 1568 향현사 1577 서원
16	1570년 (선조 3)	금오서원	구미 [선산]	1575년 (선조 8)	길재·김종직·정붕·박영(1570) 장현광	건립 : 최응룡

	설립	명칭[18]	지역	사액	제향인물(제향연도)[19]	비고
17	1570년 (선조 3)	역동서원	안동 [예안]	1683년 (숙종 9)	우탁(1570)	건립 : 김생명·금보·김부필·김부의·김부륜·조목·금응협·금난수·박사희·이덕홍·금응상·이숙량·이녕·김완
18	1570년 (선조 3)	[경광서당] 경광서원	안동		배상지·이종준·장흥효 (1686)	건립 : 권호문·신내옥
19	1570년 (선조 3)	[우계정사] 우계서원	영주		이덕홍(1665) 이시(1727)	건립 : 이덕홍
20	1573년 (선조 6)	{고산서재} 고산서원	대구		이황(1573) 정경세(1694)	
21	1573년 (선조 6)	옥산서원	경주	1574년 (선조 7)	이언적(1573)	건립 : 허엽·이제민
22	1573년 (선조 6)	[청성정사] 청성서원	안동		권호문(1612)	건립 : 권호문
23	1574년 (선조 7)	도산서원	안동 [예안]	1575년 (선조 8)	이황(1574) 조목	건립 : 손영제·금난수·권호문·권문해·류운룡·이덕홍·금보·김륭·조목
24	1576년 (선조 9)	덕산서원 [덕천서원]	산청	1609년 (光海 1)	조식(1576) 최영경(1603)	건립 : 윤근수·이광우
25	1576년 (선조 9)	회산서원 [용암서원]	합천	1609년 (광해 1)	조식(1576)	
26	1576년 (선조 9)	여강서원 [호계서원]	안동	1676년 (숙종 2)	이황(1576) 류성룡·김성일(1620)	건립 : 김언기·권호문·권문해·김부일·김극일·남치리
27	1576년 (선조 9)	[용산서당] 주계서원	안동	1633년 (인조 11)	구봉령(1612) 권춘난(1633)	건립 : 구봉령·권춘난

	설립	명칭[18]	지역	사액	제향인물(제향연도)[19]	비고
28	1578년 (선조 11)	자계서원	청도	1661년 (현종 2)	김일손(1518) 김극일·김대유(1608)	건립 : 황응규 1518 사우 1576 서원승격
29	1577년 (선조 10)	[정산서당] 정산서원	예천	1677년 (숙종 3)	이황(1612) 조목(1615)	건립 : 박승임·김부일·권문해 1612 서원승격
30	1581년 (선조 14)	당주서원	함양	1660년 (현종 1)	노진(1581)	별사 : 정희보
31	1583년 (선조 16)	용문서원	함양 안의	1662년 (현종 3)	정여창(1583) 임훈·임운(1586) 정온(1642)	
32	1587년 (선조 20)	이연서원	합천	1660년 (현종 1)	김굉필·정여창(1587)	
33	1588년 (선조 21)	오산서원	구미 [인동]	1609년 (광해 1)	길재(1588)	건립 : 류운룡·권문해·류성룡
34	1588년 (선조 21)	삼계서원	안동	1660년 (현종 1)	권벌(1588)	건립 : 김륵·김우옹
35	1588년 (선조 21)	오천서원	포항 연일	1613년 (광해 5)	정몽주(1588) 정습명(1629) 정사도·정철(1740)	
36	1588년 (선조 21)	신산서원	김해	1609년 (광해 1)	조식(1588) 신수성(1616)	

위의 표를 보면 16세기 건립된 영남지역의 36개소 서원을 확인할 수 있다. 그것들은 백운동서원[소수서원], 남계서원, 임고서원, 백학서원白鶴書院, 빙계서원氷溪書院, 영봉서원[천곡서원], 서악서원西岳書院, [풍악서당豊岳書堂]병산서원, 청계서원淸溪書院, 연경서원研經書院, 예림서원禮林書院, 도동서원, 금곡서원金谷書院, 선암서원仙巖書院, 금오서원, 역동서원, 경광서당鏡光書堂, 우계정사迂溪精舍, 이산서원, 고산서원孤山書院, 옥산서원,

청성정사靑城精舍, 도산서원, 덕천서원, 신산서원新山書院, 여강서원廬江書院[호계서원虎溪書院], [용산서당龍山書堂]주계서원周溪書院, 자계서원紫溪書院, 정산서원鼎山書院, 당주서원溏州書院, 용문서원龍門書院, 이연서원伊淵書院, 오산서원, 삼계서원三溪書院, 오천서원烏川書院이다.

서원 36개소의 건립 시기를 정리하면, 1540년대 1개소, 1550년대 6개소, 1560년대 8개소, 1570년대 14개소, 1580년대 7개소이다. 지역별 분포는 안동 6개소, 영주·함양·대구·합천 각 3개소, 영천·경주·예천·청도·예안 각 2개소, 의성·성주·밀양·선산·산청·김해·인동·연일 1개소이다. 이를 좌우으로 나누면 경상좌도에 25개소, 경상우도에 11개소가 분포하였다. 퇴계학파의 근거지인 경상좌도에서 경상우도에 비해 많은 수의 서원이 건립되었음을 알 수 있다. 또한 시기적으로도 비교적 이른 시기인 1540~1550년대 건립된 대다수의 서원이 경상좌도에서 건립되어 서원보급운동의 주체가 퇴계학파임을 확인할 수 있다.

16세기 영남지역 서원의 배향인물을 중심으로 살펴보면 16세기 배향된 인물 중 2개소 이상의 서원에서 제향하고 있는 인물은 7명이다. 이황은 7개소백학, 연경, 이산, 고산, 도산, 여강, 정산, 정여창은 3개소남계, 용문, 이연, 김굉필은 3개소천곡, 도동, 이연, 조식은 3개소덕산·회산·신산, 정몽주는 2개소임고, 오천, 길재는 2개소금오, 오산, 김종직은 2개소예림, 금오, 이언적은 2개소빙계, 옥산의 서원에서 배향되었다. 1개소의 서원에서 제향되는 인물은 안향·안축·안보백운동, 김안국빙계, 정자·주자천곡, 김유신·설총·최치원서악, 이희안청계, 박충좌금곡, 김대유·박하담선암, 정붕·박영금오, 우탁역동, 배상지·이종준경광, 김일손자계, 노진당주, 임훈·임운용문, 권벌삼계 등이다. 서원의 제향인물에서도 이황이 단연 많은 서원에서 제향되고 있음을 확인할 수 있다. 이황 이외에 2개소 이상의 서원에서 제향되는 정몽주, 길재, 정여창, 김종직, 김굉필, 이언적 등은 모두 16세기의 도학의 계보에서 언급되는 인물들이었다.

16세기 건립된 영남지역의 서원 중 27개소는 사액을 받았다. 특히 10개소의 서원백운동·남계·임고·빙계·천곡·이산·도동·금오·옥산·도산은 16세기에 사액을 받았다. 이후 17개소의 서원서악·연경·예림·역동·덕산·회산·신산·여강·주계·자계·정산·당주·용문·이연·오산·삼계·오천은 17세기에 사액을 받았다. 이는 16세기에 건립된 영남지역 서원이 17세기까지 대다수 사액을 받은 위상이 높은 서원이었음을 의미한다. 이러한 영남지역 서원과 대비하여 영남 이외 지역의 서원을 살펴보면 다음과 같다.

16세기에 건립된 경기도의 서원은 아래의 〈표 2-2〉와 같다.[20]

〈표 2-2〉 16세기 경기도지역 서원

	설립	명칭	지역	사액	제향인물(제향연도)	비고
1	1564년 (명종 19)	설봉서원	이천	×	서희·이관의·김안국·최숙정 (1564)	건립 : 정 현
2	1568년 (선조 1)	파산서원	파주	1650년 (효종 1)	성수침(1568) 성혼(1628) 백인걸(1705) 성수종(1785)	
3	1573년 (선조 6)	도봉서원	양주	1574년 (선조 7)	조광조(1573) 송시열(1696)	
4	1573년 (선조 6)	숭양서원	개성	1575년 (선조 8)	정몽주·서경덕(1573) 김상헌(1668) 김육·조익(1681) 우현보(1784)	

20 方承熙, 앞의 논문, 2002.

	설립	명칭	지역	사액	제향인물(제향연도)	비고
5	1576년 (선조 9)	충렬서원	용인	1609년 (광해 1)	정몽주(1576) 정보·이시직(사액 후)	
6	1580년 (선조 13)	기천서원	여주	1625년 (인조 3)	김안국(1580) 이식(1708)	
7	1594년 (선조 27)	운계서원	지평	1713년 (숙종 39)	조욱·조성(1594) 신변·조형생·조문형(1714)	

위의 표를 보면 16세기 건립된 경기도지역의 서원이 7개소임을 확인할 수 있다.[21] 그것들은 설봉서원雪峯書院, 파산서원坡山書院, 도봉서원道峯書院, 숭양서원崧陽書院, 충렬서원忠烈書院, 기천서원沂川書院, 운계서원雲谿書院이다.

건립 시기별 분포는 1560년대 2개소, 1570년대 3개소, 1580년대 1개소, 1590년대 1개소이다. 건립 지역별 분포는 경기 북부에 4개소이천·파주·양주·개성, 경기 남부에 3개소용인·여주·지평이다.

서원의 배향인물을 중심으로 살펴보면 2개소 이상의 서원에서 제향하고 있는 인물은 2명이다. 김안국은 설봉서원과 기천서원에 제향되었고, 정몽주도 숭양서원과 충렬서원에서 제향하였다. 1개소의 서원에 제향된 인물은 서희·이관의·최숙정·성수침·조광조·서경덕·조욱·조성 등이다. 경기도 지역의 서원 중 2개소는 16세기에 사액을 받았고, 이후 3개소의 서원은 17세기, 1개소의 서원은 18세기에 사액을 받았다.

16세기 경기도 서원은 영남지역보다 시기적으로도 20년 가량 늦게

21 백인걸을 제향하는 파주의 용주서원은 1598년(선조 31) 건립된 것으로 알려져 있으나, 사우로 운영되다 1924년에야 서원이 되었기 때문에 조선시대 서원이라 보기 힘들어 제외하였다.

건립되기 시작하였고, 서원의 숫자도 적음을 알 수 있다. 또한 16세기 경지지역의 서원은 김안국과 정몽주가 2개소 이상에서 제향되었고, 사액서원에는 조광조·정몽주·서경덕을 제향하였다. 따라서 이 시기 경기지역은 정몽주, 김안국, 조광조, 서경덕 등의 학맥을 중시했던 것을 알 수 있다.

16세기 건립된 충청도의 서원은 아래의 〈표 2-3〉과 같다.[22]

〈표 2-3〉 16세기 충청도지역 서원

	설입	명칭	지역	사액	제향인물(제향연도)	비고
1	1549년 (명종 4)	상현서원	보은	1610년 (광해 2)	김정(1549) 성운(1672) 성제원·조헌(1681) 송시열(1695)	
2	1570년 (선조 3)	신항서원	청주	1660년 (현종 1)	이이·이색·경연·박훈·송인수(1570) 한충·송상현·이득윤	
3	1570년 (선조 3)	행림서원	논산	×	서익(1570) 이소(추향)	
4	1580년 (선조 13)	남당서원	제천	×	이황(1580)	
5	1581년 (선조 14)	충현서원	공주	1625년 (인조 3)	주자·이존오·이목·성제원(1581) 조헌(1624) 김장생·송준길·송시열(1625)	
6	1582년 (선조 15)	팔봉서원	충주	1672년 (현종 13)	이자·이경연(1582) 김세필·노수신(1612)	
7	1594년 (선조 27)	문헌서원	한산	1611년 (광해 3)	이곡·이색(1594) 이종학·이개·이자(1611)	

위의 표를 보면 16세기에 충청도지역에 7개소의 서원이 건립되었음을 확인할 수 있다. 그것들은 상현서원象賢書院, 신항서원莘巷書院, 행림

22 方承熙, 앞의 논문, 2002.

서원杏林書院, 남당서원南塘書院, 충현서원忠賢書院, 팔봉서원八峯書院, 문헌서원文獻書院이다.

건립 시기별 분포를 살펴보면 1540년대 1개소, 1570년대 2개소, 1580년대 3개소, 1590년대 1개소이다. 건립 지역별 분포를 살펴보면 보은·청주·논산·제천·공주·충주·한산 등에서 1개소씩 건립되었다.

서원의 배향인물을 중심으로 살펴보면 16세기 배향된 인물 중 2기 이상의 서원에서 제향한 인물은 이색신항·문헌이다. 김정·이이·박훈·송인수·서익·이황·주자·이존오·이목·성제원·이자·이경연·이곡 등은 1개소의 서원에서 제향되었다. 또한 충청도지역의 서원은 16세기에 사액을 받지 못하였고, 이후 5개소의 서원은 17세기에 사액을 받았다. 이러한 충청지역 서원의 현상은 16세기에 특정 지역, 특정 학맥 등이 대두되지 않았고, 서원이 차지하는 위상도 그리 높지 않았음을 반영한다.

16세기에 건립된 전라도의 서원은 아래의 〈표 2-4〉와 같다.[23]

〈표 2-4〉 16세기 전라도지역 서원

	설립	명칭	지역	사액	제향인물(제향연도)	비고
1	1564 (명종 19)	옥천서원	순천	1568 (선조 1)	김굉필(1564)	건립 : 李楨
2	1570 (선조 3)	죽수서원	화순 능주	1570 (선조 3)	조광조(1570) 양팽손(1630)	
3	1573 (선조 6)	쌍계서원	김제	×	최식·최응삼·경거륜 (1573)	

23 韓文鐘, 앞의 논문, 1989; 윤선자, 앞의 논문, 2007.

	설립	명칭	지역	사액	제향인물(제향연도)	비고
4	1575 (선조 8)	용암서원	김제	×	조간(1575) 이계맹·나안세 윤추·이세필·나응삼 (1712) 조윤침	
5	1577 (선조 10)	남고서원	정읍	1685 (肅宗 11)	이항·김천일(1577)	
6	1578 (선조 11)	월봉서원	광주	1654 (孝宗 5)	기대승(1578)	건립 : 김계휘
7	1578 (선조 11)	화산서원	전주	1658 (孝宗 9)	이언적·송인수(1578)	
8	1579 (선조 12)	[고용서원] 창주서원	남원	1600 (宣祖 33)	노진(1579)	건립 : 방응현
9	1583 (선조 16)	[금양서원] [대곡서원] 경현서원	나주	1609 (光海 1)	김굉필·정여창·조광조· 이언적·이황(1583)	건립 : 김성일
10	1590 (선조 23)	필암서원	장성	1662 (顯宗 3)	김인후(1590) 양자징(1786)	1624년 중건
11	1590 (선조 23)	서봉서원	강진	×	이후백(1590) 백광훈·최경창(1712)	
12	1592 (선조 25)	황강서원	전주	×	이문정·이백유·이경동· 유인홍·강해우(1592)	

위의 표를 보면 16세기에 전라도지역에서 12개소의 서원이 건립되었음을 확인할 수 있다.[24] 그것들은 옥천서원玉川書院, 죽계서원竹樹書院, 쌍계서원雙溪書院, 용암서원龍巖書院, 남고서원南皐書院, 월봉서원月峯書院, 화산서원華山書院, [고용서원古龍書院]창주서원滄洲書院, [금양서원錦陽書院·대곡서원大谷書院]경현서원景賢書院, 필암서원筆巖書院, 서봉서원瑞峯書院, 황강서원黃岡書院이다.

건립 시기별 분포를 살펴보면 1560년대 1개소, 1570년대 7개소,

24 건립연도가 불명확한 부안의 도동서원과 사우로 운영되었던 임실의 신안사 등은 제외하였다.

1580년대 1개소, 1590년대 3개소이다. 16세기 전라지역 서원은 1564년 이황의 제자인 이정李楨에 의해 건립된 옥천서원을 시작으로 1570년대에 다수가 건립되었음을 볼 수 있다. 또 건립 지역별 분포를 살펴보면 김제와 전주에 2개소가 건립되었고, 여타 순천·화순·정읍·광주·남원·나주·장성·강진 등에 1개소가 건립되었다.

서원의 배향인물을 중심으로 살펴보면 2개소 이상의 서원에서 제향하고 있는 인물은 3명이다. 김굉필은 옥천서원과 경현서원, 조광조는 죽수서원과 경현서원, 이언적은 화산서원과 경현서원에서 제향되었다. 최식·최응삼·경거륜·조간·이항·김천일·기대승·송인수·노진·정여창·이황·김인후·이후백·이문정·이백유·이경동·류인홍·강해우 등은 1개소의 서원에서 제향되었다. 전라도지역의 서원은 16세기에 2개소의 서원옥천, 죽수이 사액을 받았고, 이후 6개소의 서원은 17세기에 사액을 받았다. 이상을 통해 볼 때 16세기 전라지역은 김굉필, 조광조, 이언적 등의 인물을 존숭하였고, 특히 사액서원에 배향된 김굉필, 조광조의 학맥을 중시하였던 것으로 볼 수 있다.

16세기에 건립된 황해도의 서원은 아래의 〈표 2-5〉와 같다.[25]

〈표 2-5〉 16세기 황해도지역 서원

	설립	명칭	지역	사액	제향인물(제향연도)	비고
1	1549 (명종 4)	문헌서원	해주	1550 (명종 5)	최충·최유선(1549)	건립 : 주세붕 학규 : 이이
2	1578 (선조 11)	[은병정사] 소현서원	벽성	1610 (광해 2)	주자(1578) 조광조·이황·이이·성혼·김장생·송시열(추향)	건립 : 이이

25 方承熙, 앞의 논문, 2002.

	설립	명칭	지역	사액	제향인물(제향연도)	비고
3	1584 (선조 17)	화곡서원	서흥	×	김굉필(1584) 이이(1706) 김유(1735)	
4	1588 (선조 21)	백록동서원	황주	1661 (현종 2)	주자(1588) 김굉필·이이(1687)	
5	1588 (선조 21)	정원서원	신천	1710 (숙종 36)	주자·조광조·이황·이이 (1588)	
6	1589 (선조 22)	취봉서원	안악	1697 (숙종 23)	주자·이이(1589)	
7	1596 (선조 29)	비봉서원	연백 (연안)	1682 (숙종 8)	주자·최충·김굉필·이이 (1596) 성혼·박세채	

위의 표를 보면 16세기에 황해도지역에서 7개소의 서원이 건립되었음을 확인할 수 있다. 그것들은 문헌서원文憲書院, [은병정사隱屛精舍]소현서원紹賢書院, 화곡서원花谷書院, 백록동서원白鹿洞書院, 정원서원正源書院, 취봉서원鷲峰書院, 비봉서원飛鳳書院이다. 건립 시기별 분포를 보면 1540년대 1개소, 1570년대 1개소, 1580년대 4개소, 1590년대 1개소이다. 황해도지역 서원은 1549년 주세붕에 의해 건립된 문헌서원을 시작으로 주로 1570년대 후반부터 1580년대 대다수 건립되었다. 또한 지역별 분포를 보면 해주·벽성·서흥·황주·신천·안악·연백 등의 지역에서 건립되었다. 따라서 특정 지역에서 여러 개소의 서원이 건립되지 않았음을 알 수 있다.

서원의 배향인물을 중심으로 살펴보면 16세기 배향된 인물 중 2기 이상의 서원에서 제향하고 있는 인물은 2명이다. 주자는 소현, 백록동, 정원, 취봉, 비봉서원 등 5개소의 서원, 이이는 정원, 취봉서원 등

2개소의 서원, 김굉필은 화곡, 비봉서원 등 2개소의 서원 최충은 문헌, 비봉서원 등 2개소의 서원에서 제향되었다. 1개소의 서원에 제향된 인물은 최유선·조광조·이황 등이다. 이를 살펴보면 16세기 황해도지역 서원은 주자, 이이, 김굉필, 최충 등을 존숭했음을 알 수 있다. 또한 조광조와 이황 등은 17세기 이후 추향되는 빈도가 높았음을 확인할 수 있다. 황해도지역의 서원은 16세기에 1개소의 서원이 사액을 받았고, 이후 6개소의 서원은 17~18세기에 사액을 받았다.

16세기 건립된 강원도·평안도·함경도의 서원은 아래의 〈표 2-6〉과 같다.[26]

〈표 2-6〉 16세기 강원도·평안도·함경도지역 서원

도	설립	명칭	지역	사역	제향인물(제향연도)	비고
강원도	1556 (명종 11)	[구산서원] 오봉서원	강릉	1556년 (명종 11)	공자 주자(1782) 송시열(1806)	건립 : 함헌
평안도	1564 (명종 19)	인현서원	평양	1608년 (선조 41)	기자(1564)	
	1576 (선조 9)	상현서원	희천	1720년 (숙종 46)	김굉필·조광조 (1576)	
함경도	1563년 (명종 18)	문회서원	함흥	1575년 (선조 8)	공자(1563)	
	1566년 (명종 21)	옥동서원	안변	1592년 (선조 25)	이계손(1566) 김상용(1673) 조석윤(1689)	1702 중액

위의 표를 보면 16세기에 강원도지역에서 1개소의 서원이 건립되었음을 확인할 수 있다. 1개소의 서원은 [구산서원丘山書院]오봉서원五峯

26 宋楊燮, 앞의 논문, 1986.

書院이다. 강원도지역의 구산서원은 함헌에 의해 공자의 화상을 배향하여 건립되었고, 오봉서원으로 사액을 받았다. 16세기 공자를 배향한 서원 중 하나이며, 이황의 「서원십영書院十詠」에서도 관련 기록을 찾을 수 있다.

그리고 16세기에 평안도지역에서 2개소의 서원이 건립되었음을 확인할 수 있다.[27] 2개소의 서원은 인현서원仁賢書院, 상현서원象賢書院이다. 건립된 시기로 보자면 1560년대 1개소, 1570년대 1개소이다. 또 건립 지역별 분포는 평양, 희천에 각각 1개소이다. 서원의 배향인물을 중심으로 살펴보면 16세기 배향된 인물 중 2기 이상의 서원에서 제향하고 있는 인물은 없다. 인현서원에서는 기자를, 상현서원에서는 김굉필과 조광조를 제향하였다. 평양에서 기자를 제향하는 서원이 건립된 것을 볼 때 기자조선을 의식한 서원으로 보인다. 상현서원은 희천에 유배가 있던 김굉필에게 조광조가 수학했던 연고를 배경으로 건립된 것으로 보인다. 평안도지역의 서원은 16세기에 사액을 받지 못하였고, 이후 17~18세기에 사액을 받았다.

또한 16세기에 함경도지역에서 2개소의 서원이 건립되었음을 확인할 수 있다. 2개소의 서원은 문헌서원文會書院, 옥동서원玉洞書院이며, 모두 1560년대에 건립되었다. 함흥에 건립된 문회서원은 공자의 화상을 모신 영각影閣에서 출발하여 1575년에 관찰사 이후백이 서원으로 승격한 후 사액을 받았다. 안변의 옥동서원은 1566년 이계손1423~1484을 제향하며 건립되었다. 이계손은 정몽주의 손자인 정보鄭

27 吳洙彰, 앞의 논문, 1995, 106~108쪽.

保의 사위이며 함경도관찰사로 이시애의 난이 일어난 이후 민심을 수습하여 관서부자關西夫子로 불렸던 인물이었다. 함경도지역 서원의 지역별 분포는 함흥, 안변에 1개소씩이었다. 함경도지역 서원의 배향인물을 중심으로 살펴보면 16세기 배향된 인물 중 1개소 이상의 서원에서 제향하고 있는 인물은 없다. 함경도지역의 서원은 2개소 모두가 16세기에 사액을 받았다.

이상의 도별 16세기 서원 건립 및 사액 현황을 분석하면 이 중 절반이 경상도 지역의 서원임을 알 수 있다. 아래의 〈표2-7〉은 16세기 조선 전역의 서원을 도별로 분석한 결과이다.

〈표 2-7〉 16세기 도별 서원 건립 및 사액 현황

	경상	경기	충청	전라	황해	강원	평안	함경	총합
서원	36 (48.6)	7 (9.5)	7 (9.5)	12 (16.2)	7 (9.5)	1 (1.3)	2 (2.7)	2 (2.7)	74 (100)
사액	28 (48.3)	6 (10.3)	5 (8.6)	8 (13.8)	6 (10.3)	1 (1.7)	2 (3.5)	2 (3.5)	58 (100)
16세기 사액	10 (55.5)	2 (11.1)	0 (0)	2 (11.1)	1 (5.6)	1 (5.6)	0 (0)	2 (11.1)	18 (100)

위의 표를 보면 16세기 조선 전역에 건립된 74개소의 서원 중 36개소가 영남지역의 서원으로 전체의 48.6%였다. 또한 74개소의 서원 중 영남지역은 28개소가 사액을 받았는데, 이는 전체의 48.3%였다. 더불어 사액서원 가운데 18개소가 16세기에 사액을 받았는데, 영남지역 서원은 10개소가 해당 시기에 사액을 받았고, 전체의 55.5%에 해당하였다.

이처럼 영남지역 서원이 가진 수치는 전국 서원의 절반에 해당하였다. 영남지역은 절대 다수의 서원이 건립되었으며, 16세기 사액의 빈도도 다른 지역에 비해 많은 수를 차지하고 있다. 영남지역 지식인들은 이황과 그 문인을 중심으로 전국적으로 서원을 보급하였다. 또한 이들은 이후 영남지역에서 서원운영론과 도통론을 공유하였다. 그리하여 영남지역 지식인들은 서원의 운영과 관련한 내용을 다수 남겼고, 이것은 현재까지 남아있다. 이외 지역에서는 16세기 서원과 관련한 기록은 거의 남아있지 않은 실정이다. 이러한 이유로 영남지역 서원은 16세기를 대표한다고 할 수 있겠다. 16세기 서원을 연구할 때 영남지역에 분포한 서원들을 연구할 필요성을 여기서 찾을 수 있을 것이다.

2. 서원지의 편찬과 체제

1) 명대 서원지의 편찬과 체제

'서원지'란 해당 서원과 관련된 모든 자료를 수집 정리하여 몇 개의 항목으로 분류하여 놓은 특정 자료집이라고 말할 수 있다.[28] 중국 최초의 서원지는 13세기 편찬된 『내산서원지萊山書院志』이다. 『내산서원지』는 남송의 구양수도歐陽守道 1208~1272[29]가 지은 「제내산서원지題萊山書院志」

---

28 鄭萬祚, 「조선시대 書院志 體例에 관한 연구」, 『韓國學論叢』 29, 국민대학교 한국학연구소, 2006, 371쪽.

29 구양수도의 「贈了敬序」는 嶽麓書院의 역사상 가장 중요한 사료 중의 하나이다(歐陽守道, 『巽齋集』 卷7, 「贈了敬序」). 이를 보면 구양수도는 남송대 서원 부흥과 관련한 인물 중 한 명임을 알 수 있다.

에서 존재를 확인할 수 있다.[30] 기존에는 1493년명 홍치 6에 편찬된 『백록동지白鹿洞志』가 최초의 서원지로 여겨졌으나, 등홍파鄧洪波에 의하여 『내산서원지』가 존재하였음이 밝혀졌다.[31] 하지만 13세기 이후에도 중국의 서원지는 단속적으로 존재하였다는 기록만 확인될 뿐이다. 송에서 명 초반까지 서원에 관한 기록은 『문헌통고』와 『대명일통지』 등에서 찾을 수 있다.[32] 명대에 편찬된 『대명일통지』에 서원과 관련한 내용을 수록하기 위해 시행된 자료조사는 서원지의 편찬으로 이어졌다. 이에 따라 15세기 후반 이후 다수의 서원지가 편간되는데, 이때 4대 서원의 하나인 백록동서원의 서원지가 편찬되었다.

백록동서원과 관련한 기록이 서원지로 정리되어 남은 것은 명대 이후이다. 백록동서원은 강학을 통하여 인재를 육성하는 서원의 효시였

---

30 歐陽守道, 『巽齋集』 卷22, 「題萊山書院志」.

31 鄧洪波, 『中國書院史』, 東方出版社, 2004, 343쪽.

32 『영락대전』에도 서원과 관련한 기사가 수록되었을 것으로 추정하나 현재는 거의 남아있지 않아서 확인할 수 없다. 『영락대전』은 영락제 성조가 역대의 전적을 모아서 편찬한 류서 형태의 서적이다. 1403년(영락 1) 7월에 성조가 해진·호광·양사기 등에게 편찬을 명하였고, 다음해 11월에 『문헌대성』으로 완성되었다. 하지만 단기간에 편찬되어 부족한 내용이 많았다. 1405년에 영락제는 요광효·정사 등에게 다시 편찬하기를 명령하였다. 요광효는 2,169명에 이르는 문사를 모아 편집·교정·회도·권점 등을 맡겼고, 형식도 『홍무정운』의 운목을 사용하도록 수정하였다. 1407년(영락 5)에 원고가 완성되어 올리자, 영락제는 서문을 짓고 『영락대전』이란 이름을 내렸다. 이 서적은 운자로 나누어진 것이 7~8천 종에 달하여서, 중국 최초, 최대의 백과전서라고 평해졌다. 이 서적은 이후 1562년(가정 41)에 중록본이 만들어졌다. 청 초기에 영락초본은 없어졌고, 가정초본만이 수장되어 있었다. 하지만 1772년(건륭 37)에 사고전서를 편찬하면서 확인한 결과 1천여 책(2422권)의 결본이 생겼다. 이후에도 『영락대전』은 계속 산일되어 현재는 전세계적으로 400여 책만이 남아있다(이태진, 「『永樂大典』, 어떤 책인가?」, 『韓國에 전하는 中國 국가급 문물 『永樂大典』-傳存 경위와 내용-』, 태학사, 2018, 13~15쪽).

다. 백록동서원은 940년남당 승원 4 여산 백록동에서 은거하던 이발李渤이 학관을 세우고, 학전을 마련하면서 시작되었다. 977년송 태평흥국 2에 국가로부터 9경九經을 반사받아 국가의 공인을 얻었고, 백록동학관·백록동국상·여산국학 등의 명칭으로 불렸다. 백록동서원은 북송 4대서원의 하나로,[33] 남송대 주희에 의해 부흥되었으며, 이후 중국 서원사에서 중요한 위치를 차지하였다. 백록동서원에 관한 기록과 서원의 여러 기능을 명확히 확인할 수 있는 시기는 서원지가 간행된 명·청대이다. 다음의 〈표 2-8〉은 명·청대 백록동서원의 서원지 11종의 간행사항을 정리한 표이다.[34]

〈표 2-8〉 역대 백록동서원지 11종

	왕조	편찬연도	서원지명	총 권수	편찬인	비고
①	명	1494년	백록동지白鹿洞志	8권	노탁(찬)	실전
②		1524년	백록동서원신지白鹿洞書院新志	8권	이몽양(찬)	
③		1554년	백록동지白鹿洞志	19권	정정작(찬)	
④		1592년	백록동서원지白鹿洞書院志	12권	주위, 대헌책(찬)	
⑤		1622년	백록서원지自鹿書院志	17권	이응승(찬)	

33 중국 4대서원은 여러 설이 있으나 백록동서원은 항상 포함되었다. 왕응린의 『옥해』에서는 백록동서원·악록서원·응천부서원·숭양서원을 4대서원으로 보았다(『玉海』 卷167, 「宮室·院【上】·宋朝四書院」). 마단림의 『문헌통고』에서는 『옥해』와 같이 본 경우(『文獻通考』 卷46, 「學校考7·郡國鄉黨之學」)와 숭양서원을 제외하고 석고서원을 넣은 경우가 있었다(『文獻通考』 卷63, 「職官考17·教授」). 이외에도 모산서원이 포함되는 사례도 있다.

34 11종의 백록동서원지에 대한 소장정보는 백록동서원고지정리위원회白鹿洞書院古志整理委員會의 『백록동서원고지오종白鹿洞書院古志五種』(中華書局出版, 1995)과 조소생趙所生·설정흥薛正興 주편主編의 『중국역대서원지中國歷代書院志』 1~2(江蘇教育出版社, 1995)를 참고하였다.

	왕조	편찬연도	서원지명	총 권수	편찬인	비고
⑥	청	1675년	백록서원지白鹿書院志	16권	요문영(중정重訂) 전정진(증수)	
⑦		1720년	백록서원지白鹿書院志	19권	모덕기(중정)	
⑧		1795년	백록서원지白鹿書院志	19권	주조란(중수)	
⑨		1871년	백록서원지白鹿書院志	19권	모덕기(원수) 주조란(중수)	
⑩		1882년	백록서원지白鹿書院志	19권		⑨의 보간본補刊本
⑪		1910년	백록서원지白鹿書院志	19권		

이상을 살펴보면 백록동서원은 명·청대明·清代를 거치면서 총 11종의 서원지를 편찬하였다. 명칭은 '백록동지'에서 '백록동서원지'를 거쳐 최종적으로 '백록서원지'로 정착하였다. 명칭에서 볼 때 15세기말 처음 등장하는 『백록동지』는 방지方志[지리지]의 일종으로 추정된다. 지리적 공간과 인문적 공간이 서원을 중심으로 어우러져 있기에 서원의 연혁을 설명하는 서원지를 구성하면서 지지地志의 구성을 차용한 것으로 보인다. 따라서 11종의 백록동서원지는 맨 처음에 서원 인근의 경관을 설명하는 「형승形勝」을 배치한 경우가 대부분이다.

명대 편찬된 백록동서원의 서원지는 모두 5종이나, 1494년홍치 7에 편찬된 『백록동지』는 실전되었다.[35] 또 청대에는 6종이 편찬되었으나,

---

35 명대 편찬된 백록동서원의 서원지 5종에 대한 간행정보는 다음과 같다(표기된 숫자는 명·청대 서원지를 모두 대상으로 하였다). ① 『백록동지』는 노탁魯鐸이 편찬하였고, 모두 8권으로 구성되었다. 남강지부 곽진郭瑨이 노탁의 아들인 노직魯稷의 집에서 원고를 취하여 각인한 시기가 1494년(홍치 7)이나, 현재는 전해지지 않고 있다. ② 『백록동서원신지』는 제학강서부사 이몽양李夢陽이 편찬하였고 모두 8권으로 구성되어 있다. 이몽양은 서원지를 완성한 후 1511년(정덕 6)에 서문을 작성하여 보관하고 있었다. 1524년(가정 4)에 서원의 학생인 요건화繆建和와 황미黃美가 복건안찰사 주광재周廣在에게 청하여 원고를 교정하였다. 이후 남강부지부 장유엄張愈嚴이 간행하였다. 현재 미국 국회도서관에 소장되어 있다. ③ 『백록동지』는 강서안찰부사 정정작이 편찬하였다. 모두 19권으로 이루어져 있다. 1554년에 작성한 서문이 있다. 현재 중국 북

그 중 1871년동치 10에 편찬된 『백록서원지』를 이용하여 1882년광서 9·1910년선통 2의 서원지가 보각되었다.[36] 명·청대의 백록동서원지는 명대 5종, 청대 6종이 30~50년의 주기로 간행되었다. 그러나 백록동서원의 경우와 같이 특정 서원에서 여러 차례에 걸쳐 서원지를 간행한 경우는 매우 드물다. 대부분 1종의 서원지만 간행했으며, 현재 전해지고 있는 중국의 서원지는 모두 16세기 이후에 간행된 서원지이다.

서원지 편찬의 동기와 목적은 크게 4가지로 정리할 수 있다. ① 서원의 역사, 유래와 자료를 후세에 전하고자 하는 것, ② 공자나 선현

경도서관과 청화대학 도서관에 소장되어 있다. ④ 『백록동서원지』는 1592년(만력 20)에 성자현 사훈司訓이자 백록동서원 주동主洞인 주위周偉와 동생洞生인 대헌책戴獻策이 편찬하였다. 모두 12권으로 구성되어 있다. 현재 중국 절강성도서관과 강서성도서관에 소장되어 있다. ⑤ 『백록서원지』는 1622년(천계 2)에 남강부 사리司理이자 백록동서원 주동인 이응승李應昇이 편찬하였다. 모두 17권으로 구성되어 있다. 현재 중국 고궁박물원도서관과 산동성도서관, 대만 대북중앙도서관에 소장되어 있다.

36 청대 편찬된 백록동서원의 서원지 7종에 대한 간행정보는 다음과 같다. ⑥ 『백록서원지』는 1675년(강희 12)에 요문영廖文英이 중정重訂하고, 전정진錢正振이 증수한 서원지이다. 모두 16권으로 구성되어 있다. 현재 중국 중국과학원도서관과 상해도서관, 남경대학도서관에 소장되어 있다. ⑦ 『백록서원지』는 1720년(강희 59)에 성자현지현 모덕기毛德琦가 중정한 책이다. 모두 19권으로 구성되어 있다. 현재 중국 고궁박물원과 중국인민대학의 도서관, 강서성도서관에 소장되어 있다. ⑧ 『백록서원지』는 1795년(건륭 60)에 서남강부 주조란周兆蘭이 중수한 서원지이다. 모두 19권으로 구성되어 있다. 현재 완본은 전해지지 않는다. ⑨ 『백록서원지』는 1871년(동치 10)에 중각重刻한 서원지로 모덕기가 원수原修하고, 주조란이 중수한 본이다. 모두 19권으로 구성되어 있다. 현재 중국 상해사범대학도서관 소장본의 권6·11·12·19에 1871년 보각補刊한 내력[동치10년보각同治十年補刊]이 기록되어 있고, 중국과학원 도서관의 소장본은 권1~10까지만 남아있다. ⑩ 『백록서원지』는 1882년(광서 9)에 『백록서원지』(1871년본)를 보각한 서원지이다. 역시 모두 19권으로 구성되어 있다. 현재 중국 북경사범대학도서관과 일본 동양문고에 소장되어 있다. ⑪ 『백록서원지』는 1910년(선통 2)에 ⑨ 『백록서원지』(1871년본)를 보각한 서원지이다. 역시 모두 19권으로 구성되어 있다. 현재 중국 중국과학원도서관에 소장되어 있다.

에서 비롯되는 도맥의 전승을 표방하기 위해서, ③ 성인 선현의 학설을 담은 강학자료를 수록함으로써 배우는 자의 흥기를 도모하기 위한 것, ④ 서원재정과 관련되는 서원전書院田·산당山塘 등의 문서 획정을 기록으로 남기고자 함이다.[37] 『중국역대서원지』의 편찬자들은 서원지를 크게 과예課藝와 지서志書로 구분하고 있으나, 정만조는 기능과 성격을 기반으로 하여 3종으로 분류하였다. 첫 번째, 서원에 관한 제반사항을 수록한 「서원지」 형태이다. 두 번째, 서원의 강학 학습내용을 중점적으로 실은 「강학록講學錄」 형태이다. 세 번째, 월과月課나 계과季課에 응하여 제출된 원생의 답안지[과권課卷]를 선정해 놓은 「과예」의 형태이다.[38] 이 중에서 서원의 운영과 서원지의 체제를 확인할 수 있는 형태는 첫 번째이며, 이 형태로 구성된 명의 서원지는 모두 10종이 남아있다.

16세기 명의 서원지 중 서원의 운영과 서원지의 체제를 확인할 수 있는 종류는 10종이 현존한다.[39] 명대 서원지 10종의 편찬연대와 편찬자, 권수를 살펴보면 다음과 같다. ① 『홍도서원지弘道書院志』는 1505년명 홍치 18에 내시희來時熙가 집록輯錄한 홍도서원의 서원지로 권이 구별되지 않는 형태였다. ② 『백록동서원신지』는 1524년명 가정 3에 이몽양이 편찬한 백록동서원의 서원지로 8권으로 구성되었다. ③ 『석고서원지石鼓書院志』는 1533년명 가정 12에 편찬된 형주부衡州府 석고서원의 서원지로 1589년명 만력 17에 이안인李安仁이 중수하고 왕대소王大韶가 중교

37 鄭萬祚, 앞의 논문, 2006, 393~394쪽.

38 鄭萬祚, 위의 논문, 2006, 394~395쪽.

39 명대 서원지 10종은 『중국역대서원지中國歷代書院志』에 수록되어 있다(趙所生·薛正興主編, 『中國歷代書院志』 1~16, 江蘇教育出版社, 1995.).

重校하였다. 『석고서원지』는 상부上部와 하부下部로 구성되어 있는 형태이다. ④ 『백록동지』는 1554년명 가정 33에 정정작이 편찬한 백록동서원의 서원지로 19권으로 구성되어 있다. ⑤ 『백천서원지百泉書院志』는 1578년명 만력 6에 섭량기聶良杞가 집록한 백천서원의 서원지로 3권으로 구성되어 있다. ⑥ 『백록동서원지』는 1592년명 만력 20에 주위와 대헌책이 편찬한 백록동서원의 서원지로 12권이다. ⑦ 『동림서원지東林書院志』는 만력연간萬曆年間1573~1619에 엄곡嚴瑴 등이 편찬한 동림서원의 서원지로 상하권과 부록으로 구성되어 있다. ⑧ 『우산서원지虞山書院志』는 만력연간1573~1619에 장내張鼐 등이 편찬한 소주부蘇州府 우산서원[학도서원學道書院]의 서원지로 10권으로 이루어져있다. ⑨ 『인문서원지仁文書院志』는 만력연간에 악원성岳元聲이 편찬하고 악화성岳和聲이 교정을 본 강서성 길수吉水 인문서원[문강서원文江書院]의 서원지로 11권이다. ⑩ 『공학서원지共學書院志』는 만력연간에 악화성 등이 편찬하고 교정한 공학서원의 서원지로 상중하권으로 구성되어 있다.

이상 ⑦~⑩의 서원지는 명확한 편찬연대를 확정할 수 없지만 만력연간에 간행되었기에 함께 비교하였다. 그리고 ① 『홍도서원지』가 가장 시기가 앞서지만, 그 내용이 워낙 소략하여 ② 『백록동서원신지』를 기준으로 항목을 정리하였다. 10종의 명대 서원지의 체제를 정리하면 아래의 〈표 2-9〉와 같다.[40]

---

40 16세기 명대 서원지의 체례를 분석하기 위해서 『중국역대서원지』에 수록된 명대 서원지를 중심으로 살펴보았다. 『중국역대서원지』는 총 16책으로 이루어졌는데, 역대 중국의 서원지들을 모아 영인한 서적이다. 이 서적에서는 11종의 명대 서원지를 확인할 수 있는데, 그 중 백록동서원지 1본은 1622년 간행된 것으로 명시되어 있어 16세기 명대 서원지에서 제외하였다. 항목에 제목을 표기하고 다음에 (卷數-순서)를 기록하였다.

〈표 2-9〉 16세기 중국 서원지 체제표

	①	②	③	④	⑤	⑥	⑦	⑧	⑨	⑩
	홍도 서원지	백록동 서원신지	석고 서원지	백록동 지	백천 서원지	백록동 서원지	동림 서원지	우산 서원지	인문 서원지	공학 서원지
역사 경관 건물	건홍도 서원기 (부록1)	연혁지 (1-1)	지리지 (상-1)	서원연혁 (2)	건혁지 (1-1)	연혁지 (1)	연혁 (上-1)			연혁 (上-2)
		형세지 (1-2)				형승지 (2)		지승지 (1-1)	형승 (1)	형승 (上-1)
		건조지 (1-3)	실우지 (상-2)				건치 (상-2)	고적지 (1-2) 건치지 (1-3)	건치 (2)	
		석참지 (1-4)								
전조		산지 (2-1)		산천 (1)						
		전지당지 (2-2)		동학전상 (17) 동학전하 (18)		전지산 당지 (11)		수예지 (6-3) 원전지 (6-4)	원전 (10)	전부 (상-8)
출신 학자 관료	출신제 명 (부록2)	성씨지 (3)	인물지 (상-3)	명현 (3)	명현지 (1-3)	인물지 【부경사 자집】 (3)	선현 (上-3)	선현지 (2) 관사지 (5-2)	선유 (3) 관사 (5)	선유 (상-4) 환적 (상-5)
원규	학규 (1) 류정소 학규 (2)	문지 (4)	사한지 (上-4)	동규상 (5) 문한4 (12)	학약지 【서적부】 (1-1)	문지 (5)	공이 (상-5) 원규 (하-2)	원규지 (4) 문이지 (5-1)	원규 (4) 공이 (9)	규제 (상-3) 회규 (상-7) 공독 (하-1)
	문 (부록5)	문지 (5)		동규하 (6)	문지 (2)	문지 (6) 문지 (7)			강의 (11)	

	① 홍도 서원지	② 백록동 서원신지	③ 석고 서원지	④ 백록동지	⑤ 백천 서원지	⑥ 백록동 서원지	⑦ 동림 서원지	⑧ 우산 서원지	⑨ 인문 서원지	⑩ 공학 서원지
문한	명 (부록4) 記 (부록6)	문지 (6)		문한1 (9) 문한2 (10) 문한3 (11)		문지 (8)	문한 (下-1)	예문지 (9)	예문 (6)	예문 (中)
	시 (부록3)	문지 (7)	시 (下部)	문한5 (13) 문한6 (14) 문한7 (15)	시지 (3)	문지 (9) 문지 (10)		예문지 (10)		
장서		서적지 (8-1)		경적 기명부 (16)	학약지 【서적부】 (1-1)	인물지 【부경사 자집】 (3)		서적지 (6-1)	서적 (8)	전적 (上-9)
기물		기명지 (8-2)					전수 (下-4)	집기지 (6-2)		기용 (下-4)
의례				동사 (4)	사전지 【제전부】 (1-2)	사전지 (4)	사전 (上-4)	사전지 (3-1) 종상지 (3-2)	사전 (7)	사전 (上-6)
기타				동첩상 (7) 동첩하 (8) 외지 (19)		외지 (12)	재상 (하-3) 의륜 (하-5) 질사 (하-6) 양동림변 (부) 동림혹문 (부)	회어지 (7) 회어지 (8)		선후 (하-2) 제명 (하-3)

이상의 표를 살펴보면 16세기 명대 서원지에서는 8가지의 항목을 공통적으로 포함하였음을 볼 수 있다.

첫 번째, 서원의 역사와 주변 경관, 건물의 위치를 기록한 항목이다. 연혁沿革·형세形勢·지승地勝 등 서원의 역사와 주변 형승形勝을 다룬 부분이 서원지의 앞부분에 배치되었다. 또 건조建造·실우室宇·건치建置 등 건물의 위치와 명칭을 다룬 부분도 서원지의 앞부분에 배치되었다.

두 번째로, 서원의 경제기반인 전조田租를 기록한 항목이다. 산山·전지田地·당塘, 학전學田·원전院田, 수예樹藝, 전부田賦 등의 명칭으로 기록되어 있는데, 항목의 순서는 서원지마다 상이하다. 홍도서원, 석고서원, 백천서원에서는 전조를 기록한 항목을 찾아볼 수 없다.

세 번째로, 해당 서원 출신의 학자나 관료를 기록한 항목이다. 출신제명出身題名, 성씨姓氏·인물人物, 명현名賢·선현先賢·선유先儒, 관사官師·환적宦績 등의 명칭으로 기록되어 있다. 서원의 건립에 관여한 선현이나 명현, 서원 출신으로 명성을 날린 인물 또는 관리를 기록한 항목이다. 이 항목을 10종의 서원지 모두에서 찾을 수 있다. 해당 서원과 관련한 역사인물을 찾을 때 필수적으로 참고해야하는 부분으로, 각 서원지에서 출신 인물을 중요하게 여겼음을 보여주는 항목이다.

네 번째로, 서원의 규정을 수록한 항목이다. 학규學規·동규洞規·학약學約·원규院規·규제規制·회규會規 등 별도의 항목으로 기록한 경우와 문지文志·사한詞翰, 공이公移·공독公牘 등의 항목에 포함되어 있는 경우로 나누어진다. 이 항목도 10종의 서원지 모두에서 찾을 수 있다. 해당 서원의 운영방침과 원생의 강학활동 및 일상생활에서 지켜야 할 규정을 살펴볼 수 있는 항목이다.

다섯 번째로, 서원과 관련한 글을 모아놓은 항목이다. 지志의 명칭을 문文·문한文翰·예문藝文 등의 대표적 명칭으로 기록한 후 권을 분리하는 경우와 문文·명銘·기記·시詩·강의講義 등 문체별로 기록한 경우로 나누어진다. 이 항목도 10종의 서원지 모두에서 찾을 수 있다.

여섯 번째로, 서원의 장서藏書를 기록한 항목이다. 서적書籍·경적經籍·전적典籍로 기록된 경우와 인물人物에 부기附記된 경우, 아예 수록하지 않은 경우로 나눌 수 있다. 10종의 서원지 중 7종의 서원지에서 보이는 항목으로 16세기 서원의 장서와 그로 인한 서원 지식의 단초를 찾아볼 수 있는 부분이다.

일곱 번째로, 서원의 제기祭器와 공기供器 등 기물을 수록한 항목이다. 기명器皿·집기什器·기용器用로 기록된 경우와 기록하지 않은 경우로 나뉜다. 10종 가운데 4종에서 확인할 수 있다. 이 항목은 서원에서 사용했던 제기와 기물 등의 개수를 표기하여, 당시 서원에서 관련 기물을 중시했던 상황에 대한 추정이 가능한 부분이다.

여덟 번째로, 서원의 제향인물과 향사의례를 기록한 항목이다. 사전祀典·동사洞祠 등으로 기록되어 있고, 제전祭田이 부록된 경우도 있다. 10종의 서원지 중 7종의 서원지에서 살펴볼 수 있는 항목이다. 따라서 해당 서원의 제향인물의 성격과 향사례의 특징을 파악하기 용이한 부분이다.

기타 항목으로 동첩洞牒, 외지外志, 재상災祥·의론義輪·일사軼事, 회어會語, 선후善後·제명題名 등 특정 서원지에서만 보이는 항목들이다.

이상을 보면, 명대 서원지에서는 각 서원의 역사를 확인할 수 있는 항목인 역사경관건물, 서원 출신의 인물, 서원에 관한 글 등을 중요하게 여겼다. 또한 서원의 규정을 확인할 수 있는 항목을 서원지에 포함하였는데, 이는 서원을 운영하는데 꼭 필요했기 때문으로 보인다. 더불어 서원에서 보관했던 장서를 기록한 항목과 제향인물, 의례 등도 서원지를 편찬하는데 중요한 항목이었음도 확인할 수 있다. 명대의 서원지는 조선의 서원지를 연구하는데 비교자료로 활용할 수 있다.[41]

2) 조선 서원지의 편찬과 체제

주세붕은 조선 최초의 서원지인 『죽계지』를 편찬하였다.[42] 주세붕은 백운동서원의 설립과 함께 『죽계지』를 작성하였다. 그 후 1559년명종 14에 노경린1516~1568이 편찬한 영봉서원[천곡서원]의 『영봉지』와 1588년선조 21에 류운룡1539~1601이 작성한 오산서원의 『오산지』가 남아있다. 16세기에 편찬된 서원지 3종은 해당 서원의 특징을 파악하기 위한 가장 기본적인 사료이다. 또한 서원이란 새로운 제도가 조선에 정착하는 과정을 분석하는데 주요한 자료이다. 그리고 이 3종은 조선 전기에 간행된 서원지로, 초기 서원지의 편찬과정과 전개과정을 분석하는 데에서도 필수적인 자료이다. 나아가 새롭게 성립된 서원과 서원

---

41 명대 서원지는 방지方志[지방지, 지리지]와 유사한 형태로 편찬되었다. 이는 앞서 백록동서원의 서원지에서 형승과 관련한 내용을 설명하면서 간략히 언급하였다. 이에 대해서는 향후 추가적인 연구가 필요한 것으로 보인다.

42 조선에서 서원의 확산과 함께 편찬된 서원지는 현존하는 종류만 80여 종에 이르는 것으로 조사되었다(조준호, 「書院志 分析을 통해 본 初期 書院의 성격」, 『韓國學論叢』 33, 국민대학교 한국학연구소, 2010, 1쪽.). 선행연구를 수용하여 필자가 조사한 서원·사우·향교·정사의 지는 약 360종(조선시대-59종, 1910년~일제강점기-61종, 해방~현재-190종, 시기 미상-54종)이다. 해당 서적들의 간략한 서지사항은 부록을 참고.

지가 어떤 지식의 영향을 받아서 형성되고 편찬되었는지를 살필 수 있다.

16세기 서원지 3종[『죽계지』·『영봉지』·『오산지』]의 편찬과 체제를 분석하여 특징을 살펴보자. 주세붕의 『죽계지』는 현존하는 조선시대의 서원지 가운데 가장 오래된 것이다. 초간본은 1545년~1548년에 간행된 것으로 추정된다.[43] 주세붕은 서원지의 명칭으로 서원의 제향인물인 순흥안씨 안향의 세거지를 나타내는 지명인 '죽계竹溪'를 내세웠다.

『죽계지』의 구성은 행록行錄, 존현록尊賢錄, 학전록學田錄, 장서록藏書錄, 잡록雜錄, 별록別錄 등 6권이다. 권1이 시작되기 전 권수卷首에는 주세붕의 서문1544년 10월과 성세창의 「백운동문성공묘기白雲洞文成公廟記1545년 5월」를 수록하고 있다. 권1은 안씨행록安氏行錄으로 제향인물인 안향과 그 후손인 순흥 안씨의 열전, 묘지명, 가사, 시문 등의 기록을 모았다. 행록후行錄後에는 제향과 관련한 축문·제문, 서간, 가사, 제식祭式 등을 수록하였다. 권2는 존현록으로 주희가 저술한 송대 성리학자의 사당·정자·당실의 기문을 수록하였다. 권3은 학전록으로 주희가 저술한 학전기·서원기를 수록하고, 백록동서원의 학전이 위치한 장소와 규모를 기록하였다. 권4는 장서록으로 주희가 저술한 장서기를 수록하고, 백운동서원의 장서 목록과 수량을 기록하였다. 권5는 잡록으로 주희가 지은 시문·명·찬 등이 수록되어 있는데, 유학의 명제들과 관련된 내용이다. 잡록후에는 원규 등 백운동서원의 운영과 관련 내용들을 기록하

---

43 옥영정, 「『竹溪志』의 編纂과 版本에 관한 書誌的 硏究」, 『書誌學硏究』 31, 한국서지학회, 2005, 302쪽; 安柾, 「竹溪志 解題」, 『國譯 竹溪志』, 紹修博物館, 2009, 16~19쪽.

였다. 권6은 별록으로 위학爲學·입교立敎·벽사辟邪로 구성되었고, 주로 사서의 중요 구절을 발췌하여 주제별로 묶었다.[44]

『죽계지』의 체제를 바탕으로 내용을 살펴보면 3가지의 특징으로 정리할 수 있다. 첫 번째는 서원 설립의 배경을 설명한 부분이고, 두 번째는 중국 서원제도와 관련한 소개를 위한 부분이며, 세 번째는 백운동서원의 운영과 관련한 부분이다.

첫 번째, 주세붕은 권수 서문과 「백운동문성공묘기」, 권1 「안씨행록」에서 백운동서원 건립의 배경을 설명하였다. 주세붕은 『죽계지』의 서문에서 주희의 백록동서원의 중수와 백운동서원의 설립을 비교하였다. 그리고 교육의 중요성을 강조하며 서원 설립의 배경을 설명하였다. 더불어 주세붕은 제향인물인 안향을 존숭해야함을 강조하면서 사묘도 필수적이라는 입장이었다. 그는 권1 「안씨행록」과 제향인물의 행적과 그들의 시문을 수록하였다. 그리고 주세붕은 행록후에서 제향인물과 후손들의 서간문과 발문, 제문을 수록하였다. 더불어 본인이 작성한 도동곡道東曲 등의 가사를 수록하였고, 이 가사는 이후 제향에서 사용되었다.

두 번째, 주세붕은 중국 서원제도에 대한 소개를 위해 권2 「존현록」, 권3 「학전록」, 권4 「장서록」, 권5 「잡록」에서 주희의 글을 수록하였다. 주세붕은 권2 「존현록」에서 주희가 주돈이·이정자·장식 등을

44 이상에서 살펴본 『죽계지』의 목차와 내용을 정리하면 〈부표- 1〉과 같다. 『죽계지』 체제표에서 세목 앞의 숫자와 [ ]·【 】·〈 〉 등의 기호는 필자가 임의로 작성한 기호이다. 숫자는 수록된 순서를 알아보기 용이하기 위해서, [ ]는 세목의 작성자나 원전을 밝혀 정보를 제공하기 위해서, 【 】는 세목에서 주석으로 표기된 부분을 나타내기 위해서, 〈 〉는 제목이 없는 세목을 다른 서적에서 나타나는 표제명으로 표시하기 위해서 임의로 기록하였다.

위해 지은 사우에 관한 상량문 등을 수록하였다. 또 주세붕은 권3 「학전록」과 권4 「장서록」에서도 주희가 지은 학전기과 장서각기 등을 우선 수록하였다. 이와 더불어 권5 「잡록」에서도 백록동서원과 관련한 글과 주희의 백록동부 등을 수록하였다. 이처럼 주세붕은 『죽계지』의 많은 부분에서 주희의 글을 인용하고 있다. 주세붕은 『죽계지』를 편찬하면서 『주자대전』, 『대명일통지』, 사서四書 등 중국 서적을 주로 활용하여 존현록, 학전록, 장서록, 잡록, 별록을 작성한 것이다. 『죽계지』의 전체 분량에서 중국 서적의 인용 양상을 살펴보면 존현록, 학전록, 장서록, 잡록의 각 권의 앞쪽에 주희의 글을 수록하였다. 즉, 주세붕은 『죽계지』의 상당한 분량을 주희의 글에 할애하였다.

세 번째, 주세붕은 행록후, 권3 「학전록」, 권4 「장서록」, 잡록후에서 백운동서원의 운영과 관련한 부분을 기록하였다. 주세붕은 행록후에서 백운동서원의 춘추대향도春秋大享圖와 제식 등을 수록하여 서원의 향사의례에 대한 내용을 기록하였다. 또 주세붕은 권3 「학전록」에서 백운동서원의 학전을 기록하여 성립기 서원의 경제기반을 보여주었다. 그리고 주세붕은 권4 「장서록」에서 서원의 장서를 기록하여, 최초의 서원 장서를 수록하였다. 또한 잡록후 백운동서원의 원규를 수록하여 영남지역 원규의 시초를 알 수 있었다. 이러한 부분들은 서원 운영의 시초를 보여주는 요소이다. 이처럼 주세붕이 『죽계지』에서 수록한 서원 설립의 배경과 제향인물에 대한 설명, 서원 운영 대한 규정 등은 이후 편찬되는 조선 서원지의 전범典範 역할을 했다고 할 수 있다.

그러나 주세붕이 편찬한 『죽계지』는 제향인물과 서원 운영과 관련한 부분이 혼재되었다는 특색을 가졌다. 주세붕은 제향인물의 정보를 담은 행록에서 서원의 운영에 관련한 부분들을 함께 수록한 것이다. 즉, 제향인물을 추숭하는 내용과 서원의 실질적인 운영에 대한 글이 혼재된 구성이었다. 또한 백운동서원의 운영을 가장 잘 알 수 있는 원규가 소략하다는 점도 부족함이라고 할 수 있다.

노경린1516~1568은 1559년명종 14에 『영봉지』를 편찬하였다. 노경린은 영봉서원을 건립하고, 그 제반 사항을 서원지로 기록하여 영남지역 사림의 주목을 받았다. 노경린은 『영봉지』의 초고가 완성된 이후, 이황에게 보내서 평가를 받았다. 그리고 이황은 원본을 보유한 노경린에게 지적한 사항에 대한 수정작업을 시행하도록 하였다.[45] 그리고 1560년에 이황은 노경린에게 서간을 보내어 『영봉지』에는 중국의 서원과 관련한 내용이 모두 기록되었기 때문에 서원제도를 폄하하는 이들의 의혹을 해소해 줄 수 있으리라 기대한다면서 인쇄한 『영봉지』를 얻고 싶다고 하였다.[46] 『영봉지』는 노경린이 편찬한 초고본을 이황 등이 확인하였고, 이후 황준량이 완성하여 1560년에 간행한 것으로 확인된다.[47]

『영봉지』는 별도의 권으로 구분되지 않는다. 노경린은 영봉서원기迎鳳書院記, 서원록書院錄, 이씨행록李氏行錄, 학규록學規錄, 장서록藏書錄, 학전록學田錄, 서원학전록書院學田錄, 묘원정의록廟院定議錄, 춘추대향도春秋大享圖, 제식祭式의 10가지 내용으로 『영봉지』를 구성하였다. 이황이 작성한 영봉서원기가 처음이고, 서원록은 주희가 저술한 서원기와 『대명일통

45 『錦溪集』 內集 卷4 雜著, 「上退溪書」.

46 『退溪集』 卷12 書, 「答盧慶麟」.

47 우정임, 「退溪 李滉과 그의 門徒들의 서적 간행과 書院의 기능」, 『지역과 역사』 22, 효원사학회, 2008, 235~236쪽.

지』의 중국 서원 목록을 수록하였다. 이어 이씨행록에서 이조년과 이인복의 행적과 김굉필의 묘지명과 신원에 관한 기사를 수록하였는데, 명칭에서 보듯이 김굉필이 추가로 수록된 것이다. 다음 학규록에서는 7개조의 학규와 세목細目을 수록하였다. 장서록에는 소식蘇軾과 주희의 장서기와 영봉서원에서 소장한 서목書目을 수록하였다. 학전록에는 주희의 학전기를 수록하였고, 서원학전록에 성립기 영봉서원의 학전 현황을 수록하였다. 묘원정의록에는 제향인물 선정과 관련한 서간을 모아 수록하였고, 끝으로 춘추대향도와 제식을 제시하였다.[48]

『영봉지』의 체제를 바탕으로 내용적 특징을 살펴보면 4가지로 정리할 수 있다. 첫 번째는 영봉서원을 건립한 일에 정당성을 부여해주는 부분이고, 두 번째는 중국의 서원에 대한 이해를 돕기 위한 내용이며, 세 번째는 서원의 제향인물 선정에 대한 정당성을 나타낸 부분이고, 네 번째는 서원의 운영과 관련한 부분이다.

첫 번째, 노경린은 ①「영봉서원기」, ②-㉠「서원록」을 수록하여 서원 건립의 정당성에 대하여 서술하였다. 먼저 이황은 영봉서원기에서 서원이란 제도가 생겨난 이유로 관학의 부진을 이야기하였다. 그리고 이황은 사묘를 두어 선현에게 제향하는 일은 도道를 높이며, 사람을 사람답게 하는 방도라고 평하면서 영봉서원 건립과정을 서술하였다. 이처럼 이황은 서원이 건립되어야만 하는 이유와 영봉서원을 건립한 정당성을 함께 서술하였고, 이를 노경린은 가장 앞에 수록한 것이다. 또 노경린은 ②-㉠「서원록」에서 주희의 서원기와 이황의 「퇴계선생상심

48 이상에서 살펴본 『영봉지』의 목차와 내용을 정리하면 〈부표- 2〉와 같다.

방백서退溪先生上沈方伯書」를 수록하였다. 노경린은 서원 건립의 목적을 주희의 「형주석고서원기衡州石鼓書院記」에서 찾고, 재정에 대한 부분을 「옥산유씨의학기玉山劉氏義學記」를 수록하여 보여주었다. 주세붕은 주희의 정신이 이황의 「퇴계선생상심방백서」에 반영되었다고 생각하여 이를 수록한 것이다.

두 번째, 노경린은 중국의 서원에 대한 이해를 위해 ②-㉡ 「서원록」를 수록하였다. ②-㉡ 「서원록」은 '영봉지서원록迎鳳志書院錄'이라고 세부 제목이 있으며, 『대명일통지』에 기록된 중국 서원의 목록을 수록하였다.

세 번째, 노경린은 ③ 「이씨행록」과 ⑧ 「묘원정의록」을 수록하여 제향인물의 선정에 대하여 정당성을 표명하였다. 노경린은 이조년·이인복의 열전과 김굉필의 묘지명 등을 수록하였다. 즉, 「이씨행록」이라 명명하였지만, 김굉필의 기사를 함께 수록하였다. 또한 노경린은 「묘원정의록」에서 제향인물에 대한 업적과 평가를 사림과 함께 논의를 거쳤다는 점을 강조하여 제향인물 선정과 관한 논란을 무마하려고 하였다.

네 번째, 노경린은 영봉서원의 운영에 대하여 「학규록」, 「장서록」, 「학전록」, 「서원학전록」, 「춘추대향도」, 「제식」 등을 수록하였다. 영봉서원의 강학활동과 운영은 「학규록」에 수록하였다. 이는 영봉서원의 원규를 수록한 것으로, 근사謹祀, 예현禮賢, 권과勸課, 수우修宇, 고름考廩, 점서點書, 택원장擇院長의 7가지 조항으로 구분하였다. 또 노경린은 ⑤-

㉠「장서록」과 ⑤-㉡「장서록」에서 영봉서원의 장서를 수록하였다.[49] 노경린은 소식1037~1101과 주희의 장서기를 수록하여 장서각을 건립한 이유에 대하여 정당성을 부여하였다. 또 영봉서원 건립기의 장서를 ⑤-㉡「장서록」에 수록하였다. 노경린은 영봉서원의 경제기반과 관련한 내용을 ⑥「학전록」과 ⑦「서원학전록」에 수록하였다. 노경린은 「학전록」에서 주희의 학전기를 수록하여 서원 학전의 필요성을 강조하였고, 「서원학전록」에는 영봉서원 학전의 현황을 기록하였다. 노경린은 영봉서원의 향사의례享祀儀禮과 관련하여 ⑨「춘추대향도」와 ⑩「제식」을 수록하였다. 노경린은 봄과 가을에 서원에서 지내는 향사의례에서 사용되는 진설도를 수록하였고, 「제식」에는 향사의례의 의식 절차를 간략히 기술하였다.

류운룡은 오산서원을 건립하고, 『오산지』[50]를 편찬하였다. 인동현감 류운룡은 길재를 추숭하는 사업을 진행하면서 그를 제향인물로 오산서원을 세웠고, 그 기록을 모아 『오산지』를 편찬하였다. 류운룡은

49 노경린은 ⑤-㉡의 내용이 시작하기 전 '영봉서원장서록迎鳳志藏書錄'이라고 다시 제목을 붙여 구분하였다. 따라서 필자는 편의를 위해 ㉠, ㉡으로 구분하여 서술하였다.

50 『오산지』는 현재 국립중앙도서관에 소장되어 있다. 『오산지』의 현재 표지는 파손되었던 표지를 수보 배접하여 원표지를 살려 개장하였다. 『오산지』는 이산서원의 장서였던 것으로 판단된다. 본문 마지막장에 "재방에 와서 보고, 서원의 문을 나갈 수 없다(來見齋房, 勿出院門.)."는 내용이 필사되어 있고, 앞표지 뒷면에 "이산서원으로부터 1590년(선조 23)에 기증되었다(吳山志一件送, 伊山書院, 萬曆十八年八月日.)."는 기록이 있다. 이를 통해 볼 때 1588년에 류운룡이 『오산지』를 편찬하였고, 1588년에서 1590년 사이에 간행되어 이산서원에 1부가 보관되었던 사실을 알 수 있다. 권말에는 '야은가장野隱家藏'이란 묵인이 있어 길재의 집안에 수장된 적이 있었으리라 보인다. 한국고전적종합정보의 『오산지』 해제에서는 "권두와 권말에는 야은가장의 묵인이 있고, 권말에는 두암가장斗巖家藏이 필사되어 있다."고 하지만 원문DB로는 권말의 야은가장의 묵인만 확인된다.

「오산서원기吳山書院記」에서 서원을 건립하기 시작할 때 기록을 작성해야 하였지만, 미리 하지 못하였고, 훗날에 서원과 관련 사적이 없어질 것이 두려워서 기록한다고 하였다.[51] 이를 보면 류운룡은 서원을 건립하면서 「오산서원기」를 작성하였고, 이후 1588년선조 21에 『오산지』를 편찬하였음을 알 수 있다.[52] 류운룡이 『오산지』를 편찬한 이유는 다음에서 알 수 있다.

> "서원이 낙성되어 향사 날이 멀지 않으니 제의祭儀와 정규定規가 없을 수 없다. 삼가 도산·역동·이산·백운·금오·천곡·병산 등 서원의 정규와 『국조오례의』 등을 취하여 대략 참고하여 서술하기를 아래와 같이 한다. 대부분은 선현들이 참작하고 정하여 이미 시험한 효과가 있는 것에서 나온 것이요 한 가지도 내가 자의로 만들거나 추측한데서 나온 것이 아니다. 뒤에서 살피는 사람은 하잘 것 없는 내가 지었다고 해서 홀대하지 말기를 바란다."[53]

위의 글을 보면 류운룡은 서원의 향사의례의 절차와 원규를 정하기 위하여 『오산지』를 편찬하였다. 이는 류운룡이 서원의 향사와 강학에

---

51 『吳山志』 卷4 「考證」 「吳山書院記」. "古者凡有作必書, 況先生之淸名懿德, 有以感動人心, 輝映方來者, 不可以無記, 而經始之初. 凡百草草 未及周章, 院中闕事, 無甚於此, 良用介介, 第以草創雖在於首事, 潤色必待於繼成, 詎知後之繼今者, 將多于前功, 而益有所發明歟, 倘有後世之子雲者出, 不以鄙學爲僭妄不足取, 而請記於大人先生, 以爲多士之矜式, 又轉而聞于朝, 得蒙頒賜書額之明旨, 則其於敦教善俗之方, 尤爲萬萬, 竊恐物換星移, 事蹟泯沒, 無從憑考, 故略敍立院梗槪如右, 以俟其採擇云爾."

52 『謙庵集』 卷7 「年譜」. "十六年戊子(○先生五十歲三月) 吳山書院落成, 率境內諸生講學(○取諸書院規及五禮儀, 以立學規, 爲院中永守之圖, 撰吳山志)."

53 『吳山志』 卷2 「享祀」 「題吳山志」. "書院告成, 享祀有日, 不可無祭儀及院規. 謹取陶山·易東·伊山·白雲·金烏·川谷·屛山等書院定規及『五禮儀』, 略加參述如左. 類皆出於前賢酌定已試之效, 一無起於賤末刱見臆探之說, 後之覽者, 其毋以曾經鄙人之手而忽之哉."

관련한 부분을 정비하여, 오산서원 운영의 실질적인 편리함을 갖추기 위해 『오산지』를 편찬하였음을 반영한 것이다. 이는 기존의 서원지와는 다른 모습으로, 주세붕은 '서원' 제도를 소개하고, 그가 추진한 서원 건립의 정당성을 확보하기 위해 『죽계지』를 편찬하였다. 또한 주세붕 이후에 서원지를 편찬한 노경린은 중국의 서원과 관련한 이해와 서원의 제향인물 선정에 관한 논란을 가라앉히기 위해서 『영봉지』를 편찬하였다.[54]

류운룡은 『오산지』를 4권 1책으로 편찬하면서 행록行錄, 향사享祀, 학규學規, 고증考證으로 구성하였다. 권1 「행록」에 행록, 제문, 비음기碑陰記, 권2 「향사」에 향사, 제의, 전알展謁, 권3 「학규」에 유사有司, 원사院士, 거업居業, 권과勸課, 방검防檢, 교제交際, 상정相正, 양현養賢, 수우修宇, 점서點書, 전복典僕, 권4 「고증」에 고증, 사적事跡으로 정리하였다.[55] 류운룡은 「행록」에서 길재의 행적과 그를 추모하는 기사들을 수록하였다. 세부 순서는 행장, 이조첩吏曹牒, 제문, 비음기, 부문답일조附問答一條 등이다. 류운룡은 「향사」에서 서원의 향사의례와 관련한 내용을 기록하였고, 세부적으로 제오산지題吳山志,[56] 향사, 제의, 전알을 수록하였다. 류운룡은 「학규」에서 오산서원의 규정을 수록하였는데 11개 조목이었다. 류운룡은 도산서원, 역동서원, 금오서원, 천곡서원, 병산서원의 원규와 『국조오례의』, 『죽계지』를 체계적으로 정리하여 수록하였다. 류운룡

---

54 조준호, 앞의 논문, 2010, 4쪽.

55 『오산지』의 표지 우측 상단에 필사되어 있는 목차에는 권을 나누지 않은 채 적혀있고, '행록行錄' 대신 '행장行狀'으로 표기되어 있다.

56 「題吳山志」: 『겸암집』에 「제오산지題吳山志」로 수록되어 있다(『오산지』에 수록된 글 중에서 별도의 제목이 없는 경우는 개별 문집에 수록된 제목을 따랐다. 다른 경우도 이와 같다).

은 원규를 정리하면서 자신의 생각도 추가하였다. 류운룡은 「고증」에서 오산서원의 연혁과 사적을 기록하였고, 고증과 사적의 순서로 수록하였다.[57]

다음은 16세기 서원지 3종의 목차를 분석한 〈표 2-10〉으로, 『죽계지』, 『영봉지』, 『오산지』의 목차를 비교하였다. 이를 통해 16세기 서원지의 체제에 나타나는 특징을 살펴볼 수 있다.[58]

〈표 2-10〉 『죽계지』, 『영봉지』, 『오산지』의 체제 비교표

『죽계지』	『영봉지』	『오산지』
권수, 백운동문성공묘기	① 영봉서원기	권4, 고증 사적(오산서원기)
권1, 안씨행록	③ 이씨행록	권1, 행록
권1, 행록후 춘추대향도 제식	⑨ 춘추대향도 ⑩ 제식	권2, 향사 춘추대향도 제식
권2, 존현록	-	-
권3, 학전록	⑥ 학전록 ⑦ 서원학전록	-
권4, 장서록	⑤ 장서록	-
권5, 잡록	-	-
권5, 잡록 원규	④ 학규록	권3, 학규
권6, 별록	-	-
-	② 서원록	-
-	⑧ 묘원정의록	-

57 이상에서 살펴본 『吳山志』의 목차와 내용을 정리하면 〈부표- 3〉과 같다.

58 〈표 2-10〉은 『죽계지』, 『영봉지』, 『오산지』의 목록을 바탕으로 정리하였다. 『영봉지』의 경우 권이 명확하지 않아 항목의 차례를 표시하였다.

위를 보면 16세기 서원지 3종의 변화상을 알 수 있다. 먼저 3종의 서원지는 각자 다른 체제로 구성되었고, 『오산지』에서 몇 가지 항목이 삭제되었음을 알 수 있다. 대신 류운룡은 『오산지』에서 서원의 제향 인물에 대한 향사의례를 다룬 「향사」와 강학활동 및 운영방안을 기록한 「학규」의 비중을 키웠다. 주세붕은 서원의 향사의례와 관련한 내용을 행록후에 춘추대향도와 제식만을 수록하였고, 노경린도 춘추대향도와 제식을 수록하였다. 그러나 류운룡은 오산서원의 향사의례를 기록하면서, 춘추대향도와 제식만 수록하지 않고 관련된 내용을 하나의 '권卷'으로 설정하였다.

다음으로 서원의 원규를 살펴보면, 주세붕은 『죽계지』에서 「잡록후」에 별다른 명명없이 수록하였으나, 노경린과 류운룡은 '록錄'으로 분리하였다. 더욱이 류운룡은 이전의 두 서원지에 대하여 월등히 많은 분량의 원규를 수록하였다. 즉, 류운룡은 서원의 필수적 기능인 존현과 강학에 해당하는 부분을 『오산지』에서 각각 하나의 권으로 정리하여 수록한 것이다.

다음으로 류운룡은 『오산지』에 학전록과 장서록을 수록하지 않았다. 주세붕과 노경린은 「학전록」과 「장서록」을 공통적으로 수록하였지만, 류운룡은 『오산지』에서는 이 부분을 수록하지 않았다. 이 부분은 서원의 학전과 장서에 대한 소유 현황을 확인할 수 있게 해주지만, 류운룡은 이를 수록하지 않아서 학전과 장서의 수량을 알 수 없었다. 그렇다면 류운룡은 왜 학전과 장서에 대한 내용을 수록하지 않았을까?

류운룡은 이황과 황준량의 의견을 수용하여 서원지에 학전과 장서를 수록하지 않았다. 노경린은 『영봉지』를 편찬하면서 이황과 황준량에게 의견을 구하였다. 황준량은 학전과 장서를 기록하지 않는 것이 좋겠다는 의견이었다. 또한 그는 학전과 서적 등의 조목은 서원지의 뒤편에 부기하고, 유사有司가 지키게 하자는 의견이었다.[59] 이황도 『죽계지』의 조잡한 형식에 대한 불만을 이야기하고, 『영봉지』는 그것을 본받지 않았으면 좋겠다는 의견이었다.[60] 그러나 노경린은 『영봉지』에 학전록과 장서록을 수록하였다. 그렇지만 류운룡은 스승인 이황과 동학인 황준량의 의견을 수용하여 자신이 편찬한 『오산지』에는 학전과 장서를 수록하지 않았던 것으로 생각된다.

이상에서 볼 수 있듯이 16세기 영남지역 사림들 사이에서 서원지의 체제에 관한 논의가 있었다. 먼저, 『죽계지』는 중국 서적을 대부분 인용하면서, 학전과 장서를 서원지에 포함할지에 대한 논란이었다. '죽계지'라는 명칭에 맞게 주희朱熹의 글은 제외하고, 제향인물祭享人物과 운영에 대한 내용만 수록하라는 의견과 수량이 변하는 학전이나 장서를 별도로 처리하라는 요구가 존재하였다.

특히, 주세붕이 『죽계지』에서 중국 서적을 다수 인용한 것은 많은 반발을 받았다. 하지만 주세붕이 백운동서원을 설립하고 『죽계지』를 편찬하기 전에는 조선에서 서원과 서원지는 존재하지 않았다. 그렇기에 서원과 관련한 부분은 중국의 제도를 수용할 수밖에 없었다. 그렇

59 『迎鳳志』「廟院定議錄·答四印堂書」. "……鄙意有惑 復此稟請 錄中備載中原書院之所及藏書學田之類 似欲援據故事 以解齒頰 無奈剩耶 竹溪雜志 方爲周武陵之尤 高明之見 何必踵成 只令寫取書帙學田之數 與凡施行之條目 錄付有司 俾善傳守……."

60 『迎鳳志』「廟院定議錄·答四印堂書」. "……迎鳳志 仲擧寄示 皆已見得 但滉常病竹溪志未免稍雜 今但取其意 而勿盡效其所爲 何如 其所抄爲學立教 亦多混紊無頭緒 如何如何……."

지만 16세기에 중국 서원지는 유통되지 않았던 것으로 보인다. 따라서 주세붕은 주희의 저술을 인용하여 중국 서원에 대한 사항을 참고할 수 밖에 없었을 것이다.

> "나는 6세에 『소학小學』을 배워 이미 회암晦菴[주희] 선생이 공자를 계승하여 후학을 계몽한 것을 알았고, 10세에는 사서四書의 주해를 외고 오경五經을 읽고서 선생께서 평생 고심한 것을 더 잘 알았다. 『강목綱目』·『근사록近思錄』·『초사楚辭』 등 여러 서적을 보게 된 뒤에도 『주자전서朱子全書』를 보지 못한 것이 한스러웠는데, 신축년1541년, 중종 36에 비로소 친구로부터 『주자전서』를 빌려 보게 되었고, 금년에 또 다시 『어류語類』를 보게 되었다. 이에 늘 손을 씻고 정좌하여 책을 펼쳐 읽어 봄에 마치 선생을 옆에서 모시면서 직접 가르침을 받는 듯하였다."[61]

주세붕은 1541년중종 36에 『주자전서』를 구해서 연구한 경험이 있었고, 이것이 『죽계지』를 편찬할 때 반영된 것으로 보인다. 따라서 주세붕이 『죽계지』를 편찬할 때 인용한 주요 서적은 주희의 글일 수밖에 없었다. 주세붕은 주희의 글을 통해 서원관을 확인하였고, 이를 바탕으로 『죽계지』를 편찬하였다.

노경린도 『영봉지』을 편찬하면서 다량의 중국 서적을 인용하였다. 노경린은 주희의 기문을 『영봉지』의 서원록, 장서록, 학전록에 수록하였는데, 『죽계지』와 같은 구성 방식이었다. 또 노경린이 서원록에 『대

61 『竹溪志』 卷5, 「雜錄」. "某六歲時, 學小學, 已知晦菴先生, 紹孔子啓後蒙, 執其卷必肅, 讀其書必謹, 十歲, 誦四書註解, 仍讀五經, 益知先生平生之苦. 及觀綱目近思錄楚辭諸書, 猶以未見全書爲恨. 辛丑歲, 始借得友人全書, 今年, 又得語類. 每盥手跪閱, 洋洋乎如侍几案親承面教也."

명일통지』의 서원목록을 수록한 것도 특징적이다. 그러나 노경린은 『영봉지』에서 이전에 간행된 『죽계지』를 인용하였다. 이는 점차 중국 서원의 영향에서 벗어나 조선 서원에 대한 지식이 추적되는 과정을 보여주며, 류운룡은 『오산지』에서 이를 발전적으로 계승하였다. 류운룡은 『오산지』을 편찬하면서, 현저하게 적은 수의 중국 서적을 활용하였다. 류운룡은 권4 고증에서만 단 한 차례의 중국 서적을 인용하였다. 그리고 앞서 살펴본 바와 같이 류운룡은 서원의 학전과 장서를 기록하지 않았다.

16세기 조선에 서원이 건립되면서 지식인들 사이에는 '서원'을 바라보는 시각이 다양하게 존재하였고, 이는 서원에 대한 지식인의 다양한 사유는 서원지를 통하여 여실히 드러났다. 그렇기에 3종의 서원지 자체가 16세기 영남지역 지식인이 가졌던 서원 지식의 단초라 할 수 있다.

그렇다면 조선의 지식인들은 중국의 서원지를 참고하여 조선의 서원지를 편찬하였을까? 16세기 조선 서원지에서는 『주자전서』와 『대명일통지』 등을 인용하고, 중국 서원지는 인용하지 않았다. 그렇다면 정말 16세기 조선의 지식인들은 명대 서원지를 보지 못한 것일까? 2장 2절 1항의 명대 서원지와 16세기 조선 서원지의 체제를 살펴보면 형식적으로 완연히 다름을 알 수 있다. 16세기 조선 서원지에서 논란이 되는 학전과 장서와 관련한 부분 역시 명대 서원지에 수록된 사실을 확인할 수 있다. 이러한 사실은 16세기 명대 서원지가 조선의 서원지에 영향을 주지 못했음을 보여주는 단적인 증거라고 할 수 있다. 만약 명대 서원지가 조선에 유입되었다면 조선의 지식인들이 편찬한 서원지의 체제 역시 중국 서원지의 양식을 전범으로 삼고자 했을 것이기 때문이다. 따라서 16세기 영남지역 서원지의 편찬과정은 조선 서원지가 독자적으로 편찬되었다는 사실을 보여주는 실제적인 사례이다. 그리고 16세기 영남지역 서원지의 체제와 내용에 대한 논쟁은 이후 조선 서원지가 나아갈 방향을 정하는 사상사적 탐구과정이라고도 볼 수 있다.

이 장에서는 조선에서 최초로 건립된 서원과 서원지가 영남지역을 중심으로 성립되었다는 사실을 살펴보았다. 더구나 영남지역의 서원은 전국적인 분포에서 탁월히 많은 수를 차지하였고, 사액서원의 숫자도 월등히 많았다. 또한 영남지역의 서원은 서원의 설립 배경과 당위성을 위하여 계속적으로 사림간의 논의를 거쳐왔다. 이와 더불어 영남지역 서원은 16세기 사료를 보존하였는데, 여타 다른 지역의 서원은 거의 남아있지 않은 상황이다. 더욱이 서원을 분석하는 가장 기초적인 사료라고 할 수 있는 서원지도 16세기 영남지역의 자료만이 3종이 남아있다. 그리고 이 3종의 서원지는 중국 서원지의 영향을 받지 않고 독자적으로 성립하였다. 그렇기에 16세기 조선 서원의 운영과 관련한 내용을 살피기 위한 기반은 영남지역의 서원이 될 수밖에 없다.

제3장

원규의 제정과 서원운영론

1. 원규의 제정과 내용

1) 원규의 제정과 종류

16세기 조선의 서원은 정치·사회 전반에 다양한 변화를 불러왔다. 특히 사림들 사이에서 국법으로 제정된 향교의 운영과 달리 사립학교였던 서원의 운영방식 자체가 새로운 논의의 대상이었다. 서원은 '명도술明道術'에서 파생된 강명도학講明道學과 존숭도학尊崇道學의 두 가지 측면을 고려하여 강학과 존현의 두 기능을 가지고 운영되었다.[1] 사림은 서원에서 원생의 강학활동과 제향인물에 대한 향사의례를 중요시하였고, 이를 실제로 실행하기 위한 규정을 필요로 하였다. 더구나 각 서원마다 그 운영의 주체와 제향인물이 달랐기에 서로 다른 규정이 발생하였다. 이 때문에 16세기 서원은 운영에 관한 다양한 규정을 제정하였고, 이는 원규로 정리되었다.

이하에서는 16세기 영남지역 서원으로 시기와 지역을 한정하여 원규를 분석하고 특징과 의미를 살펴보고자 한다. 16세기로 시기를 한정한 이유는 서원 원규의 초기 모습과 발전 과정을 볼 수 있기 때문이다. 또한 영남지역으로 지역을 한정하고, 다른 지역의 서원을 비교대상으로 설정한 이유는 가장 많은 자료가 남아있기 때문이다. 16세기 영남지역 지식인들이 제정한 서원의 원규는 이후 영남지역과 남인계

[1] 鄭萬祚, 『朝鮮時代 書院硏究』, 집문당, 1997, 50~75쪽.

서원 원규의 전범이 되었다.

16세기 영남지역 서원의 원규는 모두 6종이다.[2] ① 백운동서원[소수서원]의 『죽계지』 「잡록후雜錄後·원규院規」, ② 영봉서원[천곡서원]의 『영봉지』 「학규록學規錄」, ③ 이산서원의 「이산원규伊山院規」, ④ 임고서원의 『임구서원범규臨皐書院凡規』, ⑤ 오산서원의 『오산지』 「향사享祀」·「학규學規」 ⑥ 임고서원의 『서원범규書院規範』 등이다.[3]

『죽계지』 「잡록후·원규」는 주세붕이 『죽계지』에 수록한 백운동서원[소수서원]의 원규로 1545~1548년에 제정하였다. 주세붕은 『죽계지』 권5 「잡록」의 뒤에 별다른 표제어 없이 5개조의 학규와 세목을 수록하였다. 『죽계지』에는 제목이 없기에 '원규院規'라는 명칭은 『회헌선생실기晦軒先生實紀』의 제목을 따랐다.[4] 이와 더불어 주세붕은 백운동서원의 향사의례에 관한 규정을 권1 「안씨행록」 뒤에 안문성공춘추대향도安文成公春秋大享圖, 의도제용잡물식依圖祭用雜物式, 제식으로 기록하였다. 주세붕이 기록한 백운동서원의 원규는 『죽계지』의 전체 중에서 아

---

2 연구 대상이 된 '서원'은 16세기 건립되어 사묘를 설치하여 향사를 시행하고, 선비를 양성하기 위한 교육을 시행하였던 기관이다. 따라서 정사에서 발전하여 서원으로 승원한 경우도 대상에 포함하였다. 또한 서원의 여러 활동과 운영에 관한 규정을 지칭하는 단어는 강규講規, 원규院規, 재규齋規, 학규學規, 학령學令 등이지만 논의의 통일성을 위해 '원규院規'를 대표로 사용하였다. 이와 더불어 서원의 원규를 기록한 사료를 선정할 때는 광의적 개념의 원규를 사용하였다. 즉, 서원의 운영을 강학활동에만 한정하지 않고, 향사의례를 통하여 선현의 발자취를 본받으려 한 존현의 기능 등도 포괄하였다. 이 때문에 서원 운영과 관련한 규정을 모두 서원의 원규라 설정하여 분석의 대상으로 삼았다.

3 이외에 덕산서원[덕천서원]도 1576년(선조 9)에 원규를 제정한 것으로 기록되었으나(『德川書院誌』), 현존하지 않는다(丁淳佑·安承俊·金鶴洙, 「解題」, 『古文書集成』 25, 韓國精神文化硏究院, 1995, 13쪽.).

4 권별(1589~1671)의 『해동잡록』에서는 「백운동소수서원입규白雲洞紹修書院立規」라는 명칭으로 수록되어있다.

주 적은 분량을 차지하였다. 주세붕은 5개조로 나누어 '제사를 경건히 봉행할 것[근사謹祀]', '어진 이를 예우할 것[예현禮賢]', '사당을 잘 보수할 것[수우修宇]', '물자를 비축할 것[비름備廩]', '서책을 점검할 것[점서點書]'이라고 하였으며, 그 이하에 세목에 해당하는 규정을 서술체로 기록하였다.

『영봉지』「학규록」은 노경린이 작성한 영봉서원의 원규로 1559년 명종 14에 제정되었다. 노경린은 영봉서원의 원규를 「학규록」이라는 명칭으로 다른 부분과 구분하여 『영봉지』에 수록하였다. 주세붕이 백운동서원의 원규를 제목도 없이 수록하였던 점을 감안하면, 노경린이 작성한 영봉서원의 원규는 한 단계 진전된 상태로 파악된다. 그러나 노경린이 작성한 원규의 분량과 서술방식은 백운동서원의 원규와 크게 달라지지 않았다. 노경린은 영봉서원의 원규를 근사, 예현, 권과, 수우, 고름, 점서, 택원장의 7개조로 나누어 정리하였다. 노경린은 백운동서원의 원규에 권과와 택원장의 조목을 추가하였다. 이는 노경린이 서원지를 편찬할 당시에 두 항목을 중요하게 생각하였음을 알려준다. 그리고 노경린은 각 조항 아래 부차적인 설명을 추가적으로 수록하였는데, 이는 주세붕보다 구체적인 원규의 필요성에 대해 인식하였음을 보여준다.[5] 또 노경린은 영봉서원의 향사의례에 관한 내용을 춘추대향도와 제식으로 구분하여 『영봉지』의 마지막 부분에 수록하였다.

「이산원규」는 이황이 생전에 건립하여 강학하던 이산서원의 원규

5 이수환, 「星州 迎鳳書院 연구」, 『歷史教育論集』 54, 역사교육학회, 2015, 204쪽.

로, 그가 1559년명종14에 제정하였다. 이황은 1559년 5월에 경상도 영주에 이산서원을 건립한 이후 한동안 강학활동을 중심으로 서원을 운영하였다. 이황의 문인들은 스승의 사후에 이산서원에 그를 제향하여 향사의례를 지내는 곳으로 변화시켰다. 이황은 이산서원에 대한 기문를 작성하였고,[6] 이산서원을 건립하면서 서원의 원규도 작성하여서 작성연대는 1559년으로 추정된다.[7] 현재 「이산원규」는 『퇴계집』에 수록되어 전해진다.[8] 이황은 크게 조항을 나누지 않고 12개의 세목으로 「이산원규」를 작성하였다. 이때 특기할 부분은 향사와 관련한 규정이 보이지 않는다는 점이다. 이는 이황이 강학활동을 중심으로 서원을 운영하고, 제향인물을 모시는 사묘를 두지 않았던 것에서 기인한다. 이후 이황이 건립과 운영을 주도하였던 도산서원과 역동서원에서도 같은 원규를 사용하였다.

『임고서원범규』는 임고서원의 원규를 모아놓은 자료로, 1562년명종 17에 영천군수였던 김렴金濂이 작성한 것으로 추정되는 필사본 자료이다. 1553년명종 8에 경상도 영천에서 이황과 교유하던 영천사림인 노수盧遂, 김응생金應生 1496~1555, 정윤량鄭允良 1515~1580은 정몽주鄭夢周 1337~1392를 제향하기 위하여 임고서원을 건립하였다.[9] 이황은 임고서원을 각별히 생각하여 시를 짓고, 서책을 증정하기도 하였다.[10] 이러

---

6 『退溪集』 卷42, 「伊山書院記」.

7 『退溪年譜』.

8 『退溪集』 卷41, 「伊山院規」.

9 이종문, 「초창기初創期 임고서원臨皐書院 연구」, 『한국학논집』 63, 계명대학교 한국학연구원, 2016, 196~200쪽.

10 『退溪集』 卷43, 「內賜性理群書. 付盧上舍【遂】俾藏臨皐書院識」.

한 임고서원에 대한 이황의 애착이 수령과 방백에게 이어져 1554년명종 9에 사액되었다.[11] 김렴은 임고서원의 원규를 5개조로 제시하고, 그 세목에 해당하는 내용을 서술체로 기록하였다. 5개조의 원규는 근사, 예현, 수우, 비름, 점서로 백운동서원의 원규와 같아서, 『죽계지』를 차용하여 작성한 것으로 보인다. 백운동서원의 원규와의 차이는 춘추대향도와 의도제용잡물식이 가운데 포함되었다는 점이다. 즉, 『임고서원범규』는 『죽계지』에서 서원운영의 근간인 강학활동과 향사의례에 관한 부분만을 선택적으로 채록하여 임고서원의 원규로 구성된 것이다.

『오산지』「향사」와 「학규」는 인동현감 류운룡이 작성한 오산서원의 원규로 1588년선조 21에 제정되었다. 류운룡은 유사, 원사, 거업, 권과, 방검, 교제, 상정, 양현, 수우, 점서, 전복의 11개 조목과 그 아래 세목들을 『오산지』에 수록하였다. 류운룡은 도산서원, 역동서원, 금오서원, 천곡서원, 병산서원의 원규와 『국조오례의』, 『죽계지』를 참고하여 원규를 정리하였다. 류운룡은 오산서원의 원규를 정리하면서 여러 서원의 원규를 선택적으로 차용하고, 각 전거를 기록하였던 것이다. 류운룡은 스승 이황의 「이산원규」를 중시하여기에, 그보다 앞선 시기에 제정된 『죽계지』의 원규보다 먼저 인용하였다. 또한 류운룡은 각 원규 사이에서 서로 의견이 상충되거나 보완이 필요할 내용에는 자신의 생각인 '안按'을 추가하였다. 이 때문에 오산서원의 원규는 그 이전의 원규들과 비교하여 상당히 많은 분량이다. 그리고 류운룡은 유사, 원사, 거업, 방검, 교제, 상정, 양현, 전복 등의 조목을 추가하여 원규를 세분

11 김학수, 「조선후기 영천지역 사림과 임고서원」, 『圃隱學硏究』 6, 포은학회, 2010, 123~127쪽.

화하였다. 특히 이황과 그 문인이 건립과 운영에 참여한 서원의 원규를 가장 많이 준용한 점도 특징적이다. 또 다른 특징은 이전 서원의 학규에서 근사로 표현되는 향사와 관련한 조항들은 하나의 권으로 분리하였다는 점이다. 류운룡은 『오산지』 권3 「학규」 앞에, 권2 「향사」를 배치하여 서원의 향사의례와 관련한 부분을 분리하여 서술하였다.

『서원규범』은 앞서 살펴본 『임고서원범규』와 함께 임고서원의 운영지침으로 이용되었을 것이며, 제정 시기는 1588년선조 21에서 1631인조 9년 사이로 추정된다. 『서원규범』은 목판으로 인쇄된 판식을 갖춘 형태에 내용을 필사하였다. 그 내용은 향사관련 규정과 제물식이 앞에 보이며, 그 뒤로 유사, 원사, 권과, 교제, 양현, 방검, 상정, 수우, 점서, 전복의 10개 조목과 그 아래 세목들을 수록하였다. 그 다음에 신증된 학규조목과 완의完議가 있다. 그 내용은 『오산지』 「향사」·「학규」와 거의 같고, 체제와 인용된 서원의 원규도 흡사하다. 그리고 신증된 조목 뒤에 수록된 완의의 시기가 '숭정4년崇禎四年'으로 『서원규범』의 작성 하한은 1631년이다. 하지만 신증되기 이전의 임고서원의 『서원규범』은 오산서원 원규와 체제와 내용면에서 매우 흡사하기에 『오산지』의 작성시기인 1588년을 상한으로 설정하여 16세기 원규에 포함하였다.

이와 비교할 기호지역인 황해도 해주의 원규는 3종이다. 영남지역 서원과 기호지역 서원의 원규를 비교하는 이유는 지역적으로 원규의 차이를 살펴보기 위해서이다. ① 문헌서원의 「문헌서원학규文憲書院學規」, ② 은병정사[소현서원]의 「은병정사학규隱屛精舍學規」, ③ 은병정사[소현서원]의 「은병정사약속隱屛精舍約束」이 그 비교의 대상이다. 그리고 공립 교육기관이었던 향교의 규정는 「경부향교학령慶州鄕校學令」과 『국조오례의』와 『국조오례서례』를 들 수 있다. 서원과 향교의 운영 규정을 비교한 이유는 동일한 지역의 공립과 사립에서 나타나는 차이를 살펴보기 위해서이다.

「문헌서원학규」는 이이1536~1584가 작성한 문헌서원의 원규로 1576~1584년 사이에 제정되었을 것으로 추정된다. 1550년명종 5에 황해도 해주현재 황해도 벽성에서 주세붕은 최충崔沖984~1068과 그의 아들 최유선崔惟善?~1075을 제향하기 위해 문헌서원을 건립하였다. 최충과 최유선은 해주 향교에 배향되어 있었으나, 격식에 맞지 않다는 이유로 사우를 만들어 별도로 제향되었다. 이후 주세붕은 1550년명종 5에 서원의 형식으로 정비하고, 사액을 추진하였다. 수양산首陽山의 기슭에 있어 수양서원首陽書院이라고 불리다가,[12] 편액과 서적을 하사받으면서 문헌서원으로 불리게 된 것으로 보인다. 서원의 제향인물인 최충의 시호가 '문헌文憲'이기에, 여기서 문헌서원이란 명칭이 나온 것으로 추정된다. 1565년명종 20에 이황이 지은 시에서도 문헌서원이란 명칭을 확인할 수 있다.[13] 1571년선조 4에 박승임朴承任1517~1586과 한성원韓性源이 주도하여 문헌서원을 휴암천鵂巖川의 상류로 이건하였다.[14]

이이가 문헌서원의 학규를 제정한 시기는 그가 해주에 은거한 1576년선조 9부터 그가 사망한 1584년까지로 추정한다. 이이는 1557

12 『明宗實錄』 卷18, 10年 2月 庚寅.

13 『退溪集』 卷4 「書院十詠」.

14 『列邑院宇事蹟』 「黃海道·文憲書院創立事蹟」. "文憲公文和公父子, 初祔于文廟, 弘治中牧使鄭誠謹重修鄉校, 倣國學之制, 以文憲公非祀典所載, 立祀宇于鄉校之西, 移安二公焉, 至嘉靖己酉, 我朝明宗大王五年, 周世鵬以監司, 仍舊制設九齋, 請額, 翌年庚戌 賜額, 其後二十二年辛未, 監司朴承任, 牧使韓性源, 移建書院于州西二十里鵂巖川上, 載在海州地誌."

년명종 12에 노경린의 딸과 혼인하여 성주에 거주하면서 영봉서원의 건립과정을 보았다. 그리고 이이는 예안에서 이황을 만났고, 이후 교류를 이어나갔다. 그는 1570년선조 3 10월에 병으로 사직한 후 해주海州로 갔고, 계속 부임지와 해주를 오갔다. 이이는 1576년에 해주의 석담현재 황해도 벽성에 은거하면서 은병정사를 건립하였고, 1578년선조 11에 「은병정사학규」를 작성하였다.[15] 이러한 상황을 감안하여 「문헌서원학규」도 이이가 해주에 은거했던 시기에 작성하였을 것으로 추정된다. 「문헌서원학규」는 이황의 「이산원규」와 마찬가지로 크게 조항을 분리하지 않고, 16개의 세목으로 서술하였다.

「은병정사학규」는 1576년에 이이가 해주 석담에서 은거하면서 건립한 은병정사의 원규로 1578년[무인戊寅]에 작성하였다.[16] 이이는 주희의 무이구곡 중 '대은병大隱屛'에서 은병정사의 명칭을 가져왔다. 은병정사를 창건한 후 학도들을 모아 강학활동을 할 때 당시 감사가 선세船稅로 거둬들인 어염을 지급했다는 기록이 있어, 지방관의 지원이 있었던 것으로 보인다.[17] 이이는 「은병정사학규」에 제향인물의 사묘에서 향사의례와 알묘하는 규정을 수록하였다. 즉, 이이는 정사精舍라고 명명하였지만 주희를 배향한 사묘를 두었고, 서원과 같은 방식으로 운영하였으리라 추정된다. 1584년선조 17에 이이가 사망한 후 그의 졸기를 보면 은병정사를 세워 주희를 주향으로 하고, 조광조1482~1519와 이황을 배향했다는 사실을 확인할 수 있다.[18] 이러한 이유로 은병정사의 학규와 약

15 『栗谷全書』「年譜」.

16 『栗谷全書』 卷15, 「隱屛精舍學規【戊寅】」.

17 『宣祖修正實錄』 卷17, 16年 9月 己卯.

18 『宣祖實錄』 卷18, 17年 1月 己卯.

속도 비교의 대상으로 포함하였다. 은병정사는 1610년광해 2에 소현紹賢으로 사액을 받았고, 이후 이이·성혼1535~1598·김장생1548~1631·송시열1607~1689을 제향하였다. 「은병정사학규」는 이황의 「이산원규」와 같이 큰 조항을 나누지 않고, 16개의 세목으로 서술하였다.

「은병정사약속」은 이이가 1576년에 해주 석담에 은거하여 건립한 은병정사의 원규이다. 1578년 작성된 「은병정사학규」에서 부족한 부분을 보완하기 위하여 작성되었을 것으로 보인다. 따라서 작성된 시기는 1578년선조 11에서 이이가 사망한 1584년선조 17의 사이로 추정된다. 「은병정사약속」은 『율곡전서』에 수록되어 있으며, 대략 9가지의 당부를 서술하고 있다.

「경주향교학령」은 1589년선조 22에 성주교수 손기양1559~1617이 필사한 학령을 1601년선조 34에 그가 경주향교의 교수로 가면서 새로 정서한 것이다. 「경주향교학령」은 20조항으로 이루어졌고, 말미에 1516년중종 11의 계문와 1517년중종 12에 관찰사 김안국1478~1543이 성주향교의 교생에게 권학하였던 시와 이를 차운한 1560년명종 15에 황준량의 시가 수록되었다.[19] 따라서 이 학령은 16세기부터 17세기까지 영남지역 향교에서 실제로 시행되었던 규정이다. 주요 내용은 향교의 교생이 학습하는 내용과 절차, 상벌 규정이다.

『국조오례의』와 『국조오례서례』는 조선시대 예전禮典으로 국가의례가 진행되는 제반 사항을 의주儀註와 서례序例로 나누어 설명하였다. 1474년성종 5에 신숙주·강희맹 등이 왕명을 받들어 편찬한 조선왕조

19 「慶州鄕校學令」, 次勸星州學徒; 次金慕齋示學徒韻.

의 전례典禮로서, 조선의 통치 체제 대강을 규정한 『경국대전』과 함께 조선왕조의 기본 법전에 해당한다고 할 수 있다.[20] 향교에서 시행되는 석전의례의 절차는 길례吉禮에 수록되었다. 『국조오례의』 권2 「길례吉禮·주현석전문선왕례州縣釋奠文宣王儀」에 향교 석전의례의 의주가 수록되었고, 『국조오례서례』 권1 「길례」에 시일, 축판, 제기, 제품의 내용이 수록되었다.

16세기 영남지역의 지식인들이 서원의 원규를 제정하는 과정과 구성 내용을 검토하여 살펴보면, 해당 시기 서원의 특징과 역사적 성격을 규명할 수 있다. 또한 당시 서원의 운영 양상과 지식인들의 사상·문화적 이상향을 알 수 있다. 영남지역 6종의 서원 원규는 10기[소수, 영봉, 이산-도산-역동, 임고, 금오, 천곡, 병산, 오산]의 서원 규범이 집성되어 체계적으로 분류되었다. 따라서 영남지역 서원의 원규는 이황의 사후 그 문인에게 영향을 미쳤고, 조선후기에는 퇴계학파 또는 남인의 영향력이 미치는 서원 원규의 전범이었다. 비교의 대상으로 선정한 기호지역 서원의 원규도 이이와 그의 문인에게 영향을 주었고, 조선후기에는 율곡학파부터 서인계가 주도하는 서원 원규의 전범이 되었다.

더불어 「경주향교학령」은 영남지역 서원과 같은 지역에서 시행되었기에, 여러 방면에서 비슷한 방법을 사용하여 유생들을 교육했을 것이다. 따라서 16세기 영남지역 서원의 원규에서 소략한 부분을 보충할 수 있을 것이다. 또한 「경주향교학령」은 공사의 차이가 있기에, 서

20 법제처, 「『國朝五禮儀』와 『國朝五禮序例』 해제」, 『國朝五禮儀』 1, 법제처, 1981.

원의 원규와 차별적인 규정도 존재했을 것이다. 그리고 『국조오례의』와 『국조오례서례』는 방례邦禮이기에 향교의 석전의례와 서원의 향사의례의 차이를 명확하게 보여줄 것이다. 이러한 점을 바탕으로 다음 절에서는 16세기 영남지역의 서원 원규에서 보이는 내용과 그 특징을 검토하고, 해당시기 서원운영의 단면을 그려보겠다.

2) 인적구성 규정

서원의 인적구성은 크게 원임院任과 원생院生으로 나눌 수 있다. 서원의 원규에서는 구성인원의 다양한 명칭과 그들의 임무가 기록되었다. 구성원의 역할을 기준으로 서원의 인원을 살펴보면 원임은 원장院長-사師와 유사有司로, 학생은 원생院生과 우생寓生, 동몽童蒙으로 구분된다. 또한 서원의 경제기반으로도 할 수 있는 전복典僕이 있었다.

먼저, 서원의 원장을 살펴보자. 16세기 서원에서는 그 대표자를 다양하게 불렀는데, 다음의 〈표 3-1〉은 이를 정리한 것이다.

〈표 3-1〉 16세기 서원 원장의 명칭표

지역	순번	원규명	원장	부원장 [원이]	상유사	사장	사
영남	1	죽계지 잡록후(원규)	○	○			
	2	영봉지 학규	○				
	3	이산원규			○		
	4	임고서원범규	○	○			
	5	오산지 학규	○		○		
	6	서원규범	○		○		

지역	순번	원규명	원장	부원장 [원이]	상유사	사장	사
기호	1	문헌서원학규					
	2	은병정사학규				○	○
	3	은병정사약속					

이를 보면 서원의 원장을 지칭하는 원장, 상유사上有司, 부원장副院長, 사장師長, 사師의 명칭을 확인할 수 있다. 여기서 특징이 되는 것은 원장을 지칭하는 명칭의 차이이다. 먼저 지역적으로 나눠보면 영남지역 서원에서는 원장과 상유사, 부원장[21] 등을 사용하였고, 기호지역 서원에서는 사장, 사라는 용어를 사용하였다. 또 영남지역으로 한정하여 살펴보면 원장이라는 용어를 사용하는 곳소수, 영봉, 임고, 오산과 상유사이산, 오산, 임고라는 용어를 사용하는 곳으로 나눌 수 있었다. 상유사의 사용은 이황이 제정한 이산서원의 원규를 준용한 서원에서 나타나는 현상이었다.[22] 또한 남계서원도 1552년명종 7부터 원장 강익1523~1567을 있었고,[23] 덕천서원도 하항1538~1590이 원장으로 있었다.[24] 이를 볼 때 조식의 문인들이 운영의 주체였던 서원에서는 원장의 용어를 사용했음을 알 수 있다.

---

21 부원장: 윤희면에 의하면 '원이院貳에 대하여 규모가 큰 서원에 부원장을 두어 원장을 보좌케 한 중국 서원제도의 영향을 받으것으로 보인다. 그러나 소수서원은 규정만 그러할 뿐 실제 원이를 두지는 않았으며, 다른 서원들도 마찬가지였다.'라는 의견이다(윤희면, 「院任의 구성과 신분」, 『조선시대 서원과 양반』, 집문당, 2004, 188쪽.).

22 『吳山志』 卷3, 「學規·有司」. "院有司以近居兼幹品官二人差定, 又擇儒士之識事理有行義, 衆所推服者,一人爲上有司, 皆二年相遞【陶山院規】. ○按右院規, 乃於伊山退陶先生手定, 其後因用於易東陶山兩院院長變稱上有司, 皆先生微意, 今雖依此稱號有何所損."

23 韓國精神文化硏究院, 「經任案」, 『古文書集成』 24, 1995, 韓國精神文化硏究院, 50~52쪽.

24 김경수 엮음, 「德川書院院任錄」, 『德川書院誌』, 글로벌콘텐츠, 2017, 321쪽.

서원의 원장은 서원의 대소사를 결정하는 대표자로, 춘향 석전 때 천망단자薦望單子를 올려서 권점圈點하여 가장 많은 자를 뽑았다. 그리고 서원에 『원장록院長錄』을 비치하여 원장의 임기를 기록하는 경우도 있었다.[25]

다음으로는 서원의 유사를 살펴보겠다. 16세기 서원에서는 유사를 다양하게 불렀는데, 다음의 〈표 3-2〉는 이를 정리한 것이다.

〈표 3-2〉 16세기 서원 유사의 명칭표

지역	순번	원규명	유사	하유사	당장	장의	직월	원감
영남	1	죽계지 잡록후(원규)	○					
	2	영봉지 학규	○					
	3	이산원규	○					
	4	임고서원범규	○					
	5	오산지 학규	○	○				
	6	서원규범	○	○				
기호	1	문헌서원학규	○			○		○
	2	은병정사학규	○		○	○	○	
	3	은병정사약속			○	○	○	

이를 보면 서원의 유사는 유사有司와 하유사下有司, 당장堂長, 장의掌議, 직월直月 등으로 표현되었고, 서원을 감찰하는 원감院監도 보인다. 지역적으로 나눠보면 영남지역 서원에서 유사, 하유사 등을 사용하였고, 기호지역 서원에서는 유사, 원감이라는 용어를 사용하였다. 영남지역

25 『吳山志』 卷3, 「學規·有司」. "置院長錄, 錄前後院長, 竝書遞任年月. 令後之觀者, 有所披閱而欽戒, 亦庶幾不爲無助也. 有司亦書之【川谷·金烏院規】."

서원의 유사, 하유사는 쌀과 포의 출납과 공궤, 염산, 타작, 서책과 관련한 일을 주관하였다.[26] 또한 남계서원은 1552년명종 7부터 유사 노사예1538~1594, 전곡유사田穀有司 양홍택 등의 원임이 있었다.[27] 이를 볼 때 조식의 문인들이 운영의 주체였던 서원에서는 전곡유사를 별도로 임명하였던 것을 알 수 있다. 기호지역 서원의 유사는 사환과 집기의 유무를 주관하고 재직齋直을 단속하며, 서책을 주관하였다.[28]

원생들을 대표하며 감독하는 다른 원생은 당장, 장의, 직월 등이었다. 원생이자 원임이라고도 할 수 있는 이들로 기호지역 서원에서만 보였는데 원생 중 나이가 많고 지식이 있는 1명이 당장, 같은 또래 중 학식이 우수한 사람이 장의가 되어 원생의 대표를 맡았다. 직월은 원생들의 선악을 기록하는 장부를 맡아서 기록하였다.[29] 이들은 서원을 운영하는 원임의 일종으로도 볼 수 있는데, 이후 서인계 서원에서 원임을 원장, 장의, 유사, 색장 등으로 구성하는 시초라고 할 수 있다.[30] 또한 기호지역 서원에서는 원감이라는 별도의 직책을 두어 서원의 공궤와 출납의 일을 감찰하였다.[31]

서원의 유사도 원장과 마찬가지로 천망단자를 올려 권점을 받아 선출하였다. 유사의 업무를 인계할 때에는 새로 차정된 사람이 입회한 가운데 서책과 물품 등의 숫자를 계산하여 관에 보고해야만 하였고,

---

26 『吳山志』 卷3, 「學規·有司」. "下有司主米布出納供饋歛散打作等事, 凡事必禀於院長而行之【屛山院規】."

27 韓國精神文化硏究院」, 「經任案」, 『古文書集成』 24, 1995, 韓國精神文化硏究院, 52쪽.

28 『栗谷全書』 卷15, 「隱屛精舍學規」; 「文憲書院學規」.

29 『栗谷全書』 卷15, 「隱屛精舍學規」; 「文憲書院學規」.

30 윤희면, 「院任의 구성과 신분」, 『조선시대 서원과 양반』, 집문당, 2004, 190~191쪽.

31 『栗谷全書』 卷15, 「隱屛精舍學規」; 「文憲書院學規」.

문서만으로는 서로 이임할 수 없었다. 만일 물품의 숫자가 부족한 것이 있으면 그 수를 보충한 다음에야 교체를 허락하였다. 유사의 태만함이 아주 심하고 직무를 살피지 않아 전곡을 부족하게 하고도 부족분을 보충하지 않는다면 관에 고하여 죄를 다스리고 숫자를 계산하였다.[32] 이를 감찰하기 위해 기호지역 서원에서는 원감의 직책을 별도로 두었던 것이다.

다음으로 서원의 원생을 살펴보자. 16세기 서원의 원생은 다양한 종류가 있었는데, 다음의 〈표 3-3〉은 이를 정리한 것이다.

〈표 3-3〉 16세기 서원 원생의 명칭표

지역	순번	원규명	원생	원사	학도	우생	동몽
영남	1	죽계지 잡록후(원규)		입원지사			
	2	영봉지 학규		입원지사	원학도		
	3	이산원규	제생			○	○
	4	임고서원범규		입원지사			
	5	오산지 학규	입원유생, 제생			○	○
	6	서원규범	입원유생, 제생			○	○
기호	1	문헌서원학규	제생				
	2	은병정사학규	제생				
	3	은병정사약속	입재제생				

이를 살펴보면 서원의 원생은 원생院生, 원사院士, 학도學徒, 우생寓生, 동몽童蒙 등이었다. 이들은 서원에서 거주하면서 배우는 정식 입학생,

32 『吳山志』 卷3, 「學規·有司」. "下有司傳掌時, 必與新差之員, 眼同計數告官, 不許只以文書相傳授. 萬一有欠縮之數, 則責令充補其數, 然後方許遆代. 其中如有惰慢充甚, 不察其事, 使錢穀多缺, 而不卽充數者, 有司告於官, 治罪計數徵上【屛山院規】."

임시 학생, 어린 학생 등으로 나눌 수 있다.

정식 입학생은 입원지사入院之士, 원학도院學徒, 제생諸生, 입재제생入齋諸生, 원원유생入院儒生 등으로 기록되었다. 정식 입학생의 기준은 과거에 입격入格한 경우와 그렇지 않은 경우로 나뉘었다. 먼저 과거 입격을 입학 기준으로 삼은 서원은 백운동서원, 영봉서원, 임고서원, 문헌서원이고, 그렇지 않은 서원은 이산서원과 오산서원이었다. 원생의 입학 자격을 과거 입격으로 구분한 것은 이황이 과업科業과 도학道學 중에서 도학을 우선시했기 때문에 나타나는 현상이라 추정된다. 원생은 기본적으로 20세 이상으로 천거를 통해 입원하였고, 원생의 이름과 추천자를 기록한 장부를 비치하였다.

임시 학생으로 우생이 있었는데, 일정 이상의 학업을 성취해야만 정식 원생이 될 수 있었다.[33] 또 서원의 입학 연령은 20세를 기준으로 하고 있어 20세 이하의 어린 학생은 동몽으로 규정하였다. 영남지역 서원에서는 동몽을 위하여 별도의 재양몽재養蒙齋, 양정재養正齋 등를 건립하여 교육하도록 하였다.[34] 하지만 서원 내에서 이러한 입원생과 동몽을 구분하는 것은 일반적인 현상은 아니었고, 동몽이 없는 경우가 대부분이었다.[35]

서원 원생과 대비하여 향교의 교생校生은 조정에 천거하는 규정이 있어 주목된다. 향교의 교생은 올바르게 행동하고, 학문이 해박하며, 재주가 출중하고 시무에 통달하여야 했다. 그 가운데 1~2인을 연말에

33 『退溪集』 卷41, 「伊山院規」. “寓生, 不拘冠未冠, 無定額, 成才乃升院.”

34 『吳山志』 卷3, 「學規·院士」. “童蒙凡在二十歲以下者, 皆聽養蒙齋入學. 雖二十歲以後, 未及入院之選, 而欲入養蒙齋者聽【川谷院規】.”

35 이수환, 앞의 논문, 2015, 211~212쪽.

여러 교생이 의논하여 천거하였다. 교관은 이를 장부에 기록하고, 감사에게 보고하여 조정에서 등용하라는 명을 기다렸다.[36] 공립학교인 향교의 경우는 조정의 관료를 직접 천거를 할 수 있는 특혜가 있었던 것이다.

서원 전복典僕은 인적구성인 동시에 경제적 기반으로 볼 수 있다. 16세기 서원에서는 전복을 다양하게 불렀는데, 다음의 〈표 3-4〉는 이를 정리한 것이다.

〈표 3-4〉 16세기 서원 전복의 명칭표

지역	순번	원규명	수직	재직	원속	전복	하인
영남	1	죽계지 잡록후(원규)	○				
	2	영봉지 학규	○				
	3	이산원규			○		
	4	임고서원범규	○				
	5	오산지 학규				전비, 전복	원속하인, 원중하인
	6	서원규범				전비, 전복	원속하인, 원중하인
기호	1	문헌서원학규					
	2	은병정사학규		○			
	3	은병정사약속					

이를 보면 전복은 수직守直, 재직齋直, 전복典僕, 원속院屬, 하인下人 등으로 기록되었다. 이들은 서원에서 일상적인 잡무를 하며 서원을 지키고, 건물을 수리하고, 일상적인 청소, 음식을 만드는 등의 일을 하였

36 「慶州鄉校學令」. "諸生有操行卓異, 學問該博, 才藝出衆, 通達時務者, 一二人, 每歲杪諸生通議, 薦擧告教官申報監司置簿以待朝庭辟擧之命."

다. 백운동서원은 설립 초기에 이미 18구口 이상의 노비를, 도산서원은 11구의 노비를 소유하였다.[37] 따라서 서원의 원임과 원생은 강학활동만을 하며, 서원의 일상 잡무에서 벗어나 있었다. 이는 원임과 원생이 양반이었기 때문이다.

서원의 하인이 죄를 지으면 원장과 유사에게 고하여 죄를 다스렸다.[38] 이러한 규정은 서원의 원임이 자체적인 징벌권을 가졌음을 알게 해준다. 또 서원의 여종[전비典婢]은 식사 준비 외에는 잠시도 사당과 재 안을 출입하면 안 되었다.[39] 여종의 출입금지 규정은 강학 장소였던 서원에서 여색을 경계하였기 때문이었다.

3) 강학·생활 규정

서원의 강학활동과 일상생활 규정을 살펴보겠다. 먼저, 강학활동에서 사용한 강학교재와 장서관리에 대한 규정이 있었다. 영남지역 사림은 원생들의 교재로써 공부해야하는 책과 그렇지 않은 책으로 나누었다. 이황은 「이산원규」에서 사서오경, 『소학』, 『가례』, 여러 사서史書와 자서子書, 「사물잠」, 「백록동규」, 「숙흥야매잠」 등을 공부해야 하는 책으로 거론하였다. 또 류운룡은 장자莊子, 열자列子, 노자老子, 불교의 서적은 서원 안에 들어오지 못하도록 하였다.[40] 이이도 사학史學을 제외하

37 윤희면, 앞의 책, 2004, 441쪽.

38 『吳山志』 卷3, 「學規·典僕」. "凡院中下人有罪, 必告院長及有司而治之【屛山院規】."

39 『吳山志』 卷3, 「學規·防檢」. "典婢令炊飯, 不得輒出入堂齋中【川谷院規】."

40 『吳山志』 卷3, 「學規·防檢」. "莊列老釋之書, 棊局愽奕之戲, 皆不得入院【川谷院規】."

고 성현의 글이나 성리서가 아니면 재 안에서 읽지 못하도록 하였다.[41] 16세기 사림은 서원의 강학교재로 경서와 성리서를 중심으로 하여 일부 사서를 활용했던 사실을 알 수 있다.

서원의 장서에 대한 규정은 주세붕이 작성한 백운동서원의 조항을 임고서원과 영봉서원에서 답습 또는 일부 확장하여 적용하다가, 이황이 「이산원규」에서 새 조항이 추가하였고, 류운룡이 『오산지』에 집성하여 체계적으로 분류하였다. 또 영남지역 사림은 공통적으로 장서의 주기적인 점검과 포쇄를 당부하였으며, 서원 외부로의 유출을 금지하였다. 장서의 포쇄는 헌관獻官은 재계일齋戒日, 사마소의 유사는 매 절기, 서원의 유사는 매월 주기로 시행하였다. 장서에 대한 규정 중 특징적인 사항은 모든 서원에서 서적의 유출을 걱정하고 있었다는 점이다. 이는 당시 서적이 매우 귀중했음을 나타냄과 동시에, 역설적으로 서원의 장서가 서원 밖으로 유출되는 경우도 많았다는 사실을 반증한다. 16세기 영남지역 서원에서는 서적을 판각하거나 인쇄하였으나, 이에 대한 별도의 규정은 보이지 않는다.

서원의 강학방법을 보면, 고을의 수령인 본관本官이 시험을 주관하는 경우가 있었다. 노경린은 영봉서원에서 매월 초순과 중순에는 강론講論을 하고, 종순에는 일과 중에 읽은 부분과 제술製述한 것을 기록하여 본관에게 알리고, 매 절기마다 시험을 진행하도록 하였다.[42] 류운룡은 오산서원의 동몽에게 매 10일마다 통강通講을 하게 하고, 그동안 읽은

41 『栗谷全書』 卷15, 「隱屛精舍學規」.

42 『迎鳳志』 「學規錄」. "勸課."

것을 통通, 약略, 조粗의 등급을 나누어 채점하도록 하였다.[43] 이이는 은병정사에서 매월 초하루에 통독모임을 가지도록 규정하였다.[44] 그리고 문헌서원에서는 유사의 낭독에 다른 학생들이 따라 읽도록 하는 규정하였다.

향교의 교생은 일강日講을 하였는데 동·서재에서 1~2명씩 하루 전에 읽었던 글을 강하였다. 이때, '조통粗通'과 '불통不通'한 교생은 차등을 두어 벌을 받았고, '통通'과 '약통略通'을 받은 교생은 장부에 기록해 두었다.[45] 본관은 매월 보름 전후에 향교에 가서 교생을 시험하였다. 이때 글을 짓도록 하여 등급에 따라 상과 벌을 주고, 장부에 기록하였다.[46] 또 6개월마다 시험을 보아서, 그 점수를 장부에 기록하였고, 연말에 종합적으로 계산해 불통이 제일 많은 교생을 본관에게 보고하였다. 감사에게도 보고하여 의생이나 율생으로 하고 혹은 세공歲貢을 정하여 벌을 내렸다. 이러한 벌을 받은 교생이 다시 부지런히 공부하여 고치면 교적을 되살려 주었다.

향교의 교생은 소학, 사서 중 이서, 오경 중 일경에서 통 이상의 성적을 받아야만 했다. 통을 가장 많이 받은 교생은 본관에게 보고하고, 논상할 때 1년간 호역戶役을 면제해주었다.[47] 6개월을 기준으로 정기

---

43 『吳山志』 卷3, 「學規·勸課」. "童蒙每旬通講, 十日內所讀書, 通略粗分等, 上下其食."

44 『栗谷全書』 卷15, 「隱屛精舍學規」.

45 「慶州鄕校學令」. "次儒生詣教官前, 請行日講東西齋各抽一二人, 講所讀書粗及不通者差等罰楚, 幷通略置簿."

46 「慶州鄕校學令」. "每月望前望後, 守令親至鄕校同教官, 或命題製述, 科次賞罰後並置簿."

47 「慶州鄕校學令」. "每六朔通考考講分數置簿. 年終合計不通最多者一人, 又置簿. 報本邑轉報監司, 或定醫律生, 或定歲貢以示罰辱 勤學補過則還校籍. 勤學補過以願講通小學二書一經, 以上驗懶慢尤甚, 終不能學者永定. 通最多者, 亦申報論賞, 或完復戶役不過一年."

시험을 보아 등급의 점수가 가장 높은 교생은 본관에게 보고하고, 6개월간 호역을 면제해주었다.[48] 호역을 면제해주는 것은 교생을 조정에 천거하는 규정과 함께 특혜의 하나였다. 이러한 규정들은 사립학교였던 서원에서는 불가능한 것이었다.

향교의 교생은 보름을 기점으로 다른 문체의 글을 작문하였다. 교생은 보름 전에 옛 시와 의의疑義, 론論·부賦·표表·전箋 중 두 가지를 작문하였고, 보름 후에는 명銘·잠箴·송頌·기記·대책對策 중에서 한 가지를 작문하였다. 이때 교생은 간결하며 엄하고, 정밀하면서도 간절한 글을 지어야했다. 만약 교생이 어려우면서 편벽하고 기괴하게 문체를 바꾸고, 공허하고 사치스러운 글을 서술하면 내쫓았다. 또한 교생은 글씨를 바르고 정확하게 써야만 했고, 이를 어길 시엔 벌을 받았다.[49]

향교 교생의 성적은 대통, 통, 약통, 조통, 불통의 5단계로 점수를 매겼다. 대통은 교생이 강경할 때 구독이 상세하며 분명하고, 의론에 통달하여서 한 서적의 논지에 합치되고 뜻이 여러 책을 종횡으로 인용하여 총체적 이해를 관통하여 완전해야만 받는 점수였다. 통은 온전히 모든 뜻에 도달하지는 못했지만, 구독이 상세하며 분명하고, 의론이 트여서 한 서적의 줄거리와 뜻에 모두 관통한 교생에게 주는 점수였다. 약통은 모두 관통하지는 못지만 구독이 상세하며 분명하고, 해석이 막히지 않아서 위아래의 내용이 연결되어 한 장의 줄거리를 아는 교생의 점수였다. 조통은 구독이 상세하며 분명하고, 뜻을 해석함에

48 「慶州鄉校學令」. "每六朔通考製述科次置簿. 分數最多者申報論賞, 或完復戶役不過六朔."

49 「慶州鄉校學令」. "每月望前古詩疑義論賦表箋中二, 望後銘箴頌記對策中一, 命題製述, 其體制要須簡嚴精切辭達而已, 勿使險僻奇恠, 如變更時體, 倡率浮靡者, 黜書字不楷正者, 亦罰."

부분적으로 명확하며 한 장의 큰 뜻은 통하였으나 의론에 부족함이 있는 교생의 점수였다. 조통보다 더 아래는 불통의 점수를 받았다.[50] 영남지역 서원에서 통, 약, 조로 등급을 매기는 규정보다 세분화되었음을 알 수 있다. 과거를 중요시했던 향교에서 서원보다 학생의 성적에 예민하였던 것으로 보인다. 이는 앞서 살펴본 교생의 상벌규정과도 연관되는데, 교생은 학습의 결과가 직접적으로 과거와 연결되었다. 즉, 도학을 추구했던 서원의 학풍과 과거를 중시했던 향교의 학풍이 규정에서도 차이가 있던 것이다.

서원의 일상생활과 경제생활에 관한 규정을 살펴보자. 이황은 도산서원의 원생과 유사에게 서로 예의·공경·신의로 대하도록 하였다.[51] 이이는 은병정사 원생들의 생활을 이른 새벽부터 시작하게 하였다. 원생들은 매일 새벽 4시인 오경五更에 일어나 침구를 정리하고 어린 사람은 빗자루로 방안을 쓸었고, 재직을 시켜 마당을 쓸게 하였다. 이후 세수와 빗질을 하고 의관을 바르게 한 후 묘에 배알拜謁하고, 강당의 스승께 배례拜禮를 하고, 동서 뜰에 나누어 서서 차례로 상읍례相揖禮를 행하였다. 밥을 먹을 때는 장유의 차례로 앉고 음식을 가려 먹지 말고, 포식을 마음에 두어서도 안 되었다.[52] 향교의 교생들은 관직자 또는 웃어

50 「慶州鄕校學令」. "諸生講經, 句讀詳明議論通達該括一書, 綱領旨趣, 縱橫出入, 諸書融會貫通, 到十分盡處爲大通. 雖不至十分盡處, 句讀詳明議論通豁, 該括一書, 綱領旨趣, 融會貫通者爲通. 雖不至融會貫通句讀詳明釋意通豁連上接下能得一章大旨爲略通. 句讀明白釋意分曉, 雖得一章大旨而議論有未盡爲粗通. 下此者不通."

51 『退溪集』 卷41, 「伊山院規」. "諸生與有司, 務以禮貌相接, 敬信相待."

52 『栗谷全書』 卷15, 「文憲書院學規」. "一. 每日五更起寢, 整疊寢具, 少者持箒掃室中, 使齋直掃庭, 皆盥櫛正衣冠讀書. 一. 平明時, 皆以常服【笠子直領或冠巾直領之類, 但不用襦挾直領.】, 詣廟庭, 不開中門, 只再拜【師若在齋 ,則亦以常服謁廟.】. 師在講堂, 則就師前行拜禮【師不起立, 只於座上俯

른에겐 항시 교관의 예로써 대우하여야 하였고, 그렇지 못하면 벌을 받았다.[53] 또 교생은 일어나는 시간과 식전의 독서, 식사하는 시간과 예절 등을 지켜야만 하였다.[54]

서원의 원생은 식사량이 정해져 있었다. 원생은 5명을 기준으로 공궤供饋하였는데, 2월~8월까지는 아침저녁 각 1승升, 9월~1월까지는 7합合이었다. 1년 동안 사용한 곡식이 적어도 다른 용도에서 전용할 수 없었다.[55] 반찬의 비용으로 1년에 잡곡 30석石을 넘을 수 없었고, 공궤를 사용하는 방식으로 운영하였다.[56] 또 동몽도 항상 5명을 기준으로 아침저녁으로 각 5합을 주어 1년에 12석을 공궤로 사용하였다.[57]

휴가일과 관련한 규정은 향교에서만 볼 수 있는데, 교생은 매월 3~4차례의 휴가를 받아 부모를 찾아뵙거나 의복을 세탁하거나 가사를 돕는 등의 일을 할 수 있었다.[58]

答其禮.】, 分立東西相向, 行揖禮【師不在, 則拜廟後出廟門, 分立庭東西, 相向而揖.】."

53 「慶州鄕校學令」. "守令及鄕黨尊老先達至校, 諸生行禮如教官…諸生道遇守宰師長或鄕老先達呈身拱手立道左. 守宰師長鄕老先騎馬過行, 諸生如或藏身掩面憚於行禮者罰."

54 「慶州鄕校學令」. "每日未明鼓一聲, 諸生起寢平明. 鼓二聲, 正衣冠端座讀書. 鼓三聲, 以次詣食堂座. 食畢以次出失序或喧嘩者罰."

55 『吳山志』 卷3, 「學規·養賢」. "入院儒生常供五人通計支供之數, 逐月舂鑿別藏一櫝, 如其月儒生不會其舂,米 毋得他用. 又舂次月之米添藏而供之, 一年之內儒生, 所會之月, 稀罕而舂米多積, 亦不得移用於他處. 數年後, 米數卽多而儒生於常數外多聚, 則臨時酌定, 雖五員之外量數加餉無妨【屛山院規】. ○按此供饋之規, 甚善二月至八月, 五員供饋朝夕各一升, 九月至正月, 朝夕各七合. 供饋合米二十一石. 當月儒生多會, 供米不足, 則以前月餘米補用, 如無餘米 ,則諸生姑令散去, 毋得引用次月之米."

56 『吳山志』 卷3, 「學規·養賢」. "饌價一年通用雜穀毋過三十石, 每月二石五斗, 逐月上下, 亦藏于別處儒生多會之月, 則依供米例推移足用【屛山院規】."

57 『吳山志』 卷3, 「學規·養賢」. "…… ○按童蒙亦常供五員, 朝夕米, 各五合, 通計一年, 所用米十二石."

58 「慶州鄕校學令」. "每月三四次許諸生請告覲省父母澣濯衣服顧治家事 教官量日給之受暇日 亦須溫

서원의 원규에서는 규칙을 지키지 않는 구성원들에 대한 처벌 규정이 많은 수를 차지하고 있다. 처벌 규정은 원장, 유사, 원생, 전복에 이르기까지 모든 구성 인원에게 각기 다르게 적용되었다. 먼저, 원장은 관, 유사와 유생은 원장이 처벌의 수위를 결정하였다. 원장이 작은 잘못을 하면 잠규蔵規로 고치게 하고, 큰 잘못을 하였는데 개선되지 않으면 논의를 거쳐 관에 보고 후 교체하였다. 유사가 작은 잘못을 하면 원장이 타이르고, 큰 잘못은 꾸짖고, 끝내 스스로 잘못을 깨닫지 못하면 원장과 서원의 사람들이 함께 의논하여 관에 보고하고 내쫓는다. 행실을 수양하지 않아서 행동에 벗어나거나 위배되는 원생은 그 죄가 가벼우면 원장이 혼내고 무거우면 서원의 사람들이 꾸짖는데, 계속 고치지 않는 원생을 논의하여 내쫓았다. 또한 잘못한 원생을 추천한 사람에게도 벌을 줘서 신진을 이끌고 올 때에 신중하게 하고 가벼이 하지 않도록 하였다.[59] 이와 더불어 뜻과 기운이 쇠하거나 게으른 사람, 향임鄉任을 역임하여 학문에 힘쓰지 않는 사람은 출원하였다. 그리고 원생 중 춘추 향사에 이유 없이 불참하는 자는 출좌黜座하였고, 출좌당한 후에도 행실을 고치지 않으면 출원黜院하였다.[60] 또한 제수로 사용되는 것이 아니라며 소를 죽일 수 없고, 서원 안에서는 술을 마실 수 없었으며, 바둑과 장기 등의 놀이도 할 수 없었다.

古讀新 *毋*廢書圖 *毋*事射侯博奕觀獵漁一應遊戲等事違者罰."

59 『吳山志』 卷3, 「學規·相正」. "院長或過誤行輩間察相葴規 庶幾改行如或所失者 大而不知懺悔 則院中共議告官遆之【川谷院規】. 下有司中如有用心麤悖, 不肯盡心力於院事, 惑濫冒無耻多惹外說者, 小則院長飭之, 大則院中責之終不自悛者, 院長與院中同議告官黜之川谷院規】. 入院之士, 如有行實不修, 擧止踰違者, 輕則院長糾之, 重則院中責之, 用心滅裂, 終不肯改者, 院長與院中, 齋議黜之, 所引之人, 亦行損徒之罰, 庶幾引進之際, 有所愼重而不敢輕擧, ……【川谷院規】."

60 『吳山志』 卷3, 「學規·防檢」.

향교에서도 규칙을 지키지 않는 교생에 대한 처벌 규정이 많았다. 대부분 교생의 방만·교만함에 대한 경계의 의미가 강했다.[61] 하지만 오륜에 해당하는 범죄 중 극심한 경우는 관에 보고하고 학적에서 삭제하거나 퇴출하였다.[62] 향교에서는 벌의 강도와 관련한 규정도 있었다. 원생의 잘못이 크면 회초리를 때리며, 잘못이 작으면 벌을 주고, 『소학』에서 불통을 받으면 회초리를 때렸다.[63]

서원의 경제활동은 주로 학전을 통해 이루어졌고, 그곳에서 나온 이윤을 사용하여 서원이 운영되었다. 사액서원의 경우 나라에서 학전을 하사하고, 그렇지 않은 경우엔 서원을 건립한 인물이나 배향된 인물의 가문에서 학전을 희사하는 경우가 있었다. 7곳의 서원 중 학전과 관련한 규정이 있는 곳은 백운동서원, 영봉서원, 임고서원, 오산서원이었다. 다음은 백운동서원의 학전관련 규정이다.

"○ 사문斯文은 총괄 점검하고 유사는 실무를 관장한다.

학전에서 생산된 것은 매년 11월 원장이 세 권의 장부를 만들어 한 권은 관아에 보고하고, 한 권은 사문에 보고하고, 한 권은 서원에 둔다. 매년 수입인 보미寶米는 정월마다 세 권의 장부에 기록하여 전과 같이 보고한다. 반드시

---

61 「慶州鄕校學令」. "諸生讀書務要講明義理, 體行于身, 常以恭敬篤實謙讓修飭, 交相勸勉, 毋騖虛遠, 毋處鄙陋, 一以濂洛賢哲爲標準, 其或放蕩浮誕, 傲慢不檢者, 又相勗戒, 不改者, 告于師長而責罰之, 猶不改者黜之.……諸生不常論聖賢, 或好爲高談異論, 非毁前修訪訕朝邑之政, 或商論財賄 ,談說酒色者罰.……諸生怠惰無志不修業不製述不喜讀書者罰."

62 「慶州鄕校學令」. "諸生有罪犯五倫, 或虧失節行玷身汚名者, 諸生通義鳴鼓攻之. 甚者或報告本宰定賤役終身不齒於學.……諸生或恃才自驕, 恃勢自貴, 恃富自矜, 以少凌長, 以下凌上者, 豪侈相誇服飾違衆者, 或好爲鬪訟攘人利己者, 巧言令色悅, 於人者, 或引致娼流女色歌舞喧戱, 止宿齋房以亂禮敎汚衊學宮者, 黜學擯斥改行乃止."

63 「慶州鄕校學令」. "諸生有過, 大則行楚, 小則罰, 小學不通則行楚."

원금을 보존하고 나오는 이식利息으로 사용하여야만 한다. 만약 원금을 비축하지 않고서, 먼저 그 이식을 사용하면, 백성에게 체납된 원금은 원금이라는 이름만 있을 뿐이고 실상은 없게 되므로, 반드시 먼저 들어온 것으로 원금에 충당한 후에 그 이식을 사용해야 한다. 오늘날 고을마다 사마소司馬所에서 많은 토지와 보미를 소유하였으나, 손님의 접대나 혼례·상례 등의 비용을 그것으로 사용했기 때문에 오래 존속한 곳이 적다. 서원은 반드시 선비의 양성만을 주로 하며 다른 곳에 소모하지 않아야 어느 정도 길게 유지하면서 큰 흠결이 없을 것이다."[64]

영봉서원, 오산서원, 임고서원은 백운동서원의 『죽계지』에 수록된 학전 관련 규정을 준용하였다. 이를 보면 서원의 원장은 매년 11월 학전에서 생산된 작물들을 장부에 기록하였다. 동일한 장부를 여러 권영봉서원 3권, 오산서원 2권, 임고서원 2권 만들어 분산·보관하는데, 그 중 1권은 관에 보고하기 위한 용도였다. 보미도 정월마다 장부를 만들어 학전의 장부와 같이 관에 보고하였다. 이때 반드시 본전은 보존하여 남겨두고, 그 이자만을 사용하도록 규정하였다. 이러한 서원전은 향교전과 마찬가지로 학전으로 설립됨으로써 면세규정이 없었던 초기에도 일반적으로는 사액서원에 한해서 서원전 소재 지방관의 명령으로 면세되는 것이 상례였다.[65]

---

64 安柾 譯, 『國譯 竹溪志』, 紹修博物館, 2009, 251~252쪽; 『竹溪志』 卷5, 「雜錄後·(院規)」. "斯文統檢, 有司監掌. 學田所出, 每年十一月, 院長成冊三件, 一件申于官, 一件報于斯文, 一件留置院中. 寶米所納, 每年正月, 成冊三件, 其申報如前, 必存本取息而用之. 若不待存本而先用其息, 則在民腹中而未納者, 有本之名, 無存之實, 須以先納者充存其本. 然後, 用其所息, 可也. 今夫列邑司馬所, 亦多置田立寶, 然而送迎婚喪之需, 或資於此, 故其久保也, 鮮矣. 若書院則必以養賢爲主, 無他耗費, 然後, 庶可支久, 無大闕欠."

65 이수환, 앞의 논문, 2015, 217쪽.

서원의 재정 운영은 유사와 사문의 감찰을 받았다. 서원의 재계일에 미곡과 기타 물품을 회계하며, 향사일에 여러 사문과 함께 이를 다시 감찰하였다. 영남지역 서원에서는 사마소의 유사와 서원 유사가 감찰 행위를 담당하도록 규정하였다. 기호지역 서원에서는 재직이 재 안의 물건 출납을 주관하고, 유사가 사환과 집기의 유무를 주관하며 모든 물건을 장부에 기재하여 관리하도록 하였다. 이러한 학전과 함께 서원의 경제적 기반이 되는 부분은 전복을 꼽을 수 있다. 주세붕은 백운동서원의 수직으로 4가家를 설정하였고, 이들은 세금과 부역이 면제되었으며 관에서도 빼앗아갈 수 없었다.[66] 또한 이황은 원속院屬을 잘 돌봐주며 원과 재의 공적인 일만 하도록 규정하였다.[67] 또 전비는 맡은 일 이외엔 출입을 삼가도록 하였다. 류운룡은 길재의 묘 옆에 서원이 건립되었기 때문에 묘를 수호하는 전복典僕에 대한 규정도 수록하였다.[68]

4) 향사의례 규정

16세기 서원의 운영자들은 배향인물에 대한 향사의례를 중시하였다. 앞서 살펴본 영남지역 서원 중 4개소백운동서원, 영봉서원, 임고서원, 오산서원의 원규는 근사謹祀 또는 향사享祀 조항을 가장 앞에 서술하였다. 특히 류운룡은 향사와 관련한 규정들을 독립시켜 별도의 권으로 만들어 학

66 『竹溪志』 卷5, 「雜錄後·(院規)」. “復守直四家, 人不得役, 官不得奪.”

67 『退溪集』 卷41, 「伊山院規」. “院屬下人, 有司與諸生, 常須愛護, 院事齋事外, 毋得人人私使喚, 毋得私怒罰.”

68 『吳山志』 卷3, 「學規·典僕」. “○書院之作爲先生墓也. 墓下居人寔繁有徒不閑禮義待之, 一失所係非輕, 亦須兼盡恩威務得其心常存永護之計.”

규에 앞서 배치하였다. 이는 향사가 서원의 여러 기능 중에서 중요한 부분이었기에 가장 앞부분에 관련 규정을 수록하거나 별도의 권으로 작성하여 서술한 것으로 보인다. 16세기 서원의 제향인물에 대한 규정은 향사, 전알, 성묘에서 확인할 수 있다. 조선의 지식인들은 세부적으로 제향일[향사일·전알일·성묘일], 제향복[향사복·전알복·성묘복], 제관, 제물, 제기, 제식, 춘추대향도 등을 규정하였다. 이 중 향사일과 관련한 규정을 정리하면 아래의 〈표 3-5〉와 같다.

〈표 3-5〉 16세기 서원 향사의례 규정표

순번	원규명	향사일	향사복	제관	재계
1	죽계지 잡록후(원규)	계월 상정		3헌관 6집사	7일전: 본관·교관·사문에 고함. 3일전: 재계
2	영봉지 학규	중월 중정		헌관 4집사	
3	임고서원범규	계월 상정		3헌관 6집사	7일전: 사문에 고함
4	문헌서원학규	춘추			
5	오산지 향사	중월 중丁	재계 홍단령 행례 흑단령	3헌관 축 찬자 알자 찬인 사尊 봉향 봉로 장찬 세위	3일전: 재계
6	서원규범				

향사일은 계월季月[음력 3월, 9월] 상정일上丁日[음력으로 매달 첫 번째 정일]과 중월仲月[음력 2월, 8월] 중정일中丁日[음력으로 매달 두 번째 丁日]으로 나누어지는데, 봄과 가을이라고만 규정한 경우도 있었다. 문묘의 석전제가 중월 상정에 시행되었기에,[69] 서원의 제향일을 정하는

69 『國朝五禮序例』 卷1, 「吉禮·時日」.

일은 논란이 있었다. 먼저 주세붕은 백운동서원의 제향일을 계월 상정으로 정하여 달을 다르게 하였고,[70] 임고서원은 이를 따른 것으로 보인다. 다음으로 노경린은 영봉서원의 제향일을 중월 중정으로 정하여 날짜를 다르게 하였고,[71] 류운룡은 「천곡원규」를 인용하여 상정에 석채釋菜를 지내고 중정에 서원의 향사의례를 행한다고 규정하였다.[72] 류운룡은 이를 수용하여 오산서원의 제향일을 중월 중정에 행하도록 규정하였다.[73] 그리고 영남지역의 지식인들은 국왕과 왕비의 제일祭日인 국기일國忌日을 피하여 제향祭享을 지내도록 하였는데, 덕천서원에서는 실제로 「참제록參祭錄」에 국기일을 기록하여 이 규정이 지켜진 것을 확인할 수 있다.

제관祭官 조항에서 헌관獻官 3인은 공통되지만 집사執事는 그 수가 달랐다. 특히 후기로 갈수록 축祝, 찬자贊者, 알자謁者, 찬인贊引, 사준司尊, 봉향奉香, 봉로奉爐, 장찬掌饌, 세위洗位 등으로 세분화하여 규정하고 있다. 서원의 향사는 향사일의 7일 전에 알리고, 3일 전부터 재계齋戒를 시행하였다. 향사를 지낼 때의 복장은 재계에서 홍단령紅團領[붉은 빛깔의 깃이 둥근 의복]을 착용하고, 행례 때는 흑단령黑團領[검은 빛깔의 깃이 둥근 의복]을 착용하였다.[74]

전알展謁과 묘제墓祭와 관련한 규정은 아래의 〈표 3-6〉와 같다.

---

70 『竹溪志』, 卷5, 「雜錄後」. "春秋大享, 例卜季月上丁, 上丁有故, 改卜中丁. ○凡舍菜先聖, 必於春秋仲月, 而此則卜季月者, 公旣配享仲月, 而上巳之淸明重陽之佳節, 卽公平生所浴禊遊賞於此者."

71 『迎鳳志』「學規錄」. "春秋大享例卜仲月中丁, 擇獻官備四執事. 有大故改卜亥日."

72 『吳山志』 卷2, 「享祀」. "士, 或未免知有院, 而不知有校, 輕重之失序甚矣. 自今每歲上丁, 入院之士, 齋會先行釋菜, 中丁行院祀."

73 『吳山志』 卷2, 「享祀」. "春秋大享, 例卜仲月中丁, 有故, 改卜下丁. ○有故者, 如國忌之類."

74 『吳山志』 卷2, 「享祀」.

〈표 3-6〉 16세기 서원 전알·묘제 관련 규정표

순번	원규명	전알일	전알복	묘제	묘제일	상복	춘추 대향도
1	죽계지 잡록후(원규)						○
2	영봉지 학규						○
3	임고서원범규						○
4	문헌서원학규	삭망	제생: 두건·단령			직령	
5	은병정사학규	삭망	유관: 사모·단령·품대 유생: 두건·단령·조대			입자 직령 관건 직령	
6	오산지 향사	삭망	유생: 청금	○	청명		○
7	서원규범	삭망	원근인사: 두건·홍단령 도주 읍주: 품복	○			
8	경주향교학령	삭망	관대				

전알일은 매월 초하루와 보름으로 두 지역 서원에서 공통적으로 시행하는 사항이었다. 하지만 기호지역 서원과 영남지역 서원은 참여 인원들이 착용하는 복장이 달랐다. 먼저, 이이는 문헌서원의 원생에게 두건頭巾, 단령團領을 착용하게 하였다.[75] 또한 이이는 벼슬이 있는 사람은 사모紗帽, 단령團領, 품대品帶를 착용하게 하였다.[76] 류운룡은 오산서원에서 벼슬이 있는 감사[도주道主], 현감 혹은 군수[읍주邑主]는 품복品服을 착용하게 하고, 방문하는 인사들은 두건頭巾, 홍단령洪團領을 착용하며,

75 『栗谷全書』 卷15, 「文憲書院學規」. "一. 每月朔望, 諸生具巾【頭巾】袍【團領】詣廟. 開中門, 焚香【年最長者焚香】, 再拜. 雖非朔望, 諸生若自他處初到, 或自院歸家時, 必於廟庭再拜【不開中門, 不焚香.】."

76 『栗谷全書』 卷15, 「隱屛精舍學規」. "一. 每月朔望, 師弟子皆以官服.【有官則紗帽團領品帶, 儒生頭巾團領條帶.】 詣廟開中門, 出廟貌, 再拜. 焚香. 【師若不在, 則齋中年長者焚香.】 又再拜【敍立位次, 則師居前行, 弟子爲後行西上.】."

유생은 청금靑衿을 착용하도록 하였다.[77] 서원의 전알에는 벼슬이 있는 사람이 품복을 착용한다는 점은 같았다. 하지만 서원의 원생은 기호지역에선 두건과 홍단령을 착용하고, 영남지역에선 청금을 착용하는 차이점이 있었다. 또한 영남지역의 사림은 방문하는 인사들의 복장도 규정하였다. 이는 실제 여러 차례에 걸쳐 서원의 제享을 지내면서 다양한 상황을 겪었던 경험을 반영하여 원규를 제정했던 것으로 보인다.

류운룡은 오산서원에서 묘제일을 청명절淸明節로 규정하였다.[78] 오산서원은 길재의 묘 바로 옆에 건립되었기 때문에 이러한 조항이 필요했던 것이다. 그래서 류운룡은 전알의 마지막 부분에도 성묘省墓와 관련된 조항을 규정하였다.[79] 『서원규범』에서도 같은 조항이 보이는데, 이는 『오산지』의 조항을 그대로 필사하는 과정에서 생긴 착오로 보인다.

제향 복장과 관련한 규정을 보면 향사의례를 행할 때는 주로 단령을 착용하였음을 알 수 있다. 이와 대비하여 평상시 복장은 직령直領이었다. 이이는 원생의 평시 복장으로 직령을 착용하도록 하였고,[80] 은병정사에서는 평시 복장으로 입자笠子 또는 관건冠巾에 직령을 착용하도록

77 『吳山志』 卷2, 「享祀·展謁」. "每於朔望在院儒生盛服靑衿謁廟焚香二拜【川谷院規】. 遠近人士來尋者, 以明日早朝謁廟, 或不能留宿者, 以當日就夾室改服【頭巾紅團領】, 廟如朔望之儀【川谷院規】. 道主邑主到本院升正堂就夾室改復【品服】, 謁廟, 焚香, 二拜. 還正堂改服, 如欲宿齋而謁廟, 則當於明日早行禮如式【川谷院規】."

78 『吳山志』 卷2, 「享祀」. "每年淸明, 精備祭物, 眞掃墳塋. 祭品, 三色實果, 米麵食, 脯醢魚肉 炙肝雞腥. 連獻三爵, 行禮, 如家廟參拜儀. 有祝文."

79 『吳山志』 卷2, 「享祀·展謁. "省墓如謁廟儀. 但無焚香一節."

80 『栗谷全書』 卷15, 「文憲書院學規」. "一. 常時, 恒整衣服冠帶. 拱手危坐. 如對尊長. 毋得以褻服自便【必著直領】且不得著華美近奢之服. 凡几案書冊筆硯之具. 皆整置其所. 毋或亂置不整. 作字必楷正. 毋得書于窓戶壁上."

규정하였다.[81]

또한 춘추대향도를 보면 16세기 영남지역 지식인들이 서원에서 사용한 제물을 파악할 수 있다. 춘추대향도를 확인할 수 있는 서원은 백운동서원, 영봉서원, 임고서원, 오산서원 등 4개소였다. 이들 서원과 향교의 제수祭需를 비교하면 아래의 〈표 3-7〉과 같다.

〈표 3-7〉 향교와 서원의 제수 비교표

	제수	향교	백운동	영봉	임고	오산
변두	형염	○				
	어숙	○		○	○	○[82]
	건조	○	○	○	○	○
	율황	○	○	○	○	○
	진자	○		○		
	능인	○				
	검인	○				
	녹포	○	○	○	○	○
	구저	○	○	○	○	○
	탐해	○				
	정저	○	○	○	○	○
	녹해	○			○	○
	근저	○				
	토해	○		○		
	순저	○		○		
	어해	○	○	○	○	○
	밀과		○			
	백자		○	○		
	건치			○		

81 『栗谷全書』 卷15, 「隱屛精舍學規」. "一. 平明時, 皆以常服【笠子直領或冠巾直領之類. 但不用襦挾直領】."

82 『오산지』에서는 '어숙' 대신 '어포'라고 표기되어 있다.

	제수	향교	백운동	영봉	임고	오산
	계	좌팔변 우팔두	좌사변 우사두	좌육변 우육두	좌사변 우사두	좌사변 우사두
	제수	향교	백운동	영봉	임고	오산
희생	양성	○				
	시성	○				
	계성		○	○	○	○
보궤	도	○	○	○	○	○
	량	○	○	○	○	
	서	○	○	○	○	○
	직	○	○	○	○	
주	명수	○				
	예제	○				
	명수	○				
	앙제	○				
	현주	○				
	청주	○	○	○	○	○
	계	이성 이보 이궤	일성 이보 이궤	일성 이보 이궤	일성 이보 이궤	일성 일보 일궤

위 표를 살펴보면 서원의 제수가 서로 다름을 알 수 있다. 향교 제의의 제품은 팔변팔두[형염刑鹽, 어숙漁鱐, 건조乾棗, 율황栗黃, 진자榛子, 능인菱仁, 검인芡仁, 녹포鹿脯, 구저韭菹, 탐해醓醢, 정저菁菹, 녹해鹿醢, 근저芹菹, 토해兎醢, 순저筍菹, 어해魚醢][83]와 이성二腥[양성羊腥, 시성豕腥][84]이었다.

83 각 8개의 변과 두에 형염, 어숙, 건조, 율황, 진자, 능인, 검인, 녹포, 구저, 탐해, 정저, 녹해, 근저, 토해, 순저, 어해를 담았다. 형염은 소금이다. 어숙은 주로 대구 등의 생선을 말린 포이다. 건조는 대추열매를 말린 것이다. 율황은 밤이다. 진자는 개암나무 열매이다. 능인은 물풀 열매이다. 검인은 연근이다. 녹포는 사슴고기를 말린 포이다. 구저는 부추김치이다. 탐해는 소의 어깨고기 [박] 를 말렸다가 잘게 썰어 여기에 쌀밥, 누룩, 소금, 술을 섞어 항아리에 넣고 백일 동안 숙성시켜 만든다. 정저는 무김치이다. 녹해는 사슴고기를 탐해와 같이 만든 것이다. 근저는 미나리 김치이다. 토해는 토끼고기를 탐해와 같이 만든 것이다. 순저는 소금에 죽순을 절여서 만든다. 어해는 생선을 탐해와 같이 만든 것이다.

84 성은 희생물의 생고기 중 7가지 부위[비脾 2, 견肩 2, 협脅 2, 척脊 1]를 갑匣에 담아서 조俎[희생

이와 대비하여 서원의 변두籩豆는 육변육두 또는 사변사두에 일성[계성鷄腥]의 제품을 구비하였다. 이때 서원에서 사용하는 변두의 제품으로 밀과蜜果,[85] 백자栢子, 건치乾雉는 향교의 제품에서 보이지 않는다. 또한 희생물로 사용하는 성은 계[닭]로, 이 역시 향교와는 차별되는 부분이다.

류운룡은 16세기 서원의 향사의례를 가장 집약적으로 정리하였다. 류운룡은 향사의례를 '재계齋戒, 서립序立, 진기陳器, 행례行禮, 행전폐례行奠幣禮, 행초헌례行初獻禮, 행아헌례行亞獻禮, 행종헌례行終獻禮, 행음복례行飮福禮, 행망료례行望瘞禮'의 10가지로 규정하고, 상세한 의주를 기록하였다. 류운룡이 정리한 의주는 다른 서원과 비교하면 매우 세분화된 것을 확인할 수 있다. 이를 주세붕이 정리한 백운동서원의 초헌례 의주를 비교하면 아래와 같다.

A. 백운동서원의 초헌례[86]

1. 초헌관을 인도하여 준소尊所에 나아가 서쪽을 향하여 선다.
2. 신위 앞에 나아가 북쪽을 향하여 꿇어앉는다.
3. 술잔을 올린다.
4. 축문을 읽는다.
5. 인도받아 내려와 자리로 돌아간다.

의 고기나 내장을 올려놓는 작은 탁자]에 두는 것이다. 향교에서는 양과 돼지를 성으로 사용하였다.

85 밀과는 유밀과로 밀가루나 쌀가루를 반죽하여 모양을 빚어서 바싹 말리고, 기름에 튀긴 후 꿀이나 조청을 바르고 튀밥이나 고물을 입힌 과자이다.

86 『竹溪志』 卷1, 「行錄後·祭式」. "○行初獻禮 ○引初獻官詣尊所, 西向立. 詣神位前, 北向跪. ○獻酌. ○讀祝. ○次詣配位前. ○獻酌. ○讀祝. ○引降復位."

B. 오산서원의 초헌례[87]

1. 알자謁者가 초헌관을 인도하여 준소에 이르면 서쪽을 향하여 선다.
   1-1. 사준司尊이 멱冪을 들어 술을 뜬다.
   1-2. 봉작奉爵이 작爵을 가지고 술을 받는다.
2. 알자가 헌관을 인도하여 신위 앞에 이르면 무릎을 꿇는다.
   2-1. 봉작이 작을 가져다가 헌관에게 준다.
   2-2. 헌관은 작을 잡고, 작을 든다.
3. 작을 주면 전작奠爵이 신위 앞【서쪽을 상위로 한다.】에 올린다.
   3-1. 헌관은 부복하였다가 일어나고 조금 물러나 무릎을 꿇는다.
4. 축祝이 헌관의 왼쪽으로 나아가 동쪽을 향하여 꿇어앉아서 축문祝文을 읽는다.
5. 헌관은 부복하였다가 일어나고 인도받아 내려와 자리로 돌아간다.

이를 보면 류운룡은 주세붕의 의주에 비해 매우 자세한 의주를 작성하였음을 알 수 있다. 더구나 주세붕은 초헌례만 의주를 작성하였고, 아헌례와 종헌례의 의주는 아예 생략하였다. 하지만 류운룡은 향사의례의 모든 단계를 상세한 의주로 기록하였다. 또한 류운룡은 알자, 사준, 축의 역할도 드러나게 정리하였으나, 주세붕의 의주에서는 이를 찾을 수 없다. 이처럼 상세한 의주는 서원의 향사의례에 대한 연구의 결과로 보인다. 또 류운룡은 제관의 명칭과 인원도 상세하게 기록하였다. 『오산지』의 제관을 정리하면 아래의 〈표 3-8〉과 같다.[88]

87 『吳山志』 卷2, 「享祀·祭儀」. "行初獻禮. 謁者引初獻官詣尊所西向立. 司尊擧冪酌酒. 奉爵以爵受酒. 謁者引獻官詣神位前跪. 奉爵以爵授獻官. 獻官執爵獻爵. 以爵授奠爵奠于神位前【西上】. 獻官俯伏興, 小退跪. 祝進獻官之左東向跪讀祝文. 獻官俯伏興, 引降復位."

88 〈표 3-8〉은 『오산지』 권2, 「향사·제의」에 기록된 제관을 정리하였다.

〈표 3-8〉 오산서원의 제관

직책	인원	비고
헌관	3	현감이 초헌관을 하면 원장은 아헌관을 한다. 현감이 일이 있어 참석하지 못하면 원장이 초헌관을 한다. 예비 인원으로 1명을 둔다.
축	1	
찬자	1	
알자	1	
찬인	1	인원이 부족하면 알자가 겸임한다.
사준	1	
봉향	1	전작을 겸임한다.
봉로	1	봉작을 겸임한다.
장찬	1	진설을 겸임한다.
관세위	1	인원이 부족하면, 없어도 된다.

이를 보면 류운룡은 향사의례에서 15명의 제관이 13가지의 직책을 담당하도록 규정하였다.또한 인원이 부족할 때는 직책을 겸임할 수 있도록 하였다. 류운룡은 향사의례에서 가장 중요한 초헌관을 현감이 담당하도록 하여, 서원의 향사의례에서 지방관에게 비중있는 역할을 배정하였다.

이상에서 16세기 영남지역 서원의 원규를 분석하여 그 특징을 살펴보았다. 먼저, 16세기 영남지역의 6개소의 서원과 비교의 대상인 기호지역의 2개소의 서원, 향교의 규정이 제정되는 과정을 살펴보았다. 그리고 이를 인적구성, 강학·생활, 향사의례로 나누어 내용과 특징을 분석하였다. 인적구성 규정에서는 원임[원장·유사], 원생, 전복으로 분류하였다. 영남지역 지식인과 기호지역 지식인은 서로 다른 용어와 직책을 규정하였다. 원임에서는 영남지역 지식인은 원장을 지칭하는 용어로 상유사가 있었고, 기호지역 지식인은 원임에 당장, 장의, 직월을 둔 것이 특징적이었다. 그리고 영남지역 지식인은 서원의 원생 가운데 우생과 동몽을 두어서 기호지역 보다 다양한 규정을 제정하였음을 보여주었다. 강학활동과 일상생활 규정은 지역적 차이보다는 공사 간의 차이를 보여주었다. 영남지역 지식인은 향교에서 교생의 학습 결과가 직접적으로 과거와 연결되는 것과 차이를 둔 원규를 규정하였다. 향사의례 규정은 지역적 차이와 공사 간의 차이를 모두 보여주었다. 영남지역 지식인은 기호지역에 비해 자세한 향사의례 규정을 제정하였고, 이는 류운룡의 향사의례 규정을 통해서 알 수 있었다. 또한 영남지역 지식인은 향교의 석전의례를 의식하여 향사일을 제정하였고, 제수에서도 향교보다 적은 규모로 하여 차등을 두었다. 이처럼 영남지역 지식인은 서원의 운영에 있어서 몇 가지 특징적인 모습을 보였다. 이에 대한 부분을 다음 절에서 퇴계학파의 서원운영론으로 정리하고자 한다.

2. 퇴계학파의 서원운영론

1) 원규의 집성과 체계화

16세기 영남지역 지식인은 서원의 원규를 다양한 체제로 제정하다가 퇴계학파에 의해 집성되는 양상을 보였다. 16세기 영남지역 지식인은 다양한 체제와 형식으로 서원의 원규를 제정하였다. 그리고 후기로 갈수록 점차 세분화하였고, 이황의 서원운영론을 중시하여 이황과 그 문인이 건립한 서원의 원규를 상호 준용하였다.

첫 번째, 서원의 규정을 표현하는 용어의 다양성이다. 서원의 규정은 규規·약約·범範·례例로 범주화할 수 있고,[89] 더 세분화할 수도 있다. 서원의 원규는 강학에 대한 규칙인 강규講規, 서원의 전체적인 활동을 규정한 규범規範, 서원의 운영을 중심으로 규정한 원규院規, 거재居齋 유생을 위한 재규齋規, 교육에 대한 규정인 학규學規와 학령學令, 서원 교육에 대해 자문해 주는 유시문論示文 등이 있다.[90] 이 글에서 검토한 원규를 살펴보면 '학규 영봉서원, 문헌서원, 은병정사, 오산서원'는 4종, '원규 이산서원', '범규 임고서원', '약속 은병정사', '규범 임고서원'이 각각 1종, 백운동서원의 경우처럼 처음에는 아예 명칭이 없다가 후에 '원규'와 '입규'로 기록된 경우도 있었다. 이를 볼 때 16세기 서원의 규정을 모두 포함할 수 있는 '원규'라는 용어가 대표성을 가진다.

두 번째, 서원 원규의 체제가 가지는 다양성이다. 1유형은 『죽계지』, 『영봉지』, 『임고서원범규』로 조항을 나누고 뒤에 세목을 서술하는 형식이다. 2유형은 「이산원규」, 「문헌서원학규」, 「은병정사학규」, 「은병정사약속」으로 조항을 나누지 않고 세목을 서술하는 형식이었다. 3유형은 『오산지』와 『서원규범』으로 조를 나누고 그 아래 세목을 서술하면서 인용한 서원의 학규를 밝히는 형식이다. 그리고 지역을 기준으로 영남지역 서원 원규와 기호지역 서원 원규의 체제를 비교할 수 있다. 기호지역에서 건립된 문헌서원과 은병정사의 경우는 동일 인물인 이이

89 정순목은 『韓國儒學教育資料集解』를 간행하면서 4편으로 「規·約·範·例」를 간행하여 학규를 정리하고자 하였지만 간행하지 못하였다.

90 김해용, 「학규(學規)를 통해 본 조선시대 서원 교육과정의 변천」, 한국교원대학교 석사학위논문, 2010, 2쪽.

가 작성하였다. 하지만 기호지역 서원의 학규인 「문헌서원학규」와 「은병정사학규」는 조항을 나누지 않고 세목을 서술하는 형식으로 이루어져 있는데, 이는 『이산원규』와 같은 형식이었다. 「은병정사약속」은 「은병정사학규」를 보조하는 내용이기에 원규로 규정할 수 있는 내용은 3조항 정도밖에 되지 않았다. 즉, 기호지역 서원의 원규는 형식상으로 『이산원규』와 차이를 보이지 않았다. 하지만 내용적인 측면에서 「문헌서원학규」와 「은병정사학규」은 향사와 관련한 규정을 수록하였고, 「이산원규」에는 없다는 점이 가장 두드러진 차이이다. 이상을 통해 볼 때 16세기 서원 원규는 다양한 체제를 가지고 제정된 것을 알 수 있다.

세 번째, 서원 원규는 점차 세분화되는 특징이 있었다. 영남지역 지식인들은 점차 세분화된 원규를 제정하였다. 1540년대에 주세붕은 백운동서원의 원규를 5개조근사, 예현, 수우, 비름, 점서로 제정하였고, 1560년대에 노경린은 영봉서원의 원규를 7개조근사, 예현, 권과, 수우, 고름, 점서, 택원장로 제정하여 권과와 택원장를 추가하였다. 1580년대에 류운룡이 제정한 오산서원의 원규는 향사를 독립하여 별도로 규정하였고, 학규를 11개조유사, 원사, 거업, 권과, 방검, 교제, 상정, 양현, 수우, 점서, 전복로 세분화하였다. 류운룡이 오산서원을 건립한 1580년대는 이전 시기보다 다수의 규정이 필요로 했던 것이다. 류운룡에 의해서 집성된 서원의 원규는 경험이 축적될수록 많은 규정이 나타나며, 점차 세분화되는 양상을 보여주었다.

1540년대에 주세붕은 서원의 원규에 많은 비중을 두지 않았다. 주세붕이 서원의 원규로 제정한 기록은 「백운동치경설白雲洞致敬設」과 「원규」이다. 주세붕은 「백록동치경설」에서 서원의 수리를 언급하였고,

「원규」는 별도의 항목을 나누지 않고 서술하였다. 주세붕이 작성한 「원규」의 시작은 아래와 같다.

> "첫째, 제사를 경건히 봉행할 것[근사]. 둘째, 어진이를 예우할 것[예현]. 셋째, 사당을 잘 보수할 것[수우]. 넷째, 물자를 비축할 것[비름]. 다섯째, 서책을 점검할 것[점서]."[91]

주세붕은 원규를 근사, 예현, 수우, 비름, 점서의 순서로 기록하였는데, 근사를 가장 중요한 사항으로 보고 제일 앞쪽에 배치한 것으로 보인다. 이러한 방식은 1560년대에 노경린이 차용하여 영봉서원의 원규도 같은 방식으로 서술하였으나, 권과와 택원장의 두 가지 조항을 추가하였다.[92] 권과와 택원장의 추가는 『영봉지』가 편찬되는 시기에 두 조항에 해당하는 문제가 중요하였음을 알 수 있게 한다.[93] 그리고 노경린은 영봉서원의 원규를 서술하면서 각 조항 아래에 부차적인 설명을 기록하였다. 이는 노경린이 주세붕보다 구체적인 원규의 필요성을 가졌음을 보여준다. 하지만 노경린은 『죽계지』의 「원규」를 변화없이 차용하는 경우가 많았고, 그렇지 않을 때에도 주세붕과 비슷한 방식으로 서술하였다. 이처럼 주세붕이 작성한 백운동서원의 원규는 영봉서원의 원규에 지대한 영향을 끼쳤다. 그러나 1580년대 류운룡은 이전과는 명확히 다른 모습으로 서원의 원규를 체계화하여 집성하였다.

류운룡은 오산서원의 원규를 11개조로 구분하여 제정하였다. 류운

91 『竹溪志』 卷5, 「行錄後·院規」. "一曰謹祀. 二曰禮賢. 三曰修宇. 四曰備廩. 五曰點書."

92 『迎鳳志』 「學規錄」. "一曰謹祀. 二曰禮賢. 三曰勸課. 四曰修宇. 五曰考廩. 六曰點書. 七曰擇院長."

93 이수환, 앞의 논문, 2015, 204쪽.

룡은 오산서원의 원규를 제정하면서 도산서원, 역동서원, 이산서원, 금오서원, 천곡서원, 병산서원의 원규와 주세붕의 『죽계지』를 참고하였다. 그리고 류운룡은 여러 서원의 원규들을 선택적으로 인용하여 각 조항을 제정하고 그 전거를 수록하였다.[94] 류운룡은 원규를 인용할 때 서원이 건립된 순서 대신에 '도산서원, 역동서원, 이산서원, 백운서원, 금오서원, 천곡서원, 병산서원'이라고 밝혔는데, 스승인 이황을 서원 운영론을 중시한 것으로 이해된다. 류운룡이 인용한 서원의 빈도를 정리하면 아래의 〈표 3-9〉와 같다.[95]

〈표 3-9〉 오산서원 원규의 인용 목록

	도산	역동	이산	죽계	금오	천곡	병산	안 (류운룡)	계
유사	1				(1)[96]	3	2	2	9
원사	2			2		3	2	2	11
거업	5					3	2	1	11
권과	1				1	1		1	4
방검	2			3		4		3	12
교제	1			(1)[97]		3		1	6
상정	1					5	7	4	17
양현				1			3	3	7
수우				1		1			2
점서						1			1
전복	1						1	2	4
계	14	0	0	8	2	24	17	19	84

94 『吳山志』 卷2, 「享祀」, 「題吳山志」. "書院告成, 享祀有日, 不可無祭儀及院規, 謹取陶山, 易東, 伊山, 白雲, 金烏, 川谷, 屛山等書院定規及五禮儀, 略加參述如左, 類皆出於前賢酌定已試之效, 一無起於賤末刱見臆探之說, 後之覽者, 其毋以曾經鄙人之手而忽之哉, 時萬曆十六年四月日."

95 〈표 3-9〉는 『오산지』 권3, 「학규」를 바탕으로 정리하였다.

96 천곡금오원규로 표현된 원규가 있어서 금오에 (1)로 표현하였다.

97 천곡죽계원규로 표현된 원규가 있어서 죽계에 (1)로 표현하였다.

이를 보면 류운룡이 유사, 원사, 거업, 방검, 상정에서 다양한 조항을 수록한 것을 알 수 있다. 먼저, 유사와 원사는 서원 인물들의 천거와 입학과 관련한 규정으로 모두 20조항이다. 거업은 원생의 몸가짐에 대한 규정으로 11조항, 방검은 원생이 금해야하는 사항을 정리한 규정으로 12조항, 상정은 원생의 처벌 규정으로 17조항이다. 그리고 이 규정의 인용 순서는 서원이 건립 시기를 기준으로 하여 백운동-도산-천곡-병산의 순서였지만 상충되는 부분에서는 이황의 원규를 따를 경우가 많았다. 그리고 류운룡은 자신의 생각을 19조항에 걸쳐 수록하였다. 또한 류운룡은 이황과 그 문인들이 건립한 서원의 원규를 다량 수록하였다. 류운룡은 도산서원에서 14조항, 천곡서원에서 24조항, 병산서원에서 17조항의 원규를 인용하였데, 이는 총 55조항이다.

이상과 같이 영남지역 사림은 이전에 건립된 서원의 원규를 계속 준용하면서 원규를 정립하였다. 이는 주세붕이 제정한 원규가 영봉서원의 원규와 『임고서원범규』에서 준용 혹은 부분적으로 개수되였던 점에서 확인할 수 있다. 또한 영남지역 사림은 이황이 제정한 이산서원의 원규도 전범으로 하였다. 그리고 류운룡은 이를 모두 수용하여 영남지역 서원의 원규를 집성하였다. 류운룡의 오산서원 원규는 서원의 원규가 시간이 지날수록 점차 세분화됨을 보여주었다. 류운룡이 인용한 원규 가운데 백운서원과 도산서원의 원규가 천곡서원과 병산서원의 원규보다 적었다. 그리고 류운룡은 본인의 의견을 추가하여 원규를 보강하였다. 영남지역 서원의 원규는 점차 조항이 더욱 세분화되고 자세히 기록되었던 것이다. 이는 시기별 서원의 원규를 비교했을 때 그 차이가 선명하게 보인다. 아래는 시기별 서원의 원규를 비교한 〈표

3-10〉이다.[98]

〈표 3-10〉『죽계지』, 『영봉지』, 『오산지』의 원규 조항 비교

	『죽계지』	『영봉지』	『오산지』
유사	2	1	9
원사	2	3	11
거업	0	0	11
권과	0	1	4
방검	4	4	12
교제	0	0	6
상정	0	0	17
양현	1	0	7
수우	1	1	2
점서	0	1	1
전복	0	0	4
제향	3	3	0
계	13	14	84

표를 보면 주세붕이 작성한 백운동서원의 원규는 13조항이고, 노경린이 작성한 영봉서원의 원규는 14조항이며, 류운룡이 작성한 오산서원의 원규가 84조항이다. 류운룡은 오산서원의 원규를 작성하면서 이전 서원의 원규에 비해 상당히 많은 규정을 수록했음을 확인할 수 있다. 즉, 류운룡이 오산서원을 건립할 시기는 그전보다 더 세부적인 조항이 필요했던 것이다.

그리고 류운룡은 거업, 교제, 상정, 전복 등의 조항을 처음으로 제정하였다. 이 조항들은 서원에서 생활하는 인물들을 처벌하고, 서로 간의

98 〈표 3-10〉은 『죽계지』 권5, 「잡록후·원규」와 『영봉지』 「학규록」와 『오산지』 권3, 「학규」를 바탕으로 정리하였다.

교제하는 방법과 학업 방식 등을 정리한 부분이다. 서원에서 실제로 생활하면서 일어날 수 있는 문제와 잘못에 대한 규정이다. 류운룡은 이를 통해 이전 서원의 문제점을 미리 예방하여 오산서원의 운영을 원활히 하고자 했던 것이다. 이처럼 류운룡은 퇴계학파가 건립한 서원의 원규를 체계적으로 수용하고, 집성하여 오산서원의 원규를 작성한 것이다.

이와 같은 방식으로 임고서원의 『서원규범』도 집성되었다. 『서원규범』은 오산서원의 원규와 같이 퇴계학파와 관련한 서원의 원규를 인용하여 제정되었다. 임고서원의 『서원규범』은 유사, 원사, 권과, 양현, 방검, 상정, 수우, 점서, 전복의 9개조를 원규에 수록하였고, 뒤에 강사講師, 금방禁防의 2개조를 신증新增하였다. 『서원규범』의 9개조는 오산서원의 원규와 공통된 조항이었다. 다만 오산서원의 원규는 거업과 교제가 있었고, 『서원규범』은 신증된 강사와 금방이 있었다.

『서원규범』에서 인용한 서원의 원규는 오산서원의 원규와 같았다. 그리고 인용한 순서도 서원이 건립된 순서였다. 더욱이 후대 건립된 천곡서원과 병산서원의 원규를 다수 인용하였다는 점도 공통점이다. 이처럼 오산서원의 원규와 임고서원의 『서원규범』은 많은 유사성을 가졌다. 이를 볼 때 퇴계학파는 다년간 축적된 서원 운영의 경험을 가지고 서원의 원규를 체계화하여 집성集成하는 작업을 하였던 것으로 생각된다.

이와 함께 두 원규의 체제를 살펴보면, 류운룡의 오산서원 원규가 『서원규범』의 전범이 되었을 것으로 추정된다. 하나의 이유는 두 학규의 체제가 유사하다는 점이다. 『서원규범』은 '제물식-제관-전알-유사-원사-권과-교제-양현-방검-상정-수우-점서-전복'의 순서로 구성되었다. 류운룡은 오산서원의 향사의례에 관한 규정을 '향사-제의춘추대향도, 제기, 제물식, 재계, 서립, 진기, 행례, 행전폐례, 행초헌례, 행아헌례, 행종헌례, 행음복례, 행망료례, 대향축문, 묘제축문, 제관-전알'의 순서로 수록하였다. 또 이어지는 강학활동에 관한 규정은 '유사, 원사, 거업, 권과, 방검, 교제, 상정, 양현, 수우, 점서, 전복'의 순서로 수록하였다. 이때 오산서원의 원규는 원사와 거업이 나누어지지만, 『서원규범』에서는 모두 원사에 포함되었다. 특히, 오산서원의 원규가 수록된 『오산지』 권3 「학규」에서 원사와 거업이 나뉘는 기점에 『서원규범』은 약 반장에 걸친 공백이 있다. 이 부분은 『오산지』를 참고하여 『서원규범』을 필사하면서 생긴 오차라고 생각된다. 더불어 『임고서원범규』에 춘추대향도, 제식, 제문이 수록되었기에, 『서원규범』에는 제외한 것으로 보인다.

다른 이유는 류운룡은 오산서원의 원규를 제정하면서 인용한 원전을 기록하였다는 점이다. 류운룡은 도산서원, 역동서원, 이산서원, 백운동서원, 금오서원, 천곡서원, 병산서원의 원규와 『국조오례의』 등 자신이 수용한 자료를 모두 기록하였다. 이 목록에 임고서원의 원규가 기록되지 않았기 때문에 류운룡이 참고하지 않았음을 확인할 수 있다.

마지막으로 두 원규의 전알은 동일하게 서술되었다. 전알의 성묘 규정은 다른 서원의 원규를 인용하지 않았는데, 이는 임고서원에서는 불가능한 규정이다.

> "매 초하루와 보름[삭망]에 서원에 있는 유생들은 청금을 갖추고 알묘謁廟하며 분향하고 재배한다【천곡원규】. … 성묘省墓하기를 묘廟에 배알하는 것처

럼 하고 의례에서 다만 분향하는 한 절목이 없다."[99]

류운룡은 오산서원을 길재의 묘 바로 옆에 건립하였기 때문에 성묘와 관련한 조항을 수록하였다. 오산서원의 위치상 서원의 원생들은 매달 삭망 알묘할 때 성묘도 할 수 있었다. 그러나 경상도 영천의 임고서원은 정몽주의 위패를 사묘에 봉안하였지만, 그의 묘는 경기도 용인에 있었다. 따라서 임고서원의 원생들은 원규의 규정과 같이 매달 초하루와 보름에 성묘를 한다는 것은 물리적으로 불가능하였다. 즉, 임고서원의 운영주체가 오산서원의 원규를 참고하였을 때 이를 가감없이 필사한 것으로 보인다.

서원의 장서관리와 관련한 원규를 예로 살펴보면, 원규가 점차 세분화되면서 퇴계학파의 서원운영론으로 집성되는 양상이 명확히 나타난다. 장서 관리에 대한 규정을 가진 서원은 소수서원, 영봉서원, 이산서원, 오산서원이었다. 특히 오산서원에서는 천곡서원과 병산서원의 원규도 수록하여 영남지역 서원의 장서관리 규정을 집성하였다. 다음의 〈표 3-11〉은 서원의 장서 관리 규정을 정리한 것이다.

99 『吳山志』 卷2, 「享祀」; 『書院規範』. "展謁. 每於朔望, 在院儒生盛服青衿謁廟焚香二拜【川谷院規】. 遠近人士來尋者, 以明日早朝謁廟, 或不能留宿者, 以當日就夾室改服【頭巾紅團領】謁廟如朔望之儀【川谷院規】. 道主邑主到本院, 升正堂就夾室改復【品服】謁廟焚香二拜, 還正堂改服, 如欲宿齋而謁廟則當於明日早行禮如式【川谷院規】. 省墓如謁廟儀, 但無焚香一節."

〈표 3-11〉 16세기 서원의 장서관리 규정

	서원명	조 항
1	소수 죽계지 잡록후(원규)	서책을 점검할 것【서책을 점검하지 않으면 반드시 흩어져 없어지게 된다.】[100]
2		재계하는 날 헌관이 장서를 점검하여 햇볕을 쪼이고【사마소 유사는 반드시 계절마다 점검하고, 서원 유사는 달마다 점검한다.】[101]
3		수령의 자제가 서적을 마음대로 다루게 해서는 안 된다【서적을 제멋대로 다루게 하면 반드시 이로 인한 절취의 폐단이 생길 것이다. 자제의 마음을 부형이라도 어찌 모두 알 수 있겠는가? 만일 서원 밖으로 가지고 나가 유실하게 되면 사람들이 반드시 절취했다고 말할 것이다. 그로 인하여 수치를 남겨 죽계수와 함께 영원히 전해질 것이니 어찌 부형으로서 경계하지 않으며 자제로서 두려워하지 않겠는가. 내가 수령 자제들을 여기에 머물지 못하게 함은 그 근원을 막고자 함이다. 그러나 큰 뜻을 가졌으나 공부할 책이 없어 지성으로 와서 공부하려는 군자라면 또한 일체 이 규례에 얽매여서는 안 될 것이다.】.[102]
4	영봉 영봉지 학규	서적을 점검할 것【서책이 비록 처음에 서원의 문으로 들어오면 끝내 다시 반출되는 경우는 없지만 혹은 어진 사람이 하사하는 경우도 있고, 혹은 서원에 구비된 경우도 있으니 권수의 많고 적음은 전후가 반드시 다르다. 한편으로 흙비를 맞으면 마땅히 좀먹고 해지니 반드시 정리하여 바르게 해야 한다. 또 점검하고 볕에 말려서 축축하거나 손실되지 않도록 해야 한다.】.[103]
5		2번과 같음.[104]

100 『竹溪志』 卷5, 「行錄後(院規)」. “一曰謹祀. 二曰禮賢. 三曰修宇. 四曰備廩. 五曰點書【夫不謹則祀不享, 不禮則賢不至, 宇不修則必壞, 廩不備則必匱, 書不點則必散. 五者, 不可以廢一也.】.”

101 『竹溪志』 卷5, 「行錄後(院規)」. “致齋日, 獻官點曬藏書. 省視牆宇虧漏, 會計米穀什物. 受禧日, 衆斯文共察之.【若司馬有司則每節必檢, 院中有司則每月必檢.】.”

102 『竹溪志』, 卷5, 「行錄後(院規)」. “邑宰子弟, 不得擅便書冊【擅便則必有因緣偸竊之弊. 子弟之心, 父兄豈盡知之. 若携出院門, 或致遺失, 則人必曰偸竊也. 其貽愧, 當與竹溪同其流也. 爲父兄者可不警哉. 爲子弟者可不懼哉. 某故不令子弟寓于此, 欲防其源也. 然有大志而無書冊, 積誠來學之君子, 則亦不可一切拘於此例也.】.”

103 『迎鳳志』 「學規錄」. “六曰點書【書冊雖始入院門終無還出之理, 或有仁者之賜, 或有院中之備數之多寡前後泌異. 且當霾雨應致蠹敗, 必須釐以正之. 且點且曬, 毋令有汙有損.】.”

104 『迎鳳志』 「學規錄」. “致齋日, 獻官點曬藏書. 省視墻宇如米穀什物一一會計. 受禧日, 衆斯文更與詳察【若司馬有司則每節必檢, 院中有司則每朔必檢.】.”

	서원명	조 항
6		수령의 자제가 멋대로 서책을 가지고 나갈 수 없다【수령도 오히려 멋대로 서책을 가지고 나갈 수 없는데 하물며 그 자제들을 말함에 있어서랴? 만약 서책의 출납을 삼가지 않거나 혹은 오랫동안 빌려 돌려주지 않아 유실했다면, 애초에 훔치려는 마음이 있지 않았지만 더러운 치욕의 이름을 받는 것은 같으니 두려워하지 않을 수 있겠는가? 주선생[주세붕]은 바로 훔치는 것을 경계로 삼으셨지만 무릇 서책을 구하여 보는 자들이 어찌 이런 마음을 지녔겠는가? 방비를 엄하게 하고자 하나 미연에 금지하는 것에 불과할 따름이다. 옛날 사람들은 오히려 산방에 서책을 보관하여 후인들이 볼 것을 준비하였으니, 하물며 남이 보관한 것을 훔치려 했겠는가? 선유들은 학자들이 서책이 있으면서도 읽지 않는 것을 애석하게 여겼으니, 서원에 들어와 힘써 배우는 자들이 마땅히 더욱 부지런히 해야 한다.】.[105]
7	이산	제생들은 독서하는 데 사서·오경을 본원으로 삼고 『소학』과 『가례』를 문호로 삼는다.[106]
8	이산원규	책은 문밖에 내갈 수 없다【책은 나가면 잃기 쉽다.】.[107]
9	오산	거업. 7번과 같음.【도산원규】[108]
10	오산지 학규	방검. 3번과 같음.【죽계지】[109]
11		방검. 8번과 같음.【도산원규】[110]

105 『迎鳳志』「學規錄」. “邑宰子弟, 不得擅出書冊【邑宰尙不得擅便, 則況其子弟云者乎. 若出納不謹, 或久假不歸, 因致遺失, 則初非有心於攘竊而受汚辱之名, 則一也, 可不畏哉. 周先生直以偸竊爲戒, 凡求觀書冊者, 寧有是心乎. 不過欲嚴其防而禁之於未然而已. 古人尙有藏書, 山房以備後來之觀, 況欲窃夫人之所藏乎. 先儒以學者有書而不讀爲可惜此, 則入院力學者所當加勉也.】.”

106 『退溪集』 卷41, 「伊山院規」. “諸生讀書, 以四書五經爲本原, 小學·家禮爲門戶.”

107 『退溪集』 卷41, 「伊山院規」. “書不得出門【書出易失.】.”

108 『吳山志』 卷3, 「學規·居業」. “諸生讀書, 以四書五經爲本原, 小學·家禮爲門戶【陶山院規】.”

109 『吳山志』 卷3, 「學規·防檢」. “邑宰子弟, 不得檀便書冊. 檀便則必有因緣偸竊之弊. 子弟之心, 父兄豈盡知之. 若携出院門, 或致遺失, 則人必曰偸竊也. 爲父兄者可不警哉. 爲子弟者可不愼哉. 某故不令子弟寓于此欲防其源也. 然有大志而無書冊, 積誠來學之君子, 則亦不可一切拘於此例也【竹溪志】.”

110 『吳山志』 卷3, 「學規·防檢」. “書不得出門【書出易失.】【陶山院規】.”

	서원명	조 항
12		방검. 장자, 열자, 노자, 불교의 책, 바둑, 장기와 같은 놀이는 서원에 들일 수 없다【천곡원규】.[111]
13		상정. 타인의 짐을 멋대로 풀어보거나 사사로운 책을 몰래 보는 자는 면책한다【병산원규】.[112]
14		점서. 4번과 같음.【천곡원규】[113]

이를 보면 16세기 영남지역 서원의 원규는 점차 세분화되었고, 이전에 건립된 서원의 원규를 체계적으로 분류하여 집성하였음을 알 수 있다. 소수서원, 영봉서원, 도산서원, 오산서원의 장서 관리 조항들을 원규의 여러 부분에서 확인할 수 있었다. 도산서원은 이산서원·역동서원과 동일한 원규를 사용하였고, 오산서원은 도산서원·소수서원·천곡서원·병산서원의 원규를 집성하여 체계화한 원규를 『오산지』 내에 수록하였다. 이를 살펴보면 이 시기 서원의 장서관리는 『죽계지』의 조항을 『영봉지』에서 답습하거나 변용하다가, 「이산원규」에서 새로운 조항이 나타나고 『오산지』에 모두 수록되는 모습을 보였다. 특히 오산서원의 경우는 거업, 방검, 상정, 점서 등 여러 조항으로 세분화되어 기록되었다는 점이 특징이다. 이처럼 16세기 영남지역 서원의 원규는 다양한 체제와 형식으로 출발하여, 점차 세분화되는 과정을 거쳐며 집성되었다.[114]

---

111 『吳山志』 卷3, 「學規·防檢」. "莊列老釋之書, 棊局愽奕之戲, 皆不得入院【川谷院規】."

112 『吳山志』 卷3, 「學規·相正」. "擅發他人藏篋, 窺覘私書者, 面責【屛山院規】."

113 『吳山志』 卷3, 「學規·點書」. "書冊雖始入院門終無還出之理, 式有仁者之賜, 或有院中之備數之多寡前後泌異. 且當雨應致蠹敗, 必修釐以正之. 且點且曬, 毋令有汙有損【川谷院規】."

114 퇴계학파는 영남지역 서원의 원규를 이외의 지역으로 전파하였을 가능성이 있다. 하지만 현재까지 남아있는 16세기 서원의 院規는 영남지역과 기호지역에서만 확인할 수 있다. 그렇기에

2) 서원 향사의례의 정립과 위상 설정

16세기 영남지역 퇴계학파는 조선 서원의 향사의례를 정립하였다. 주세붕은 백운동서원의 향사의례를 제정하였지만, 이황과 그 문인은 이를 정비하여 위상을 확정하였다. 퇴계학파는 영남지역 서원의 향사의례를 정립하고, 위상을 설정하였다. 크게 쟁점이 된 부분은 향사일의 설정, 제품과 제관의 선정, 의주의 개정이었다.

먼저 퇴계학파가 영남지역 서원의 향사일을 설정하는 과정을 살펴보겠다. 서원의 향사일은 백운동서원에서 안향의 향사의례를 진행하면서 시작되었다. 주세붕은 『죽계지』에서 서원의 춘추향사일을 정한 까닭을 밝혔다.

> "춘추제향은 마지막 달계월, 3월·9월 상정일로 정하여 거행하되, 사고가 있으면 중정일로 한다. 유고라는 것은 공사간의 기일과 같은 것이다. ○ 대개 선성의 석전을 반드시 봄, 가을 중월중월, 2월·8월에 거행하는데, 여기에서 끝 달로 하는 것은 문성공[안향]은 이미 중월에 배향되었을 뿐 아니라, 공께서 상사上巳3월 3일의 청명한 날, 중양重陽9월 9일의 가절佳節에 이곳에서 목욕하고 놀이를 즐겼을 것으로 여기기 때문이다. 이를 추모하여 제사를 지내면 기꺼이 강림하여 흠향할 것이다. 제삿날에 온 고을의 부로父老·사문斯文·수사秀士가 시냇가에 모여 음복례를 행하고 시를 읊은 후 돌아간다면, 이른바 '신과 사람이 서로 조화된다.'라는 것을 반드시 여기에서 징험할 수 있을 것이다."[115]

지역 간의 원규 수용에 대한 연구는 새로운 자료의 발굴이 이루어져야만 진전될 수 있을 것으로 보인다.

115 『竹溪志』 卷5, 「雜錄後」. "春秋大享, 例卜季月上丁, 上丁有故, 改卜中丁. ○凡舍菜先聖, 必於春秋仲月, 而此則卜季月者, 公旣配享仲月, 而上巳之淸明重陽之佳節, 卽公平生所浴禊遊賞於此者.

주세붕은 백운동서원의 향사일을 계월 상정일로 설정하였다. 그 이유는 문묘의 석전의례가 중월 상정에 거행되기 때문이었다.[116] 백운동서원의 제향인물인 안향[문성공]은 1319년고려 충숙왕 6에 문묘에 배향되었다.[117] 안향은 고려 충렬왕대 문묘의 정비를 추진하였던 인물이었다. 안향은 1303년에 국학의 학정學正 김문정을 원의 강남으로 보내어 공자와 70제자의 화상, 문묘의 제기와 악기, 서적을 구해오게 하였다. 그리고 관료들에게 양현고에 은과 포를 내게 하여, 이자로 인재를 지원하도록 하는 정책을 개진하였다. 그는 다음해 5월에 섬학전贍學錢을 마련하여 박사博士가 출납을 관장하며 국자감의 운영을 지원하게 하였다. 그리고 그해 6월에 대성전이 완성되자, 元에서 가져온 선성[공자 등]의 화상을 모셨다.[118] 이러한 업적으로 안향은 1319년 문묘에 배향되었기 때문에, 문묘의 석전의례와 같은 날에 백운동서원의 향사의례를 진행할 수는 없었다. 따라서 주세붕은 서원의 향사일을 별도로 설정할 수밖에 없었던 것이다. 이에 주세붕은 안향이 죽계에서 3월과 9월의 정취를 즐겼으리라 예상하면서 서원의 향사일을 계월 상정으로 정하였다.

노경린은 영봉서원의 향사일을 중월 중정일로 설정하였다. 그리고 그는 영봉서원의 향사일에 큰 사고가 있으면 해일亥日에 진행하도록

追而祭之, 公必樂而降歆. 祭之日, 盡會一鄕父老斯文秀士於溪上, 而爲飮禧禮, 相與風詠而歸 則所謂神人以和者, 必於此而得之矣."

116 『國朝五禮序例』 卷1, 「吉禮」. "時日."

117 박종배, 「조선시대 문묘 향사 위차의 특징과 그 교육적 시사-명청시기 중국과의 비교를 중심으로」, 『한국교육사학』 34-3, 한국교육사학회, 2012, 9~10쪽.

118 『高麗史』 卷105, 列傳18, 「文成公傳」.

규정하였다.[119] 이때 노경린은 향사일이 문묘의 석전의례와 같은 날에 할 수 없는 이유를 밝혔다.

> "반드시 상정일로 정해야 하지만 중정일로 한 이유로 고을에서 그 일을 맡을 만한 적당한 관원이 적기 때문이다. 가려 뽑은 정성스럽고 삼가는 사람은 모두 문묘文廟의 제사에 나아가게 해야 하는데 다만 일반인으로 이 숫자만 구차하게 채우면 제사를 지내도 지낸 것 같지 않으니 어찌 신이 이르겠는가?"[120]

노경린은 관원의 부족을 이유로 들어 문묘와 서원의 향사일을 다르게 설정하였다. 만약 석전의례와 향사의례가 동일한 일시에 거행되면 일을 담당할 관원이 문묘에서 의식을 시행하여야 하기 때문으로 설명하였다. 이는 노경린이 향사의례의 제관으로 관원을 설정하였다는 점과 서원의 향사의례의 위상을 문묘보다 낮게 인식하였다는 점을 보여준다.

임고서원의 향사일은 계월 상정일이었다. 임고서원은 앞서 살펴본 내용과 같이 백운동서원의 원규를 인용하였기에 같은 날을 향사일로 설정하였다. 또 이이는 문헌서원의 향사일을 춘추春秋라고 계절만 명시하였을 뿐 명확한 날짜를 설정하지 않았다.

---

119 『迎鳳志』, 「學規錄」. "春秋大享, 例卜仲月仲丁, 擇獻官備四執事, 有大故, 改卜亥日【有故者, 如國諱.】."

120 『迎鳳志』, 「學規錄」. "如舍菜, 必於上丁, 而此卜中丁者, 一鄕之堪爲官者, 鮮有其人. 精選誠謹者, 皆詣文廟, 而只以庸人, 苟充此數, 則祭如不祭, 安有神只格思乎."

류운룡은 오산서원의 향사일을 중월 중정일으로 설정하였다.[121] 류운룡은 노경린과 마찬가지로 중월 중정일에 향사의례를 진행하도록 하였다. 그리고 류운룡은 영봉서원의 후신인 천곡서원의 원규를 인용하였기에, 이를 통해 문묘와 서원의 위상 차이를 다시금 확인할 수 있다.

> "선비 중에 혹 서원이 있음을 알지 못하고, 학교가 있음을 알지 못하니 경중의 순서를 잃어버림이 심하다. 지금부터 매년 상정에 서원에 들어온 선비들은 재에 모여 먼저 석채를 행한 후 중정에 서원의 향사를 행한다【천곡원규】."[122]

류운룡은 오산서원에서 상정일에 석채를 진행하고 중정일에 서원의 향사를 진행하도록 하였다. 오산서원의 구성원들은 10일 사이에 두 가지의 제향을 시행하여야만 했던 것이다. 당시엔 보통 7일 전에 본관인 인동현감, 교관·사문에 향사의례를 알렸고, 사관祀官과 원생은 서원의 향사의례를 행하기 3일 전부터 서원에서 재계를 지냈다.[123] 그렇기에 문묘의 석전의례일 이후 서원 향사의 재계일은 며칠 차이가 나지 않았기에, 10일간 2곳의 제향이 가능하였을 것이다. 그리고 류운룡은 서원에 입학한 학생들에게 문묘의 석전의례와 서원의 향사의례

---

121 『吳山志』 卷2, 「享祀」. "春秋大享, 例卜仲月中丁, 有故, 改卜下丁. ○有故者, 如國忌之類."

122 『吳山志』 卷2, 「享祀」. "士, 或未免知有院, 而不知有校, 輕重之失序甚矣. 自今每歲上丁, 入院之士, 齋會先行釋菜, 中丁行院祀【川谷院規】."

123 『吳山志』 卷2, 「享祀」. "齋戒. 前期三日, 諸祀官幷散齋二日宿於正寢, 致齋一日於祀所, 學生則幷於前三日入齋【用紅團領】."

를 순차적으로 거행하게 하여 두 의례의 위상을 확인하게 하고, 연속적인 행사가 될 수 있도록 하였다. 이는 당시의 지식인들에게 서원의 향사의례를 문묘의 석전의례처럼 반드시 준행하여야 하는 의례로 의식하도록 것이었다. 이로써 영남지역 서원의 향사일 설정에 대한 문제는 지식인들에게 있어 문묘와 서원의 관계를 별개로 구별하여 생각할 수 없는 사안으로 발전하게 되었다.

두 번째, 퇴계학파는 향사의례의 제품과 제관을 선정하였다. 앞의 3장 1절에서 서원의 향사의례에서 진설하는 변두, 보궤, 성이 향교보다 적음을 확인하였다. 또한 서원의 향사의례에서 사용하는 변두의 제품으로 밀과[백운동서원], 백자[백운동서원, 영봉서원], 건치[영봉서원]는 향교의 제품에서 보이지 않았다.

이황은 향사례를 교정하여 향사의례의 제품이 변화시켰다. 이황은 주세붕이 작성한 백운동서원의 홀기에서 나타나는 오류를 교정하였다. 이때 문제로 삼았던 부분 중의 하나가 제품으로 밀과를 사용한 것이었다. 이황은 밀과는 속제에 사용되는 물품으로 서원의 향사의례에서는 사용할 수 없다고 보았다. 즉, 이황은 서원 향사의례의 위상을 속제 이상으로 설정한 것이다. 따라서 이황은 밀과 대신 녹포를, 3종의 과일 중 하나를 줄이고 대신 어숙를 배치하여 진설의 균형을 맞추었다. 이황이 교정한 제품은 모두 향교의 석전의례에서 사용하는 것이었다.[124] 즉, 이황은 서원의 향사의례의 위상을 속제 이상으로, 문묘의 석전의례 이하로 설정한 것이었다.

---

124 한재훈, 「退溪의 書院 享祀禮 定礎에 대한 考察」, 『退溪學과 儒教文化』 53, 경북대학교 퇴계연구소, 2013, 10~11쪽.

이황이 제시한 서원의 향사의례는 영남지역 지식인들이 계승하였다. 이황이 제품에서 문제시하여 삭제한 밀과는 이후 영남지역의 서원에 등장하지 않았다. 1540년대에 개수한 이황의 백운동서원 홀기에서는 밀과가 보이지 않는다.[125] 그리고 1562년에 필사된 임고서원의 진설도에서도 밀과는 찾을 수 없다.[126] 그리고 이황은 1567년 역동서원의 향사례를 제정할 때도 백운동서원의 향사의례를 참고하길 권유하였는데, 실제 역동서원의 홀기는 수정된 이황의 홀기와 거의 일치하였다.[127] 또한 류운룡이 작성한 오산서원의 진설도에서도 밀과는 살펴볼 수 없다.[128] 이처럼 이황이 개정하여 제시한 서원의 향사의례를 영남지역 지식인들이 준용하였음은 제품의 하나인 밀과의 유무를 통해 증명할 수 있다.

영남지역의 서원은 계성을 희생으로 하고 있는데, 이는 양성과 시성을 올리는 향교와 다른 부분이었다. 국가례인 문묘의 석전의례는 희생으로 희성犧腥·양성·시성을 사용하며, 주현州縣의 향교에서는 의례의 위상이 낮아 양성·시성을 사용하였다. 이러한 상황에서 계성은 국가례에서는 사용되지 않는 제품이었다.

류운룡은 오산서원에서 계성을 향사례에 사용하는 일에 대해 백운동서원과 도산서원의 의식에서 정당성을 찾았다.[129] 이처럼 희생을 계

125 국사편찬위원회, 「安文成公春秋大享圖」, 『朝鮮時代嶺南書院資料』, 1999, 국사편찬위원회, 117~121쪽.

126 『臨皐書院凡規』 「春秋大享圖」.

127 한재훈, 앞의 논문, 2013, 19쪽.

128 『吳山志』 卷2, 「享祀」.

129 『吳山志』 卷2, 「享祀」. "雞腥幣篚用, 白雲陶山儀."

성으로 하는 양상은 영남지역 서원 향사의 특징 중 하나이며, 현재도 계성을 서원의 향사의례에 사용하고 있다.[130] 또한 앞서 살펴본 향사의례 규정에서도 서원의 향사일은 향교의 석전의례를 의식하여 결정하였다. 영남지역 사림은 계성을 사용하여 향교의 석전의례과 서원의 향사의례의 차등을 가시적으로 표현한 것이었다.

또한 류운룡은 향사의례의 제품과 제기를 자세히 설명하였다. 류운룡은 『오산지』에 제기와 제물식을 수록하여 각 재료와 수량을 기록하였다. 류운룡은 서원의 향사의례에 사용하는 물품의 제작과 조리를 보다 알기 쉽게 하려는 의도에서 이를 수록하였을 것이다. 제물식은 주세붕과 노경린도 일부 기록하였으나, 제기는 류운룡만이 수록하였다. 그리고 류운룡은 『국조오례의』를 참고하여 제기식을 기술하였다.[131] 그런데 이처럼 류운룡이 서원의 향사의례에서 국가례를 참고한 근원은 이황이 백운동서원의 홀기를 수정한 것에서부터 찾을 수 있다.[132]

이황은 제품을 교정하면서 모두 향교의 석전의례에서 사용하였던 품목으로 하였다. 이러한 사실에서 볼 때 이황은 『국조오례서례』 「주현석전정배위州縣釋奠正配位」를 참고하여 서원의 향사의례를 정립한 것이다. 그리고 이황이 문묘의 석전의례를 참고한 사실들은 그의 문인들에게 이어져 보다 자세한 제품과 제기로 정리되었다. 그리고 류운룡은 오산서원의 제품과 제기를 기록하면서 도산서원, 역동서원, 소수서원,

130 윤숙경, 「鄕校와 書院의 祭禮에 따른 祭需에 관한 연구」, 『韓國食生活文化學會誌』 13, 한국식생활문화학회, 1998, 256~258쪽.

131 『吳山志』 卷2, 「享祀·祭器」.

132 국사편찬위원회, 「安文成公春秋大享圖」, 『朝鮮時代嶺南書院資料』, 국사편찬위원회, 1999, 117~121쪽.

천곡서원 등 퇴계학파가 건립과 운영에 참여한 서원의 향사의례를 참고하여 사용하도록 규정하였다.[133] 이 역시 퇴계학파의 서원운영론이 서원의 향사의례에까지 반영된 부분이라 생각된다.

퇴계학파는 제관의 선정에서도 『국조오례의』의 석전의례를 반영하였다. 영남지역 지식인들은 서원의 향사의례에서 제관[사관, 제원祭員]을 선정할 때 3인의 헌관만 공통적으로 규정하였고, 집사는 각기 다르게 규정하였다. 주세붕은 백운동서원의 제관을 헌관 3인과 집사자 6인으로 기록하였고, 노경린은 영봉서원의 제관을 헌관과 집사자 4인으로 기록하였다.

이황은 백운동서원의 홀기를 개정하면서 헌관 3인의 자격과 축, 찬자, 알자, 찬인, 사존, 봉향, 봉로 등 집사자 7인을 규정하였다. 이는 오산서원 향사의례의 제관을 정리한 류운룡에게 이어졌다. 류운룡은 오산서원의 제관으로 헌관 3인과 축, 찬자, 알자, 찬인, 사존, 봉향, 봉로, 장찬, 관세위, 전작, 봉작, 진설 등으로 집사자를 세분화하여 규정하였다.

이렇듯 류운룡이 제관을 상세히 규정한 부분도 『국조오례의』를 참고하였기에 가능한 사항으로 보인다. 『국조오례서례』를 살펴보면, 제관의 인원과 인원은 시행하는 의례에 따라 다르게 규정되었다.[134] 이처

---

133 『吳山志』 卷2, 「享祀·祭器」. "鹿脯 栗黃 乾棘 鹿醢 魚醢 菁菹 取諸院儀. 韮菹 取陶山易東白雲儀. 魚脯 取陶山儀. 雞腥幣篚用 白雲陶山儀. 香爐燭 取諸院儀. 爵陳設 白雲陶山儀. 祝坫 取白雲儀. 尊所雜 取白雲川谷義. 簠簋 用川谷金烏儀."

134 『國朝五禮儀序例』 「祭官·州縣釋奠」. "初獻官【守令】, 亞獻官, 終獻官, 東西從享分獻官各一, 東西廡分獻官各一【縣, 則無】, 祝, 掌饌者, 執尊者【每尊所各一】, 執事者【隨位酌定】, 贊者, 謁者, 贊引四【縣二. ○亞終獻官, 分獻官, 以佐貳官, 教授, 訓導, 及本邑閑散文官差. 祝以下諸執事, 皆以學生充.】."

럼 이황이 참고한 『국조오례의』는 이후 퇴계학파에서 계속적으로 서원의 향사의례를 정립하는데 필수적인 참고서였다.

세 번째, 퇴계학파는 향사의례의 의주도 개정하였다. 이황은 서원 향사례의 시초인 주세붕의 백운동서원 홀기를 수정하였다. 이황은 새로운 홀기를 작성하면서 상향례上香禮와 초헌례를 구분하였고, 음복飮福 후 수조受胙로 수정하였으며, 수조 이후의 행례 절차를 보완하였다.[135] 이황이 개정한 향사의례의 의식절차는 이후 류운룡이 보다 진전된 형태로 정립하였다. 류운룡은 오산서원의 향사의례 절차를 10가지 단계로 구분하였고, 상세한 의주를 수록하였다.

이황은 백운동서원 향사례의 의주를 수정하면서 『국조오례서례』「주현석전정배위」와 『국조오례의』「주현석전문선왕의」를 참고하였을 것이다. 하지만 이황의 홀기는 소략하기 때문에 이에 대한 가시적인 증명은 어려운 상황이다. 그러나 류운룡은 스승의 영향을 받아 오산서원의 향사의례를 정립하면서 『국조오례의』를 가장 중요한 참고 자료로 활용하였다. 앞서 3장 1절 2항에서 살펴보았듯이 류운룡은 오산서원의 초헌례를 상세히 규정하였다. 아래의 〈표 3-12〉는 향교의 석전의 초헌례와 오산서원의 초헌례 의주를 비교하여 둘의 유사성을 확인한 것이다.[136]

135 한재훈, 앞의 논문, 2013, 11~13쪽.

136 〈표 3-12〉은 『國朝五禮儀』 卷2, 「吉禮·州縣釋奠文宣王儀」와 『吳山志』 卷2, 「享祀·行初獻禮」의 儀註를 비교하였다.

〈표 3-12〉『국조오례의』, 『오산지』의 초헌례 의주 비교

『국조오례의』[137]	『오산지』[138]
찬자가 "행초헌례"라고 말한다.	"행초헌례"
알자가 초헌관을 인도하여 문선왕의 준소에 나아가서 서향하여 선다.	알자가 초헌관을 인도하여 준소에 이르면 서향하여 선다.
집준자는 멱을 들고 술을 떠낸다.	사준이 멱을 들고 술을 뜬다.
집사자는 작을 가지고 술을 받는다.	봉작이 작을 가지고 술을 받는다.
알자가 헌관을 인도하여 신위 앞에 나아가서 북향하여 선다. 꿇어앉아 홀을 꽂게 한다.	알자가 헌관을 인도하여 신위 앞에 이르면 무릎을 꿇는다.
집사자가 작을 가져다가 초헌관에게 준다.	봉작이 작을 가져다가 헌관에게 준다.
초헌관이 작을 잡아 작을 든다.	헌관은 작을 잡아 작을 든다.
작을 들어 집사자에게 주어 신위 앞에 드린다.	작을 주면 전작이 신위 앞(서쪽이 상위)에 올린다.
"홀을 잡고 부복하였다가 일어나 조금 물러나서 북향하여 꿇어앉으라."라고 한다.	헌관은 부복하였다가 일어나 조금 물러나 무릎을 꿇는다.
축이 신위의 오른쪽에 나아가서 동향하여 꿇어앉아서 축문을 읽는다.	축이 헌관의 왼쪽으로 나아가 동향하여 꿇어앉아서 축문을 읽는다.
마치면, 알자가 부복하였다가 일어나 몸을 바로 하게하고, 인도하여 나간다.	헌관은 부복하였다가 일어나 인도하여 내려와 자리로 돌아온다."

137 『國朝五禮儀』 卷2, 「吉禮·州縣釋奠文宣王儀」. "贊者行初獻禮. 謁者引初獻官詣文宣王尊所西向立. 執尊者擧冪酌酒. 執事者以爵受酒. 謁者引獻官詣神位前北向立. 贊跪搢笏. 執事者以爵授初獻官. 初獻官執爵獻爵. 以爵授, 執事者奠于神位前. 贊搢笏. 俯伏興, 小退北向跪. 祝進神位之右東向跪讀祝文. 訖, 謁者贊俯伏興平身. 引出詣配位尊所西向立. 執尊者擧冪酌醴齊. 執事者四人以爵受酒. 謁者引詣復聖公宗聖公述聖公亞聖公神位前東向. 行禮並如上儀【唯不讀祝】. 訖引降復."

138 『吳山志』 卷2, 「享祀·行初獻禮」. "謁者引初獻官詣尊所西向立. 司尊擧冪酌酒. 奉爵以爵受酒. 謁者引獻官詣神位前跪. 奉爵以爵授獻官. 獻官執爵獻爵. 以爵授奠爵奠于神位前【西上】. 獻官俯伏興, 小退跪. 祝進獻官之左東向跪讀祝文. 獻官俯伏興, 引降復位."

『국조오례의』[137]	『오산지』[138]
〈배위의 의주〉 마치면 인도하여 내려서 본 자리로 돌아온다.	

이를 보면 류운룡은 『국조오례의』를 참고하여 오산서원의 향사의례를 정립했음을 알 수 있다. 의주의 내용은 대부분이 일치하고, 제관의 명칭과 배위配位의 유무가 다를 뿐이다. 류운룡은 서원의 향사의례를 정립하는 데 있어 스승인 이황의 향사례 개정에 영향을 받아 『국조오례의』를 주로 활용한 것이다. 그는 상세히 의절儀節을 규정하여 향사의례를 원활히 진행하려 하였다. 류운룡은 기존의 간략한 제식과 홀기를 이용하여 향사의례를 실행하는데 어려움을 느꼈을 것이다. 그래서 류운룡은 『국조오례의』의 의주를 참고하여 서원의 향사의례를 보충하였으리라 생각된다.

더욱이 16세기 영남지역 지식인들은 '행례'의 매뉴얼화를 진행하였다. 16세기 영남지역 지식인들은 성리서를 활발히 연구하였고, 『주자가례』 주석서 가운데 '행례'의 매뉴얼을 정리하는 작업은 상·제례를 중심으로 진행되었다.[139] 퇴계학파는 많은 상·제례의 주석서를 남겼고, 류운룡의 아버지 류중영도 『가례증해家禮增解』를 저술하였다.[140] 류운룡은 깊은 예학적 소양을 바탕으로 스승의 상례를 주관하였고,[141]

139 장동우, 「『家禮』 註釋書를 통해 본 朝鮮 禮學의 發展過程」, 『東洋哲學』 43, 동양철학회, 2010, 243~249쪽.

140 장동우, 위의 논문, 2010, 〈표 1〉.

141 설석규, 「謙庵 柳雲龍의 學問과 現實對應 자세」, 『동방한문학』 20, 동방한문학회, 2001,

「추원잡의追遠雜儀」라는 상·제례 지침서를 저술하였다.[142] 이러한 류운룡의 경험이 오산서원의 원규에 반영되어 상세한 의주를 규정하여 서원의 향사의례를 원활히 시행할 수 있도록 하였다.

이와 같이 이황과 그 제자들은 16세기 영남지역 서원의 향사의례를 정립하였다. 퇴계학파는 서원의 향사의례를 문묘의 석전의례 보다는 낮으나, 일반적인 속제俗祭보다는 높은 위상으로 설정하였다. 그리고 서원의 향사일을 설정하면서 국가의 석전의례와 뗄 수 없는 관계로 자리매김하게 하였다. 또한 퇴계학파는 국가례를 참고하여 제관, 제품, 의주 등의 규정을 정립하여, 서원 향사의례의 위상을 설정하였다.

3) 도학 강조와 관과의 연계

16세기 퇴계학파는 영남지역의 서원에서 도학道學을 강조하는 학풍을 수립하고, 관官과 연계하였다. 이황과 그의 문인들은 서원의 학풍과 위상을 정립하기 위해 노력하였다. 퇴계학파가 서원에서 도학을 강조한 사실은 원생의 입학자격을 입격入格에 두지 않았다는 부분에서 알 수 있다. 그리고 퇴계학파가 서원과 관과의 연계를 추구한 부분은 원장의 선정과정, 권학의 주관자와 향사의례 초헌관, 치부置簿의 보고 등에서 살펴볼 수 있다. 도학의 강조와 관과의 연계는 퇴계학파가 서원의 성격을 규정하는 일련의 과정과 연관성을 가진 문제였다.

먼저 퇴계학파가 도학을 강조한 사실을 살펴보겠다. 퇴계학파는 원

42~44쪽.

142 『謙庵集』 卷4, 「追遠雜儀」.

생의 입학자격을 입격에 두지 않았다. 16세기 영남서원 입생의 입학 기준은 과거에 합격한 경우와 그렇지 않은 경우로 나뉘었다. 먼저 과거 입격을 입학 기준으로 삼은 서원은 백운동서원, 영봉서원, 임고서원이고, 그렇지 않은 서원은 이산서원과 오산서원이었다. 주세붕은 백운동서원을 건립하면서 서원을 관학의 보조기구로 설정하고, 과학科學을 중시하였다. 따라서 그는 입학의 자격을 생원·진사[사마司馬]로 규정하고, 그 다음을 초시에 입격한 사람으로 설정하였다.[143] 하지만 이황은 이산서원의 원규에서 입격을 언급하지 않았다.

> "매 향사일에 참석한 사람이 각기 한 사람을 천거하여 상유사 앞에 나아가게 한다. 통과의 가부는 여러 사람의 논의를 모아 정하며 책에 적는다. 또 각기 이름 아래에 인도한 자의 이름을 아울러 적는다. 천거는 반드시 20세 이상 학행이 뛰어난 자로 하며 비록 약관을 채우지 못하였더라도 사마시에 입격하고 재주와 행실이 남달리 뛰어나 나란히 벗으로 삼을 수 있는 자는 입학을 허락한다. 대개 학행이 어떠한가를 살펴야 하며, 어찌 과거의 합격에 구애될 것인가? 【천곡원규】"[144]

이후 천곡서원에서도 도학을 중시하고 과거 합격을 뒤로 하는 규정을 두었다. 원생의 입학 자격을 과거 입격과 구분한 부분도 이황이 과

---

143 『竹溪志』 卷5, 「雜錄後」. "凡入院之士, 司馬則如入大學, 其次初試入格者, 雖非入格, 其一心向學有操行而願入者, 有司稟于斯文而迎之."

144 『吳山志』 卷3, 「學規·院士」. "每於享祀之日, 座中每人各薦一人, 進于上有司前, 通可否採衆議而定之, 書于冊, 又各於名下, 竝書所引之人, 凡所薦進, 必二十歲以後有學行可觀者, 雖未滿弱冠, 而司馬入格, 才行超異, 可齒三益之列者, 大槩只觀學行之如何, 豈必拘拘於科擧之得失哉【川谷院規】."

업과 도학 중에서 도학을 우선시했기 때문에 나타나는 현상이라 추정된다. 이황은 주세붕과 달리 서원을 향촌 사림의 자치 기구로서 설정하였다. 따라서 이황은 과업보다는 당시 사림을 연계시켰던 성리학을 중시할 수밖에 없었을 것이다. 이처럼 도학을 중시한 이황의 영향력이 퇴계학파로 이어져 16세기 영남지역 서원의 성격이 결정되었던 것이다.

퇴계학파가 서원과 관의 상호관계를 설정하며 연계한 부분을 살펴보자. 주세붕은 서원을 창설하면서 송대의 서원제도를 조선사회에 수용하고, 그 특징인 관학과 사학의 절충인 '관사합판'의 형식을 차용한 것으로 판단된다.[145] 이와 함께 서원의 성격은 사림세력이 서원을 설립하여 관학적 교화를 부정하고 향촌 자치를 추구하려한 점[146]도 고려되어야만 한다. 그러나 서원의 발전을 위해서는 국가의 지원이 필수적이었다. 서원의 발달 과정에서 서원은 향촌 내부의 힘과 외부의 국가권력이 함께 작용하는 공간이었다.[147] 이처럼 상호조화적인 서원과 官의 연계는 퇴계학파의 서원운영론에서 찾을 수 있다.

먼저, 원장의 임명과 체임遞任 과정에서 보이는 연계이다. 영남지역 서원의 원장과 관련된 원규가 남아 있는 서원은 도산서원, 천곡서원, 병산서원, 오산서원이다. 이황은 도산서원의 유사 2인을 선정하고, 그 중 1인을 상유사上有司로 규정하였다. 이황은 서원의 상유사를 선택하는 기준으로 서원과의 근거리, 청렴한 성품, 타인의 존경을 받는 인품

145 정순우, 『서원의 사회사』, 태학사, 2013, 29쪽.

146 이수환, 『朝鮮後期 書院硏究』, 일조각, 2001, 18쪽.

147 정순우, 위의 책, 2013, 31쪽.

등을 선정하였고, 원장의 임기는 2년으로 하였다.[148] 서원의 상유사는 이황이 원장을 지칭하는 용어이다. 원장을 상유사로 지칭한 것은 논란이 있었지만, 영남지역의 서원에서는 함께 사용되었다.

천곡서원의 원장은 여러 사람의 신망을 얻어 존경할 만한 사람이었다. 천곡서원은 원장의 체임과 관련한 규정을 남겼다. 즉, 부득이한 일이 있을 경우에 원장을 교체할 수밖에 없는데, 이때 관에 보고하도록 규정하였다.[149] 류운룡도 오산서원에서 원장을 임명하고 체임하는 일을 관에 보고하는 규정을 두었다.

> "상·하유사를 서원에서 스스로 택하여 정하는 것은 진실로 불가함이 없다. 다만 서원 역시 국학이니 일에 임하고 체직되어 바뀌는 사이를 독단적으로 서원에서 스스로 행하는 것은 사체가 중하지 않을 뿐만 아니라, 사문이 서로 점검하는 일은 관에서 한연漢然하게 도맡아 다스려 유지하게 하려는 뜻이 없지 않음을 모르나 또 사사로이 편벽되어 무리를 심고자하여 스스로 편하고자 하는 폐해를 싫어하고 꺼림이 없지 않다. 교체는 매년 봄 석전 때 상유사·하유사는 여러 선비의 천망하는 단자를 올리고 상유사는 한 종이에 나열하여 써서 권점하게 한다. 권점이 가장 많은 자를 갖추어 관에 보고한다. 그 불의로 체직당한 자도 이 예와 같이 차정한다."[150]

148 『退溪集』 卷41, 「伊山院規」. "院有司, 以近居廉幹品官二人差定, 又擇儒士之識事理有行義衆所推服者一人, 爲上有司, 皆二年相遞."

149 『吳山志』 卷3, 「學規·有司」. "院長之任, 不可數數輕改, 至有不得已之故, 不容不改, 則自具狀告官, 後改卜新員, 不敢胡亂薦擧. 必得衆所推服, 一意敬信者定之【川谷院規】."

150 『吳山志』 卷3, 「學規·有司」. "上下有司, 自院中擇定, 固無不可. 但書院亦是國學, 任事遞代之際, 獨自院中行之, 非徒事體不重, 斯文相檢之事, 官家則漢然不知殊無統攝維持之意, 且不無厭避偏私植黨自便之弊. 於遞, 年春釋奠時, 上下有司可當人, 諸士子單字薦望, 上有司列書一紙通融圈點. 點數最多者, 備望報官差定, 其不意見遞者, 亦如此例差定."

류운룡은 오산서원의 상유사[원장]를 선정할 때 지식인들의 의견을 모아 결정하도록 하였다. 특히 그는 원장을 상유사라고 지칭하는 것은 이황이 직접 정한 명칭이기 때문에 이를 따르고 있었다.[151] 그래서 류운룡은 오산서원 원규의 유사 조항에 원장과 관련한 내용을 수록하였다. 위의 인용문을 살펴보면 류운룡은 원장의 위임과 체임에서 서원의 영향력을 높이고, 향촌 지식인들의 결정에 의거하도록 하였다. 그리고 앞서 천곡서원의 경우처럼 관에 보고하는 절차를 가지도록 하였다. 류운룡은 서원에서 원장을 스스로 선택하여 결정할 수 있지만, 서원도 국학國學으로 보아서 지역 지식인들의 뜻을 반영하도록 하였던 것이다. 류운룡은 봄에 거행되는 석전의례에서 오산서원의 상유사[원장]를 천망하여 권점하게 하였다. 그리고 류운룡은 선정된 원장을 관에 보고하고, 체임된 원장도 같은 형식을 취하도록 하였다.

다음으로 퇴계학파는 관과의 연계를 통해 향사의례의 초헌관과 권학勸學의 주관자를 설정하였다. 퇴계학파는 향사의례의 초헌관을 서원이 위치한 고을의 수령인 본관으로 설정하였다. 또한 이황은 개정한 백운동서원의 홀기에서 헌관의 자격을 명시하였다.[152] 이황은 헌관 3인의 자격을 기록하면서 초헌관은 풍기군수, 아헌관과 종헌관은 사문斯文으로 규정하였다. 그리고 이황은 초헌관인 풍기군수에게 특별한 사고가 있을 땐, 사문이 담당하도록 하였다. 이황이 제정한 제관의 자격은 류운룡에게서 발전되었다.

151 『吳山志』 卷3, 「學規·有司」. “按院規乃於伊山退陶先生手定, 其後因用於易東陶山兩院院長變稱上有司, 皆先生微意, 今雖依此稱號有何所損.”

152 국사편찬위원회, 앞의 책, 1999, 117~121쪽.

류운룡은 오산서원의 초헌관으로 인동현감, 아헌관으로 원장을 설정하였다. 그리고 류운룡은 초헌관인 인동현감에게 특별한 사고가 있을 때는 오산서원의 원장이 대신 담당하도록 하였다. 이는 관과의 연계를 추구함과 동시에 서원 원장이 해당 지역 사문의 대표라는 점을 적시한 것으로 판단된다. 이러한 부분은 향사의례의 위상 설정과도 일정한 연관성을 지니고 있다. 앞서 살펴본 바와 같이 서원의 향사의례를 설정할 때 이황은 문묘와 서원의 의례가 가지는 차이를 설정하고, 류운룡은 둘을 연속된 행사로 설정하였던 점과 연관된다. 류운룡은 관의 수령을 명예직인 헌관의 대표로 하여 관과의 연계를 추구하는 동시에 서원의 원장을 사문의 대표이며 수령을 대신할 수 있는 존재로 비정한 것이었다.

16세기 퇴계학파는 권학의 주관자로 해당 지역 수령을 설정하였다. 권학의 주관자로 해당 지역의 수령을 설정한 것은 노경린이 제정한 영봉서원의 원규에서 처음 나타났다.

> "3. 학업을 권장할 것. 초순에는 안에서 강론하고, 중순에도 또한 이와 같이 한다. 종순에는 일과日課 중에 읽은 것과 제술한 것을 모두 기록하여 본관에게 알리면 본관이 매 절기마다 서원에 와서 시강試講을 엄격히 하고 근태를 밝게 조사하여 격려하고 권장하도록 한다. 만약 본관이 자신이 사문이 아닌 것으로 굳게 사양하고 감히 하지 않으면 교관으로 하여금 대신 행하게 한다. 비록 본관과 교관이 모두 큰 사유가 있어 형편상 행할 수 없더라도 안에서 30일 동안 고강考講하고 결코 폐지해서는 안 된다."[153]

153 『迎鳳志』「學規錄」. "三曰, 勸課. 初旬纔滿自中講論中旬, 亦如之. 終旬則具錄日課, 或所讀或製述, 申報本官, 本官每節到院, 嚴如試講, 明覈勤怠, 使有激勸. 若本官託以非斯文牢讓, 不敢則令教

이를 보면 노경린은 영봉서원에서 매월 초순과 중순에는 강론을 하고, 종순에는 일과 중에 읽은 부분과 제술한 것을 기록하여 본관에게 알리며, 매 절기마다 시험을 보도록 하였다. 이것은 앞서 살펴본 서원의 향사의례를 시행할 때 초헌관으로 본관을 설정한 부분과 일맥상통한다. 노경린은 일상적으로 이루어지는 학습은 서원의 원장이 주관하지만, 절기에 1번씩은 본관의 참관하여 시험을 보도록 하여 관과 서원의 연계를 강조한 것으로 보인다. 류운룡도 오산서원에서 학문을 흥기시키며 성취하도록 하는 일의 책임은 해당 지역의 지방관[지주地主]에게 있다고 규정하였다.[154]

16세기 퇴계학파는 관과의 유기적 연계를 위하여 보고의 형식을 가졌다. 영남지역 서원에서 관에 보고하는 안건은 원장의 임명과정, 하유사의 인수인계, 학전의 소출 등이었다. 원장의 임명과정을 이미 앞서 언급하였고, 하유사의 인수인계를 살펴보도록 하겠다.

"A: 상유사 신임과 구임의 교체는 무릇 원중의 규모와 곡절에 아울러 모두 고유하고 거행하며 서책과 물건같은 것은 또한 모두 관에 보고하여 관장하게 한다. 천곡원규"[155]

"B: 하유사는 업무를 인계할 시기에 반드시 새로 임명될 사람이 입회한 가운데 숫자를 계산하여 관에 보고해야 하고, 문서로만 서로 전수함은 불허한

官代行. 雖本官與教官, 皆有大故勢不可行, 自中三旬考講決不可廢."

154 『吳山志』 卷3, 「學規·勸課」. "群居講習之事, 固不敢廢, 而興起作成之方, 責在地主, 暇日來會, 倡卒諸生, 講明古人之學而教導之, 則庶幾有相長之益, 而院中之事, 亦不至於廢弛矣【金烏學規】."

155 『吳山志』 卷3, 「學規·有司」. "上有司新舊遞代, 凡院中規模曲折, 竝皆喩告擧行, 如書冊什物, 亦皆傳掌報官【川谷院規】."

다. 만일 부족함이 있으면 그것을 보충하도록 한 다음에 교체를 허락한다. 그 가운데 태만함이 너무 심하여 직무를 보살피지 않아 전곡錢穀을 많이 부족하게 하고 곧바로 그를 보충하지 않은 자가 있다면 유사가 관에 고하여 죄를 다스리며 계수하여 징수한다. 병산원규"[156]

이를 보면 천곡서원과 병산서원의 하유사는 주로 서원의 일상적인 행정 업무를 관장하였던 원임이었다. 따라서 하유사는 교체할 때 해당 업무와 물품의 인수인계 과정을 필수적으로 수행하였다. 이때 서원의 운영에 있어 매우 중요했던 서책 등의 물건, 재물과 곡식 등은 숫자를 확인하면서 인수인계를 하였다. 만약 전임자가 직무를 소홀히 하여 장부에 적힌 숫자와 실제 물품이 일치하지 않으면 큰 문제가 되었다. 따라서 서원의 물품이 기록된 장부와 허물이 있는 전임자는 반드시 관에 보고하였다. 또 학전의 소출은 매년 장부를 작성하여 그중 1부는 관에 보고하였다. 이처럼 서원은 관의 공증을 받아 사업을 진행하였다. 따라서 서원은 향촌 지식인의 자치기구로 기능하였으나, 국가의 공인을 획득한 공적인 성격을 지닌 기구이기도 하였다.

이상에서 검토한 16세기 영남지역 서원의 원규는 퇴계학파의 서원 운영론을 여실히 반영하였다. 당시의 원규는 서원의 운영에 필수적인 사항을 규정하였다. 세부적으로 살펴보면 해당 서원의 인적구성, 강학·생활, 향사의례 등 다방면의 사항들을 규정하였다. 따라서 조선에 서원이 건립되기 시작한 16세기 영남지역 서원의 원규는 서원의 초

---

156 『吳山志』 卷3, 「學規·有司」. "下有司傳掌時, 必與新差之員, 眼同計數告官, 不許只以文書相傳授. 萬一有欠縮之數, 則責令充補其數. 然後方許遞代, 其中如有惰慢充甚, 不察其事, 使錢穀多缺, 而不卽充數者 有司告於官, 治罪計數徵上【屛山院規】."

기 모습과 그 운영 양상을 이해할 수 있게 해준다. 또한 이 시기 서원의 원규는 운영주체인 퇴계학파의 이상향적인 서원운영론을 반영하는 사상사적 의미도 내포하였다.

퇴계학파 서원운영론의 특징은 원규의 집성, 향사의례의 정립, 도학 강조, 관과의 연계로 볼 수 있다. 16세기 조선은 서원이라는 제도가 처음 만들어졌기 때문에 그 누구도 서원을 어떻게 운영해야 한다고 확정할 수 없었다. 이 시기 조선의 지식인들은 새로운 제도를 수용하여 조선식으로 정착시켰고, 서원의 상황에 따라 서로 다른 원규를 제정하였다. 중국의 제도였던 서원을 점차적으로 시대와 환경에 맞게 조선식으로 정립해나가려 한 지식인들의 노력이 서원의 원규에서 발현되었다. 조선의 지식인들은 서원을 운영하면서 여러 문제가 발생할 수 밖에 없었고, 그 경험은 문제를 대비하기 위해 세분화된 원규를 제정하게 하였다. 16세기 말엽에 류운룡은 『오산지』를 편찬하면서 전범이 되는 영남지역 서원의 원규를 체계적으로 정리하여 수록하였다. 이러한 부분에서 16세기 영남지역 서원의 원규가 집성되는 모습을 확인할 수 있었다. 그리고 퇴계학파는 영남지역 서원의 향사의례를 정립하고, 조선시대 서원 향사의례의 위상을 설정하였다. 더불어 퇴계학하는 도학을 강조하는 학풍과 함께 국가기관인 관과의 연계를 추구하여 서원의 성격을 규정하고, 그 위상을 정립할 수 있었다.

제4장

장서의 형성과 지식 기반

16세기 영남지역의 지식인들은 서원의 장서를 구비하여 지식의 기반을 마련하였다. 서원의 장서藏書는 서적의 보급이 원활하지 않았던 지역사회에서 지식인들의 학문적 기반을 형성하는 역할을 담당하였다. 그렇기에 영남지역 서원의 장서를 분석하는 작업은 지식인들의 사상이나 지식의 단면을 살펴보는 일이다. 또 서원이 소재한 지역의 서적을 확인하는 것과 함께 지역사회 전반의 문화와 역사에 대해서도 알 수 있는 실마리를 제공해주기도 한다.[1]

현존하는 16세기의 서원 장서와 관련한 기록류는 6종이다.[2] 이는 임진왜란과 병자호란을 거치면서 많은 16세기 자료들이 소실되었기 때문이다. 하지만 2장 1절에서 살펴본 결과와 같이 영남지역 서원은 16세기 조선 서원을 대표하였고, 더구나 이 시기 서원의 장서에 관한 기록도 영남지역 서원의 자료만 현존하는 현실이다. 물론 사회·경제적 기반의 차이로 각 지역의 대표적인 서원만이 도서관 기능을 수행했을 가능성도 크다.[3] 이 때문에 다른 지역의 서원은 장서록을 남길만한 장서를 구비하지 못하였을 수도 있다. 16세기 서원의 장서록을 세부적으로 살펴보면 백운동서원[소수서원]의 『죽계지』「장서록」, 영봉서원[천곡서원]의 『영봉지』「장서록」, 남계서원의 『서원부보록書院裒寶錄』, 도산서원의 『서책질書冊帙』, 역동서원의 『역동서원기』「서책」, 옥산서원의 「서책치부書冊置簿」 등이다. 서원지書院志에 수록된 장서록은 2종[백

---

1 옥영정, 「한국 서원의 장서와 출판문화」, 『한국의 서원문화』, 문사철, 2014, 345쪽.

2 16세기의 서원 장서와 관련한 기록류는 다종의 서적과 고문서 내에 다양한 명칭으로 기록되어 있는데, 편의를 위하여 이하에서는 장서록으로 아울러 표현하겠다.

3 이병훈, 「경주 옥산서원의 장서 수집 및 관리 실태를 통해 본 도서관적 기능」, 『한국민족문화』 58, 한국민족문화연구소, 2016, 426쪽.

운동, 영봉]이고, 필사본 형태의 서책 목록은 3종[도산, 역동, 옥산]이며, 서원에 기증된 물품에 장서가 포함된 목록은 1종[남계]이다.[4]

먼저 서원지에 수록된 2종의 장서록을 살펴보자. 서원지에 수록된 장서록은 해당 서원이 설립되던 시기의 장서가 기록되었다. 주세붕은 백운동서원[소수서원]의 장서를 『죽계지』 권4 「장서록」에 수록하였다. 여기에는 주희의 장서기藏書記 몇 편과 백운동서원의 장서 목록이 수록되었다. 노경린은 영봉서원의 장서를 『영봉지』 「장서록」에 수록하였다. 여기에는 소식과 주희의 장서기와 함께 영봉서원의 장서 목록이 수록되었다.

두 번째 유형은 필사본 형태의 서책 목록 3종이다. 도산서원의 장서는 『서책질』에 기록되었다. 도산서원의 장서는 매우 다양한 기록을 통해 확인할 수 있는데, 16세기 도산서원의 장서는 『서책질』을 통해 파악할 수 있다.[5] 『서책질』은 28장의 필사본으로 기록된 연도를 토대로 16세기 장서를 확인할 수 있다.[6]

역동서원의 장서는 『역동서원기』 「서책」에 기록되었다. 역동서원은 도산서원·이산서원과 긴밀히 연결된 서원이었다. 그 때문에 19세기 대원군의 서원훼철령이 내려진 이후에 역동서원의 광명실에 있던 장서는 도산서원으로 이관되었다. 역동서원의 서책 목록은 6종이 있는데, 이 중 16세기 장서는 『역동서원기』 「서책」에서 확인할 수 있다.[7]

---

4 이상 6개소 서원의 장서를 정리하면 〈부표- 4~9〉와 같다.

5 『書冊帙』(韓國國學振興院 所藏本).

6 배현숙, 「嶺南地方 書院藏書의 淵源과 性格」, 『大東漢文學』 46, 대동한문학회, 2016, 299~300쪽.

7 『역동서원기』 「서책」의 원문은 확인하지 못하고, 옥영정의 연구(옥영정, 「엄격한 서책 관리와

옥산서원의 장서는 「서책치부」에 기록되어 있다. 옥산서원의 서적은 「서책치부」와 『열읍원우사적列邑院宇事蹟』의 기록, 현재 남아있는 장서를 통해 추정할 수 있다. 또 옥산서원의 내사본內賜本에 관한 기록은 『열읍원우사적』을 통해 확인할 수 있고, 현존 장서를 통해 여타 다른 서책도 파악할 수 있다.[8]

세 번째 유형은 서원에 기증된 물품에 포함된 장서를 필사본으로 목록화한 경우로, 남계서원의 『부보록』이다. 남계서원의 장서는 『부보록』의 서책 목록을 통해 파악할 수 있다.[9] 이 서책 목록의 일부분은 전사되었고, 16세기 장서는 1552년명종 7에서 1597년선조 30의 내용을 확인할 수 있다. 그리고 서적마다 기증자나 입수 방법이 기록되어 있어서, 서원 장서의 형성과정을 확인할 수 있다는 점이 특징적이다.[10]

이하에서는 서원의 장서록을 토대로 하여 16세기 영남지역 서원 장서의 특징을 살펴보았다. 먼저 6개소의 서원과 『고사촬요攷事撮要』「서책시준書冊市准」의 서종書種을 비교하여 약 240여 종의 서책을 확인하였다.[11] 이 글에서는 16세기 영남지역 서원의 장서를 사부四部[경사자집

도서관 역할」, 『도산서원과 지식의 탄생』, 글항아리, 2012, 370~376쪽.)를 토대로 하였음을 밝힌다.

8 『열읍원우사적』을 제외한 다른 서적의 실물은 확인하지 못하여, 이병훈(이병훈, 앞의 논문, 2016.)의 연구를 토대로 하였음을 밝힌다.

9 韓國精神文化硏究院, 「裒寶錄」, 『古文書集成』 24, 韓國精神文化硏究院, 1995.

10 남계서원의 서책목록은 1663년(현종 4)까지 정리되어 있는데, 이에 대한 서지학적 사항은 배현숙(배현숙, 위의 논문, 2016, 285~286쪽.)의 논문이 참고된다. 이 글에서는 16세기로 시기를 한정하여 서적을 정리하였다.

11 6개소의 서원 장서는 전체 논문의 원활한 가독성과 지면 관계상 본문에 수록하기 어려워 부록의 〈부표- 10〉로 처리하였다. 당시 서적이 유통되던 상황과의 비교를 위해 『고사촬요』「서책시준」에 기록된 서책 목록과 함께 정리하여 총 약 240여 종을 확인하였다. 부표에서 '백'은 백

經史子集]로 분류하여 성리서性理書를 중심으로 살펴보겠다. 이 시기 영남지역 지식인들은 강학講學과 존현尊賢의 두 측면에서 모두 성리학을 바탕으로 하여 서원을 운영하였다. 이에 영남지역 서원의 장서에서도 성리학을 연구하였던 시기적 특징이 나타났다.

1. 경부: 서원 강학의 기초 교재

16세기 영남지역의 서원은 원생을 강학했던 교육기능을 가지고 있었고, 이에 다량의 경서經書를 구비하였다. 이황1501~1570은 원생들의 강학활동에서 기초 교재로 사용되는 서적을 이야기하였다.[12] 이황은 「이산원규」에서 가장 처음으로 서원의 강학에 활용되는 서적을 이야기하였다. 영남지역 서원의 원생들은 경부의 서적[사서, 오경, 소학, 가례]을 기본으로 한 후 여러 사·자·집부의 서적을 공부하였다. 이황은 사부四部를 모두 공부하되 그 순서를 사서오경, 소학, 가례, 사서, 자서, 문집으로 하였다. 사부의 안에서 내외본말內外本末과 경중완급輕重緩急의 중요도에 따라 나누고 차례를 둔 것이다. 특히 사서오경은 독서의

운동서원, '영'은 영봉서원, '역'은 역동서원, '옥'은 옥산서원, '남'은 남계서원, '도'는 도산서원, '서'는 「서책시준」을 나타낸다. 표 안의 숫자는 해당서원마다 서책을 보유한 건수件數를 나타낸다.

12 『退溪集』 卷41, 「伊山院規」; 『吳山志』 卷3, 「學規」. "諸生讀書, 以四書五經爲本原, 小學·家禮爲門戶, 導國家作養之方, 守聖賢親切之訓, 知萬善本具於我, 信古道可踐於今, 皆務爲躬行心得明體適用之學. 其諸史子集, 文章科擧之業, 亦不可不爲之旁務博通. 然當知內外本末輕重緩急之序, 常自激昂, 莫令墜惰, 自餘邪誕淫僻之書, 竝不得入院近眼, 以亂道惑志."

근본이며, 『소학』과 『가례』는 학문으로 들어가는 문이었다. 따라서 경서는 서원 강학의 기초자료로 사용되었다.

그렇다면 16세기 영남지역의 서원은 장서로 어떠한 경서를 소장하고 있었을까? 사서[『논어』, 『맹자』, 『대학』, 『중용』], 삼경[『시』, 『서』, 『역』], 예서[『예기』, 『의례』, 『주례』, 『가례』 등], 『춘추』류, 『소학』류를 중심으로 살펴보겠다.[13]

1) 사서삼경류

사서四書는 『논어』, 『맹자』, 『대학』, 『중용』을 총칭하는 명칭이다. 단행본으로 전해지던 『논어』, 『맹자』와 달리 『대학』, 『중용』은 『예기』의 편篇으로 송대에 독립되었다. 정호程顥 1032~1085·정이程頤 1033~1107는 『대학』, 『중용』을 『논어』, 『맹자』, 육경六經과 함께 기본 경전으로 인식하였다. 이후 주희가 『논어』, 『맹자』, 『대학』, 『중용』를 사서로 표장表章하고 주석을 추가하여 『사서집주四書集註』를 저술하였다. 1313년원 인종 2에 시행된 과거에서부터 『사서집주』의 해석을 중심으로 한 이후 명과 조선에서 확고부동한 경서의 위치를 획득하였다. 사서는 서원에서 필수적으로 구비하여 원생의 교육에 사용되는 서적이었다.

서원의 사서류는 모두 23종이 확인되었다. 사서를 함께 다룬 서적[『사서석의四書釋義』·『사서장도四書章圖』], 『논어論語』 6종[『논맹혹문論孟或問』, 『논어』, 『논어대문論語大文』, 『논어대전論語大全』, 『논어언해論語諺解』, 『논어혹문論語或問』], 『맹자孟子』 5종[『맹자』, 『맹자대문孟子大文』, 『맹자대

13 분류기준은 『사고전서』의 4부 분류와 서울대학교 규장각한국학연구원의 분류 체계를 따랐다.

전孟子大全』, 『맹자언해孟子諺解』, 『맹자혹문孟子或問』], 『대학大學』 7종[『대학』, 『대학 대자大字』, 『대학강의大學講義』, 『대학보유大學補遺』, 『대학언해大學諺解』, 『대학연의大學衍義』, 『대학혹문大學或問』], 『중용中庸』 3종[『중용』, 『중용언해中庸諺解』, 『중용혹문中庸或問』]이었다. 사서류에서는 '대전', '혹문', '언해', '대문·대자' 등으로 구분되었다.

먼저, 사서를 함께 다룬 서적은 『사서석의』와 『사서장도』가 있었다. 『사서석의』는 역동서원에서 1권을 보유하였다. 이황이 『논어』, 『맹자』, 『중용』, 『대학』의 사서에 대한 선현의 주석을 모으고 또 제자들과 연구, 강론한 내용을 정리하여 『사서석의』를 편찬하였다.[14] 이황은 이 서적과 『삼경석의三經釋義』를 함께 저술하였는데, 『삼경석의』도 역동서원의 소장본이었다. 『사서장도』는 도산서원에서 1질 20권을 소장하였다. 이 서적은 『사서장도대성四書章圖大成』으로 보이는데, 주희가 집주한 사서를 원의 예사의倪士毅 1303~1348가 중정重訂·집석輯釋하였으며, 주공천朱公遷이 약설約說하고 정복심程復心이 장도章圖한 책이다. 설선薛瑄 1389~1464은 정복심이 이 책에서 논한 태극太極은 기氣를 우선하였으므로 노씨老氏의 학설이라고 평하였고, 이황도 정복심의 『서명심학도西銘心學圖』를 인출하려다가 태극을 논한 곳에 잘못이 있어서 그만두었다고 하였다. 김반이 주희의 『사서집주』 외의 사서에 대한 원 성리학자의 주석서를 보았다고 하여 조선초기에 이 책이 수입되었음을 알 수 있다.[15] 도산서원의 『사서장도』는 이황의 사서 연구를 보여주는 서적이

---

14 서울대학교 규장각한국학연구원, 『四書釋義』 해제.

15 우정임, 「조선전기 性理書의 간행과 유통에 관한 연구」, 부산대학교 대학원 박사학위논문, 2009, 78쪽.

라고 할 수 있다. 그리고 이황의 사서 연구가 『사서석의』의 저술로 이어졌고, 이 책이 역동서원의 장서로 확인되면서 연구의 결과물이 그가 건립에 관여한 서원에 소장되었음을 알 수 있다.

백운동서원과 영봉서원에서는 대전류大全類 사서를 소장하였고, 여타 서원에서는 대전의 명칭이 보이지 않는다. '대전'은 『사서오경대전四書五經大全』으로 1415년영락 13 9월에 『성리대전』과 동시에 편찬되었다. 4년 후인 1419년세종 1에 조선은 중국본 『사서오경대전』을 수입하였다. 이 서적은 조선에서도 여러 번에 걸쳐 간행되었고, 조선시대 전 기간에 유교경전의 주도적인 위치를 차지하였던 것으로 평가받고 있다.[16] 이러한 이유로 영남지역 서원에서도 『사서대전』을 장서로 보유하였다.

다음으로 『사서혹문』은 주희가 사서에 대한 혹문或問에 대하여 답변하는 형식으로 각 장의 진리를 밝히고 논변한 책이다. 이는 『논맹혹문論孟或問』과 『용학혹문庸學或問』으로 나눌 수 있다. 주희는 1177년순희 정유년 6월에 『논맹혹문』을 완성하였다. 이 책은 주희가 이정자의 학설을 수집하고 보완한 『논맹집의論孟集義』에서 시작되었다. 이후 1180년에 다시 한번 보완하여 『논맹요의論孟要義』라고 불리다가, 개작하여 『논맹상설論孟詳說』이 되었다. 이 중 정수가 요약되어 『맹자』의 본지를 밝힌 부분이 대문大文과 합쳐져서 『맹자집주』가 되었고, 나머지를 엮은 부분이 『맹자혹문』이 되었다.[17]

16 김문식, 「조선시대 중국 서적의 수입과 간행」, 『규장각』 29, 서울대학교 규장각한국학연구원, 2006, 124~129쪽.

17 서울대학교 규장각한국학연구원, 『論孟或問』 해제.

우리나라에는 고려말에 『용학혹문』이 수입되었고, 조선시대에 『논맹혹문』이 수입되었다. 김안국1478~1543이 '『용학혹문』은 이미 들어왔지만, 『논맹혹문』은 아직 들어오지 않았다.'고 언급하였고, 이후 수입하여 보급하였다. 따라서 주희가 『중용』과 『대학』에 대하여 혹문식으로 논변한 『용학혹문』은 고려말에 이미 수입되었고, 주자의 사서에 대한 혹문 가운데 빠져 있었던 『논맹혹문』을 조선초기에 수입한 것이다.[18]

그리고 '언해諺解'로 명칭되는 사서가 옥산서원과 도산서원에서 1질씩 확인되었다. '사서언해'는 사서의 원문에 토吐를 달고 한글로 언해한 서적이다. 이 서적은 선조의 명에 따라 교정청에서 추진한 경서 언해의 결과였다. 『논어』·『맹자』·『대학』·『중용』·『소학』 등이 함께 편찬되었고, 1590년선조 23경에 초간된 이래로 여러 차례 중간되었다.[19] 특히 사서언해는 영남지역 서원에서 옥산·도산·임고서원의 장서에서 찾을 수 있다. 이는 국가에서 주요한 서적을 사액서원에 반사頒賜하였기 때문이었다.

다음으로 '대문大文' 또는 '대자大字'로 표제된 사서이다. '대문' 또는 '대자'의 사서는 『논어대문』, 『맹자대문』, 『대학대자』 등으로 사서의 정문正文만을 수록한 책이다. 사서의 '대문'은 『고사촬요』 「팔도정도八道程途」의 각 지방별 책판冊板에서도 다량을 확인할 수 있고, 「서책시준」에서도 사서를 모두 확인할 수 있다. 『고사촬요』의 「서책시준」은 16세기 수요량이 많았던 서적에 대해 필요한 종이의 양과 값을 기록하였

18 우정임, 앞의 논문, 2009, 97~98쪽.

19 규장각한국학연구원, 『책판, 조선의 문화를 새기다』, 규장각한국학연구원, 2017, 34쪽.

다. 『고사촬요』의 「서책시준」은 총 34종의 서적을 기록하고 있는데, 『대학』, 『대학혹문』, 『중용』, 『중용혹문』, 『논어』, 『맹자』의 6종이 사서류였다.

사서류에서는 이황의 『사서석의』와 이언적의 『대학보유』 등 조선 학자의 저술을 살펴볼 수 있었다. 이 저술들은 16세기 조선 학자들의 경서 연구에 대한 단초를 제공하는 서적이었다. 더구나 이황의 서적은 역동서원에서 소장하였고, 이언적의 서적은 옥산서원에서 보유하였기에 주목된다. 16세기 영남지역 서원은 건립을 주도한 인물이나 제향인물과 관련한 서적을 장서로 구비하였던 것이다.

남계서원의 장서를 통해 사서류 서적의 입수 경로를 알 수 있다. 먼저, 남계서원은 사서 1질을 내사받았고, 감사 박대립朴大立 1512~1584은 『대학』, 『중용』, 『논어』를 기증하였다. 『논어』는 도사 이구인李求仁 1524~1569의 기증본이었고, 『논맹혹문』은 서원에서 구매[원비院備]한 서적이었다. 『대학』은 장성현감 조유성趙惟誠 1526~1575의 기증본이었고, 『대학연의』는 유학 정업鄭業의 기증본이었다. 2건의 『대학강의』와 『대학보유』는 서원에서 구매한 서적이었다. 4건의 『중용혹문』 가운데 1건은 유학 이유李維, 3건은 목사 최응룡崔應龍 1514~1580의 기증본이었다.[20]

영남지역 서원의 장서 중 경부 삼경류三經類는 『시경詩經』, 『서경書經』, 『역경易經』으로 나눌 수 있다. 16세기 서원의 삼경류는 모두 10종이 확인되었다. 삼경을 함께 다룬 서적, 『시경』 3종[『시대문詩大文』, 『시대전

---

20 韓國精神文化硏究院, 「裒寶錄」, 『古文書集成』 24, 韓國精神文化硏究院, 1995, 274~280쪽.

詩大全』, 『시전詩傳』], 『서경』 3종[『서대문書大文』, 『서대전書大全』, 『서언토書諺吐』], 『역경』 3종[『주역周易』, 『주역대문周易大文』, 『주역대전周易大全』]이다. 삼경류도 사서류와 마찬가지로 '대전', '대문' 등을 서원에서 소장하였다. '대전'과 '대문'은 사서류와 동일하게 백운동서원과 영봉서원에서만 확인되었다. 삼경류의 '대전'은 『사서오경대전』 중 『시경대전』·『서경대전』·『주역대전』을 말한다. 특히 백운동서원에서는 『사서오경대전』을 모두 구비하였다. 『고사촬요』의 「서책시준」 가운데 『시전』, 『서전』, 『주역』 등 3종이 삼경류인데, 『서전』은 16세기 영남지역 서원의 장서에서 확인되지 않았다. 또한 삼경을 함께 다룬 서적은 『삼경석의』 1건으로 역동서원에서 소장하였다. 역동서원에서는 이황의 『사서석의』도 함께 소장하였다. 이를 볼 때 이황의 사서삼경에 대한 연구가 『사서석의』와 『삼경석의』라는 결과물을 만들었고, 이것을 역동서원에서 장서로 소장하였던 것이다.[21] 이와 더불어 『시대전』은 『시전대전』으로 명의 학자 호광胡廣 1370~1418 등이 영락제의 명을 받아 편찬한 책으로 조선에서 다시 간행한 서적이었다.[22] 따라서 『시대전』과 『시전대전』, 『시전』 등은 동일한 서적일 가능성이 높다. 백운동서원은 『시대전』 9권, 영봉서원은 『시대전』 10권, 역동서원은 『시전』 9권, 도산서원은 『시전』 9권, 옥산서원은 『시전』 9권, 남계서원은 『시전』 10권을 소장하였다.[23] 이를 통해 볼 때 당시 10권과 9권의 두 종류가 있

---

21 역동서원에서 소장한 『사서석의』와 『삼경석의』는 필사본이었다. 1609년(광해 1)에 간행할 때 '전사지본傳寫之本'을 모아 교감하였다는 기록이 있다(조지형, 「퇴계 『논어석의論語釋義』의 편찬 의도와 성격」, 『국학연구』 19, 한국국학진흥원, 2011, 256~257쪽.)

22 규장각한국학연구원, 앞의 책, 2017, 36쪽.

23 남계서원에서 소장한 『시전』은 서원에서 구매한 서적이었다(韓國精神文化研究院, 앞의 책,

었던 것으로 보인다. 이러한 상황은 사서삼경류 전체가 비슷한 상황이어서 추후 세부적인 연구가 필요하다.

2) 예서류

예서류는 『가례家禮』, 『예기禮記』, 『의례儀禮』, 『주례周禮』 등이 모두 포함되는 분류이다. 16세기 서원 장서의 예서류는 모두 12종이 확인되었다. 『가례』 3종[『가례』, 『가례의절家禮儀節』, 『의절儀節』], 『예기』 2종[『예기』, 『예기대전禮記大全』], 『의례』 4종[『의례』, 『의례경전통해속儀禮經傳通解續』, 『의례도儀禮圖』, 『의례집전儀禮集傳』], 『주례』 2종[『주례』, 『주례주소周禮注疏』], 『봉선잡의奉先雜儀』이다.

『예기』는 오경의 하나로 서원에서 강학에 사용하였던 기초 교재였다. 이는 16세기 영남지역의 모든 서원에서 구비한 사실을 통해서 확인할 수 있다. 백운동서원과 영봉서원에서는 '대전'을 보유하였고, 여타 다른 서원에서도 각각 1~2건씩을 구비하였다. 남계서원에서 소장한 『예기』는 함양군수 윤확尹確이 기증한 서적이었다.[24] 그리고 『고사촬요』의 「서책시준」에 『예기』의 값이 수록되어 있다. 「서책시준」에서 『가례』, 『의례』, 『주례』의 값을 수록하지 않는 점을 감안하면 『예기』가 기본적으로 필요한 경서이었음이 확인된다.

『봉선잡의』는 1550년명종 5 8월에 이언적이 편찬한 책으로 『예기』를 근간으로 저술되었다. 이는 제례 지침서인 상권과 제례의 의의를

1995, 276~277쪽.).

24 韓國精神文化硏究院, 위의 책, 1995, 273쪽.

설명한 하권의 2부 체제로 이루어진 제례 지침서 겸 제례 연구서였다.[25] 옥산서원의 장서인 이 책은 제향인물인 이언적이 저술한 서적으로, 경주부에서 책판을 보관하였다.[26] 따라서 경주부의 책판을 이용하여 인출한 서적을 옥산서원에서 소장하였던 것으로 보인다.

『가례』는 주희가 사대부의 가정에서 일상적으로 행하는 예의 의절을 모아 편찬한 서적이다. 남계서원에서 소장한 『가례』 가운데 1건은 유학 박승원朴承元이 기증한 서적이었고,[27] 1건은 서원에서 구매한 서적이었다.[28] 16세기 지방본 『가례』는 11종으로, 영남지역는 상주·대구·영천·현풍·남해에서 『가례』의 책판을 보유하고 있었다.[29] 『가례의절』은 『대학연의보大學衍義補』를 저술한 명의 구준丘濬 1420~1496이 『주자가례』에 주를 달고 고증을 첨가하여 삭정刪定한 것으로 『가례』에서 소개하고 있는 여러 의식의 절차를 상세하게 해설한 『가례』의 해설서이다. 조선에서는 1518년중종 13 11월에 김안국이 수입하여 진헌하였고,[30] 이황의 문인인 이정李楨 1512~1571이 『가례의절』을 간행하였다. 남계서원에서 소장한 『의절』은 충청감사 노진盧禛 1518~1578의 기증본이었다.[31] 노진은 1567년명종 22 2월에서 9월까지 충청감사였기에, 이 시기에 남계서원에 기증한 것으로 추정된다.

『의례경전통해』는 주공周公이 지었다는 『의례』에 주희가 여러 설을

25 우정임, 앞의 논문, 2009, 145쪽.

26 『攷事撮要』 下, 「八道程途」.

27 韓國精神文化硏究院, 앞의 책, 1995, 274쪽.

28 韓國精神文化硏究院, 위의 책, 1995, 280쪽.

29 『攷事撮要』 下, 「八道程途」.

30 우정임, 위의 논문, 2009, 97~98쪽.

31 韓國精神文化硏究院, 위의 책, 1995, 278쪽.

모으고 해석을 덧붙인 서적이다. 원래의 서명은 『의례집전집주儀禮集傳集注』였으나 주희가 만년에 수정을 가한 후 『의례경전통해』라고 명명하였다. 『의례경전통해』는 중국에서 1196년송 경원 2 전후에 완성되었고, 조선에서는 1569년선조 2에 간행되었다.[32] 『의례경전통해속』은 주희의 『의례경전통해』에서 누락된 상례·제례에 대한 내용을 그 제자인 황간黃榦과 양복楊復이 보충한 서적이다. 이 두 서적은 주자의 의례에 대한 해석서로 조선초기부터 지속적으로 수입되었다. 이를 보면, 조선에서는 주희가 중시한 『의례』에 대해 새롭게 인식하면서 주희의 예학을 이해하고 이것을 근거로 조선의 예제를 마련하려고 하였음을 알 수 있다.[33] 또 『의례도』는 『의례』의 주소에 250가지의 도상을 덧붙인 도해서이다.[34] 16세기 지방본 『의례도』는 전라도 나주와 경상도 밀양에서 책판을 보유하였다.[35] 남계서원의 『의례도』는 구매한 서적이었다.[36] 이상 4종의 『의례』관련 서적은 모두 도산서원에서 소장하였다. 특히 『의례집전』과 『의례경전통해속』은 '계상책溪上冊'이라 표기되어 있는데, 이는 이황의 생전 장서가 서원 장서로 이관된 경우에 해당한다.[37]

『가례』와 『의례』 관련 장서는 당시 예학 연구의 특징을 보여준다. 『가례』는 주희의 초년 예설로 보고, 『의례』는 주희의 만년 예설로 보기에 두 예서를 모두 파악해야 주희의 예학을 온전히 이해할 수 있다.

---

32 서울대학교 규장각한국학연구원, 『儀禮經傳通解』 해제.

33 우정임, 앞의 논문, 2009, 68쪽.

34 서울대학교 규장각한국학연구원, 『儀禮圖』 해제.

35 『攷事撮要』 下, 「八道程途」.

36 韓國精神文化研究院, 앞의 책, 1995, 281쪽.

37 裵賢淑, 「退溪 藏書의 集散考-個人文庫의 書院文庫化의 一例로서-」, 『書誌學研究』 10, 한국서지학회, 1994, 148~151쪽.

16세기에 역동서원은 이황의 제자인 이정이 간행한 『가례의절』을 소장하였다. 또한 이황의 생전부터 운영된 도산서원에서는 『의례』 관련 서적을 다량으로 구비하였다. 따라서 이황과 연관된 두 서원에서 주희의 예학에 대한 심도 깊은 연구가 이루어졌을 것이고, 이러한 연구가 반영되어 퇴계학파가 서원의 향사의례를 정립할 수 있었으리라 생각된다.

3) 춘추류

춘추류春秋類는 『춘추』에 좌구명左丘明이 전傳한 『좌전左傳』, 호안국胡安國이 전한 『호전胡傳』, 곡량적穀梁赤이 전한 『곡량전穀梁傳』, 공양고公羊高가 전한 『공양전公羊傳』 등이 있다. 16세기 영남지역 서원의 장서 중 『춘추』와 관련한 서적은 『좌전』, 『좌전대전』, 『춘추좌전』, 『춘추』, 『춘추부록春秋附錄』, 『춘추부록대전』, 『춘추호전』, 『호전춘추』의 8종이다.

이 중에서 『좌전』·『좌전대전』·『춘추좌전』은 좌구명이 전傳한 동종의 서적이다. 『춘추좌전』은 진晉의 두예杜預와 당의 임요수林堯叟가 주석하였고, 당의 육덕명陸德明이 음의音義를 하였다. 『좌전』은 역동·옥산·남계·도산서원에서 1건씩 소장하고 있었다. 특히 남계서원의 『좌전』은 유학 강문필姜文弼이 기증한 서적이었다.[38] 『춘추좌전』은 영봉서원에서 1건을 소장하였음이 확인되고, 『좌전대전』은 백운동서원에서 1건을 보유하였다. 16세기 지방본 『좌전』은 책판을 경상도 성주에서 보유하

38 韓國精神文化研究院, 앞의 책, 1995, 274쪽.

였다.[39]

『춘추부록』과 『춘추부록대전』은 '대전'으로 『사서오경대전』의 하나였다. 이 서적은 원의 왕극관汪克寬이 『춘추호전부록찬소春秋胡傳附錄纂疏』를 그대로 베낀 것이라는 평을 얻은 것처럼 특정한 주석서를 그대로 옮긴 것은 아니지만 호광 등이 새로 써넣은 부분이 있는 것도 아니다.[40] 『춘추』는 옥산서원에서 2건, 남계서원에서 4건, 도산서원에서 2건을 소장하였다. 남계서원에서 소장한 『춘추』 가운데 1건은 진사 최낙수崔樂壽,[41] 1건은 진사 박충간朴忠侃?~1601,[42] 1건은 군수 김우홍金宇弘, 1건은 전적 장범張範의 기증본이었다.[43] 16세기 지방본 『춘추』는 2종으로 경상도 영주에 『춘추대문』, 진주에 『춘추』의 책판이 있었다.[44]

『춘추호전』·『호전춘추』는 호안국이 전傳한 동종의 서적이다. 『춘추호전』은 영봉서원에서 2건, 역동서원에서 1건을 소장하였고, 『호전춘추』는 백운동서원에서 보유하였다. 16세기 지방본 『춘추호전』는 2종으로 경상도 경주에서 『호전춘추』의 책판을 보유하였다.[45]

『춘추』는 동종의 서적이 많은데, 서원마다 소장하는 장서가 서로 겹치지는 않는 양상을 확인할 수 있다. 『고사촬요』의 「서책시준」에서는 『춘추부록』, 『좌전』, 『호전춘추』 등 3종의 값이 기록되어 있어, 이 시기에 수요가 높았던 서적임을 알 수 있다.

---

39 『攷事撮要』 下, 「八道程途」.

40 서울대학교 규장각한국학연구원, 『春秋大全』 해제.

41 韓國精神文化硏究院, 앞의 책, 1995, 245쪽.

42 韓國精神文化硏究院, 위의 책, 1995, 276쪽.

43 韓國精神文化硏究院, 위의 책, 1995, 278쪽.

44 『攷事撮要』 下, 「八道程途」.

45 『攷事撮要』 下, 「八道程途」.

4) 소학류

소학小學은 초학자나 아동을 주요 대상으로 한 교육을 뜻한다. 학습의 가장 기초적인 단계로 일상생활의 기본 예절과 학업을 위한 격언 등으로 구성된 수신서와 문자 학습을 위한 운서韻書나 자전字典 등으로 구분할 수 있다.

16세기 영남지역 서원에서 장서로 보유하였던 소학류 서적은 『소학』과 관련한 서적 6종, 몽구서蒙求書 1종, 운서韻書 4종이다. 소학류는 『소학』, 『소학언해小學諺解』, 『소학일기小學日記』, 『소학집성小學集成』, 『소학집해小學集解』, 『언해소학諺解小學』 6종이다.[46]

『소학』은 송의 주희가 제자인 유자징劉子澄에게 편찬하게 한 서적으로, 아동과 초학자의 수신서이다. 수많은 『소학』의 참고서들이 편찬되었는데, 16세기 영남지역 서원에서는 다종을 소장하고 있었음을 확인할 수 있다. 중국본으로 『소학일기』, 『소학집성』, 『소학집해』 등을 소장하였고, 조선본으로 『소학언해 언해소학』가 있었다. 『소학집해』는 송 웅강대熊剛大[47]가 저술한 『성리소학집해』로 보인다. 웅강대는 『성리소학집해』와 『시경주해詩經注解』를 지었고, 웅절熊節의 『성리군서구해性理群書句解』에 주를 달았다. 『소학일기』는 명의 우소虞韶가 아동들의 학습을 돕기 위하여 고사를 편집하여 그림과 설명을 붙인 고사 모음집으로, 호염胡琰이 그림을 그렸으며 관구管昫가 주석을 달았다.[48] 『소학집성』은

46 이 중 『소학일기』, 『소학집성』, 『소학집해』의 3종은 자부 유가류이나, 설명의 편의를 위해 경부 소학류에서 함께 다루었다.

47 웅강대의 호는 물헌勿軒이며, 호계선생古溪先生이라고도 불렸다.

48 서울대학교 규장각한국학연구원, 『新增圖像小學日記故事大全』 해제.

명 하사신何士信이 편찬한 『소학』의 참고서이다. 조선에서는 1429년세종 11에 국왕이 허성許誠 1382-1442으로 하여금 출판하게 하여 주자소에서 인출되었다. 이이가 『소학제가집주小學諸家集註』를 편찬할 때에 참고하기도 하였다.[49] 『고사촬요』의 「서책시준」에서 『소학대문』과 『소학집성』의 값이 확인되어 두 책이 주로 유통되었음을 알 수 있다. 또한 조선에서는 경서의 언해본을 만드는 사업을 진행하였는데, 그 가운데 하나가 『소학언해』였다. 『소학언해』는 옥산·남계·도산서원의 장서였는데, 『사서언해』가 옥산서원과 도산서원에 반사되었던 것에 비추어볼 때 남계서원에 소장된 책도 반사본으로 보인다.

몽구서인 『동몽수지童蒙須知』는 주희가 '아동이 모름지기 알아야 할 내용'을 엮어 편찬한 책이다. 조선시대 학자들은 주희가 『소학』 편찬을 완성한 이후 가정에 있는 아동의 정훈용庭訓用으로 『동몽수지』를 저술했다고 이해하였다.[50] 이와 같은 『소학』과 『동몽수지』의 성격으로 볼 때 남계서원에서는 다량의 소학류 서적을 보유했음을 알 수 있다.

다음으로 운서韻書를 살펴보면 4종을 확인할 수 있다. 『대광익회大廣益會』는 『대광익회옥편』으로 남조 량梁의 고야왕顧野王 519-581이 편찬한 『옥편玉篇』을 송의 진팽년陳彭年 961-1017 등이 중수하여 간행한 자전字典이다. 『예부운禮部韻』은 송 정도丁度이 예부의 과식科試에 쓸 수 있도록 휴대용으로 만든 운서이다. 『운부군옥韻府群玉』은 중국 역대 사실을 분류별로 나누어 정리하여 역사, 제도, 산천, 군국郡國, 풍요風謠, 토물土物, 명

49 서울대학교 규장각한국학연구원, 『小學集解』 해제.

50 이의강, 「『童蒙須知』의 庭訓的 성격과 조선조의 수용」, 『東方漢文學』 80, 동방한문학회, 2019, 7~8쪽.

유名儒, 석학碩學 등과 타국과의 관계까지 모두 망라하여 운자별로 엮은 서적이다. 『운회韻會』는 『고금운회거요古今韻會擧要』로 보이는데, 이는 원의 황공소黃公紹가 지은 『고금운회』를 웅충熊忠이 줄여서 저술한 서적이다.[51] 『고사촬요』의 「서책시준」에서는 『운부군옥』과 『운회』를 확인할 수 있어, 이 두 서적이 대표성을 갖는다고 평가할 수 있다.[52]

남계서원은 『소학』 4건, 『언해소학』 1건, 『소학일기』 1건, 『동몽수지』 1건, 『대광익회』 1건, 『예부운』 1건 등을 소장하였다. 남계서원에서는 소학류 서적 중 수신서, 몽구서, 운서 등을 모두 갖추고 있었던 것이다. 앞서 역동서원과 도산서원에서 『가례』와 『의례』 관련한 서적 다종을 갖추어 퇴계학파의 예학 기반을 보여주었던 것과 대비된다. 남계서원에서 소장한 소학류는 기증자를 확인할 수 있다. 『소학』 가운데 1건은 유학 정복현鄭復顯, 1건은 유학 신석린申石潾, 2건은 군수 이장영李長榮 1521~?의 기증본이었다. 『언해소학』은 내사본이었다. 『소학일기』는 서원에서 구매한 서적이었고, 『동몽수지』와 『대광익회』도 원비院備였다. 또 『예부운』은 찰방 이영춘李榮春 1532~1592의 기증본이었다.[53]

이상에서 살펴본 바와 같이 16세기 영남지역 서원의 장서 중 경부의 가장 큰 특징은 모든 서원에서 1건 이상씩을 소장하였다는 점이다. 16세기 서원 장서중 경서는 사서류 23종, 삼경류 10종, 예류 12종, 춘추류 8종, 소학류 8종, 효경류 1종으로 총 62종의 서적을 확인할 수

51 서울대학교 규장각한국학연구원, 『古今韻會擧要』 해제.

52 이외에도 16세기 영남지역 서원 장서 중 경부에서는 『효경』도 확인되었다. 『효경』은 13경의 하나이며, 효의 원칙과 규범을 수록한 경서이다. 주희가 간오하고 원의 동정董鼎이 주를 달았다. 『효경』은 도산서원에서만 1건을 소장하였다.

53 韓國精神文化硏究院, 앞의 책, 1995, 274~280쪽.

있다. 16세기 서원의 경서는 전체 서적의 4분의 1을 초과하였다. 또한 서원의 경서는 각 서원마다 여러 건을 소유하고 있는 경우가 많았다. 『대학』은 도산서원에서 5건이 확인되었고, 『춘추』와 『소학』은 남계서원의 장서에서만 각 4건이 확인된다. 또 『중용』은 백운동서원에서 1건, 영봉서원에서 2건, 남계서원 2건, 도산서원에 3건, 역동서원 2건, 옥산서원 2건이 확인된다. 즉, 종으로는 25% 정도이지만 전체 책수로는 다른 서적에 비해 월등히 많은 양을 차지하였다. 서원의 경서는 원생을 교육하는 기본 교재였기에 각 서원에서 여러 종, 여러 건을 구비하였던 것으로 보인다.

또한 개별 서원에서 제향인물과 관련한 서적들을 보유한 특징이 나타난다. 먼저, 역동서원에서는 이황이 저술한 『사서석의』와 『삼경석의』를 소장하였다. 또 옥산서원에서는 이언적이 저술한 『봉선잡의』를 소장하였다. 이처럼 서원의 건립과 운영에 참여한 인물이나 서원의 제향인물과 관련한 서적을 장서로 구비하였다. 또 이황이 서원의 건립과 운영에 관여하였던 역동서원과 도산서원[도산서당의 후신]은 가례와 의례 관련 서적을 다수 보유하였다. 이는 이황이 연구한 성리학적 예제에 대한 서적들을 그가 건립하거나 제향된 서원에서 장서로 보유한 것이다. 또 남계서원에서는 소학류 서적이 많아 동몽을 위한 강학이 이루어졌음을 유추할 수 있다.

2. 사부: 성리서의 학습과 서원관련 정보의 유통

16세기 영남지역 서원에서 소장한 사부史部의 서적을 살펴보도록 하겠다. 사부는 세부적으로 정사류正史類, 별집류別史類, 편년류編年類, 전기류傳記類, 정법류政法類, 지리류地理類, 조령주의류詔令奏議類로 구분할 수 있다. 영남지역 서원에서는 정사류와 별사류는 소량만 구비하였고, 통감류通鑑類 서적을 다수 보유하였다. 또 전기류에서 주자의 생애와 관련한 서적과 언행록류言行錄類 서적이 확인되었다. 그리고 중국의 전기류 서적들의 영향을 받아 편찬되었던 조선 서적이 있었다. 또한 중국의 서원관련 정보를 수록한 정법류 서적이 조선에서 유통되었고, 조선 서원의 정보는 지리류 서적에서 확인되었다. 이 절에서는 먼저, 편년류를 중심으로 중국과 조선의 역사서를 살펴보겠다. 그리고 중국과 조선으로 나누어 성리학자의 업적을 계승하려는 의식이 반영된 전기류 서적과 서원관련 정보를 수록한 정법류와 지리류를 살펴보겠다.

1) 정사류, 별사류, 편년류

영남지역 서원에서는 정사·별사류 보다 편년류에 해당하는 『통감通鑑』과 관련한 서적을 월등히 많이 소장하였다. 정사는 중국의 각 왕조가 정통으로 인정하고 공식적으로 편찬한 사서이다. 이에 대비하여 편년체 사서는 역사 기록을 연·월·일순으로 정리하여 편찬한 것으로, 그 시작은 『춘추』였다. 이후 수·당대 실록이 편년체였고, 송대 『자치통감資治通鑑』과 『자치통감강목資治通鑑綱目』이 등장하여 확고한 지위를 얻었다.

〈표 4-1〉 사부 정사류·별사류·편년류 서적

	분류	서명	저자	시대	백	영	역	옥	남	도	서
1	정사류	진서	당태종 명 방현령 찬	당			1				
2	정사류	후한서	범엽 찬	남조 송		1				1	
3	별사류	십구사략	유섬	명		1			1	1	○
4	편년류	강목	주희	송						1	
5	편년류	당감	범조우 찬 여조겸 주	송				1	1	2	
6	편년류	송감	상로	명	1	1	2		1		
7	편년류	원사절요	장구소 찬	명		1					
8	편년류	통감	사마광 찬	송	1	1	1		1	1	
9	편년류	통감소전							1		
10	편년류	통감속편	상로	명						1	
11	편년류	통감전기							1		
12	편년류	동국통감	성종 명 서거정	조선	1						
13	편년류	삼국사기	김부식	고려				1			

사부 정사류는 『진서晉書』, 『후한서後漢書』 2종이고, 별사류는 『십구사략十九史略』 1종이다. 『진서』는 서진과 동진 및 16국의 역사를 서술한 기전체 사서이다. 이 서적은 당 태종太宗의 명으로 방현령房玄齡 등이 편찬한 역사서로 후대 왕조가 전대 왕조의 정사正史를 편찬한 최초의 사

례였다. 『후한서』는 남북조시대 송의 범엽范曄이 저술한 중국 후한의 정사이다. 『후한서』 보다 먼저 편찬되었던 역사서 중 『사기』는 유가儒家로 보기 어려우며, 『전한서』도 반역이라는 오명이 있었다. 따라서 『후한서』는 유교적 인식을 기반으로 서술된 정사의 최초였다. 이러한 서적의 성격으로 영남지역 서원에서 『진서』와 『후한서』를 소장하였던 것으로 보인다.

『십구사략』은 『십팔사략』에 『원사元史』를 간추려 추가한 별사류 서적으로 원대 간행된 10권본과 명대 간행된 8권본이 있었다. 16세기 영남지역의 서원에서는 모두 8권의 『십구사략』을 구비하였기에, 명대 편찬된 『십구사략』임을 알 수 있다. 그리고 이것은 담양부사 노진盧禛 1518~1578이 남계서원에 기증한 서적이었다.[54] 노진이 담양부사로 재임했던 시기는 1561년 명종 16 2월에서 1563년 9월까지로 이 사이에 서적을 기증하였던 것이다. 『십구사략』은 『고사촬요』의 「서책시준」에도 보여서 당시 유행하던 사서였음을 알 수 있다. 하지만 정사류와 별사류의 서적들은 몇 종 되지 않았으며, 소장하였던 서원의 수도 적었다.

영남지역 서원의 장서 중 사부 편년류는 중국에서 편찬한 『강목綱目』, 『당감唐鑑』, 『송감宋鑑』, 『원사절요元史節要』, 『통감通鑑』, 『통감소전通鑑小傳』, 『통감속편通鑑續編』, 『통감전기通鑑傳紀』의 8종과 한국에서 편찬한 『동국통감東國通鑑』, 『삼국사기三國史記』의 2종이었다. 이 서적은 대부분 『통감』에서 영향을 받은 서적들이었다. 먼저, 『강목』은 『자치통감

54 韓國精神文化硏究院, 앞의 책, 1995, 273쪽.

강목』으로 송의 주희가 사마광司馬光1019-1086의 『자치통감』을 강목체로 재편집한 서적이었다. 『강목』은 도산서원에서만 확인되는데, 『자치통감』과 함께 소장되었다는 점에서 의미가 있다.

『자치통감』은 송 사마광이 B.C. 403년주 위열왕 23으로부터 959년오대 후주 현덕 6까지 1362년의 역사를 기록한 편년체 통사이다. 『통감속편』은 『자치통감강목속편資治通鑑綱目續編』으로 추정된다. 이 서적은 송·원의 역사를 강목체로 서술한 역사서로 명 헌종의 명에 따라 상로商輅과 만안萬安 등이 완성하였다. 이 서적은 『신증강목통감新增綱目通鑑=속자치통감강목續資治通鑑綱目=자치통감강목속편資治通鑑綱目續編』으로, 조선에서는 곧바로 수입·간행하여 반사되었다.

『당감』은 『자치통감』의 형식으로 618년당 고조 무덕 1에서 907년소선제 천우 4에 이르는 290년간의 당나라 역사를 서술한 서적이다. 『송감』은 『증수부주자치통감절요속편增修附註資治通鑑節要續編』 또는 『신간자치통감속편송원증보단론新刊資治通鑑續編宋元增補斷論』으로, 둘 다 표지서명이 『송감』으로 되어 있는 본이 남아있어 동종의 서적으로 추정된다.[55] 『신간자치통감속편송원증보단론』은 송·원의 역사를 강목체로 서술한 서적으로 명 선종1426-1435때에 유섬劉剡이 편집하고 장광계張光啓가 정정한 것을 유문수劉文壽가 간행하였으며, 일명 『송원자치통감절요宋元資治通鑑節要』라고도 한다. 『자치통감』과 그에서 파생된 서적은 『강목』, 『통감』, 『통감소전』, 『통감속편』, 『통감전기』, 『당감』, 『송감』 등이다. 남계서원에서 소장한 『통감』 가운데 1건은 부사 이정李楨1512~1571의 기증본

---

55 서울대학교 규장각한국학연구원, 『增修附註資治通鑑節要續編』 해제; 서울대학교 규장각한국학연구원, 『新刊資治通鑑續編宋元增補斷論』 해제.

이었는데,[56] 이정이 순천부사로 재임하였던 시기는 1563년 11월에서 1566년 4월이었기에 그 사이 기증한 것으로 보인다. 또 다른 1건은 도사 조유성趙惟誠 1526~1575의 기증본이었다.[57] 또 남계서원의 『통감소전』은 유학 양홍택梁弘澤이 기증한 서적이었고,[58] 『송감』은 나주목사 이준민李俊民 1524~1590의 기증본이었다.[59] 이처럼 중국에서 『통감』의 영향으로 송·원대의 역사를 강목체로 속편을 만들자, 이후 우리 역사서의 편찬에도 적용하였다. 그 사례는 서거정 등이 『동국통감』을 편찬하는 과정에서 나타났다.[60]

『동국통감』은 1484년 성종 15에 서거정徐居正 1420~1488, 정효항鄭孝恒 등이 국왕 성종의 명에 의하여 편찬한 편년체 역사서이다. 신라 시조 박혁거세에서부터 고려 공양왕까지의 역사가 기록되어 있으며, 고조선과 한사군, 삼한 등은 외기外紀라 하여 책머리에 실었다. 이 책은 1458년 세조 4에 국왕 세조의 명으로 수찬이 시작되었다. 세조가 구상한 『동국통감』은 고대사를 『삼국사기三國史記』에 기반하고, 고려시대사를 『고려사高麗史』에 기반하여 재구성하려 했던 것으로 추측된다.[61] 그러나 1467년 세조 13에 이시애의 난과 이듬해 세조의 죽음으로 중지되었다. 이후 1483년 성종 14 10월에 서거정의 발의로 재개되어 1484년에 완성되었다. 『동국통감』은 훈구 계열이 편찬을 주도하면서도 사림 계열

---

56 韓國精神文化硏究院, 앞의 책, 1995, 277쪽.

57 韓國精神文化硏究院, 위의 책, 1995, 278쪽.

58 韓國精神文化硏究院, 위의 책, 1995, 274쪽.

59 韓國精神文化硏究院, 위의 책, 1995, 276쪽.

60 우정임, 앞의 논문, 2009, 92쪽.

61 한영우, 「『東國通鑑』의 歷史敍述과 歷史認識 (上)」, 『韓國學報』 15, 일지사, 1979, 9쪽.

의 도학적 명분론에 입각한 역사 인식이 일부 절충된 사서로 평가되었다.[62] 이는 국왕 성종이 사림에게 『동국통감』을 다시 편찬하게 하면서 발생한 평가였다.[63] 또한 『동국통감』에서는 『통감』의 사론史論이 반영된 역사인식인 춘추대의론에 입각한 포폄이 이루어졌다. 더불어 『동국통감』은 조선시대의 대표적인 관찬사서였기에,[64] 서원에서 장서로 소장하였던 것이다.

『삼국사기』는 1145년인종 23에 김부식1075~1151 등이 고려 인종의 명에 의하여 편찬한 기전체 역사서이다. 1512년중종 7에 경주부윤 이계복李繼福이 중간하였고, 이 서적이 옥산서원의 장서로 확인되어 경주부에서 기증받았음을 알 수 있다.[65]

2) 중국 성리서의 학습과 서원관련 정보의 유통

서원의 장서 중 사부의 특징 중 하나는 중국 성리서의 학습과 서원관련 정보의 유통이다. 사부로 분류되는 중국 성리서는 전기류 서적이다. 사부의 전기류 서적에서는 성리학자의 업적을 계승하는 의식이 뚜렷하게 나타났다. 전기류의 서적은 위인의 업적과 학설 등을 통해 후대의 귀감 또는 학설의 계승을 목적으로 편찬된 사서의 일종이다. 따라서 도통道統을 정립하기 위해 노력했던 영남지역의 지식인들에게 중요한 서적이었다. 더욱이 조선의 지식인들은 수입·간행된 중국 성리

62 규장각한국학연구원, 앞의 책, 2017, 76쪽.

63 한영우, 앞의 논문, 1979, 34~41쪽.

64 한영우, 「『東國通鑑』의 歷史敍述과 歷史認識 (下)」, 『韓國學報』 16, 일지사, 1979, 70쪽.

65 이병훈, 앞의 논문, 2016, 441쪽.

서를 연구한 후 조선 성리서를 저술·간행하였다. 그리고 중국의 서원 관련 정보가 수록된 정법류政法類 서적이 있었다. 정법류는 예제禮制·악제樂制 등 국가의 제도사와 문물사를 주로 다루었는데 중국의 서원과 관련한 정보도 수록되었다.

〈표 4-2〉 사부 전기류·정법류 중국 서적

	분류	서명	저자	시대	백	영	역	옥	남	도	서	비고
1	전기류	명신언행록	주희	송	1		1			1		
2	전기류	이락연원록	주희	송	1	1			2	1		
3	전기류	이락연원속록	사탁	명					1			
4	전기류	주자실기	대선	명					1	1		
5	전기류	주자연보	대선	명			1		1			
6	전기류	주자행장	황간	송					1			부部
7	전기류	황명명신언행록	서함	명			1		1	1		
8	전기류	황조명신언행록	이유무	송				1				
9	지리류	궐리지	진호	명						1		
10	정법류	대명일통지	이현	명			1			1		
11	정법류	문헌통고	마단림	원			1					
12	정법류	통전	두우	당						1		

영남지역 사림은 중국 성리서를 학습하고, 전파된 중국 서원과 관련한 정보를 수용하였다. 먼저, 사부 전기류는 『명신언행록名臣言行錄』, 『이락연원록伊洛淵源錄』, 『이락연원속록伊洛淵源續錄』, 『주자실기朱子實記』, 『주자연보朱子年譜』, 『주자행장朱子行狀』, 『황명명신언행록皇明名臣言行錄』, 『황조명신언행록皇朝名臣言行錄』으로 모두 8종이었다. 주희의 생애와 관

련한 서적은 『주자실기』, 『주자연보』, 『주자행장』 3종이다. 『주자실기』는 명대의 대선戴銑이 『주자연보』에 근거하여, 주희와 관련 깊은 문헌을 증보한 서적이다. 이 서적과 『주자연보』, 『주자행장』 등을 모두 남계서원에서 소장하고 있어 주목된다. 남계서원의 『주자실기』와 『주자행장』은 서원에서 구매한 서적이었다.[66] 『주자연보』는 학유 임희무林希茂1527~1577의 기증본이었다.[67] 『주자실기』는 도산서원에서도 1건을 소장하였는데, 호남감사 심의겸沈義謙1535~1587이 도산서원에 기증한 서적이었다.[68] 주희의 생애를 정리한 서적들은 조선에서 선현의 연보를 만드는 작업에 영향을 주었다.

송·명대 편찬된 언행록류[69] 중에서 영남지역 서원의 장서로 확인되는 서적은 『명신언행록』, 『이락연원록』, 『이락연원속록』, 『황명명신언행록』, 『황조명신언행록』 등의 5종이었다. 『명신언행록』은 북송과 남송을 포함한 송대 명신과 유학자들의 언행 등을 수록한 책이다. 원래의 서명은 『송명신언행록宋名臣言行錄』이며, 『송주회암선생명신언행록宋朱晦菴先生名臣言行錄』 등으로 불린다. 『황명명신언행록』은 양렴楊廉1447~1527이 명대 명신의 행적과 언행을 기록한 서책이다. 『명신언행록』은 백운동·역동·도산서원에서 각 1건씩을 보유하였다. 지방본 『명신언행록』의 책판은 전라도 광주과 경상도 청도에서 보유하였다.[70]

---

66 韓國精神文化硏究院, 앞의 책, 1995, 280~281쪽.

67 韓國精神文化硏究院, 위의 책, 1995, 277쪽.

68 裵賢淑, 앞의 논문, 1994, 158쪽.

69 言行錄類는 우정임이 명칭한 것으로 16세기 道學의 대두와 함께 인물의 행적과 학설을 통해 道學의 요점과 그 계승을 밝히려고 편찬하였다고 정의하였다(우정임, 「'言行錄'類 서적의 수입과 이해과정을 통해 본 16세기 道統 정립과정 연구」, 『역사와 세계』 47, 2015.).

70 『攷事撮要』 下, 「八道程途」.

『황명명신언행록』은 남계서원에서 구매한 서적이었다.[71]

『이락연원록』은 주희가 편찬한 『이락연원록』을 명 양렴이 증입하여 만든 『이락연원록신증伊洛淵源錄新增』과 사탁謝鐸이 지은 『이락연원속록』을 합본하여 고귀형高貴亨이 간행한 책으로 이정이 조선에서 재간행하였다.[72] 『이락연원록』의 다른 이름은 『성리대전초략性理大全抄略』으로 정주의 이학으로 완성되는 성리학의 맥을 『성리대전』을 통해서 정리하려는 의도로 간행된 서적이었다. 주돈이周敦頤 1017~1073로부터 시작하여 추지鄒智까지 인물들을 주희의 인물평과 간단한 생몰 연대를 중심으로 정리하였다. 『이락연원록』은 이정이 경주부윤으로 재직 중 간행하였고, 이황도 성리학적 계보인 도통에 주목하여 『이락연원록』을 연구하였다. 『이락연원록』은 백운동·영봉·도산서원에서 각 1건, 남계서원에서 2건을 소장하였다. 남계서원에서 소장한 『이락연원록』 중 1건은 유학 정복현鄭復顯 1521~1591이 기증한 서적이었다.[73] 도산서원의 경우는 경상감사 김수金睟의 기증을 통해 보유했음을 확인할 수 있다.[74] 그리고 지방본 『이락연원록』은 경상도 영천에서 책판을 보유하였다.[75] 남계서원에서 소장한 『이락연원속록』은 정자 도희영都希寧이 기증한 서적이었다.[76] 이처럼 남계서원에서는 『이락연원록』와 『이락연원속록』을 모두 소장하였다.

---

71 韓國精神文化研究院, 앞의 책, 1995, 281쪽.

72 서울대학교 규장각한국학연구원, 『伊洛淵源錄新增』 해제.

73 韓國精神文化研究院, 위의 책, 1995, 274쪽.

74 裵賢淑, 앞의 논문, 1994, 158쪽.

75 『攷事撮要』 下, 「八道程途」.

76 韓國精神文化研究院, 위의 책, 1995, 275쪽.

16세기 서원의 장서 중 사부가 가진 특징 중 하나는 중국 서원과 관련한 정보가 수록된 서적이 유통되었고, 그 서적이 서원의 장서로 소장되었던 모습이다. 먼저, 사부 정법류로 『대명일통지大明一統志』, 『문헌통고文獻通考』, 『통전通典』 등을 확인하였다. 이 서적들은 주로 역동서원과 도산서원에서 장서로 소장하였다.

사부 정법류는 『대명일통지』, 『문헌통고』, 『통전』 3종이다. 『대명일통지』는 역동·도산서원에서 각 1건이 확인되었다. 『대명일통지』는 명대 중국 전역의 통할 사항과 행정구획, 각 지방의 지리 형세와 정황, 연혁 등에 대해 개괄적으로 정리한 관찬의 총지總志이다.[77] 『문헌통고』와 『통전』은 『통지』와 함께 '삼통三通'으로 불리는 서적으로 중국 역대의 전장제도와 통사通史를 정리한 정서政書이며, 유서類書의 성격도 가지고 있다. 『문헌통고』는 삼황오제부터 남송 영종연간1208-1224까지의 전장제도 통사를 정리한 사찬의 정서이다. 『통전』도 오제시대부터 당 현종연간712-755까지 전장제도의 연혁을 집성한 사찬의 정서이다. 이 서적들은 기본적으로 예제와 악제를 다루고 있어 의례를 연구할 때 필수적인 참고서였다. 따라서 영남지역 지식인들은 일상적인 의례와 서원의 향사의례 등을 시행할 때 이 서적을 참고하였을 것이다. 그리고 『대명일통지』와 『문헌통고』는 중국 서원과 관련한 정보를 수록하였다. 중국의 서원지가 조선에 유통되지 않은 상황에서 이 서적들은 서원 건립의 정당성을 부여하고자 했던 영남지역 지식인에게 중요한 서적이었고, 특히 『대명일통지』가 주목을 받았다.

---

77 서울대학교 규장각한국학연구원, 『大明一統志』 해제.

『대명일통지』는 1495년연산군 1 6월 19일 명사明使의 수증受贈으로 수입되었고,[78] 을해자乙亥字 간본이 있었다.[79] 이후 1522년중종 17에도 구입이 시도되었는데, 통사通事 김이석金利錫이 사행 중에 금서였던 『대명일통지』를 서사書肆에서 구입하려다 발각된 이후 서적 수입이 곤란해진 기록이 있다.[80] 『대명일통지』가 영남지역 서원에서 중요시되었던 이유는 중국 서원의 현황이 수록되어 있었기 때문이었다. 『대명일통지』는 중국 각 지방의 주요 정보를 수록하였는데, 이때 서원의 현황도 부기하였다. 따라서 『대명일통지』는 중국의 서원 정보를 확인할 수 있는 대표적인 서적이었다. 이에 영남지역 사림은 『대명일통지』를 통해 중국 서원의 정보를 접할 수 있었다. 특히 노경린1516~1568은 『대명일통지』의 중국 서원의 정보를 채록하여 『영봉지』「서원록」에 수록하였다. 그 덕분에 영남지역의 사림들이 이 정보를 적극적으로 확인할 수 있었다. 또한 이황도 이를 참고하며 믿을 만한 서적이라 평가하였다.[81]

노경린은 『영봉지』를 편찬한 후 이를 당대 지식인들에게 보여주고, 자문을 구하였으며 검증 작업을 하였다.[82] 따라서 『대명일통지』에 수록된 중국 서원에 대한 정보는 『영봉지』의 유통으로 인하여 영남지역 사림에게 전파되었다. 따라서 『영봉지』는 지식의 유입→수용→전파→확산 등의 과정을 여실히 보여준다는 점에서 의미가 있다.

그런데 『영봉지』「서원록」과 현전 『사고전서』에 수록되어 있는 『대

---

78 우정임, 앞의 논문, 2009, 105쪽.

79 현존하는 조선본 『대명일통지』는 현재 일본에 있는 을해자본이다.

80 정재훈, 『조선전기 유교 정치사상 연구』, 태학사, 2005, 181쪽.

81 『退溪集』 卷9, 「上沈方伯」; 『退溪集』 續集 卷8, 「理學通錄序」.

82 『迎鳳志』 「廟院定議錄」, 「答四印堂」(嘉庚夏季五).

명일통지』의 서원 목록은 차이가 있다. 『영봉지』「서원록」은 『대명일통지』를 인용하면서 중국 전역의 서원을 90개 지역의 312개소로 기록하였다. 이를 현전 『사고전서』에 수록된 『명일통지』의 서원 목록과 비교하면 지역별로 한 두 개의 서원이 누락되거나, 지역 전체가 누락된 경우4지역도 있다. 현전 『사고전서』의 『명일통지』에는 103개 지역의 366개소의 서원이 수록되어 있다.[83] 이를 보면 노경린이 『영봉지』에서 인용한 『대명일통지』는 현전하는 『사고전서』의 『명일통지』와 다른 판본으로 보인다.[84]

『문헌통고』에도 중국 서원과 관련한 정보가 있었다. 『문헌통고』에서는 주희가 저술한 「창주정사석채의滄洲精舍釋菜儀」[85]와 천하사대서원[백록동서원·석고서원또는 숭양서원·응천부서원·악록서원]의 사액 기사가 수록되어 있다.[86] 영남지역 지식인들은 이 정보를 통해 서원의 의례와 사액의 모습을 확인할 수 있었을 것이다.

『통전』에서는 집현전서원의 연혁을 수록하였다.[87] 하지만 당대 설치된 이곳은 그 명칭은 서원이나 국가의 장서를 주로 담당하는 기관이었다. 따라서 송대 이후 발생한 서원의 명칭적 유래라고 볼 수는 있으나 동일한 기능의 기관으로 보기는 어렵다.

『궐리지』는 지리류로 명의 진호陳鎬가 저술한 『곡부궐리지』이다. '궐

83 『迎鳳志』「書院錄」과 四庫全書의 『明一統志』의 서원 대조표는 〈부표- 11〉로 정리하였다.

84 『대명일통지』는 1461년(천순 5) 완성되었고, 이 서적은 홍치만력연간에 수정되었다. 또한 가정융경 이후에 새로운 내용을 추가하였다. 따라서 노경린이 『영봉지』를 편찬할 때 참고한 본은 초기본이며, 『사고전서』에 수록된 본은 후기본으로 보인다.

85 『文獻通考』 卷44, 「學校考5·祠祭褒贈先聖先師錄後」.

86 『文獻通考』 卷46, 「學校考7·郡國鄉黨之學」; 『文獻通考』 卷63, 「職官考17·教授」.

87 『通典』 卷21, 「職官3·中書省」.

리'는 본래 중국 산동성 곡부曲阜에 있는 지명으로 공자의 유지를 말한다. 따라서 선성先聖에 해당하는 공자의 유적과 그 인근 지역의 역사지리지를 도산서원에서 소장하였던 것이다. 중국의 서원지가 조선에 유통되지 않은 상황에서 역사지리지인 『궐리지』는 조선의 지식인들에게 참고서 역할을 하였을 것이다.

3) 조선 성리서의 편찬과 서원관련 정보의 지식화

영남지역 지식인들은 중국 성리서의 영향을 받아 조선의 성리서를 편찬하였다. 또한 그들은 중국의 서원 정보를 수용하여 조선 서원의 정보를 서적으로 편찬하였다. 먼저, 조선에서 편찬된 사부 성리서는 『경현록景賢錄』, 『국조선유록國朝儒先錄』, 『[회재晦齋]연보年譜』, 『정충록精忠錄』, 『퇴계선생연보退溪先生年譜』였다. 그리고 영남지역 지식인들이 조선 서원과 관련 정보를 수록한 서적은 『계지溪志』, 『심원록尋院錄』, 『오산지吳山志』, 『원규院規』, 『원규약첩院規約帖』, 『유원록遊院錄』 등이었다.

〈표 4-3〉 사부 전기류·지리류 조선 서적

	분류	서명	저자	시대	백	영	역	옥	남	도	서
1	전기류	경현록	이정	조선						1	
2	전기류	국조유선록	유희춘	조선				1	1		
3	전기류	[회재]연보	이준	조선				1			
4	전기류	정충록	이산해	조선					1	1	
5	전기류	[퇴계]선생연보	류성룡	조선			1			1	
6	지리류	계지		조선					1		
7	지리류	심원록		조선			1				

	분류	서명	저자	시대	백	영	역	옥	남	도	서
8	지리류	오산지	류운룡	조선						1	
9	지리류	원규	이황	조선			1				
10	지리류	원규약첩	이황	조선						1	
11	지리류	유원록		조선			1				
12		편액	이황	조선			9				板

앞서 중국 성리서 중 주희의 생애와 관련한 서적의 영향을 받은 조선 서적은 『[회재]연보』, 『퇴계선생연보』 2종이다. 『[회재]연보』는 이언적의 일대기를 연보식으로 정리한 서적으로 손자 이준李浚1540~1623이 편찬하였다. 이 서적은 옥산서원에 소장되어 있어 배향인물과 관련한 서책을 서원의 장서로 구비한 모습을 확인할 수 있다. 『[회재]연보』는 옥산서원에서만 1건을 소장하였다.[88] 이와 같은 양상은 퇴계학파에도 나타나는데, 류성용이 저술한 것으로 알려지는 『퇴계선생연보』는 역동·도산서원의 장서로 소장되었다. 이처럼 성리학자의 업적을 정리하여 계승하고자 하는 의식은 언행록류 서적에도 나타났다. 송·명대 언행록류는 송·명 유학자의 언행을 기록한 서적으로, 도학의 계보를 살필 수 있는 서적이었다. 언행록류의 서적은 조선의 도통을 정립하려했던 학자들에게 영향을 주었다.

영남지역의 서원에 언행록류의 영향을 받은 조선의 서적은 『경현록』, 『국조유선록』 2종이었다. 『경현록』은 무오사화 때 순천에 유배된

88 『회재연보』가 『고사촬요(1585)』의 책판목록 경주조에 있다는 윤상기(「慶州 玉山書院板本에 관한 연구」, 『조선시대 지방감영의 인쇄출판 활동』, 청주고인쇄박물관, 2015, 324~325쪽.)의 연구가 있다. 그러나 실제 『고사촬요』 하 「팔도정도」에서 이언적의 연보를 찾을 수 없다.

김굉필1454~1504과 조위1454~1503의 실기를 편찬한 서적이다. 이 서적은 1565년명종 20에 순천부사 이정이 편집하고 간행하였다. 이정은 순천부사로 재임하면서 김굉필을 제향하는 경현당景賢堂과 옥천정사玉川精舍를 건립하였고, 이 정사는 이후 옥천서원으로 승원하였다. 이처럼 이정은 김굉필의 서원을 건립하고, 실기를 편찬하는 사업도 시행한 것이다.

『국조유선록』은 유희춘1513~1577이 부제학으로 있을 때 국왕 선조의 명을 받들어 편찬한 서적이다. 이 책은 조선 도학의 계보를 정리하려는 의도가 반영되어 있으며, 4현의 문묘종사운동과 궤를 함께 하였다. 『국조유선록』은 4현인 김굉필, 정여창, 조광조, 이언적의 행적을 모아 편찬한 서적이다.

『경현록』과 『국조유선록』은 특히 퇴계학파가 당시 도학의 계보를 정립하려 했던 노력의 결정체라고 할 수 있다. 『경현록』을 편찬한 순천부사 이정은 김굉필을 현창하는 일련의 사업을 시행하면서 스승인 이황과 긴밀히 논의하였다. 또한 조선 도학의 계보에 이언적을 연결하여 4현의 문묘종사를 추진했던 이는 이황이었다. 이처럼 이 두 서적은 조선 도학의 계보가 정립되는 과정에서 퇴계학파의 공적을 보여줌과 동시에 퇴계학파의 도통론이 내포된 책이라고 할 수 있다. 이러한 서적이 16세기 도산서원의 장서로 확인되는데, 이를 통해 퇴계학파가 자신들의 도통론을 계속 견지해 나갔음을 알 수 있다.

조선 서원과 관련한 정보가 지식화되는 양상은 사부 지리류에서 찾아볼 수 있었다. 지리류는 특정 지역이나 고적, 서원 등에 관한 기록을 편찬한 서적을 분류한 것이다. 영남지역 서원의 장서 중 사부 지리류에는 조선 서원과 관련한 정보가 수록된 서원지와 원규가 있었고, 서원에 방문하는 인사에 대한 기록이 있어 주목된다. 모두 6종으로 『계지』, 『심원록』, 『오산지』, 『원규』, 『원규약첩』, 『유원록』이 서원의 장서로 소장되었고, 9판板의 편액扁額이 있었다.

『계지』는 남계서원에서 1건을 보유하였다. 서적명에서 볼 때 남계서원의 서원지 또는 남계서원이 위치한 지역의 지리지로 보인다. 남계서원의 명칭이 서원 인근의 계溪에서 연원하였기 때문에 『계지』는 서원의 지일 가능성이 높다. 『계지』는 밀양부사 서구연徐九淵이 기증한 서적이었다.[89]

『오산지』는 퇴계학파의 류운룡이 1588년 선조 21 인동에 건립한 오산서원의 서원지이다. 1590년에 이산서원에 『오산지』 1건이 보내진 기록이 있어,[90] 이때 도산서원에도 기증한 것으로 보인다. 퇴계학파의 원규는 『오산지』 단계에서 집성되고 체계적으로 분류되었다. 따라서 『오산지』는 퇴계학파 서원운영론의 정수라고 할 수 있다. 또한 『오산지』에는 퇴계학파에서 정립하려 했던 조선 도학의 계보가 잘 드러나 있다고 볼 수 있다.[91] 따라서 『오산지』가 영남지역 서원의 장서로 소장되었다는 사실은 퇴계학파의 서원론이 유통되었음을 의미한다.

이러한 서원지의 유통은 『영봉지』의 사례에서도 확인되었다. 앞서 살펴본 『영봉지』는 중국 서원 관련 정보가 영남지역 사림에게 유통되었던 모습을 확인해주었다. 또한 『죽계지』도 그 체례에 관련한 문제가

---

89 韓國精神文化硏究院, 앞의 책, 1995, 273쪽.

90 현존하는 『오산지』의 표지 뒷면에 기록(吳山志一件送伊山書院, 萬曆十八年八月日)되어 있다. 자세한 내용은 2장 2절을 참조할 것.

91 퇴계학파의 도통론에 관련한 자세한 내용은 5장에서 살펴보겠다.

제기되었던 것에서 알 수 있듯이 영남지역에서 유통되었던 서원지였다. 이처럼 16세기 영남지역 서원의 장서를 통해 서원관련 정보가 서원지를 매개로 유통되었음을 알 수 있다.

『원규약첩』은 도산서원의 장서로 서원의 원규를 기록해 놓은 '첩'으로 파악된다. 역동서원에서는 『원규』를 보유하였는데, 이는 이황이 제정한 「이산원규」로 추정된다. 「이산원규」를 역동서원과 도산서원에서 함께 사용하였기에 도산서원의 『원규약첩』과 같은 책이 아닐까 생각된다. 이는 서원 관련한 정보인 원규가 첩으로 정리되어 영남지역 서원에 구비되었을 가능성이 있다는 점에서 의미가 있다.

역동서원에서는 『심원록』과 『유원록』를 각 1건씩 소장하였다. 이는 역동서원을 방문한 인사를 기록한 서적으로 보인다. 또 역동서원에서는 9판의 편액을 보유하였는데, 이황이 지은 건물의 이름을 편액으로 만든 것으로 보인다.[92] 이황은 역동서원을 건립할 때 여러 방면에서 자문을 하였고, 1567년 선조 원 가을의 서원의 중요 건축물의 이름을 지었다. 이러한 정황으로 볼 때 역동서원에서는 이황의 지은 건축물의 명을 편액으로 만들어 보유하였던 것으로 보인다.

이상에서 16세기 영남지역 서원의 사부에 해당하는 장서의 특징을 살펴보았다. 크게 나누어보면 『통감』을 중시한 모습, 중국 성리서 학습과 조선 성리서의 편찬, 서원관련 정보의 유통이었다. 중국의 역사서에서는 정사류와 별사류 대신에 통감류 서적을 다수 보유하였다. 남

---

92 『退溪集』 卷42, 「記·易東書院記」. "經始於丁卯二月, 是年秋, 祠及堂齋, 以次而成, 僉意屬滉以命之名, 滉敢僭率而請之, 其祠曰尙賢, 正堂曰明教, 左右翼室曰精一也, 直方也, 東西兩齋曰四勿也, 三省也, 門之大者曰入道, 而總之以易東書院之號."

송의 주희가 사마광의 『자치통감』을 중시하였고, 그 결과 『통감강목』을 편찬하였다. 따라서 조선에서도 주희의 역사관을 중시하여 『자치통감』을 비롯한 여러 통감류를 서원에 구비한 것이다.

중국 성리서의 학습과 조선 성리서의 편찬은 전기류 서적을 통해 알 수 있었다. 전기류 서적에는 성리학자의 업적을 계승하려는 의식이 나타났다. 전기류 서적에서는 주자의 생애와 관련한 서적과 언행록류 서적이 확인되었다. 이 서적들은 성리학자의 생애와 사상을 정리하였고, 특히 송대 성리학의 도학적 계보 의식이 반영되었다. 송대 도학의 계보를 연구하였던 조선 지식인들은 이 서적들의 영향을 받아 조선 도학의 계보가 반영된 성리서를 편찬하였다.

서원과 관련한 정보는 주로 정법류와 지리류 서적에서 확인되었다. 중국 서원과 관련한 정보는 『대명일통지』와 『문헌통고』에 수록되었다. 그리고 『대명일통지』에 수록된 중국 서원의 정보가 조선의 서원지인 『영봉지』에서 정리되어 영남지역에 유통되었다. 또 영남지역 사림은 조선 서원과 관련한 정보를 지식화하여 서적으로 편찬하였다. 특히, 『오산지』가 16세기 영남지역 서원의 장서로 확인되었는데, 이 서적의 유통은 퇴계학파의 서원운영론과 도통론이 전파되었던 사실을 반증하는 대목이다. 이와 함께 『원규』가 역동서원과 도산서원의 장서로 소장되었던 사실도 서원의 원규가 첩으로 정리되어 유통되었음을 보여준다.

3. 자부: 성리서의 학습과 편찬

영남지역 서원이 소장한 자부子部의 서적은 성리서性理書가 대부분이었다. 자부는 제자백가서를 기본으로 하며, 경·사·집부에 포함하지 않는 주제의 서적들이 모두 여기에 속한다. 영남지역 서원의 자부는 유가류儒家類, 유서류類書類, 의가류醫家類, 병가류兵家類로 구분되며, 절대 다수는 유가류였다. 유가류인 성리서가 자부에서 다수를 차지하는 이유는 서원이 도학을 강명講明하기 위하여 건립되었기 때문이다.

16세기 조선의 학자들은 성리학을 심도 깊게 탐색하였고, 이는 성리서의 간행으로 이어졌다. 조선은 개국 초부터 명에서 성리서를 수입하였고, 15세기에는 교서관과 지방 감영에서 조선본 성리서를 인출하였다.[93] 16세기에는 조선 지식인들이 성리서를 간행하였으며, 특히 퇴계학파의 학자들이 이를 주도하였다. 이러한 상황에서 성리학을 가시적으로 보여주는 기관인 서원이 설립되었기 때문에 서원의 장서로 성리서가 많았을 것이라는 추측이 가능하다. 이번 절에서는 서원의 장서 중 자부 유가류를 중심적으로 살펴서, 서원에서 소장한 성리서의 현황과 특징을 파악해보고자 한다.

서원의 장서 중 자부 유가류는 38종이 확인된다. 구체적으로는 『계몽전의啓蒙傳疑』, 『고경중마방古鏡重磨方』, 『공자통기孔子通紀』, 『근사록近思錄』, 『독서록讀書錄』, 『삼강행실三綱行實』, 『상채어록上蔡語錄』, 『성리군서性理

93 우정임, 앞의 논문, 2009.

群書』, 『성리대전性理大全』, 『성리대전서性理大全書』, 『성리유편性理類編』, 『성리자의性理字義』, 『성리절요性理節要』, 『성학십도聖學十圖』, 『속몽구續蒙求』, 『속삼강續三綱』, 『송계원명이학통록宋季元明理學通錄』, 『숙흥야매잠夙興夜寐箴』, 『심경心經』, 『심경부주心經付註』, 『연평답문延平答問』, 『유향설원劉向說苑』, 『이정선생전도수어二程先生傳道粹言』, 『이정수어二程粹言』, 『이정전서二程全書』, 『이학유편理學類編』, 『자경편自警編』, 『자성록自省錄』, 『주자대전朱子大全』, 『주자서절요朱子書節要』, 『주자어록류요朱子語錄類要』, 『주자어류朱子語類』, 『주자언행록朱子言行錄』, 『초독서록抄讀書錄』『칠선생찬七先生贊』, 『학부통변學蔀通辨』, 『송명이학명신언행록皇明理學名臣言行錄』, 『회암서절요晦菴書節要』이다. 세부적으로 이를 국가별로 구분하면 중국에서 저술된 성리서는 25종이고, 조선에서 저술된 성리서는 13종이다. 16세기 서원에서 소장한 장서 중 성리서는 성리학자의 저술과 그 내용을 집성한 서적, 성리학 개념을 해설한 서적, 독서와 수양을 위한 서적, 성리학자의 언행을 수록한 서적, 서간을 통한 성리학 문답을 정리한 서적, 도통론을 반영한 이학사理學史 서적, 성현과 학자의 일화나 유교윤리에 대한 서적 등으로 나누어 볼 수 있다.

1) 중국 성리서의 학습

〈표 4-4〉 자부 유가류 중국 서적

	서명	저자	시대	백	영	역	옥	남	도	서	비고
1	공자통기	반부	명				1	1	1		
2	근사록	주희·여조겸	송	2	1	1		2	2		
3	독서록	설선	명					2	1		

	서명	저자	시대	백	영	역	옥	남	도	서	비고
4	상채어록	사량좌	송					1			
5	성리군서	웅절 편 웅강대 주	송					2	1		
6	성리대전	호광	명	1	2	1	1	1	1	○	
7	성리대전서	호광	명				1				
8	성리자의	진순	송		1			2			
9	숙흥야매잠	진백	송					1			
10	심경	진덕수	송					2			部
11	심경부주	정민정	명		1					○	
12	연평답문	이통 주희	송			1		1	2		
13	유향설원	유향	한						1		
14	이정선생전도수언	양시 장식	송				1				
15	이정수언	양시 장식	송					1			
16	이정전서	주희	송					1	1		
17	이학유편	장구소	원		1			3			
18	자경편	조선요	송	1	1						
19	주자대전	주희	송	1		1	1	3	1		
20	초독서록	오정거	명						1		
21	주자어록류요	주희저 섭 사룡	송			1					
22	주자어류	여정덕	송	1			1	2	1		
23	주자언행록	주희	송					1			
24	학부통변	진건	명						1		
25	황명이학명신언행록	양렴	명						1		
	서원별 수량(종)			5	6	5	6	16	13	2	

중국 성리학자의 저술과 그 내용을 집성한 서적은 『성리대전』, 『성리군서』, 『근사록』, 『이정전서』, 『이학유편』, 『주자대전』 등이다. 먼

저, 『성리대전』은 여러 송대 성리학자의 저서에서 성리학적 내용을 분류하여 편집한 성리학의 대전이다. 『성리대전』은 경부에서 살펴본 『사서오경대전』과 함께 명 황제의 명령을 받은 호광1370~1418이 편수를 주관하였다. 16세기 영남지역 서원에서는 『성리대전』과 『성리대전서』를 소장하였는데, 동종의 서적이다. 『성리대전』은 모든 서원의 장서로 확인되었고, 영봉서원에서는 2건을 보유하였다. 또한 『성리대전서』는 옥산서원에서 1건을 소장하였다. 남계서원에서 소장한 『성리대전』은 유학 한수구韓壽梂가 기증한 서적이었다.[94]

『성리군서』는 『신편음점성리군서구해新編音點性理群書句解』로 송대 성리학자의 유문을 분류해서 편찬한 서적이다.[95] 『성리군서』는 남계서원에서 2건, 도산서원에서 1건이 확인되었다. 지방본 『성리군서』의 책판은 3종으로, 충청도 청주·광주, 평안도 평양에서 보유하였다.[96] 남계서원의 『성리군서』 가운데 1건은 유학 이덕열李德悅,[97] 1건은 현령 민덕봉閔德鳳1519~1573의 기증본이었다.[98] 도산서원의 『성리군서』는 호서감사인 구봉령具鳳齡1526~1586이 기증한 서적으로,[99] 충청도의 책판을 인출한 서적이었다. 이는 지방관으로 재임하였던 퇴계학파의 학자들이 본인들의 관할 아래에 있는 책판을 활용하여 스승을 제향한 서원에 주요 성리서를 기증했던 양상을 보여준다.[100]

94 韓國精神文化硏究院, 앞의 책, 1995, 275쪽.

95 서울대학교 규장각한국학연구원, 『朱子封事』 해제.

96 『攷事撮要』 下, 「八道程途」.

97 韓國精神文化硏究院, 위의 책, 1995, 276쪽.

98 韓國精神文化硏究院, 위의 책, 1995, 277쪽.

99 裵賢淑, 앞의 논문, 1994, 157쪽.

100 지방관이 서원에 서적을 기증한 경우는 많으나, 관할 지역의 책판을 인출한 것을 증명하기는

『근사록』은 4현[주돈이, 정호, 정이, 장재]의 책 중에서 가장 중요한 절목을 뽑아 편찬한 서적이다. 조선에서는 여러 차례 간행되었으며,[101] 신료들에게 반사되었던 서적이었다.[102] 조선본 중에서는 1581년 선조 14 점필서원[예림서원, 덕성서원]에서 간인한 본이 있어 주목되었다.[103] 『근사록』은 영남지역 서원에서 여러 건을 보유했던 서적이다. 백운동·남계·도산서원에서 2건씩, 영봉·역동서원에서 1건씩을 소장하였다. 또한 16세기 지방본 『근사록』의 책판은 5종이었다. 전라도 구례, 경상도 의성·초계·밀양, 평안도 중화에서 『근사록』의 책판을 보유하였다.[104] 유학 □익신□翼臣과 도사 김계金啟는 『근사록』을 1건씩 남계서원에 기증하였다.[105] 또한 호남감사 심의겸은 『근사록』을 도산서원에 기증하였다.[106] 경상도 밀양의 책판 보유현황은 앞서 살펴본 밀양 예림서원[점필서원]의 서원본과도 관련이 있을 것으로 보인다. 즉, 『근사록』은 지방 감영에서 책판을 보유할 뿐만이 아니라 서원에서도 직접 간인하였던 서적이었다. 이처럼 『근사록』은 16세기 영남지역의

어렵다. 하지만 정황상 관할 지역의 책판을 이용하였을 가능성이 매우 크다. 추후 연구를 통하여 『고사촬요』「팔도정도」의 책판 목록과 서원 장서 사이의 상관관계에 대해 지방관을 함께 분석할 필요가 있을 것이다.

101 이유리, 「17세기 일본 간행 조선본 性理學書의 서지적 연구」, 한국학중앙연구원 한국학대학원 박사학위논문, 2019, 135~136쪽.

102 유승현·민관동, 「16세기 관료 權撥의 朝鮮·明刊本 수집 경로 탐색」, 『동아시아고대학』 54, 동아시아고대학회, 2019, 225쪽.

103 윤상기, 「密陽 禮林書院板本考」, 『조선시대 지방감영의 인쇄출판 활동』, 청주고인쇄박물관, 2015, 348~349쪽.

104 『攷事撮要』 下, 「八道程途」.

105 韓國精神文化研究院, 앞의 책, 1995, 275~276쪽.

106 裵賢淑, 앞의 논문, 1994, 156쪽.

사림이 중요시하였던 서적으로 서원의 강학에서 활용되었다.

『근사록』은 16세기 영남지역 서원의 성리학 학습 사례를 살펴볼 수 있는 성리서이다. 『근사록』은 16세기 영남지역에서 서원을 건립하였던 지식인들이 강학 교재로 활용하였던 서적이었다. 황준량은 영봉서원의 원생에게 학문에 있어서 『근사록』이 필수적인 서적이라 하였다.[107] 1562년명종 17에 도산서당에서 이황은 류운룡·류성룡 형제에게 『근사록』을 가르쳤고,[108] 이듬해 오건吳健 1521~1574에게 『근사록』에 대한 질의를 받았다.[109] 1563년에 이정도 성여신成汝信 1546~1632에게 『근사록』을 강의하였다.[110] 『근사록』의 사례는 서원에서 강학하였던 서적과 장서로 소장하였던 서적들 사이의 상관관계를 보여준다.

『이학유편』은 명대에 활동한 정주학자 장구소張九韶 1314-1396가 이학의 핵심 분야에 대한 여러 유학자의 견해를 편집해 만든 책이다. 『이학유편』은 영봉서원에서 1건, 남계서원에서 3건을 소장하였다. 남계서원의 『이학유편』은 유학 노관盧祼 1522~1574, 진사 김희년金禧年, 유학 이광조李光祖가 1건씩 기증한 서적이었다.[111]

다음으로 송대 성리학자의 저서인 『이정전서』, 『주자대전』 등의 서

107 『錦溪集』 卷4 雜著, 「與迎鳳諸賢書」. "諸君小日, 雖已讀過, 必未會用力之地, 及今更加理會, 稽古人立教之本, 而參諸近思錄, 以博其義理之趣, 則學之本末, 庶乎其兼舉矣."

108 『謙菴先生年譜』 卷1. "四十一年壬戌【先生二十四歲】九月. 與文忠公謁退溪先生, 留溪上書齋數月, 受近思錄等書【先生稟曰, 今欲受大學, 請先受近思錄. 退溪先生曰, 最好.】."; 『西厓先生年譜』 卷1. "四十一年壬戌【先生二十一歲】. 九月. 謁退陶李先生于陶山, 留數月, 受近思錄等書."

109 『德溪先生年譜』. "四十二年癸亥【先生四十三歲】. 謁退溪李先生于陶山【受朱書, 又質心經·近思錄.】."

110 『龜巖集』 卷2 別集 附錄, 「摭遺」. "癸亥春. 公執贄往拜龜巖李先生. 先生授以近思錄, 勉以爲己之學【浮查年譜】."

111 韓國精神文化研究院, 앞의 책, 1995, 274~277쪽.

적을 소장하였다. 『이정전서』는 송대 정호·정이의 전서全書를 합본한 책으로 주희가 편찬하였다. 『이정전서』는 남계·도산서원에서 각 1건씩 소장하였다.[112] 『고사촬요』의 기록을 보면, 1568년선조1에 대구에서 간행한 기록이 있다.[113]

『주자대전』은 주희의 문집으로 『주자대전집朱子大全集』, 『주자대전문집朱子大全文集』으로 불린다. 조선에서는 1543년 반사된 기록이 있고, 안동 삼계서원三溪書院의 제향인물인 권벌도 『주자대전고의朱子大全考疑』를 저술하였다.[114] 『주자대전』은 영봉서원을 제외한 5개소의 영남지역 서원에서 모두 소장하였다. 남계서원의 장서 중 1건은 함양군수 윤확이 기증하였고,[115] 1건은 서원에서 구매한 서적이었다.[116]

서원에서 소장한 장서 중 성리학 개념의 이해를 위한 중국 서적으로는 『성리자의』가 있었다. 『성리자의』는 『북계선생성리자의』로 북계선생北溪先生 진순陳淳1158~1223이 성리학에서 사용되는 글자를 25개의 부문으로 나누어 자의字義를 집록하여 성리학적 개념으로 해설한 책이다.[117] 『성리자의』는 역동서원에서 1건, 남계서원에서 2건을 소장하였다. 남계서원의 『성리자의』는 진주목사 노진盧禛1518~1578의 기증본이

---

112 남계서원에서 소장한 『이정전서』는 서원에서 구매한 서적이었다(韓國精神文化研究院, 앞의 책, 1995, 277쪽.).

113 윤병태, 「慶尙監營과 大邱地方의 出版印刷文化」, 『출판학연구』 31, 한국출판학회, 1989, 78~79쪽.

114 유승현·민관동, 앞의 논문, 2019, 225쪽.

115 韓國精神文化研究院, 위의 책, 1995, 273쪽.

116 韓國精神文化研究院, 위의 책, 1995, 279쪽.

117 이유리, 앞의 논문, 2019, 31쪽.

었다.[118] 노진은 1564년 4월에서 1566년에 걸쳐 진주목사로 재임하였기에 이 사이에 남계서원에 기증한 것으로 보인다. 또한 16세기 지방본 『성리자의』의 책판은 경상도 진주에서 보유하였는데,[119] 진주목사 노진이 이를 인출한 서적을 남계서원에서 기증하였을 가능성이 높다. 또 노진은 감사의 신분으로 1건의 『성리자의』를 더 기증하였다.[120]

성리학적 독서와 수양을 위한 중국 서적은 『심경』, 『심경부주』, 『독서록』, 『초독서록』, 『숙흥야매잠』 등이었다. 『심경』과 『심경부주』는 조선에 주자학적 심학心學을 보급한 서적이다.[121] 『심경』은 송 진덕수眞德秀1178~1285가 경전에서 심성의 수양과 관련한 격언들을 모아 편찬한 서적이다. 그리고 『심경부주』는 『심경』에 명의 학자인 정민정程敏政1146~1199이 주석을 붙인 서적이다. 진덕수는 유가 경전과 송대 성리학자들의 저술에서 심心에 관한 중요 내용들을 뽑아 『심경』을 편찬했는데, 정민정이 이 책에 주석을 달고 서문을 붙인 다음 『심경부주』라고 명명했다. 이황은 33세에 성균관에 들어가 김인후와 교유하면서 『심경부주』를 구해서 보고 이에 크게 심취하였다. 『심경부주』는 조선에서 여러 차례 간행되었는데, 조선본에는 1566년명종 21에 작성된 이황의 「심경후론心經後論」이 수록되었다. 또한 이황의 제자인 황준량은 영봉서원의 원생들에게 『소학』·『근사록』·『심경』을 공부한 후 사서를 학

118 韓國精神文化硏究院, 앞의 책, 1995, 277쪽.

119 『攷事撮要』 下, 「八道程途」.

120 韓國精神文化硏究院, 위의 책, 1995, 279쪽.

121 金基柱, 「『心經』에서 『心經附註』로: 미완의 '朱子學的 心學'」, 『퇴계학논집』 13, 영남퇴계학연구원, 2013.

습하도록 하였다.[122] 『심경』은 남계서원에서 2건을 소장하였는데, 그 가운데 1건은 담양부사 노진이 남계서원에 기증한 서적이었다.[123] 노진이 담양부사로 재임했던 시기는 1561년명종 16 2월에서 1563년 9월까지로 이 사이에 서적을 기증하였던 것이다. 다른 1건은 진사 강익姜翼 1523~1567이 기증한 서적이었다.[124] 16세기 지방본 『심경』의 책판은 평안도 평양에서 보유하였다.[125] 『심경부주』는 영봉서원에서 1건을 소장하였다. 16세기 지방본 『심경부주』의 책판은 전라도 남원·광주에서 보유하였다.[126] 또한 『고사촬요』의 서책시준에서도 『심경부주』를 확인할 수 있어,[127] 16세기 사림의 수요도가 높았던 서적임을 확인할 수 있다.

성리학적 독서를 위한 서적은 『독서록』과 『초독서록』이 있었다. 『독서록』은 명의 유학자인 설선薛瑄 1389~1464이 독서하고 사색한 기록을 모은 서적이다. 그리고 『초독서록』은 『설문청공독서록초薛文清公讀書錄抄』로 보이는데, 명의 오정거吳廷擧가 앞서 살펴본 『독서록』의 중요 구절을 발췌하여 정리한 서적이다. 『독서록』은 남계서원에서 2건, 도산서원에서 1건을 소장하였고, 『초독서록』은 도산서원에서 1건을 소장하였다. 남계서원의 『독서록』 중 1건은 유학 진극흥陳克興의 기증본이었고,[128] 1건은 서원에서 구매한 서적이었다.[129] 도산서원의 『독서록』은

---

122 『錦溪集』 卷4, 「雜著·與迎鳳諸賢書」.

123 韓國精神文化硏究院, 앞의 책, 1995, 274쪽.

124 韓國精神文化硏究院, 위의 책, 1995, 274쪽.

125 『攷事撮要』 下, 「八道程途」.

126 『攷事撮要』 下, 「八道程途」.

127 『攷事撮要』 下, 「書冊市准」.

128 韓國精神文化硏究院, 위의 책, 1995, 274쪽.

129 韓國精神文化硏究院, 위의 책, 1995, 280쪽.

호남감사 심의겸이 기증한 서적이었다.[130] 또한 도산서원에서는 이 두 종의 서적을 모두 구비하여, 성리학적 독서를 중시했던 것으로 보인다. 더불어 16세기 지방본 『독서록』의 책판은 3종으로, 황해도 연안, 경상도 성주·초계에서 보유하였다.[131]

성리학의 수양을 위한 서적으로 『숙흥야매잠』이 있었다. 『숙흥야매잠』은 송 진백陳伯이 일상에서 성리학을 체득하기 위한 수양법을 시간별로 정리하여 저술한 서적이다. 조선에서는 1568년선조 1에 충청도 관찰사인 노수신이 8장으로 나누고 주해하여 국왕 선조에게 상소와 함께 올렸다. 노수신의 주해본 『숙흥야매잠』은 1575년선조 8에 성주 천곡서원에서 간행한 서원본 성리서였다. 『숙흥야매잠』은 앞서 살펴본 『근사록』과 함께 서원본 성리서로, 서원 강학에서 중요한 교재였다. 『숙흥야매잠』은 남계서원에서 구매한 서적이었다.[132] 16세기 지방본 『숙흥야매잠』의 책판은 3종으로, 경상도 영주·성주·영천에서 보유하였다.[133]

송대 성리학자의 언행을 수록한 중국 서적은 『이정선생전도수언』, 『자경편』, 『주자어류』, 『주자언행록』, 『상채어록』이다. 『이정선생전도수언』은 송의 양시楊時가 정정訂定하고 장식張栻이 편차한 정호·정이의 어록이다. 『전도수언』이란 이름으로 조선에 수입되었는데, 1518년중종 13 11월 김안국金安國이 수입한 성리서 중 하나이다. '가정임오년嘉靖壬戌年 1562년'의 이황의 발문에 의하면 '가정경신년嘉靖庚申年 1560년에 이강

130 裵賢淑, 앞의 논문, 1994, 156쪽.

131 『攷事撮要』 下, 「八道程途」.

132 韓國精神文化硏究院, 앞의 책, 1995, 280쪽.

133 『攷事撮要』 下, 「八道程途」.

이李剛而[이정]이 경주 부윤으로 왔을 때 여성위 송인宋寅이 이 책을 간행할 것을 부탁하자 이정과 이황이 함께 교정을 보아서 경상감사 남궁침南宮忱에게 간행할 것을 청하니 감사가 여러 인물에 분각하여 간행할 것을 명하였다.'는 내용을 보아 당시 경주부윤인 이정이 경상감사의 도움을 받아 열읍에서 책판을 분각하여 책으로 인간하고 책판을 경주에 보장하였다.[134] 『이정선생전도수언』은 옥산서원에서 1건을 소장하였다. 『이정수언』은 남계서원에서 구매한 서적이었다.[135] 『이정선생전도수언』은 초계草溪에서 책판을 보유하였고,[136] 이 책판이 이정이 경주부윤으로 간행하였다는 기록과 연관성이 있을 것으로 보인다.

『자경편』은 1224년가정 17에 조선요趙善璙가 스스로를 경계하는 데에 도움이 되는 송대 성리학자의 언행을 모아서 편찬한 서적이다. 조선본은 조선전기부터 간행되었는데, 경주부에서 판각한 기록이 있다.[137] 『자경편』은 시기적으로 이른 백운동서원과 영봉서원의 장서에서만 확인되었다. 지방본 책판은 경주에서 보유하였다.[138]

주희의 언행을 모은 서적이 확인되었다. 『주자어록류요』는 『회암선생어록류요』으로, 주희의 어록을 수집해서 분류, 편성한 책이다. 그리고 『주자어류』는 송의 여정덕黎靖德이 주희의 여러 어록과 어류를 분류하고 교정하여 편찬한 서적이다. 『주자어록류요』은 역동서원에서 1건

134 박장승, 「조선시대 慶州府 板刻 冊板의 서지적 분석」, 경북대학교 일반대학원 석사학위논문, 2019, 42쪽.

135 韓國精神文化研究院, 앞의 책, 1995, 280쪽.

136 『攷事撮要』 下, 「八道程途」.

137 임기영, 「『自警編』의 수용 및 간행 판본 연구」, 『書誌學研究』 74, 한국서지학회 2018, 84~86쪽.

138 『攷事撮要』 下 「八道程途」.

을 보유하였다. 16세기 지방본 『주자어류』은 담양에서 책판을 보유하였다.[139] 『주자어류』는 백운동·옥산·도산서원에서 1건씩, 남계서원에서 2건을 소장하였다. 특히 남계서원에서 소장한 『주자어류』 중 1건은 밀양부사 서구연이 기증한 서적이다.[140]

마지막으로 『주자언행록』[141]은 남계서원에서 1건을 소장하였는데, 함양군수 윤확이 기증한 서적이었다.[142] 『상채어록』은 명의 왕주王疇가 송 사량좌謝良佐 1050~1130의 언행을 수록한 서적이다. 남계서원에서 1건을 소장하였는데, 유학 이경李慶의 기증본이었다.[143] 송대 학자의 언행을 수록한 서적 중 3종을 남계서원에서 보유하여 주목된다.

서간을 통하여 스승과 제자 사이의 성리학적 문답을 정리한 서적으로 『연평문답延平問答』=『연평답문』이 있었다. 『연평답문』은 『연평선생사제자답문』으로 주희가 스승 연평 이통李侗 1093~1163과 문답한 내용을 기록한 서적이다. 따라서 이통과 주희의 성리학 사상을 이해할 수 있는 서적이다. 『연평답문』은 1554년 명종 9에 청주목사인 이정에 의하여 간행되었으며, 이를 간행하도록 한 인물은 스승 이황이었다. 이황은 『연평답문』의 조선본 간행에 핵심적 역할을 했다. 그는 문인들과 이통의 학문에 대하여 상당한 논의를 진행하였다. 1563년 명종 18에 오건은 도산서당을 방문하여 이황에게 『연평답문』에 대한 구체적으로 질문하였

---

139 『攷事撮要』 下 「八道程途」.

140 韓國精神文化硏究院, 앞의 책, 1995, 273쪽.

141 『주자언행록』는 『송주회암선생명신언행록』으로 추정된다. 이 서적은 12권으로 송대의 명신들의 언행을 기록한 『송명신언행록』과 권수가 같은데 동종의 서적인지 확인이 필요하다.

142 韓國精神文化硏究院, 위의 책, 1995, 273쪽.

143 韓國精神文化硏究院, 위의 책, 1995, 279쪽.

다.[144] 이러한 상황은 16세기 영남지역 서원에서 퇴계학파가 『연평답문』을 연구하는 모습을 보여주었다.

『연평답문』은 역동·남계서원에서 1건씩, 도산서원에서 2건을 소장하였다. 조선본 『연평문답』은 1554년명종 9 청주에서 간행된 본이 있는데,[145] 청주목사였던 이정이 간행한 본으로 보인다. 또 전라도 순천에서 간행한 본도 있었다.[146] 이 지방본 『연평답문』의 책판을 이용하여 호서감사 구봉령이 도산서원에 기증하였고, 호남감사 심의겸도 도산서원에 기증하였다.[147] 따라서 충청도 청주본과 전라도 순천본이 모두 도산서원의 장서로 소장되었던 것이다. 또 남계서원에서 소장한 『연평문답』은 충청감사 노진의 기증본이었다.[148] 노진은 1567년명종 22 2월에서 9월까지 충청감사였기에, 이 시기에 청주의 책판을 인출하여 남계서원에 기증한 것으로 추정된다.

도통론을 반영한 중국의 이학사 서적은 『황명이학명신언행록』이 있었다. 『황명이학명신언행』은 명의 유학자인 양렴1452~1525이 편찬한 명대 유학사이다. 이 책은 앞서 살펴본 주희의 영향을 받은 언행록류와 같은 성격의 서적이었다. 앞서 사부 장서의 논의를 통해 『명신언행록』, 『이락연원록』, 『이락연원속록』, 『황명명신언행록』, 『황조명신언

144 오세현, 「주희(朱熹)의 스승 이통(李侗)을 바라보는 조선시대 사대부들의 시선 -『延平答問』의 간행 및 독서와 이통의 문묘종사(文廟從祀)를 중심으로-」, 『韓國思想史學』 58, 한국사상사학회, 2018, 286~293쪽.

145 김성수, 「忠淸監營의 刊行圖書에 관한 분석」, 『조선시대 지방감영의 인쇄출판 활동』, 청주고인쇄박물관, 2015, 76~77쪽.

146 『攷事撮要』 下, 「八道程途」.

147 裵賢淑, 앞의 논문, 1994, 157쪽.

148 韓國精神文化硏究院, 앞의 책, 1995, 278쪽.

행록』, 『경현록』, 『국조유선록』 등의 서적이 도통을 정립하려는 목적이 있었음을 확인할 수 있었다. 『황명이학명신언행록』도 중국 성리학의 계보를 정리하기 위해 편찬된 서적으로, 도산서원에서 1건을 소장하였다. 16세기 지방본 책판은 경주에서 보유하였다.[149]

성현과 학자의 일화나 유교윤리에 대한 서적은 『공자통기』, 『유향설원』 등이 있었다. 『공자통기』는 명 반부潘府가 공자에 대한 기록을 편찬한 서적으로, 옥산·남계·도산서원에서 1건씩 확인되었다. 남계서원의 『공자통기』는 학유 임희무의 기증본이었다.[150] 16세기 지방본 『공자통기』의 책판은 1종으로, 경상도 의성에서 보유하였다.[151] 이에 경주부윤 이정이 1561년명종 16년 경상도 관찰사의 관할 지역인 의성에서 간행한 것으로 추정한다.[152] 또한 도산서원에서는 『궐리지』도 소장하였기에, 공자와 관련한 장서를 다수 구비하였음을 알 수 있다.

『유향설원』은 전한의 유향劉向B.C.77~6이 현인과 학자의 일화를 기록한 고사집이다.[153] 조선에서는 1482년성종 13에 명 황제의 하사로 수입되었다.[154] 『유향설원』은 도산서원의 장서에서 확인되었다. 이 서적은 조선초기부터 여러 간행본이 있었는데, 1531년중종 26 경상감사 임추任樞가 간행한 본이 있고, 그보다 앞서 1492~1493년 이극돈李克墩이 간

149 『攷事撮要』 下, 「八道程途」.

150 韓國精神文化硏究院, 앞의 책, 1995, 277쪽.

151 『攷事撮要』 下, 「八道程途」.

152 우정임, 앞의 논문, 2009, 153쪽.

153 『유향설원』은 '설원說苑'이 통용되는 명칭이나, 조선시대 간행된 서적은 '유향설원'으로 책명이 기록된 경우가 많았다. 16세기 영남지역 서원의 장서도 '유향설원'으로 기록되어 있어 이를 따랐다.

154 우정임, 위의 논문, 2009, 75쪽.

행했을 것으로 추정되는 본이 있으며,[155] 또한 16세기 중반 이정이 간행한 성리서 중 하나였다.

2) 조선 성리서의 편찬

〈표 4-5〉 자부 유가류 조선 서적

	서명	저자	시대	백	영	역	옥	남	도	서	비고
1	계몽전의	이황	조선						1		
2	고경중마방	이황	조선			1			1		
3	삼강행실	설순	조선		1					○	교화서
4	성리유편	이정	조선						1		
5	성리절요	김정국	조선						1		
6	성학십도	이황	조선			1			1	○	
7	속몽구	유희춘	조선				1	1			교화서
8	속삼강	신용개	조선		1						교화서
9	송계원명이학통록	이황	조선				1				
10	자성록	이황	조선						1		
11	주자서절요	이황 편	조선					1			
12	칠선생찬	이황	조선						2		
13	회암서절요	이황 편	송						1		
	서원별 수량(종)			0	2	2	2	2	8	2	

위를 보면 16세기 영남지역 서원에서 소장한 조선 성리서는 모두 13종이었다. 특히 13종의 서적 중 8종을 도산서원에서 소장하였고, 대부분의 서적을 이황이 편찬하였다. 조선 성리서는 중국 성리서의 학습에 기반하여 편찬되었다.

155 유승현·민관동, 앞의 논문, 2019, 229~230쪽.

조선에서 성리학자의 저술과 그 내용을 집성한 서적은 『성리절요性理節要』, 『성리유편性理類編』이다. 또한 주희의 편지글 중 중요한 내용을 발췌하여 편찬한 『주자서절요』=『회암서절요晦庵書節要』가 있었다. 먼저, 『성리절요』는 조선에서 김정국1485-1541이 『성리대전』의 주요 내용을 발췌하여 간행한 서적이다. 『성리절요』는 도산서원에서 1건을 소장하였다. 16세기 지방본 『성리절요』의 책판은 경상도 청도에서 보유하였다.[156] 『성리유편』은 이정이 『성리군서』와 『성리전서』중에서 송독에 편리한 찬贊·명銘·잠箴·시詩·서序·기記·문文·설說·부賦·론論·행실行實 등을 뽑아서 찬집한 서적이다. 『성리유편』은 『이학유편』으로도 불리며, 도산서원에서 1건을 보유하였다. 1564년명종 19에 순천부사 이정이 『성리유편』을 편찬하여 간행하였는데, 이 책판이 『고사촬요』의 순천조에 수록되어 있다.[157] 따라서 이정이 간행한 서적이 도산서원의 장서로 소장되었을 가능성이 크다.

『주자서절요』=『회암서절요』는 이황이 방대한 『주자대전』에서 서간문의 중요한 내용을 발췌하여 편찬한 서적이다. 『주자서절요』의 초간본은 성주 영봉서원에서 이황의 제자인 황준량이 간행하였다. 황준량은 이황이 편찬한 『주자서절요』의 간행을 단양군수 시기부터 준비하였으며, 성주목사가 되자 관찰사 홍담의 지원을 받아 출간을 준비하였다. 황준량은 임고서원에서 활자를 빌리고 김취문金就文1509~1570·이숙량李叔樑1519~1592·이정 등의 도움에 힘입어 1560년명종 15 여름에 『주자서

156 『攷事撮要』 下, 「八道程途」.

157 우정임, 앞의 논문, 2009, 157쪽.

절요』 15책 8권을 출간할 수 있었다.[158] 『주자서절요』는 서원보급운동을 앞장선 퇴계학파[이황, 황준량, 이정, 이숙량 등], 금오서원의 건립을 담당했던 김취문, 활자를 제공한 임고서원 등의 지원을 바탕으로 하여 영봉서원에서 인출한 성리서였다. 이후 『주자서절요』는 퇴계학파 학자들이 지방관으로 부임하여 여러 차례 간행하였다.[159] 1567년명종 22에 류운룡·류성룡의 아버지인 류중영이 정주에서, 1575년선조 8에는 천곡서원에서, 1586년선조 19 김성일이 나주에서, 1611년광해 3 정경세가 금산에서 간행하였다. 이러한 간행 상황을 볼 때 『주자서절요』는 퇴계학파에서 중시하였던 성리서였음을 알 수 있다. 『주자서절요』는 남계서원에서 구매한 서적이었다.[160] 『회암서절요』는 도산서원에서 1건을 소장하였다.

성리학 개념의 이해를 위해 저술한 서적으로는 『성학십도』를 들 수 있다. 『성학십도』는 1568년선조 元에 대제학이던 이황이 국왕 선조에게 본도本圖를 지어 올리며 성찰하도록 한 것으로 성학의 깊은 뜻을 집약하여 도식으로 그린 서적이다. 이황은 어린 선조가 성군으로 성장하기를 바라는 마음에서 군왕의 도에 대한 학문적 요체를 도식으로 설명하였다. 도식을 이용한 설명은 주돈이의 「태극도설」과 같은 방식이다. 「태극도설」은 『성리대전』에 수록되었는데, 『성리대전』에 대한 이해가

158 구완회, 「錦溪 黃俊良의 官歷과 牧民 活動」, 『嶺南學』 63, 경북대학교 영남문화연구원, 2017, 190~191쪽.

159 『주자서절요』는 지방관이 간행한 이외에도 여러 차례 간행되었다. 조선시대에 10회에 걸쳐 간행되었고, 그 중 3간까지는 『회암서절요』가 서명이었다(최채기, 「한국에서의 朱子文集 수용 방식」, 『書誌學研究』 60, 한국서지학회, 2014, 187쪽.).

160 韓國精神文化研究院, 앞의 책, 1995, 280쪽.

『성학십도』로 이어졌다고도 볼 수 있다. 『성학십도』의 책판은 『고사촬요』의 「서책시준」에서도 찾을 수 있어 당시 중요도가 높았던 서적이었음을 알 수 있다. 『성학십도』는 역동·도산서원에서 1건씩을 소장하였다. 16세기 지방본 『성학십도』의 책판은 황해도 해주, 전라도 진안·남원·순천, 경상도 영주·하동, 평안도 평양에서 보유하였다. 도산서원에서는 호남감사인 심의겸이 기증한 서적을 소장하였는데,[161] 전라도의 책판을 이용하였을 것으로 보인다.

성리학의 수양을 위한 조선 서적은 『고경중마방』과 『칠선생찬』을 꼽을 수 있다. 이황은 성리학의 수양을 위한 잠·명 등의 공부도 중시하였다. 이황은 『고경중마방』을 편찬하였고, 이 서적을 16세기 역동·도산서원에서 보유하였다. 『고경중마방』은 이황이 선현의 명·잠·찬 등의 70여 종의 글을 모아 편찬한 서적이다. 그 내용은 성탕의 반명盤銘」, 정이의 「사물잠四勿箴」, 장식의 「서명西銘」, 주희의 「학고재명學古齋銘」 등 수양이 될 만한 명·잠을 선택하여 편찬한 정리한 것이다. 더구나 이황은 주희가 지은 송별시의 첫 구인 '고경중마요고방古鏡重磨要古方'에서 서명을 가져왔다.[162]

『칠선생찬』은 이황이 필사한 주희의 화상찬으로, 주희가 작성한 성리학자 6인[염계 주돈이, 명도 정호, 이천 정이, 강절 소옹, 횡거 장재, 속수 사마광]의 화상찬과 주희의 자찬을 합한 것이다. 주희의 문집엔 「육선생화상찬」이 수록되었고,[163] 주세붕은 『죽계지』에 「육선생화상

161 裵賢淑, 앞의 논문, 1994, 157쪽.

162 安炳周, 「『古鏡重磨方』 解題」, 『退溪全書』 21, 退溪學硏究院, 1996, viii쪽.

163 『朱子大全』 卷85.

찬」과 주희의 친우들의 화상찬을 수록하였다.[164] 하지만 이황은 1198년 남송 광종 소희 5에 주희가 거울을 보고 스스로의 화상을 그리고 자경의 글을 쓴 찬을 합쳐 「칠선생유상찬七先生遺像贊」이라 하였다. 「일본각판이퇴계전집」에는 1584년 선조 17에 심대沈岱가 작성한 서문에서 해서안찰사 최흥원崔興源이 이황의 조카인 이교李嶠에게 이 글을 얻어 돌에 새겨 탁본을 만들었다는 기록이 있다.[165] 또 1565년 명종 20에 이덕홍은 이황이 일찍이 『칠선생찬』을 손수 썼다고 하고 있어, 이황이 6선생에 주희를 포함하여 7선생을 기리는 찬을 필사하여 보관했던 것이 확실하다. 『칠선생찬』은 도산서원에서 2건을 보유하였다. 『칠선생찬』은 『고경중마방』과 함께 이황의 성리학적 수양을 위한 잠·명에 대한 공부가 도산서원에서 이어지고 있음을 보여주는 사례이다.

서간을 통한 성리학 문답을 정리한 서적은 『자성록』이 있었다. 이황은 주희와 이통의 문답서인 『연평문답』을 제자들과 학습하고 연구하였다. 그리고 본인도 제자들과 서간을 통해 문답한 내용 가운데 성리학적 문답을 정리하여 『자성록』을 저술하였다. 이황은 수양과 성찰에 도움이 되는 서간 22통을 뽑아 엮었다. 이황이 손수 편집하고, 서문을 남기고 있어 이황의 사상적 정요가 들어있다는 평을 받는다.[166] 서적의 내용은 성리학의 기본명제인 심성·이기·사단칠정에 관한 것이 가장 많고, 거경·궁리·함양 등 실행에 역점을 둔 서간도 있었다. 1558년 명종 13에 지어진 이황의 서文이 있고,[167] 1585년 선조 18 나주목사 김성일

164 『竹溪志』 卷5, 「雜錄·六先生畫像贊」.

165 安炳周, 「『七先生遺像贊』 解題」, 『退溪全書』 21, 退溪學硏究院, 1996, ix쪽.

166 安炳周, 「「自省錄」 解題」, 『退溪全書』 21, 退溪學硏究院, 1996, xi~xii쪽.

167 『退溪先生續集』 卷8, 「自省錄小序」.

에 의해 처음 간행되었다. 지방본 『자성록』의 책판은 전라도 나주에서 책판을 보유하였는데,[168] 나주목사 김성일이 제작한 책판으로 보인다.

도통론을 반영한 이학사理學史를 정리한 성리서 중 조선에서 편찬된 서적은 『송계원명이학통록』이 있었다. 『송계원명이학통록』은 이황이 송·원·명의 이학사를 집성할 목적으로 편찬하였다. 이때 명대 이학사는 오직 『황명이학명신언행록』에 의거하였는데, 이 서적도 도산서원의 장서로 소장되었다. 1560년명종 15에 이황은 『송계원명이학통록』의 초고를 완성하였다.[169] 이황은 『송계원명이학통록』에서 송에서 명까지의 주자학파를 정리하였는데, 이는 곧 성리학 계보[도통]를 정리하는 과정이었다. 『송계원명이학통록』은 조선의 도통론[도학의 계보, 이학사]에 영향을 주었다. 이러한 퇴계학파의 도통론은 이후 도산서원의 장서인 『오산지』에서도 나타났다. 『송계원명이학통록』은 옥산서원에서 1건을 보유하였고, 책판은 경상도 안동에서 보유하였다.[170] 그리고 1573년선조 6에 경상감사 김계휘가 경상도 안동의 책판을 인출하여 유희춘에게 인송한 기록이 있다.[171] 따라서 옥산서원의 장서는 안동의 책판을 인출한 서적일 가능성이 높다. 또한 『송계원명이학통록』은 도산서원의 장서로는 확인되지 않았다. 하지만 안동에서 책판을 보유하고 있기에 도산서원을 출입했던 지식인들도 『송계원명이학통록』을 소유하였을 가능성이 높다.

---

168 『攷事撮要』 下, 「八道程途」.

169 『退溪集』 卷10, 「答盧伊齋」.

170 『攷事撮要』 下, 「八道程途」.

171 손계영, 「조선시대 監營의 문집간행과 그 배경 연구」, 『조선시대 지방감영의 인쇄출판 활동』, 청주고인쇄박물관, 2015, 187쪽.

성현과 학자의 일화나 유교윤리를 다룬 교화서는 『삼강행실』, 『속몽구』 등이 있었다. 먼저, 『삼강행실』은 우리나라와 중국의 서적에서 군신·부자·부부의 삼강에 모범이 될 만한 충신·효자·열녀의 행실을 모아 만든 책이다.[172] 1434년세종 14에 국왕 세종의 명으로 설순偰循?~1435 등이 편찬한 서적으로,[173] 1434년세종 16에 8도의 감영에 반사하였다.[174] 『속삼강』은 『속삼강행실도』로 신용개申用漑1463~1519 등이 국왕 중종의 명으로 『삼강행실도』에 누락된 사적[효자 36명, 충신 5명, 열녀 28명]을 수록하고 언해하여 1책의 목판본으로 간행한 서적이다.[175] 『삼강행실』과 『속삼강』은 영봉서원의 장서에서만 보인다. 『삼강행실』은 『고사촬요』의 「서책시준」에서도 필요한 종이와 값이 확인되며,[176] 책판은 황해도 해주, 강원도 삼척, 전라도 남원·남평, 경상도 선산·성주 등에서 보유하였다. 또 16세기 지방본 『속삼강』은 황해도 해주, 전라도 남원·남평에서 책판을 보유하였다.

『속몽구』는 『속몽구분주』로 1568년선조 1에 경상우도에서 간행하였다.[177] 유희춘이 후당의 이한李瀚이 저술한 『몽구』에서 누락된 부분을 보충하고 새 항목을 추가하여 주석한 서적이다. 내용은 경사에서 발췌한 역사적 사실이었지만, 역사에 관한 관심보다 윤리도덕과 충군애국

172 남권희, 「「三五庫重記」로 본 箕營의 出版文化」, 『조선시대 지방감영의 인쇄출판 활동』, 청주고인쇄박물관, 2015, 30쪽.

173 우정임, 앞의 논문, 2009, 80쪽.

174 남권희, 위의 논문, 2015, 14~17쪽.

175 서울대학교 규장각한국학연구원, 『續三綱行實圖』 해제.

176 『攷事撮要』 下, 「書冊市准」.

177 윤병태, 「慶尙監營과 大邱地方의 出版印刷文化」, 『출판학연구』 31, 한국출판학회, 1989, 78쪽.

등의 심성을 기르려는 것이었다. 서적의 구성방식은 4자를 한 구절로 하여, 비슷한 사례 두 가지를 합쳐 8자를 한 문장으로 만들어 운을 붙여 놓은 것으로, 동몽들이 외우기 쉽게 하였다.[178] 유희춘은 『속몽구』에 우리나라 인물의 내용도 추가하였다. 추가된 인물은 도학의 계보를 계승한 정몽주와 길재였다. 『속몽구』는 옥산서원과 남계서원의 장서에서 확인된다. 16세기 지방본 『속몽구』는 경상도 성주에서 책판을 확인할 수 있다.[179] 이 성주의 책판을 이용하여 1569년에 경상감사 이양원이, 1570년에 경상감사 박대입이, 1573년 8월과 11월에 경상감사 김계휘가, 1574년 경상감사 윤근수가 유희춘에게 인송한 기록도 찾을 수 있다.[180]

이상에서 16세기 서원에서 소장한 장서 중 자부 유가류의 성리서를 살펴보았다. 성리서는 성리학자의 저술과 그 내용을 집성한 서적, 성리학 개념 해설한 서적, 독서와 수양을 위한 서적, 성리학자의 언행을 수록한 서적, 서간을 통한 성리학 문답을 정리한 서적, 도통론을 반영한 이학사 서적, 성현과 학자의 일화나 유교윤리에 대한 서적 등으로 분류하였다. 또한 송·명대 성리서의 연구를 통해 조선 성리서가 편찬되었기 때문에 중국과 조선을 나누어 살펴보았다. 중국에서 저술된 성리서의 대다수는 이황과 그 문인들이 간행하고 보급하였다. 그 가운데 『근사록』은 서원에서 이루어진 중국 성리서의 학습을 보여주었다. 그리고 도산서원은 전체 13종의 조선 성리서 가운데 8종을 소장하였다.

---

178 서울대학교 교육연구소, 교육학용어사전.

179 『攷事撮要』 下, 「八道程途」.

180 손계영, 앞의 논문, 2015, 187쪽.

이 서적의 대부분을 이황이 편찬하거나 그의 문인이 편찬·간행하였다. 특히 『주자서절요』는 서원에서 편찬하고 간행한 서적으로 조선 성리서의 서원본에 해당한다. 이러한 사실은 퇴계학파의 성리서 연구와 간행의 단면을 서원의 장서에서도 확인하였다는 점에서 의미가 있다.

4. 집부: 성리학자의 문집 학습과 편찬

조선시대 지식인들은 스승의 문집文集을 편찬하면서 학파를 형성하였다.[181] 16세기 영남지역 지식인들의 문집은 서원의 장서 중 집부集部를 통해 알 수 있다. 집부는 문집과 시집을 기본으로 하여 총집류總集類과 별집류別集類로 나뉘며 시문을 특정한 형식으로 편찬한 서적이 포함된다. 집부는 총집류, 별집류, 사곡류詞曲類, 시문평류詩文評類, 소설류小說類, 수필류隨筆類 등으로 구분할 수 있다. 이 절에서는 영남지역 서원의 집부 서적 가운데 송·명대 성리학자의 문집과 그 영향을 받아 편찬된 조선 지식인의 문집을 위주로 살펴보겠다.

1) 송·명대 성리학자의 문집 학습

별집류는 개인의 문집으로 16세기 영남지역 서원의 장서 중 송·명대 성리학자의 문집을 살펴볼 수 있다. 이에 해당하는 서적은 『감흥시

181 서정문, 「朝鮮中期의 文集編刊과 門派形成」, 국민대학교 대학원 박사학위논문, 2006, 6~7쪽.

感興詩』, 『격양집擊壤集』, 『서산집西山集』, 『의려집醫閭集』, 『정씨유서程氏遺書』, 『주자시집朱子詩集』, 『진서산집眞西山集』, 『회암문초晦庵文抄』, 『회암시집晦菴詩集』, 『회암어록晦庵語錄』 등이다. 한편 총집류는 『염락풍아濂洛風雅』와 『초사楚辭』가 있었다.

〈표 4-6〉 집부 별집류·총집류 중국 서적

	분류	서명	저자	시대	백	영	역	옥	남	도	서
1	별집류	감흥시	주희	송					1		
2	별집류	격양집	소옹	송					1	1	
3	별집류	서산집	진덕수	송					1		
4	별집류	의려집	하흠	명					1		
5	별집류	정씨유서	정이정호	송					1		
6	별집류	주자시집	주희	송					1		
7	별집류	진서산집	진덕수	송						1	
8	별집류	회암문초	주희	송					1		
9	별집류	회암시집	주희	송		1					
10	별집류	회암어록	주희	송			1				
11	총집류	렴락풍아	김이상 찬 당양서 편	원						1	
12	총집류	초사	굴원 저 주희 주	초 송	1				1		

위를 보면 송·명대 성리학자의 문집은 12종인데, 동종을 제외하면 10종이다. 『서산집』과 『진서산집』, 『주자시집』와 『회암시집』 등은 동종의 서적이 이명으로 표기된 것으로 보인다. 성리학자의 문집은 『감흥시』, 『격양집』, 『서산집』, 『의려집』, 『정씨유서』, 『회암문초』, 『회암시집』과 『주자시집』 등이다. 이들 가운데 『서산집』과 『회암문초』를 제

외한 서적은 모두 이황과 논의를 거친 이정이 간행하였다.

『감흥시』는 송 주희의 감흥시와 채주蔡註가 달린 주해본 시집이다.[182] 1544년명종 9 청주목사 이정이 이황의 의견에 따라 기존 변계량卞季良의 발문이 있는 주자본鑄字本 감흥시에 주자의 몇 가지 시를 첨부하여 간행한 것이다.[183] 『감흥시』는 남계서원의 장서로 1건을 보유하였다. 남계서원에서 소장한 『감흥시』는 충청감사 노진의 기증본이었다.[184] 노진은 1567년명종 22 2월에서 9월까지 충청감사였기에, 이 시기에 청주의 책판을 인출하여 남계서원에 기증한 것으로 추정된다.

『격양집』은 『이천격양집伊川擊壤集』으로, 송의 성리학자인 소옹邵雍1011~1077의 시집이다. 『격양집』은 『고사촬요』 책판목록 선조 1년 청주조에 수록되어 있는 것으로 보아, 청주목사 이정이 1552년명종 7 10월에서 1556년명종 11 1월 사이에 간행한 것으로 추정된다.[185] 『격양집』은 남계·도산서원에서 1건씩 소장하였다. 도산서원에서는 호서감사 구봉령이 기증한 『격양집』을 소장하였다.[186] 이 『격양집』은 이정이 청주에서 각인한 책판을 이용하여 구봉령이 인출하였고, 이를 도산서원의 장서로 기증하였을 것이다. 남계서원에서는 유학 권여겸權汝謙이 기증한 『격양집』을 소장하였다.[187]

『의려집』은 『의무려선생집』으로, 명의 성리학자인 하흠賀欽의 문집

182 우정임, 앞의 논문, 2009, 292~293쪽.

183 서울대학교 규장각한국학연구원, 『文公朱先生感興詩』 해제.

184 韓國精神文化硏究院, 앞의 책, 1995, 278쪽.

185 우정임, 앞의 논문, 2009, 154쪽.

186 裵賢淑, 앞의 논문, 1994, 156쪽.

187 韓國精神文化硏究院, 위의 책, 1995, 278~279쪽.

이다. 『의려집』은 경주부윤 이정이 간행한 서적 중 하나였다. 1561년 명종 16에 이정이 작성한 발문이 있는데, 이를 살펴보면 『공자통기』·『이정수언』·『이락연원록』·『당감』·『황명명신언행록』 등의 서적을 경상도 관찰사 남궁침에게 품고한 후 간행했음을 알 수 있다.[188] 『의려집』은 남계서원에서 1건을 보유하였다. 남계서원의 『의려집』은 진주목사 노진의 기증본이었다.[189] 노진은 1564년 4월에서 1566년에 걸쳐 진주목사에 재임하였기에 이 사이에 남계서원에 기증한 것으로 보인다. 또한 16세기 지방본 『의려집』의 책판은 경상도 진주에서 보유하였는데,[190] 진주목사 노진이 이를 인출한 서적을 남계서원에 기증하였을 가능성이 있다.

『정씨유서』는 정호·정이의 글을 주희가 편집한 서적이다. 이 서적은 1564년 명종 19에 순천부사 이정이 간행한 서적이다. 이황이 이정에게 보낸 편지에서 관련 내용을 확인할 수 있다.[191] 『정씨유서』는 남계서원에서 1건을 소장하였다. 남계서원에서 소장한 『정씨유서』은 부사 이정의 기증본이었는데,[192] 이정이 순천부사로 재임하였던 시기는 1563년 11월에서 1566년 4월로 그 사이에 기증한 것으로 보인다. 그 책판은 순천에서 보유하였고,[193] 이를 인출한 서적이 남계서원의 장서로 소장된 것으로 보인다.

---

188 우정임, 앞의 논문, 2009, 152쪽.

189 韓國精神文化硏究院, 앞의 책, 1995, 277쪽.

190 『攷事撮要』 下, 「八道程途」.

191 『退溪集』 卷22, 「答李剛而」.

192 韓國精神文化硏究院, 위의 책, 1995, 277쪽.

193 『攷事撮要』 下, 「八道程途」.

『회암시집』과 『주자시집』은 주희의 시집으로, 조선에서는 이정이 간행하였다. 1553년명종 8에 간행된 것으로 보이는데, 『고사촬요』 책판 목록 청주조에는 누락되어 있고, 오히려 경주조에 실려 있다.[194] 『주자시집』은 남계서원에서 1건, 『회암시집』은 역동서원에서 1건을 소장하였다. 남계서원의 『주자시집』은 나주목사 이준민李俊民1524~1590의 기증본이었다.[195] 『주자시집』은 경주에서 책판을 보유하였다.[196] 더불어 주희의 저작인 『회암문초』는 남계서원에서 1건을 소장하였다. 남계서원의 『회암문초』는 유학 장급張伋의 기증본이었다.[197] 16세기 지방본 『회암문초』의 책판은 황해도 해주에서 보유하였다.[198]

송대 성리학자인 진덕수陳德秀의 문집인 『서산집』=『진서산집』도 영남지역 서원의 장서였다. 『서산집』은 남계서원에서 1건을 보유하였는데, 서원에서 구매한 서적이었다.[199] 『진서산집』은 도산서원에서 1건을 소장하였다. 1585년선조 18 『고사촬요』에 수록된 완영完營의 책판목록에서 그 책판을 확인할 수 있다.[200]

한편 송·명대 학자의 영향력을 살펴볼 수 있는 서적은 집부 총집류에도 있었다.[201] 영남지역 서원의 장서 중 집부 총집류의 성리서는 『염

194 우정임, 앞의 논문, 2009, 156쪽.

195 韓國精神文化硏究院, 앞의 책, 1995, 276쪽.

196 『攷事撮要』 下, 「八道程途」.

197 韓國精神文化硏究院, 위의 책, 1995, 276쪽.

198 『攷事撮要』 下, 「八道程途」.

199 韓國精神文化硏究院, 위의 책, 1995, 281쪽.

200 옥영정, 앞의 논문, 2015, 95~96쪽.

201 총집류는 2인 이상의 문인의 시문을 모아 편찬한 서적으로 고금 문인의 대표적인 작품을 수록하였다.

락풍아』, 『초사』의 2종이었다. 『염락풍아』는 원의 김이상金履祥이 주돈이와 정호·정이 학파에 속하는 학자 48인의 시를 국풍國風과 아雅에 준하여 모아서 편집한 서적으로, 송대 성리학자들의 시집이라 할 수 있다. 이 책은 송대 이학시理學詩를 전문적으로 편집한 책이지만, 또한 그들의 도통관이 뚜렷이 반영된 책이다.[202] 조선본 『염락풍아』는 이정에 의해 간행되었기에, 퇴계학파의 성리학 이해에 도움을 주었던 서적이다. 16세기 지방본 『염락풍아』는 순천에서도 책판을 보유하였다.[203] 도산서원의 장서는 전 현감 김부륜의 기증본이었는데, 김부륜은 1585년선조 18에서 1590년선조 23까지 동복[전라도 화순]의 현감이었다. 동복은 순천과 지리적으로 인접한 지역이기에 순천의 책판을 인출한 『염락풍아』를 소장하였다가 도산서원에 기증한 것으로 보인다.

『초사』는 초 굴원屈原의 작품집인데, 북방의 『시경』에 대비되는 남방의 시가로 전한의 유향에 의하여 16권으로 편찬되었다. 이를 주희가 주석함으로써 성리학의 이념적 태도가 반영된 서적이 되었다. 조선에서는 15세기부터 수입된 후 간행되어 보급되었다.[204] 『초사』는 백운동·남계서원에서 각각 1건씩 소장하였다. 남계서원의 『초사』는 상주목사 강제姜霽 1526~1582의 기증본이었다.[205]

16세기 서원의 장서 중 별집류에서는 주희와 관련된 서적을 다수 보유하였음을 확인할 수 있다. 특히 성리학자의 문집은 남계서원과 도산서원에서 주로 소장하고 있었다. 앞서 살펴본 자부의 경우에서 도산

202 우정임, 위의 논문, 2009, 154~155쪽.

203 『攷事撮要』 下, 「八道程途」.

204 우정임, 위의 논문, 2009, 80~81쪽.

205 韓國精神文化研究院, 앞의 책, 1995, 277쪽.

서원과 남계서원이 다량의 성리서를 보유했던 것과 같은 현상이다.

2) 영남지역 지식인의 문집 편찬

조선에서 간행된 별집류로 17종을 확인할 수 있었는데 동종의 서적을 제외하면 16종이었다. 영남지역 지식인의 문집은 『계산잡영溪山雜詠』, 『눌재집訥齋集』, 『도산기陶山記』, 『매화시梅花詩』, 『무릉잡고武陵雜藁』, 『선생문집先生文集』, 『성묘어서成廟御書』, 『수헌집睡軒集』, 『온계집溫溪集』, 『유산악부遺山樂府』, 『익재집益齋集』, 『추강집秋江集』, 『충재집冲齋集』, 『퇴계선생문집退溪先生文集』, 『퇴계선생후집退溪先生後集』, 『회재집晦齋集』 등이었다. 『선생문집』과 『퇴계선생문집』은 동종의 서적이 이명으로 표기된 것으로 보인다. 또한 이외에 사곡류詞曲類·수필류隨筆類에서 2종의 성리학자 문집을 확인하였다. 이 서적의 대다수는 유학자 또는 성리학자로 평가되는 인물의 저서였다.

〈표 4-7〉 집부 별집류 조선 서적

	서명	저자	시대	백	영	역	옥	남	도	서	비고
1	계산잡영	이황	조선						1		
2	눌재집	박상	조선		1						
3	도산기	이황	조선						1		
4	매화시	이황	조선			1					
5	무릉잡고	주세붕	조선				1		1		
6	문절공유고	이행	조선			1					
7	[퇴계]선생문집	이황	조선						1		

	서명	저자	시대	백	영	역	옥	남	도	서	비고
8	성묘어서	성종	조선		1						
9	수헌집	권오복	조선			1			1		
10	온계집	이해	조선			1					
11	유산악부	이제현 편 이종준 간	고려 조선		1						
12	익재집	이제현	고려						1		
13	추강집	남효온	조선					1	1		
14	충재집	권발	조선			1					
15	퇴계선생문집	이황	조선			1	1		1		
16	퇴계선생후집	이황	조선			1					
17	회재집	이언적	조선			1		1			
18	도산십이곡	이황	조선			1					사곡류
19	역옹패설	이제현	조선					1			수필류

이상 별집류의 서적을 살펴보면 성리학자 또는 이황과 관련된 인물의 문집이 많은 수를 차지함을 알 수 있다. 또한 역동서원과 도산서원에서 대부분의 서적을 소장하였다. 16세기 영남지역 서원의 장서는 제향인물의 성격과 일정한 연관성을 가지고 있다. 또 백운동서원과 영봉서원은 조선 성리학자의 문집을 거의 소장하지 않았다. 1540년~1550년대에 건립되었던 백운동서원과 영봉서원은 건립기 장서가 서원지에 기록되었기 때문으로 보인다. 조선에서 선현의 문집을 발간하여 학통學統을 정비하는 모습은 1570년대 이후에 주로 나타났다. 그 모습을 서원의 장서에서도 확인할 수 있었다.

먼저, 역동서원과 도산서원의 장서 중 이황과 관련된 서적은 『계산잡영』, 『도산기』, 『매화시』, 『무릉잡고』, 『선생문집』, 『퇴계선생문집』, 『퇴계선생후집』, 『수헌집』, 『온계집』, 『충재집』, 『회재집』, 『도산십이곡』 등이었다.

『계산잡영』은 이황이 도산陶山을 250여 수로 읊은 시집으로, 도산서원에서 1건을 보유하였다. 지방본 『계산잡영』의 책판은 전라도 나주와 경상도 안동에서 보유하였다.[206] 『도산기』도 1561년명종 16에 이황이 도산서당을 짓고 저술한 서적이다. 도산서당은 도산서원의 전신이며, 이황이 문인들을 교육했던 장소였다. 지방본 『도산기』의 책판은 황해도 해주와 경상도 영천에서 보유하였다.[207] 『매화시』는 1542년중종 37에서 1570년선조 3까지 28년 동안 이황이 매화에 대하여 읊은 시를 엮은 서적이다. 이 책은 이황의 필적으로 모각模刻되었다. 이 서적은 역동서원에서 1건을 보유하였다. 지방본 『매화시』의 책판은 황해도 해주에서 보유하였다.[208]

『무릉잡고』는 백운동서원의 설립자인 주세붕의 시문집이다. 백운동서원은 이황이 사액을 추진하여 소수서원으로 거듭났다. 이후 이황은 백운동서원의 향사의례를 개정하였고, 영남지역 서원에서는 이를 전범으로 삼았다. 이에 따라 도산서원의 장서에 백운동서원을 설립한 주세붕의 문집이 구비된 것으로 보인다.

『선생문집』, 『퇴계선생문집』, 『퇴계선생후집』 등은 모두 이황의 문

---

206 『攷事撮要』 下, 「八道程途」.

207 『攷事撮要』 下, 「八道程途」.

208 『攷事撮要』 下, 「八道程途」.

집이다. 이황의 문집은 여러 차례 정비되는데, 문집을 간행했던 공간 중 하나가 도산서원이었다. 『선생문집』은 도산서원에서 1건이 확인되며, 『퇴계선생문집』은 역동·옥산·도산서원에서 각 1건씩을 소장하였다. 『퇴계선생후집』은 역동서원에서 1건을 보유하였다. 『퇴계집』의 편찬은 이황의 사후 문묘종사운동과 함께 추진되었다. 1570년 선조 3에 이황이 사망한 이후 사현[김굉필-정여창-조광조-이언적]의 문묘종사운동은 오현의 문묘종사운동으로 확대되었다.[209] 오현의 문묘종사는 송대까지 이어 내려왔던 성리학적 계보를 조선의 도학자로 이어나가기 위한 도통의식의 발현이었다. 이황의 제자들은 스승을 문묘에 종사하여 자신들의 학통과 조선의 도통을 연결시키려 하였다. 이때 그들은 스승의 문집인 『퇴계집』을 편찬하여, 그들의 학통에 대한 정통성을 부각하려 하였다.[210]

『퇴계집』의 편찬과 간행에 주로 관여한 사림은 조목趙穆 1524~1606, 류성룡, 김성일金誠一 1538~1593이며, 이들의 갈등을 중간에서 중재한 이가 류운룡이었다.[211] 1571년 선조 4에 『퇴계집』의 편찬이 시작되어, 한양에서는 류성룡을 중심적으로 을람乙覽과 교서관 인출을 계획하였고, 예안에서는 조목을 중심으로 편찬을 준비하였다. 이후 초고를 합하여 한양으로 갔지만 교서관 인출은 무산되었다. 1584년 선조 17에 도산서원에서 『퇴계집』 초본의 편찬이 완료되었고, 1588년에 중초본이 작성되어 다시 을람을 시도하였다. 이황의 문집은 1584년에서 1588년 사이

209 『宣祖實錄』 卷7, 6年 8月 乙亥.

210 서정문, 앞의 논문, 2006, 15~16쪽.

211 설석규, 「16세기 退溪學派의 分化와 柳雲龍의 역할, 『조선사연구』 9, 2009, 86~98쪽.

에 도산서원의 장서로 취합되었을 것으로 생각된다. 도산서원에서 제향인물의 문집인 『퇴계집』이 편찬된 사실은 이후 여러 서원의 모범이 되었을 것이다. 실제로 17세기 이후 옥산서원에서는 제향인물인 이언적의 문집인 『회재집』을 7차례 간행하였다.[212] 이황이 주도적으로 건립한 역동서원에서도 『퇴계집』을 보유하였다. 그리고 이황은 이언적을 조선의 도통에 연결한 이력이 있어 옥산서원의 장서에서도 『퇴계집』을 볼 수 있다. 같은 이유로 이언적의 『회재집』도 역동서원의 장서로 구비되었다.

『수헌집』은 조선전기의 문신인 권오복權五福 1467~1498의 시문집으로, 1585년 선조 18 권오복의 종손이자 이황의 문인인 권문해權文海 1534~1591가 편집·간행하였다. 『수헌집』에는 박승임朴承任 1517~1586의 서문과 류성룡·권문해의 발문이 있어, 퇴계학파가 편찬과 간행에 참여하였음을 알 수 있다. 이를 볼 때 퇴계학파의 학자인 권문해가 『수헌집』을 역동서원과 도산서원에 기증했을 가능성이 크다. 『고사촬요』의 기록을 통해 보면 대구에서 간행한 사실을 알 수 있다.[213]

『온계집』은 이황의 형인 온계溫溪 이해李瀣 1496~1550의 문집이다. 『온계집』은 16세기 역동서원에서 필사본의 형태로 소장하였던 것으로 보인다. 하지만 지금은 남아 있지 않고, 1772년 도산서원에서 간행한 본이 초간본으로 알려져 있다.[214] 이를 보면 16세기 서원 장서를 통해 해당 서적이 편찬된 시기를 확정하는데 중요한 자료가 됨을 알 수 있다.

212 이병훈, 앞의 논문, 2016, 456~457쪽.

213 윤병태, 앞의 논문, 1989, 79쪽.

214 한국고전번역원, 『溫溪逸稿』 해제.

『추강집』은 남효온南孝溫 1454~1492의 시문집이다. 남효온은 김종직의 문인으로 소릉[단경왕후 신씨] 복위상소를 올려 갑자사화 때 부관참시를 당하였다. 이 때문에 남효온은 조선의 도통론에서 김굉필·정여창과 함께 거론되었던 인물이다. 따라서 조선의 도통을 정립하고자 했던 이황과 그 문인들이 운영하였던 도산서원의 장서로 『추강집』이 있었으며, 정여창을 제향한 남계서원에서도 남효온의 문집이 장서로 구비되었다. 『추강집』은 1577년 선조 10에 남효온의 외증손자 유홍兪泓 1524~1594이 경상감영에서 목판으로 간행하였다.[215] 경상도 감찰사 유홍은 가장초본을 바탕으로,[216] 산일된 유고를 수습하고 신호申濩과 권응인權應仁의 교수를 받아 『추강집』을 간행하였다. 지방본 『추강집』의 책판은 성주에서 보유하였다.[217] 남계서원의 『추강집』은 구매한 서적이었다.[218]

『충재집』은 권벌權橃 1478~1548의 시문집이다. 권벌은 조광조·이언적 등과 교유하였고, 다량의 성리서를 보유하였던 인물이었다.[219] 특히 『자경편』과 『근사록』을 공부한 일화가 이황이 지은 행장에 기술되어 있다.[220] 이황은 권벌을 포함하여 7인[명종, 이현보, 황준량, 조

---

215 한국고전번역원, 『秋江集』 해제.

216 유홍은 남효온의 외증손자이다. 유홍은 남효온의 아들인 남충세南忠世의 딸과 유관兪綰의 사이에서 태어났다.

217 『攷事撮要』 下, 「八道程途」.

218 韓國精神文化研究院, 앞의 책, 1995, 280쪽.

219 유승현·민관동, 앞의 논문, 2019, 217~218쪽.

220 『退溪集』 卷49, 「贈大匡輔國崇祿大夫議政府左議政兼領經筵, 監春秋館事. 行崇政大夫議政府右贊成兼判義禁府, 知經筵事權公行狀」.

광조, 이언적, 권벌, 이식]의 행장을 찬술하였다.[221] 이 중에서 이현보1467~1555, 조광조, 이언적 등은 모두 성리학적으로 중요한 인물이었다. 따라서 이들과 함께 행장이 찬술된 권벌도 이황이 성리학적으로 높이 평가한 인물로 볼 수 있다. 이와 같은 권벌의 성격으로 인해 영남지역 안동의 삼계서원에 제향되었고, 역동서원에서는 권벌의 문집인 『충재집』을 소장하였다. 『충재집』은 1671년에 삼계서원에서 2권 1책으로 간행된 것으로 알려져 있었다.[222] 그렇지만 16세기 역동서원의 장서로 확인되어 이 시기 이미 필사본 형태의 『충재집』이 존재했던 것을 알 수 있다.

『회재집』은 이언적의 유문을 모아 엮은 문집으로 1567년선조 원에 국왕 선조의 하교로 간행되었다. 1575년선조 8에 경주부에서 간행하였고, 1624년인조 2에는 옥산서원에서 중간하였다.[223] 『회재집』은 역동서원과 남계서원의 장서에서 확인되었다. 즉, 이언적과 도통으로 연결되는 이황과 정여창의 서원에서 『회재집』을 보유하였던 것이다. 남계서원의 『회재집』은 구매한 서적이었다.[224] 지방본 『회재집』은 경상도 경주에서 책판을 보유하였으며,[225] 이 본이 영남지역 서원의 장서로 소장되었을 것이다.

『익재집』은 이제현의 저서로 원주에서 간행되었다. 이후 그의 11세손 이시발李時發이 경주부윤으로 있을 때 『익재난고益齋亂藁』와 『역옹패

221 『退溪集』 卷48~49, 「行狀」.

222 한국고전번역원, 『冲齋集』 해제.

223 윤상기, 앞의 논문, 2015, 326~327쪽.

224 韓國精神文化硏究院, 앞의 책, 1995, 281쪽.

225 『攷事撮要』 下, 「八道程途」.

설櫟翁稗說』을 수교하고 습유를 붙여서 『익재집』으로 중간하였다.[226] 『익재집』은 도산서원에서 1건을 소장하였다.

『문절공유고』는 이행李行1352~1432이 남긴 시문을 모은 유고집이다. 『문절공유고』는 역동서원에서 1건을 보유하였다. 또 『눌재집』, 『성묘어서』, 『유산악부』는 영봉서원에서만 보인다. 『눌재집』은 눌재 박상朴祥1474~1530의 시문집이다.[227] 박상의 동생인 박우朴祐1476~1547가 7권으로 산정하였고, 이를 1547년명종 2에 문인 임억령林億齡1496~1568이 금산에서 재임할 때에 간행하였다. 『눌재집』 초간본은 시 7권과 행장 1권 합 2책의 목판본이었다.[228] 박상은 1515년중종 10에 김정金淨1486~1521과 함께 단경왕후 신씨의 복위 상소를 지은 인물이었다. 이 상소는 조광조가 강상을 바로잡은 충언이라 평가하였다. 또한 박상은 성현成俔1439~1504·신광한申光漢1484~1555·황정욱黃廷彧1532~1607 등과 문장사가로 칭송되는 인물이다. 이러한 성격을 가진 인물의 저서이기에 서원의 장서로 구비되었던 것으로 보인다. 『눌재집』은 영봉서원에서 1건을 보유하였으며, 전라도 금산에서 책판을 보유하였다.[229] 『성묘어서』는 성종의 친서親書로 보인다. 『성묘어서』는 영봉서원에서 1건을 보유하였는데, 전라도 남원에 『성묘어서』의 책판이 있었다.[230] 『유산악부』 이종준이 간행한 악부시樂府詩이다. 1492년에 유산이 지은 악부를 진주

226 서울대학교 규장각한국학연구원, 『櫟翁稗說』 해제.

227 『訥齋集』은 박상 이외에도 양성지의 문집이 있는데, 박상의 『눌재집』이 2책으로 영봉서원의 장서에서 보이는 책수와 맞다.

228 한국고전번역원, 『訥齋集』 해제.

229 『攷事撮要』 下, 「八道程途」.

230 『攷事撮要』 下, 「八道程途」.

목사에게 부탁하여 문집으로 간행할 때 쓴 발문이 남아있다. 『유산악부』는 영봉서원에서 1건을 보유하였다. 1493년성종 24에 이극돈이 경상감사로 있었을 때 경상감영에서 간행하였는데, 진주에서 책판을 보유하고 있었다.[231]

집부 사곡류의 『도산십이곡』은 역동서원의 장서였다. 『도산십이곡』과 1565년명종 20에 이황이 쓴 「도산십이곡발」이 실려 있다. 『역옹패설』는 옥산서원에서 보유하였다. 『역옹패설』은 고려의 이제현李齊賢 1287~1367이 지은 시화·잡록집이다. 1570년선조 3 5월 10일 경상감사 박대입이 경상도 경주의 책판을 이용하여,[232] 인출하여 유희춘에게 인송한 기록이 있다.[233]

이상에서 서원이 소장한 송·명대 성리학자의 문집과 조선 지식인의 문집을 살펴보았다. 송·명대 성리학자의 문집은 『감흥시』, 『격양집』, 『서산집』, 『의려집』, 『정씨유서』, 『회암문초』, 『회암시집』=『주자시집』 등 이었다. 이들 중 『서산집』과 『회암문초』를 제외한 서적은 이황의 문인인 이정이 간행하여 의미가 있었다. 사부에서 살펴본 전기류와 언행록류, 자부 중국 성리서 중 다수가 퇴계학파의 성리서 연구와 보급에 관련되었다. 이러한 양상이 집부에서도 나타났다. 또한 조선 지식인의 문집도 이황과 연관된 인물들이 많았으며, 대부분 성리학자로 분류할 수 있는 인물이었다. 송·명대 성리학자의 문집을 연구한 영남 사림이 그들의 스승에 해당하는 인물의 문집을 편찬하였고, 이 문집은 저자가

231 『攷事撮要』 下, 「八道程途」.

232 『攷事撮要』 下, 「八道程途」.

233 손계영, 앞의 논문, 2015, 187쪽.

제향된 서원이나 연관된 서원에서 소장한 경우가 많았다.

16세기 조선의 지식인의 지식 기반은 성리서의 학습과 편찬을 통해 형성되었다. 영남지역 지식인은 중국에서 저술된 성리서를 학습하고 간행하였으며, 조선의 성리서를 편찬하였다. 특히 이황과 그 문인은 중국 성리서의 간행과 조선 성리서의 편찬에 주도적인 역할을 담당하였다. 그리고 그들이 편찬하고 보급한 성리서들은 영남지역 서원의 장서에서 확인할 수 있었다. 이 시기 서원의 장서는 사부에 고르게 분포하였지만, 주된 서적은 성리서였다. 따라서 16세기 영남지역 지식인의 지식 기반은 성리서가 중심이었다고 할 수 있다.

영남지역 지식인들은 송대 성리학자의 업적을 계승하려는 의식을 발현하였다. 영남지역 지식인들은 송대 성리학자의 생애와 사상을 정리하였고, 도학적 계보 의식을 수용하였다. 영남지역 지식인들은 송대 도통론을 계승하여 조선 도학의 계보를 정리하였다. 그리고 이러한 의식이 반영된 성리서를 편찬하였고, 이 서적들은 영남지역 서원에서 장서로 소장하였다.

영남지역 지식인들은 중국 성리서의 학습을 통해 성리학적 이해를 심화시켰고, 서원본 성리서를 간행하였다. 『근사록』은 서원에서 이루어진 중국 성리서의 학습을 보여주는 동시에, 서원에서 간행한 본이 있었다. 따라서 『근사록』은 서원에서 이루어지는 성리서의 학습과 간행이 서로 연결되었음을 보여준다. 또한 『주자서절요』도 서원에서 편찬하고 간행한 서적으로 조선 성리서의 서원본에 해당한다. 이러한 사실은 영남지역 지식인들의 성리서 연구와 간행의 단면을 서원의 장서에서도 확인하였다는 점에서 의미가 있다.

조선의 지식인들은 스승의 문집을 편찬하면서 학파를 형성하였다. 송·명대 성리학자의 문집을 학습한 영남지역 지식인들이 그들의 스승에 해당하는 인물의 문집을 편찬하였고, 그 장소는 서원이었다. 또한 편찬한 문집을 서원에서 장서로 소장하였다. 저자가 제향된 서원이나 연관된 서원에서 소장한 경우가 많았다. 문집의 편찬은 1570년대 이후에 주로 이루어졌는데, 서원 제향인물의 학통과 조선의 도통을 연결하려는 시기와 같았다. 따라서 문집의 편찬은 성리학적 계보 의식의 발현과도 연결되었다.

영남지역 지식인들은 서원에 관한 정보를 지식화하였다. 중국 서원과 관련한 정보는 서적을 통해 전파되었고, 그 정보가 조선의 서원지인 『영봉지』에서 정리되어 영남지역에 유통되었다. 이렇게 유통된 정보와 실제 서원을 운영하는 경험이 맞물려 조선 서원에 관한 정보를 서적으로 편찬하였다. 또한 『오산지』의 유통은 영남지역 서원운영론과 도통론이 전파되었던 사실을 반증한다. 이처럼 성리학을 가시적으로 보여주는 기관인 서원에 대한 서적이 편찬되어 유통되는 모습은 서원과 관련한 정보가 지식화되는 양상을 보여준다.

그리고 영남지역 서원의 이황과 그 문인들은 역동서원과 도산서원에 성리서를 기증하였다. 또 조식의 문인들도 남계서원에 다량의 성리서를 기증하였다. 즉, 영남지역 서원은 퇴계학파와 남명학파의 문인들의 노력을 통해 많은 성리서를 구비할 수 있었던 것이다.

제5장

제향인물의 선정과 도통론의 반영

1. 제향인물의 선정 논의

1) 제향인물의 선정 추이

16세기 영남지역 사림은 도통론道統論[도학道學의 계보系譜]을 정립하였고, 그 영향은 서원의 제향인물에 대한 성격을 규정하는 것에서도 나타났다. 조선의 도통은 여러 갈래에서 점차 하나로 정리되었고, 그 과정에서 사림들은 다양한 논의를 진행하였다. 16세기 중엽에 영남지역 사림은 서원을 설립하고, 수많은 송·명의 성리서들을 학습하고 간행하였다. 그리고 영남사림은 이 연구를 토대로 성리학을 가시적으로 구현하려 하였고, 그 결과 서원을 설립하였다. 이 때문에 조선의 서원은 태생부터 중국의 서원과 성리학을 기초로 하여 발전하였다. 서원의 발흥기인 1540년대에서 1560년대까지 영남 지역 사림은 서원에 대한 여러 논쟁을 하고 이를 통해 정비하였다. 그 중 하나의 논쟁은 '어떠한 인물을 서원에 제향할 것인가?'였다.

최초의 서원인 백운동서원에서는 고려시대 유학을 일으킨 안향1243~1306을 제향인물로 선정하였다. 주세붕은 안향의 사묘祠廟를 건립하고서 유생들이 그를 본받기를 바라며, 서원을 설립하였다. 주세붕은 유학자를 제향인물로 선정하였고, 이후 이황1501~1570의 노력으로 서원은 사액을 받아 국가적 공인을 획득하였다. 이황은 사액을 주청하면서 백운동서원이 사액되면 선정先正의 자취가 남은 곳들에서도 서원이 건립될 것이라 하였다. 이때 이황이 언급한 선정이 서원의 제향인물로 논의되었던 최초의 인물로 볼 수 있다.

1549년 명종 4 12월에 이황은 최충 984~1068 · 우탁 1263~1342 · 정몽주 1337~1392 · 길재 1353년~1419 · 김종직 1431~1492 · 김굉필 1454~1504을 서원에서 제향할 수 있는 인물이라고 주장하였다.[1] 이들은 고려시대에서 조선전기까지의 인물로, 유학자이거나 도학자로 일컬어지는 인물들이었다. 더구나 정몽주-길재-김종직-김굉필은 도학을 전수한 사승관계로 이어지는 도통론의 인물들이었다. 이때 조광조는 아직 신원되지 않은 상황이라 이황이 언급하지 않았던 것으로 보인다.

이황이 서원의 제향인물로 주장한 이들은 실제로 1550년대에 영남지역 서원의 제향인물로 선정되었다. 1550년대에서 1560년대에 영남지역의 서원에서는 문묘에 종사된 인물이거나 사화의 피화인 또는 도학을 보급한 인물들을 제향인물로 선정하였다. 개별적으로 살펴보면 이황이 언급한 정몽주와 김종직 이외에, 박충좌 1287~1349, 정여창 1450~1504, 김안국 1478~1543, 김대유 1479년~1551, 박하담 1479~1560, 이언적 1491~1553, 이황 생사당, 이희안 1504~1559을 제향하였다.

1550년대에서 1560년대에 영남지역 사림은 모두 13개소의 서원을 설립하였다. 1550년대에 영주[풍기]의 백운동서원[소수서원], 함양의 남계서원, 영천의 임고서원과 백학서원, 의성의 빙계서원, 성주의 영봉서원[천곡서원]이었다. 1560년대에 경주의 서악정사, 합천[초계]의

---

1 『退溪集』 卷9, 「上沈方伯【通源○己酉】」. "如是則四方欣慕, 爭相效法, 苟有先正遺塵播馥之地, 若崔冲·禹倬·鄭夢周·吉再·金宗直·金宏弼之居, 莫不立書院, 或出於朝命, 或作於私建, 以爲藏修之所, 以賁揚聖朝右文之化, 明時樂育之盛矣."

청계서원, 대구의 연경서원[화암서원]과 도동서원[쌍계서원], 밀양의 예림서원[점필서원], 예천의 금곡서원, 청도의 선암서원이었다. 이 시기 서원의 제향인물은 모두 서원이 설립된 장소가 고향이거나 연고지에 해당하였는데, 이 또한 다시 서원이 지니는 하나의 특징이었다. 백운동서원은 안향, 남계서원은 정여창, 임고서원은 정몽주, 빙계서원은 김안국과 이언적, 청계서원은 이희안, 연경서원은 이황생사당, 예림서원은 김종직, 도동서원은 김굉필, 금곡서원은 박충좌, 선암서원은 김대유와 박하담을 제향하였다.

1550년대에 영남지역 사림이 선정한 제향인물은 성리학적 성격이 짙다고 할 수 있다. 임고서원의 제향인물인 정몽주는 고려말기 온건개혁파 학자로 고려에 충절을 다한 인물이었다. 이후 이색1328~1396이 정몽주를 '동방 이학의 조'로 평가하면서, 조선 유학의 시조로 불리게 되었다. 1517년중종 12에 정몽주는 문묘에 종사되어, 도학의 계보를 이은 인물로 국가의 공인을 얻게 되었다. 즉, 16세기 절의를 중심으로 학문과 실천이 강조되면서 정몽주는 도통의 조종으로 추앙되었다.[2]

남계서원의 제향인물인 정여창은 김굉필과 함께 김종직의 문인이었다. 정여창은 김종직의 문인이라는 이유로 무오사화 때 피화되었고, 갑자사화 때 부관참시를 당하였다. 이후 중종대 신원되었는데, 정몽주와 김굉필에 대한 문묘종사운동의 영향으로 1517년중종 12에 정여창의 관직도 우의정으로 추증되었다. 또한 정여창은 남계서원이 건립되는 1550년대에 4현[정여창·김굉필·조광조·이언적] 가운데 한 명으로

2 이경동, 「16세기 도통론의 전개와 포은 정몽주의 위상」, 『圃隱學硏究』 17, 포은학회, 2016, 5~6쪽.

문묘종사가 건의된 인물이었다.

빙계서원[장천서원]의 제향인물인 김안국은 성리서의 간행과 보급에 노력하다 기묘사화 때 파직당하였다. 그의 저서로는 『동몽선습』이 있고, 편서에는 『이륜행실도언해』·『성리대전언해』·『여씨향약언해』·『정속언해』 등이 있다. 이를 보면 김안국은 성리서의 조선본 언해 사업을 추진했던 것으로 보인다. 이러한 업적을 인정받아 1556년에 김안국은 본관인 의성에 건립된 장천서원에 제향되었다.

빙계서원에 김안국과 함께 제향된 이언적은 성리학적 이해가 상당한 수준의 학자로 개별 저술을 가지고 있었다.[3] 이언적은 성리서를 저술할 정도로 성리학에 대하여 심층적인 탐구를 하였던 인물이었다. 이언적은 1549년 명종 4에 『대학장구보유』, 1550년에 『구인록求仁錄』·『봉선잡의』, 1553년에 『중용구경연의』를 저술하였다. 이황은 이언적의 성리학적 공헌을 높이 평가하였다. 이황은 이언적의 사후 그를 포함한 4현의 문묘종사운동을 주도하였다.

1550년대까지 서원의 제향인물이 가진 성리학적 성격은 다른 지역의 서원에서도 나타났다. 1549년 명종 4에 충청도 보은에서 김정 1486~1521을 제향하는 상현서원이 건립되었다. 김정은 기묘사림으로 향약과 현량과의 시행을 추진하고, 정국공신의 위훈삭제를 주장하였다. 더욱이 그는 국왕 중종에게 폐비 신씨의 복위를 주장하였다. 하지만 국왕 중종은 오히려 그를 보은에 유배보냈고, 조광조는 치죄를 거론한 대간의 파직을 주장하였다. 결국 김정은 해배되어 주요 관직

---

3 이수환, 「16세기전반 영남사림파의 동향과 동방오현 문묘종사」, 『한국학논집』 45, 계명대학교 한국학연구원, 2011, 69쪽.

을 역임하였으나, 기묘사화 때 제주도에 유배되었다. 1549년에 황해도 해주에서 건립된 문헌서원의 제향인물인 최충은 사학12도의 하나인 문헌공도文憲公徒의 창시자였다. 최충은 고려시대 유학을 진흥한 업적이 있으며 사학의 원조이자 해동공자海東孔子로 칭송되었던 인물이었다. 1556년명종 11에 강원도 강릉에 건립된 오봉서원[구산서원]의 제향인물은 공자였다. 문묘에서 선성으로 제향되었던 공자를 별도의 사립기관에 모신 최초의 서원이었다.

1560년에 영남지역 서원의 제향인물도 유학자 또는 성리학자의 성격을 가졌다. 영남지역의 청계서원은 이희안, 연경서원은 이황생사당, 예림서원은 김종직, 도동서원은 김굉필, 금곡서원은 박충좌, 선암서원은 김대유와 박하담을 제향하였다. 청계서원의 제향인물인 이희안은 10세에 글을 짓고 13세에 사마시에 합격한 수재로 김안국의 문인이었다. 이후 이언적의 추천과 유일로 천거되었지만 관직생활 대신 학문에 주력했던 인물이었다.

연경서원은 이황의 생사당에 연원을 둔 서원이었다. 따라서 연경서원은 이황의 사후 그가 제향되었으나 1560년대에는 제향인물 없이 강학활동을 중심으로 운영되었다. 연경서원이 건립되었던 시기 이황은 영남지역에서 서원보급운동의 주역이자 성리서의 간행과 보급에도 매진하였다.

예림서원의 제향인물인 김종직은 성종대 사림으로 그가 저술한 「조의제문弔義帝文」이 무오사화의 발단이 되어 부관참시를 당하였다. 김종직은 아버지인 김숙자1389~1456가 정몽주와 길재의 학통을 계승하였고, 그 역시 가학을 이었다. 그리고 김종직의 문인이 김굉필·정여창·

김일손1464~1498 등이었고, 이후 조광조로 학통이 계승되었다. 따라서 조광조가 그의 스승인 김굉필을 신원하면서 조선의 도통을 정립하려 하였을 때 김종직도 도학의 계보에 편입시켰다. 예림서원이 건립되었던 시기의 김종직은 정몽주-길재-김숙자-김종직-김굉필-조광조로 이어지는 도통의 계보에서 속하는 한 사람으로 평가되었다.

도동서원의 제향인물인 김굉필은 김종직의 문인으로 『소학』을 강조하였다. 그는 무오사화 때 김종직의 문인들과 붕당을 조성하였다는 죄목으로 피화되었다. 평안도 희천으로 유배갔던 김굉필은 그곳에서 조광조에게 학문을 전수하였다. 하지만 갑자사화 때 다시 한번 극형을 받아 사사되었다. 중종반정 이후 사림에 대한 재평가가 이루어지면서 신원되었고, 문인 조광조의 의하여 도통을 계승한 인물로 현창되었다. 도동서원이 건립되었던 시기의 김굉필은 유생들에 의하여 4현의 1인으로 문묘에 종사해야 한다는 평가를 받고 있었다.

금곡서원의 제향인물인 박충좌는 고려시대 원으로 충선왕을 호종하여 연경에 머물다가, 성리학을 연구하고 돌아온 백이정1247~1323에게 이제현1287~1367과 함께 수학했던 인물이었다. 그리고 선암서원의 제향인물인 김대유는 김일손의 조카로 무오사화 때 피화되었다가, 현량과로 관직에 나갔으나 기묘사화 때 삭탈당한 인물이었다. 또한 박하담도 학행으로 제수된 관직에 나가지 않았고, 김대유와 함께 지방의 사창을 설치하였던 공이 있었다.

1560년대 영남 이외 지역의 서원에서는 김굉필, 기자, 성수침1493~1564을 제향하였다. 1564년명종 19에 순천부사 이정1512~1571이 경현당과 옥천정사를 건립하고, 문묘종사가 논의되었던 김굉필을 제향하였다. 같은 해 평안도 평양의 인현서원에서는 유학의 성인인 기자를 제향하였다. 1568년선조 1 경기도 파주에서 건립된 파산서원에서는 조광조의 문인이자 성혼1535~1598의 아버지인 성수침을 제향하였다. 이들 역시 성리학에서 말하는 성인이거나 성리학적 성격을 가진 인물들이었다. 이처럼 유학자나 도학자를 서원의 제향인물로 선정하는 경향은 16세기 전국에서 나타났다.

16세기 건립된 영남지역의 서원에 배향된 인물은 대다수 도학적 성격을 지닌 인물이었다. 16세기 영남지역의 서원 중 2개소 이상의 서원에서 제향하고 있는 인물은 8명이다. 이황은 7개소백학, 연경, 이산, 고산, 도산, 여강, 정산, 정여창남계, 용문, 이연, 김굉필천곡, 도동, 이연, 조식덕산, 회산, 신산은 3개소의 서원에 제향되었다. 정몽주임고, 오천, 길재금오, 오산, 김종직예림, 금오, 이언적빙계, 옥산은 각각 2개소의 서원에서 제향되었다.

1개소의 서원에서 제향한 인물은 14명이다. 황준량은 백학, 김안국은 빙계, 이조년·이인복은 영봉, 정이·주희는 천곡, 김유신·설총·최치원은 서악, 이희안은 청계, 박충좌는 금곡, 김대유·박하담은 선암, 우탁은 역동, 정붕·박영은 금오, 배상지·이종준은 경광, 권호문은 청성, 구봉령은 주계, 김일손은 자계, 노진은 당주, 권벌은 삼계, 정습명은 오천에서 제향되었다.

제향인물의 면모를 보면 모두 도학적 성격을 가지고 있거나 유학 진흥에 이바지했던 성격을 가지고 있었다. 따라서 16세기 영남지역 사림의 제향인물 선정은 '도학道學'에 지향점을 두고 이루어졌다고 할 수 있다. 이처럼 '도학'에 지향점을 둔 제향인물의 성격은 1550년대~1560년대에 영봉서원과 서악정사의 제향인물 논쟁이 있었기에 가능한 것이었다.

1550~1560년대에 영남지역 지식인들이 서원의 제향인물을 선정하는 과정에서 논란이 되었던 곳은 영봉서원과 서악정사였다. 영봉서원과 서악정사는 충절자인 이조년·이인복, 무공이 있는 김유신을 제향인물로 선정한 곳이었다. 2곳의 서원을 제외한 다른 서원의 경우는 향촌 사림과 지방관의 주도로 특별한 논란 없이 서원의 제향인물이 결정되었다. 하지만 영봉서원의 경우는 제향인물과 서원의 명칭이 변경되기도 하였다. 또 서악서원의 경우는 무덕武德을 가진 인물을 제향하여 논란이 되자 도학계보에 속한 인물을 추가하였다. 이하에서는 영봉서원과 서악서원의 사례를 중심으로 1550~1560년대 영남지역 사림의 제향인물 선정 과정에 나타나는 논의와 그 의미를 살펴보겠다.

2) 영봉서원의 충절자 제향과 좌절

1558년명종 13에 성주목사 노경린1516~1568과 성주이씨 가문은 이조년1269~1343과 이인복1308~1374을 제향하기 위하여 영봉서원을 건립하였다.[4] 하지만 제향인물들의 성격을 둘러싸고 논쟁이 발생하여 최종적으로 이조년과 이인복의 서원 제향은 좌절되었고, 서원의 명칭은 천곡으로, 제향인물은 정이·주희·김굉필로 바뀌었다.

영봉서원의 설립을 주도하였던 인물은 목사 노경린이었다. 노경린은 성주에 부임한 후 성주이씨 가문의 이문건李文楗1494-1567과 교유하였다. 이문건은 조광조의 문인으로, 기묘사화와 을사사화에 피화되어

4 『迎鳳志』「廟院定議錄·上吏判尹公【春年】書」.

관향인 성주로 유배되었던 상태였다. 이문건은 유배지에서도 사환 동료들과의 교유를 지속하였고, 중앙정계와 성주지역 사이의 교두보 역할을 담당하였다. 또한 이문건은 지방관과의 빈번한 교류를 통하여 지역사회에서의 영향력을 높여 나갔다.[5] 이문건은 유배생활이 점차 안정기에 들어가자 가문의 부흥을 시도하였고, 그 방편의 하나가 서원의 건립이었다. 이러한 상황에서 지방관인 노경린은 관할지역에 서원을 건립하겠다는 이문건의 계획에 동참하였다.[6] 노경린은 백운동서원의 사례에 주목하였다. 백운동서원은 원생들을 교육시켜 많은 급제자를 배출하였고, 노경린은 성주에서도 이를 실현하고자 희망하였다.[7] 노경린은 성주지역 사림의 의견을 수렴하여 영봉서원의 건립을 추진하였고, 성주이씨 가문에서 재정적인 지원을 담당하였다.

노경린과 이문건은 성주이씨 중 충절로 이름난 이조년과 이인복을 서원의 제향인물로 선정하였다. 하지만 당시 조선의 지식인들은 이들을 도학자이기 보다는 충절을 지킨 인물 또는 지역의 향현으로 인식하였다. 이 때문에 노경린과 지식인들은 서원 제향인물의 선정과 관련하여 1년 동안 상호간의 의견을 교환하였다. 이때 노경린과 함께 논의를 주도한 인물은 이황, 김희삼金希參 1507~1560, 이정 1512~1571, 윤희춘尹春年 1514~1567, 박승임, 황준량이었다. 노경린은 지식인들의 다양한 의견을 『영봉지』 「묘원정의록」에 수록하였다. 아래의 〈표 5-1〉는 수록된

---

5 김소은, 「16세기 星州지역 士族의 交遊와 書院 건립계획」, 『정신문화연구』 26-2, 한국학중앙연구원, 2003, 165~168쪽.

6 당시는 사찰에서 과거 공부를 하는 경우가 많았고, 노경린의 딸과 혼인하였던 이이(1536~1584)도 성주의 사찰에서 과거를 준비하였다(『栗谷全書』 卷33 附錄, 「年譜」).

7 윤진영, 「星州李氏 家門의 초상화 연구」, 『藏書閣』 22, 한국학중앙연구원, 2009, 148쪽.

서간의 수·발신자와 일자를 정리한 표이다.

〈표 5-1〉『영봉지』「묘원정의록」 수·발신표

	書名	발신인	수신인	발신일
1	與李承宣書	노경린	이정	1559년 7월(己未首秋)
2	答盧仁甫書	이정	노경린	1559년 8월(己未中秋)
3	與黃仲擧書	노경린	황준량	1559년 12월(己未臘月之望)
4	答四印堂書	황준량	노경린	1559년 12월 26일(己未臘念六)
5	答仁甫書	윤춘년	노경린	1560년(庚申)
6	上吏判尹公書	노경린	윤춘년	1560년 1월 20일(嘉靖庚申正月二十日)
7	答盧星州書	윤춘년	노경린	1560년 2월 11일(庚申二月十一日)
8	重答尹判書書	노경린	윤춘년	1560년 3월(嘉靖三十九年 踏靑前三日)
9	與朴重甫黃仲擧書	노경린	박승임, 황준량	1560년 5월 6일(庚申端午後一日)
10	答四印堂書	황준량	노경린	1560년 ?월 9일(庚申月初九日)
11	答朴重甫黃仲擧書	노경린	박승임, 황준량	1560년 5월(庚申五月日)
12	附退溪答錦溪書	이황	황준량	1560년 5월 4일(庚申五四日)
13	答四印堂	황준량	노경린	1560년 6월5일(嘉庚夏季五)
14	答四印堂書	박승임	노경린	1560년 6월(庚申六月日)
15	答四印堂書	이황	노경린	1560년 6월(庚申六月日)
16	呈金先生師魯書	노경린	김희삼	1560년 6월 20일(嘉庚六廿)
17	答城主書	김희삼	노경린	일시불명.
18	答金先生師魯書	노경린	김희삼	일시불명.
19	上退溪書	노경린	이황	1560년 7월 上旬(庚七初吉)
20	答四印書	이황	노경린	1560년 7월 上旬(庚七上浣)
21	上退溪書	노경린	이황	1560년 7월 14일(庚申七夕後七日)
22	答仁甫書	이황	노경린	일시불명.

이를 살펴보면 영봉서원의 제향인물에 대하여 논의를 한 지식인들의 면모를 확인할 수 있다. 노경린을 포함한 7명은 1559년에서 1560년 사이에 22건의 서간문을 통하여 서원의 제향인물 선정에 관련한 논의를 진행하였다. 1559년명종 14 7월에 시작한 선정 논의는 1560년 7월이 되어서야 일단락되었다. 먼저, 영남지역 사림의 서원과 성리학에 관한 인식을 확인하기 위해서 이들의 서원 관련 사업과 성리서의 간행 사항을 살펴보자.

첫 번째, 노경린은 1539년중종 34에 과거에 급제한 후, 사헌부 지평에 올랐다. 하지만 그는 진복창?~1563의 탄핵을 받고 좌천되어 나주목사·성주목사 등을 역임하였다. 노경린은 성주목사로 재임하며 영봉서원의 건립을 주도하였고, 서원지인 『영봉지』를 편찬하였다. 노경린은 교육기관으로서의 서원을 건립하려 하였으나, 재정적 지원을 담당했던 성주이씨 가문에서는 가문의 선조인 충절자를 제향하려 하였다. 결국 서원에서 충절자를 제향하려고 시도하였던 노경린은 이 안건을 영남지역 사림과 논의하여 추진하게 되었다.

두 번째, 이황은 그의 문인들과 함께 서원건립운동을 주도하였던 인물이었다. 1543년중종 38에 백운동서원의 설립을 시작으로 조선의 서원은 발흥기를 맞이하였다.[8] 이황은 백운동서원의 사액을 추진하여, 최초로 국가에서 공인을 받은 사액서원을 이루어내었다. 백운동서원의 설립부터 명종대까지 전국에 16개소의 서원이 건립되었고, 이황은 이 가운데 9개소 서원죽계, 임고, 문헌, 영봉, 구산, 남계, 이산, 서악, 화암의 설립과

8 安敏燁, 「書院 勃興期 朝鮮 士林의 書院認識」, 국민대학교 대학원 석사학위논문, 2007, 31~40쪽.

운영에 참여하였다.[9] 이처럼 다수의 서원을 설립하면서 이황과 그 문인 사이에는 공유하는 서원운영론이 존재하였다.[10]

이황과 교류하였던 인물들은 16세기 중엽에 성리서의 연구와 간행을 주도하였다. 1556년 명종 11 6월에 이황은 『주자서절요』를 완성하였고, 8월에 문인들에게 강의하였다. 1557년 7월에 이황은 『계몽전의』를 완성하였고, 1558년 6월에는 조선에 서원제도를 도입하려 했던 어득강 1470~1550의 시집에 발문을 썼다. 1560년대에 이황은 『이락연원록』의 연구를 통하여 이후 송·명이학사를 정리한 『송계원명이학통록』을 편찬하였다.[11] 이때 이황은 성리학의 도통을 주목하여 조선의 도학 계보를 '정몽주-길재-김숙자-김종직-김굉필-조광조'로 정리하였다. 그리고 이황은 사현[김굉필, 정여창, 조광조, 이언적]의 문묘종사운동을 주도하였다. 이황은 이언적을 도통을 계승한 인물로 평가하여 조선의 도학 계보를 정립해나갔다.

이황과 문인들이 간행한 성리서 중에서 『주자서절요』와 『영봉지』, 『계몽익전』 등은 성주지역에서 간행된 서적이었다.[12] 성주목사 황준량은 노경린의 후임으로 부임한 후 『주자서절요』와 『영봉지』를 간행하였다. 황준량은 동문수학한 오건 吳健 1521~1574과 함께 『주자서절요』를 간행하였다. 그리고 김성일 1538~1593의 형이자 이황의 문인인 김극

9 『退溪集』 卷4, 「書院十詠」.

10 정만조, 『朝鮮時代 書院硏究』, 집문당, 1997; 조준호, 「退溪 李滉의 서원건립 활동과 서원론의 실현」, 『역사문화논총』 2, 역사문화연구소, 2006.

11 『退溪先生年譜』 卷1~2.

12 이 외에 『朱子實記』, 『續蒙求』, 『童子習』, 『聖學十圖』, 『心經疑義』 등도 1560년~1570년 사이에 간행되었다. 우정임의 연구(우정임, 「조선전기 性理書의 간행과 유통에 관한 연구」, 부산대학교 대학원 박사학위논문, 2009, 159~167쪽.)가 참고된다.

일1522~1585은 『계몽익전』을 간행하였다. 이 서적들은 영봉서원과 그 후신 천곡서원에서 간행한 서적이었다. 이들의 성리서 편찬은 성리서의 간행과 보급의 중심지 중 하나가 서원이었음을 알 수 있게 해준다.

세 번째, 김희삼은 성주의 사림으로 배이장裵以張·김취문金就成·이광李光·송희규宋希奎의 문인이었다. 특히 김희삼은 김취성1492~1551과 송희규1494~1558에게 학문적 영향을 많이 받았다. 송희규는 김굉필의 학맥과 이어지는 사승관계를 가졌다. 따라서 '김굉필-도형-송희규-김희삼'으로 이어지는 학통이 김희삼에게 일정한 영향을 주었을 것이다.[13] 다음으로 김취성은 송당松堂 박영朴英1471~1540의 문인으로 선산에서 거주하였던 학자였다. 이러한 김취성의 학맥은 김희삼에게도 전승되어, 그에게 부분적으로 송당학파의 영향이 미쳤을 것으로 여겨진다. 또한 김희삼은 김인후1510~1560와 승문원에 함께 선발되었던 인연을 기반으로 깊은 교분을 맺었다.[14] 김희삼은 이러한 학문 내력으로 사망 이후에 이황과 조식의 만사挽詞를 받았고, 영봉서원의 후신인 천곡서원에 제향되었다.[15]

김희삼은 이황의 문인인 김우옹金宇顒1540~1603의 부친이었다. 성주이씨 이광의 딸과 혼인하여 성주가 처향이었던 오건은 1559년명종14에 성주훈도로 부임하였다. 이때 김우옹은 오건에게 사사하였다. 황준량과 오건은 함께 성리서를 강독하였고, 김우옹도 황준량이 간행한 『주자서절요』를 연구하였다. 이처럼 김우옹과 영봉서원의 인연은 대

13 정우락, 「성주지역 道學의 착근과 江岸學派의 성장」, 『嶺南學』 21, 경북대학교 영남문화연구원, 2012, 60쪽.

14 『七峯先生逸集』「和金厚之韻」; 「次金厚之病中韻」.

15 『七峯先生逸集』「川谷鄕賢祠奉安文」; 「鄕賢祠上樑文」.

를 이어 계승된 것이었다.

네 번째, 이정은 이황과 조식의 문인이었다. 1560년명종 15에 경주부윤 이정은 김유신·설총·최치원을 제향하는 서악정사[서악서원]를 설립하였다. 1564년에 순천부사 이정은 김굉필을 제향하는 옥천서원의 건립에도 관여하였다. 그리고 이정은 김굉필의 문집이 없음을 걱정하여 『경현록』을 편찬하였고, 김굉필이 편찬한 『이존록』의 발문을 작성하였다. 이정은 1553년부터 1564년까지 청주목사, 경주부윤, 순천부사 등의 지방관을 역임하면서 수많은 성리서를 편찬·간행하였다.[16] 이정이 간행한 성리서 가운데 『주자시집』과 『이락연원록』이 있는데, 이들은 영봉서원의 장서였다. 따라서 이정은 노경린과 함께 영봉서원의 건립과 제향인물 선정에 관하여 의논하면서, 본인이 간행한 성리서의 일부를 기증하였던 것으로 추정된다.

다섯 번째, 윤춘년은 이조판서로 중앙정계의 인물이었다. 윤춘년은 1558년명종 13에 사행을 다녀온 후 이조판서 위치에 있었다. 따라서 윤춘년은 영봉서원의 제향인물에 대한 논의가 진행되던 시기에 중앙 정계에서 큰 영향력을 미쳤던 인물이었다. 영봉서원의 제향인물 선정에 대한 논쟁이 중앙 조정까지 알려졌다고 한 점을 비추어볼 때, 이 논의는 당대 사림의 지대한 관심사였음을 알 수 있다.

여섯 번째, 황준량은 성주목사이자 이황의 문인이었다. 황준량은 노경린의 뒤를 이어 성주 목사로 부임하였다. 황준량은 영봉서원의 제향인물 선정 논의가 있기 전에도 향교와 서원 등의 교육 기관의 정비와

---

16 우정임, 「退溪 李滉과 그의 門徒들의 서적 간행과 書院의 기능」, 『지역과 역사』 22, 부경역사연구소, 2008, 217~229쪽.

보급에 많은 노력을 기울였다. 먼저, 영천에서는 향교의 문묘를 수축하였고, 백학서원을 창설하였다. 1557년명종 12에 단양군수로 재임하면서 단양향교를 중수하였고 우탁을 제향하였다. 1560년 가을에 황준량은 성주목사로 부임하여 영봉서원을 증수하고 성주의 문묘를 수리하였다. 이후 황준량은 공곡서당孔谷書堂을 세웠고, 팔거현에 녹봉정사鹿峯精舍를 건립하였다. 그리고 1561년에는 『주자서절요』를 간행하고, 발문을 지었다. 황준량은 죽령에 금양정사錦陽精舍를 건립하여 강학활동을 하였다.[17] 황준량은 노경린이 영봉서원을 건립할 때 많은 자문을 하였고, 노경린의 후임으로 성주에서 『영봉지』를 간행하였다.

일곱 번째, 박승임은 풍기군수이자 이황의 문인이었다. 박승임은 영남지역의 서원보급운동에 동참한 인물이었다. 박승임은 1552년명종 7에 함양에 남계서원을 건립하는데 참여하였다. 그는 1558년에 영주 이산서원의 건립에도 참여하였다.[18] 1558년 12월에 박승임은 풍기군수로 부임하여서, 영봉서원의 제향인물 선정에 대한 논의에도 참여할 수 있었다. 이후 박승임은 1577년선조 10에 예천의 정산서원을 건립하였고, 1580년에는 경기도 여주의 기천서원 건립에도 참여하였다.

이상 7명의 인물은 성리학을 보급하고, 서원을 건립하기 위해서 다방면의 사업을 진행하였다. 이들은 다양한 관계로 서로 영향을 주고받았고, 영봉서원의 건립에 있어서 다자간의 연락망을 형성하여 의견을 교환하였다. 이들이 영봉서원의 제향인물과 관련해 나눈 의견들을 보면 주요한 쟁점은 '서원에는 도학자만 제향할 수 있는가?'였다.

---

17 『錦溪集』 外集 卷9, 「行狀」.

18 『嘯皐集』 附錄上, 「朝鮮國故通政大夫司諫院大司諫兼知製敎嘯皐朴先生行狀」.

이들은 서원의 제향인물로 도학자만을 제향할 수 있다는 의견과 충절자인 향선생鄕先生을 주향主享으로 제향할 수 있다는 의견으로 나뉘었다. 서원에는 도학자를 제향하여야 한다는 의견은 이황·황준량·박승임 등이었다. 충절자인 향선생을 서원의 주향으로 제향할 수 있다는 의견은 노경린·윤춘년·이정 등이었다. 중립적으로 도학자와 충절자를 동일하게 제향할 수 있다는 김희삼의 의견이 있었다.

노경린·윤춘년·이정은 충절자[향선생]도 서원에서 주향으로 제향할 수 있다는 의견이었다.[19] 이들은 국가를 지킨 공과 변절하지 않은 충忠을 지닌 인물도 서원에서 주향으로 제향할 수 있다고 인식하였다. 따라서 이조년과 이인복도 서원에서 제향할 수 있다고 주장하였다. 이정은 김유신과 길재를 존숭하는 사우가 없는 현실에 안타까움을 표하면서, 당시 사림들과 본인의 입장을 함께 설명하였다. 당시 한성의 지식인들은 크게 3가지 의견이었다. 첫 번째는 서원의 사묘에 선사를 주향으로 하고, 양이兩李[이조년·이인복]를 배향하라는 의견이었다. 두 번째는 서원의 사묘에 양이를 제향할 수 있다는 의견이었다. 세 번째는 서원의 사묘 이외의 별사에 양이를 제향하라는 주장이었다. 이 가운데 서원의 사묘에 양이를 제향할 수 있다는 의견이 가장 많다고 설명하였고, 노경린도 이 의견에 찬성하는 입장이었다. 특히 노경린은 서원에는 도학을, 사묘에는 표충을 내세우고 싶다는 의견이었다. 이에 동조한 윤춘년도 서원에 도학자만을 제향할 수 있다면 진유眞儒는 매우 소

19 『迎鳳志』「廟院定議錄·與李承宣書」(己未首秋); 「廟院定議錄·答盧仁甫書」(己未中秋); 「廟院定議錄·與黃仲擧書」(己未臘月之望); 「廟院定議錄·答仁甫書」(庚申); 「廟院定議錄·上吏判尹公書」(嘉靖庚申正月二十日); 「廟院定議錄·答盧星州書」(庚申二月十一日); 「廟院定議錄·重答尹判書書」(嘉靖三十九年 踏青前三日); 「廟院定議錄·與朴重甫黃仲擧書」(庚申端午後一日).

수이기에 일현일향一縣一鄕에서 제향할만한 인물이 없어 사모격려思慕激勵할 방도가 멈출 것이라고 주장하였다.

이황·황준량·박승임은 도학자만 서원의 주향으로 제향할 수 있다는 의견이었다.[20] 이들은 노경린이 서원을 설립하는 것은 유학을 흥기시키는 일이라고 생각하였다. 그리고 영봉서원에 충절자인 이조년과 이인복을 대신하여 성주를 처향妻鄕으로 하였던 김굉필을 주향으로 제향하고 싶어 하였다.

황준량은 서원에 관한 논의에서 사묘를 건립한 자체가 잘못이라는 의견이 있지만 그렇지 않다는 주장이었다. 황준량은 영봉서원에서 이조년과 이인복을 제향할 수 있겠지만, 성주에 김굉필이 머물렀던 행적이 있으므로 고려해보라고 권하였다. 박승임도 이조년을 제향하는 사우를 세우는 사업에는 찬성하지만, 충을 위주로 하면 서원이 지닌 위상이 격하될 것이라 우려하였다. 이황도 이조년의 영정影幀에서 염주가 발견되었다는 이야기가 있어 서원의 사묘에 제향하기는 어려우며, 이러한 상황에서는 김굉필을 제향하는 것이 좋겠다는 의견이었다. 그리고 이황은 3인을 모두 제향한다면 그 좌차座次를 걱정하였다. 이황은 김굉필은 '도학지종道學之宗'이라 설명하였고, 이조년과 이인복은 향현이라고 명확히 구분하였다. 그러면서 제향인물의 위차 문제에서 '동서로 위차를 삼겠다고 하였는데 남향을 비워두는 것은 고려하지 않는가? 또 기준이 도학인가? 연대인가? 위차를 정하는 일은 조정에까지 알려지는 것으로 고사와 명유의 고견을 수렴하여 결정하는 것이 좋겠

20 『迎鳳志』 「廟院定議錄·答四印堂書」(己未臘念六); 「廟院定議錄·答四印堂書」(庚申月初九日).

다.' 등 여러 설명을 하였지만, 결국 김굉필을 종향으로 제향할 수는 없다는 입장이었다.

마지막으로 김희삼은 중립적인 의견이었다. 그는 도학자와 충절자를 주향없이 함께 사묘에 제향할 수 있다고 주장하였다.[21] 김희삼은 이조년의 영정에서 염주를 가지고 있다하더라도 사에 들어갈 수 있으며, 김굉필을 '도학의 연원, 진유의 영수'로 보았으며, 김굉필의 처향이 성주인 것을 강조하였다. 결국 김희삼은 이조년과 김굉필을 동벽과 서벽에 나누어 제향하고, 이인복을 이조년의 다음에 배향하는 것이 좋겠다는 의견이었다.

결국 노경린은 영봉서원에 이조년·이인복과 김굉필을 함께 제향하기로 결정하였다. 이 때문에 노경린은 『영봉지』「이씨행록」에 3인[이조년·이인복·김굉필]의 행록을 연차순으로 수록하였다. 하지만 제향인물의 성격에 대한 논란은 지속되었다. 결국 1567년선조 원에 정구는 이황의 자문을 거쳐 서원의 제향인물과 명칭을 변경하였다. 정구는 성주지역 안의 이천과 운곡의 지명에 연유하여 정이·주희를 서원의 주향으로 하였고, 김굉필을 배향으로 하였다. 이듬해 그는 서원의 이름도 이천과 운곡에서 유래하여 천곡으로 변경하였다. 결국 1550년대에 시작된 영봉서원의 제향인물 선정 논의는 1560년대 도학자만 제향하는 것으로 마무리되었다.

이러한 상황에서 영남지역의 영봉서원과 서악서원은 논쟁의 중심일 수밖에 없었다. 두 서원에 제향한 인물의 성격이 성리학적인 성격

---

21 『迎鳳志』「廟院定議錄·答城主書」.

을 지니지 않았기 때문이다. 그렇다면 두 서원에서는 어떠한 근거를 가지고 제향인물을 선정한 것일까? 바로 『대명일통지』에 나타나는 중국 서원의 제향인물이 지닌 이 성격을 그 근거로 하고 있었다.

> "『대명일통지』에 실린 사묘는 모두 천여 곳인데 한 가지 공로와 한 가지 절개를 갖춘 이들은 모두 포함되었습니다. 서원은 삼백 여 곳인데 비록 소식蘇軾이나 황정견黃庭堅과 같이 문장하는 선비도 모두 포함되어 있습니다. 더군다나 소식이나 황정견 보다 아래인 자들도 있습니다. 그렇다면 이공李公의 문아文雅와 충절이 옛 사람에 비해 얼마나 부끄러운 점이 많기에 비록 그 향관鄕貫 일지라도 서원에서 제사지내지 못한단 말입니까? 아! 너무 심한 일입니다. 중국이 현인을 좋아함이 어찌 저와 같이 성대하며, 우리나라가 현인을 권면하는 전례가 어찌 이렇게 궐략闕略하는 지경에 이르렀단 말입니까? 우리나라의 사례를 옛날에서 찾아본다면 아득하여 본받을 만한 인물이 적겠지만, 어리석고 비루한 견해로는 성주 고을의 제사지낼 만한 선생으로는 실제 이 분들을 꼽을 수 있다고 생각되는데, 의논하는 자들은 적당한 사람이 아니라고 지적하니 무슨 견해를 가지고 그리하는 것일까요? 만약 좁은 식견에 구애되어 단지 상대되는 말을 세운다면, 어찌 뭇 사람의 비웃음을 무릅쓰고 여러 의심스러운 점을 정하여 옛날에 없었던 성대한 일을 의논할 수 있겠습니까?"[22]

이를 보면 노경린은 영봉서원에 이조년과 이인복을 제향하고자 이

---

22 『迎鳳志』「廟院定議錄·與李承宣書」. "大明一統志所載祠廟, 凡千餘所, 而有一功一節者, 咸與焉. 書院 凡三百有餘所, 而雖只有文章之士, 女蘇若黃者, 皆與焉. 況下於蘇黃者, 亦有之哉. 則李公之文雅忠節, 有何多愧於古之人, 而雖其鄕貫, 亦不可祀於書院乎. 嗚呼. 甚矣. 中國之好賢, 何如彼, 其盛而吾東方勸賢之典, 何至此, 其闕畧也歟. 就吾東而求諸古, 則眇然人物可師者, 少自以愚陋之見, 妄謂星鄕之先生, 可祭者, 實得惟人而議者之指, 以非人抑何所見而然歟. 若拘坐井之觀, 只立方生之設, 則何足與, 冒衆笑定群疑, 而議所古無之盛擧乎."

정에게 서간을 보냈다. 노경린은 서원의 제향인물이 충절을 강조하는 성격을 가졌지만 서원에 제향할 수 있다고 주장하였다. 이때 노경린이 근거로 삼은 것이 바로 『대명일통지』다. 『대명일통지』에서는 중국 각 지역의 서원을 수록하였으며, 이는 영남지역 사림들이 서원을 건립하는 당위성을 주장하는 근거였다. 여기서 노경린은 중국 서원의 제향인물들이 도학이나 유학과 관련이 없는 경우도 있다는 점을 강조하였다. 노경린은 북송을 대표하는 문장가인 소식1036~1101과 그 제자이자 시인인 황정견1045~1105을 제향하는 서원이 있다는 점에 주목하였다. 그러면서 노경린은 중국에서 현인을 우대했던 일에 비추어보아 지금 조선에서 도학자만을 제향하는 현실을 비판하였다.

> "중국의 사묘는 무려 천 여 곳이나 되는데다 하나의 행실이나 하나의 절개가 있는 선비는 모두 무문지질無文之秩을 차지하고 있습니다. 당나라의 진자앙陳子昂·원결元結·두보杜甫와 송나라의 소식·황정견, 또 손하孫何·손근孫僅 같은 이들에 이르러서는 모두 문장뿐인데도 서원에서 제향합니다. 만약 문열공으로 하여금 중국 땅에 태어나게 했더라면 사社에서 제사지낼 만하다는 것을 어찌 의심하겠습니까?"[23]

노경린은 황준량에게 보내는 서간에서도 같은 논조의 주장을 하였다. 그는 중국의 서원에서 당의 진자앙656~698, 원결723~772, 두보712~770와 송의 손하, 손근969~1017 등도 제향하고 있음을 밝혔다. 그

---

23 『迎鳳志』「廟院定議錄·與黃仲擧書」. "中朝祠廟無慮, 千有餘所, 一行一節之士, 咸與無文之秩. 至如唐之陳子昂元結, 杜甫, 宋之蘇軾, 黃庭堅, 又如孫何孫僅, 皆以文章, 猶祀書院. 若使文烈生于中, 土可祭於社, 夫何疑哉."

리고 그는 이조년이 중국에서 태어났다면 사社에서 제사지냈을 것이라고 하였다. 노경린은 중국 서원의 제향인물이 문장에 능한 문인의 성격만을 가졌어도 제향이 가능하므로, 충절의 공훈이 있는 자는 당연히 서원에 제향되어야 한다는 의견이었다.

노경린은 『영봉지』에서 소식 등을 제향한 서원의 실례를 보여주었다. 노경린은 『영봉지』「서원록」에 『대명일통지』의 서원목록을 수록하면서, 중국 전역의 서원 90지역 312개소를 기록하였다. 『영봉지』「서원록」에서 노경린이 언급한 문장가를 제향한 서원은 아래의 표와 같다.[24]

〈표 5-2〉『영봉지』「서원록」에 언급된 문장가를 제향한 서원

	성명	서원명	
1	소식	뇌주부 평호서원, 상주부 동파서원, 황주부 동파서원, 경주부 동파서원, 여주부 용면서원.	5
2	황정견	여주부 용면서원, 안경부 산곡서원.	2
3	진자앙	동천주 금화서원.	1
4	원결	영주부 오계서원.	2
5	두보	장사부 교강서원, 형주부 두릉서원.	2
6	손하	×	0
7	손근	×	0
		11 부, 11 서원.	

24 『영봉지』「서원록」을 참고하여 노경린이 언급한 문장가를 제향한 서원만을 대상으로 작성하였다. 해당 인물들이 서원 건립이나 관련 고사에서 보이는 경우도 있으나 서원의 제향인물인 경우만으로 한정하였다.

이를 보면 중국 내 11개 지역 11개소의 서원에서 노경린이 언급한 詩人을 제향하고 있었다. 소식은 뇌주부雷州府 평호서원平湖書院, 상주부常州府 동파서원東坡書院, 화주부黃州府 동파서원, 경주부瓊州府 동파서원, 여주부廬州府 용면서원龍眠書院 등 5개소의 서원에 제향되었다. 소식을 제향하는 서원은 그의 호인 '동파東坡'에서 연원하여 동파서원으로 명명한 경우도 있었다. 황정견은 여주부 용면서원, 안경부安慶府 산곡서원山谷書院 등 2개소의 서원에서 제향되었다. 진자앙은 동천주潼川州 금화서원金華書院, 원결은 영주부永州府 오계서원浯溪書院 등 각 1개소의 서원에 제향되었다. 두보는 장사부長沙府 교강서원喬江書院과 형주부衡州府 두릉서원杜陵書院 등 2개소의 서원에 제향되었다.[25] 그리고 손하와 손근의 경우는 제향된 서원을 찾을 수 없었다. 이와 같은 상황을 볼 때 노경린은 『대명일통지』를 보면서 문장가를 제향한 서원을 찾았을 것이다. 그리고 조선의 서원에서 '도학자'만을 제향하는 추세에 의문점을 가졌을 것으로 보인다.

노경린의 서원에 대한 인식은 서원지에 소식의 기문을 주희의 기문보다 앞서 배치한 것에서도 찾을 수 있다. 노경린은 일정한 공훈이 있는 인물이라면 서원에 제향될 수 있고, 서원지에도 관련 글이 수록될 수 있다고 보았다. 특히 저자의 태어난 연도를 기준으로 소식의 글을 주희의 글보다 앞에 수록한 점은 연차를 중시한 노경린의 생각을 단적으로 보여주는 부분이다. 하지만 노경린의 의견은 퇴계학파에서 지향하는 서원보급운동의 가치와 차이가 있었다. 이황은 도학자만을 서원

---

25 두보가 제향된 두릉서원의 경우는 두보의 묘 옆에 건립되어 이러한 명칭으로 불린 것으로 보인다.

의 묘사廟祠에 제향할 수 있다는 의견이었다.

> “대저 중국의 서원을 말하면 역시 일률적인 것이 아닙니다. 혹은 선성과 선사만을 모시기도 하고 혹은 그 지방의 선현을 모시기도 하고 혹은 묘사廟祠 없이 모시기도 하고, 또 노군盧君노경린의 편지에서 열거한 것처럼 모두 도학하는 사람도 아닌 것입니다. 그러니 문열공의 충절로서 비록 서원에 모신다 할지라도 옳지 못한 것은 없을 듯합니다. 다만 서원은 본내 도학을 밝히기 위하여 설치된 것이니, 사림이 도학을 하지 아니하였는데 묘사에 모신다는 것은 미안하니, 노군이 계획하는 일은 서원의 옆에 사祠를 세워서 보호하고 향사享祀를 드리면 일하기에도 편리하고 오래 지속할 수도 있을 것이니 무슨 불가한 일이 있겠습니까? 만약 그대의 편지처럼 옛날 살던 곳에 묘廟를 세우고, 후손들에게 부역을 면제시키고 지키게 한다면 또 별도로 한 일을 만들어야 하니 아마 영원을 기약하기가 어려울 듯한데 어떻겠습니까?”[26]

이황은 ‘도학’을 밝히는 곳이 서원이기에 ‘도학자’가 아니면 서원에 제향될 수 없다고 주장하였다. 또한 이황은 묘사廟祠와 사祠[사우祠宇·사당祠堂]를 구분하였다. 그는 도학적 성격의 인물은 서원의 묘사에 제향하고, 충절의 인물은 서원 근처의 사에서 제향하기를 권하고 있다. 이황은 서원의 묘사에는 도학자만 제향할 수 있고, 다른 성격의 선현은 사[사우·사당]에 제향하여야 한다는 의견이었다. 하지만 영봉서원은 3인[이조년, 이인본, 김굉필]을 모두 제향인물로 선정하였고, 위차의

---

26 『退溪集』 卷20, 「答黃仲擧【庚申】」. “夫以中朝書院言之, 亦非一槩, 或只祠先聖先師, 或祠其地之先賢, 或無廟祠而就其所祠, 又或非盡道學之人如盧書所擧者, 然則以文烈公忠節, 雖祠於院, 似若無不可者, 但書院, 本爲明道學而設, 人非道學, 而廟祠未安, 則盧君所謀立祠院傍, 以護以享, 庶便於事, 而可久遠, 何不可之有乎. 若如來諭, 立廟故居, 復後裔以守, 恐又別生一事, 難期久遠也, 如何.”

문제가 발생하였다. 이황은 사의 위차를 정할 때도 '도학'을 우선순위로 하였다.[27] 이황은 도학 위주의 원칙을 계속 고수하였지만, 그와 대비되는 의견이 서악정사의 건립 과정에서 다시 제기되었다.

3) 서악정사의 무덕자 제향과 유학자 추향

서원의 제향인물을 '도학자'만으로 규정할 것인지에 대한 논의는 김유신을 제향하는 서악서원이 건립되는 과정에서도 진행되었다. 1540년대에서 1560년대에 건립된 영남 지역의 서원에서는 주로 유학자와 도학자를 제향인물로 선정하였다. 이들은 모두 우리나라에 유학을 보급한 공로가 있거나, 성리학의 계보를 잇는 위치에 있었다. 영봉서원의 경우도 충절자를 선정하였다가 도학자인 김굉필을 함께 제향하여 논란을 무마하려 하였다. 그런데 1560년대 경주에서 무덕武德을 가진 김유신을 제향인물로 선정한 서원이 등장한 것이었다.

김유신을 제향하는 사우의 필요성은 영봉서원의 제향인물을 논의할 때부터 찾을 수 있다. 1559년명종 14 가을에 노경린은 이정에게 편지를 보내어 영남 지역에 김유신과 길재를 모시는 사당이 없음을 말하였다. 노경린은 김유신은 삼국을 통일한 공로가 있는 인물이고, 길재는 정몽주의 문하이며 고려에 절개를 다한 향선생으로 평가하였다. 노경린은 이들을 제향하는 사당뿐만이 아니라 서원을 세워 제향을 지내는 것은 더욱 옳은 일이며, 큰 공적에 대한 보답이라고 주장하였다.[28]

---

27 『退溪集』 卷20, 「與黃仲擧」. "祠位何定, 道學爲主之說, 終覺爲當."

28 『迎鳳志』 「廟院定議錄·與李承宣書」.

이정은 김유신을 제향하는 서원을 건립해야 한다는 노경린의 의견에 공감하였다. 이정은 노경린에게 답장을 보내어, 김유신과 길재의 사우가 필요하며 그들은 국가적으로 영모해야 하는 인물이라 평가하였다. 이정은 서원은 학자들이 학문에 전념하는 장소이고, 사우는 향촌 사림이 선현을 사모하는 마음을 표현하는 장소로 보고 있었다. 그리고 그는 영봉서원에서 제향하려는 이조년과 이인복은 한 고을에서 제사를 지내기에는 부족하지 않으나, 김유신과 길재는 함께 논의할 대상이 아니라고 보았다. 이정이 생각한 서원의 제향인물은 나라에 대한 큰 공로가 있는 인물인 김유신이나 정몽주·길재와 같이 도학과 절의가 있는 인물이었다.[29] 노경린과 이정의 논의는 1550년대 후반에서 1560년대 초 영남 사림들 사이에서 무공이 있는 인물인 김유신의 공을 국가적인 차원에서 높이 평가하였음을 보여준다.

1560년명종 15 8월에 이정은 경주부윤으로 임명되었다. 이정은 삼한을 통일한 김유신의 공훈을 서원에 제향될 만하다고 평가한 인물이었다. 경주부윤 이정은 황폐해진 무렬왕과 김유신의 묘역을 수리하였다. 이정은 두 인물의 능역과 묘역을 수리한 후 제사를 지낼 사우를 세우려고 한 것으로 보인다. 이정은 무열왕과 김유신이 삼한을 통일한 공훈에 초점을 두어 두 인물의 사당을 건립하려 하면서 이황에게 자문을 구하였다.

이황은 김유신의 사우만 건립하여 제사를 지내며, 두 인물의 능역과 묘역에 전수자를 둘 것을 권하였다. 이황이 무열왕을 제외하고 김유신

29 『迎鳳志』「廟院定議錄·與李承宣書」.

의 사우만을 건립하게 자문한 이유는 두 가지였다. 하나는 사우의 성격이 유교가 아닌 불교라고 오해하는 시선이었고, 다른 하나는 역대 다른 왕조의 국왕에 대한 제사를 신하가 지낼 수 있는가라는 전례典禮의 문제였다.

첫 번째, 사우의 성격과 관련해서는 이정이 추진하는 무열왕과 김유신의 사당은 지식인들 사이에 100여 칸의 불우佛宇라는 소문이 났다. 이정은 두 인물의 사우를 만들고 그들의 공훈을 기리어 경주의 학풍을 진작시키려 하였다. 하지만 경주라는 지역적 성격으로 불교의 사우라는 오명과 그곳의 규모가 100여 칸이라는 과장된 비방이 있었던 것이다. 두 번째, 전례의 문제로 이황은 무열왕의 제사를 경주부윤이 사사로이 지낼 수 없다고 주장하였다. 이황은 풍기군수로 있을 때 용천사에 있던 고려 태조의 화상을 절 한쪽에 한 칸으로 봉안하고자 한 일로 곤욕을 겪었던 경험이 있었다. 이황은 그 일을 상기시키며, 지금은 역대 왕의 제사를 신하가 사사로이 지낼 수 없으니 이정이 무열왕의 사당을 건립하고자 하는 일에 우려를 표하였다. 또한 이황은 사우의 곁에 정사精舍를 설립하여 동몽을 공부하게 하는 것은 옳은 일이라고 의견을 내었다. 그리고 옛날 서원을 설립하는 것은 사문의 아름다운 일인데, 노경린의 성주 서원이 비방을 받고 있는 세태를 근심하였다.[30]

결국 이정은 선도산 아래에 김유신만 제향하는 사우와 재사를 지었다. 그리고 이정은 김유신을 제향하는 사우의 옆에 정사를 설립하였다. 이정은 정사의 명칭을 선도仙桃로 하려고 하였으나, 이황이 서악西岳

30 『退溪集』 卷21, 「答李剛而」.

으로 명명하였다.[31] '선도'라는 명칭은 선도산에서 유래한 것으로 앞서 지어진 백학서원이 백학산의 명칭을 차용한 것과 같은 사례였다. 하지만 선도가 가지는 본래의 의미는 도가의 선경을 의미하였기 때문에 유학을 공부하는 장소의 명칭으로는 불편함이 있었을 것으로 보인다. 따라서 이황은 정사가 경주지역의 서쪽 산 아래에 위치하였기에 '서악'으로 정사의 명칭을 정하였던 것이다.

이정은 김유신과 함께 이제현1287~1367·이존오1341~1371를 제향하고 정사에 소속시키고자 하였다. 하지만 이황은 정사에 소속시켜 제사를 지내게 되면 무덕을 가진 김유신의 성격이 합당하지 않다는 의견을 내었다.[32] 이황은 무덕자의 제향 공간인 사와 동몽의 강학 공간인 정사를 구별하려고 했던 것으로 보인다. 이때 이정은 사의 명칭을 향현사鄕賢祠로 하여 논란을 줄이려고 하였으나, 이황은 이미 김유신을 제향하면서 이제현과 이존오를 더하는 것은 적절치 않다고 하였다.[33] 이황은 도학자를 모시는 묘사가 아니라, 지방의 선현을 제향하는 향현사임에도 김유신의 성격에 우려를 표한 것이다.

김유신을 제향하는 사우와 정사는 이후 경주지역의 지식인들에 의

---

31 『退溪集』 續集 卷4, 「答李剛而」. "前示罷祀甚善, 精舍則仍存不妨, 人言亦不可盡恤也. 但仙桃之名, 太似詑異, 若精舍在西岳之下, 只稱西岳精舍如何."

32 『退溪集』 卷20, 「答黃仲擧」. "剛而所處損縮, 此亦聞之, 且太宗祀典, 不可創建之意, 曾已告之, 已罷去矣, 只祀金角干, 而加以李益齋, 李石灘云云, 滉意此三人, 若名爲鄕賢, 而令鄕人主祀事, 則無所不可, 若以屬之精舍, 而令諸生祀之, 則角干, 武德之人, 不合於祀學, 必起爭論, 又甚於星山書院事也, 未知剛而終如何處置也, 此事, 滉初不知, 而物議以爲與滉通議, 爲之可笑."

33 『退溪集』 卷21, 「答李剛而問目【朱書】」. "別紙. 名以鄕賢祠, 則益齋, 石灘祀之, 無所不可, 但盧仁父星山書院, 立鄕賢祠, 欲祀李兆年等, 滉亦以爲可, 其後衆論紛紛, 至今不定, 將至遂廢其祀, 滉與仁父, 似同受其謗, 今豈可又與令公同受謗乎, 呵呵, 故不敢輒有可否於其間, 惟令意裁之, 然旣祀角干爲鄕賢矣, 益齋, 石灘之添不添, 其謗無異, 則寧從令意, 而待人言如何, 可也."

해 다른 의미를 가지게 되었다. 경주지역 지식인들은 정사의 건립을 축하하며, 설총655~?과 최치원857~?을 제향할 것을 건의하였다. 경주지역 사림은 홍유후 설총과 문창후 최치원을 유궁儒宮에서 제향하기에 합당한 인물로 보고 사우에 모시자는 의견이었다. 하지만 이정은 김유신만을 제향하는 사우를 건립하고자 하였다.[34]

결국 이정은 삼현의 합사와 서원으로의 승격에 관련된 사항도 이황에게 자문을 구한 것으로 보인다. 이때 이황은 서원은 도학을 밝히는 곳이라 정의하고, 이 때문에 무공이 있는 김유신을 유궁[서원]에 제향하는 것은 어렵다는 의견이었다. 따라서 이황은 사우를 향현사로 하여 김유신과 설총·최치원을 합사하고, 그 옆에 세운 재실에는 생도들이 공부하는 곳으로 삼는 것이 좋겠다고 주장하였다. 그리고 이황은 삼현의 제사를 지낼 때 그들의 후예들이 윤번으로 헌관을 담당하는 것이 좋겠다고 하였다.[35] 결국 1563년명종 18 봄, 이정의 임기가 끝나가자 설총과 최치원을 종향하였고,[36] 이황이 친필로 쓴 현판이 서악정사에 달렸다. 이황이 지어 준 주요 건축물의 명칭을 보면 성경재誠敬齋, 시습당時習堂, 영귀루詠歸樓, 조설헌澡雪軒 등이었다. 이를 보면 재, 당, 루, 헌 등

34 『退溪集』 卷21, 「與李剛而」. "月城祠宇所祀人事, 公幹云, 本州諸士人之意, 欲祀崔, 薛, 而角干則雖有武功, 不合於儒宮之祀, 令意則在於角干, 此事難定, 正與星山書院事同, 吾亦無如之何, 觀公幹意, 祠中尙有未訖功事, 稍稍營訖之際, 瓜期已滿, 何必於吾任時定祀某人, 而取紛紛口舌哉, 此人如此占便宜, 可笑, 且以星山書院鄙文旣刊懸而還去之, 譏其與魏鄭公豐碑蹶復立事相類云云, 而無意於商議處置之宜, 吾何言哉."

35 『退溪集』 續集 卷4, 「與李剛而」.

36 『西岳志』 「書院創始」. "嘉靖辛酉年間, 東都尹李龜巖楨, 以新羅角干金公, 功業之盛, 而到今墳墓蕪穢不治爲可痛惜, 乃建祠宇于仙桃山下, 去公墓無二里焉. 于時, 慶之士有作而言者曰, 弘儒侯薛公, 文昌侯崔公, 亦吾土之前修也, 盍並爲三賢而祀諸. 龜巖公乃請于退溪先生, 定以州人之願, 宜可從越, 癸亥春, 龜巖公旣去州而乃始奉安三賢于一祠, 祠凡三間, 又置諸生肄業之所焉."

을 모두 갖추어 정사라 말하기에는 규모가 상당했음을 확인할 수 있다.

이상에서 살펴보면 이정이 국가적으로 추숭해야 할 인물로 생각한 김유신은 무공의 공훈만 있었기에 사우에 독향獨享으로 봉안되지 못하였다. 결국 경주지역 지식인들은 문묘에 종사되어 도학계보에 소속되어 있던 설총과 최치원을 제향인물에 추가한 것이다. 이러한 제향인물의 성격으로 제향공간인 사우와 강학공간인 강당, 재사, 루 등을 모두 갖춘 곳이었으나 건립 당시에는 정사로 명명되었던 것으로 보인다. 서악정사는 이후 서원으로 사액을 받고 흥선대원군의 서원철폐령에도 김유신을 제향하는 대표적인 서원으로 존속되었다. 하지만 이 시기에는 이정, 이황, 김성일 등에게 계속하여 정사로만 불렸다.[37] 이는 선현을 제향하는 사묘의 공간 없이 강학 공간만으로도 서원으로 불렸던 백학서원, 이산서원, 병산서원, 화암서원과는 다른 모습이라고 할 수 있다.

백학서당은 신녕[영천]의 향촌 사회에서 서원이 가진 교육적 성격을 여실히 보여주며 서원으로 인식되었다. 백학서원은 1555년명종 10에 신녕현감 황준량에 의해 건립된 서당에서 시작하였다. 백학서당은 이황의 문인들이 스승의 뜻을 따라 서당·서원 건립을 추진하던 서원건립운동의 일환이었다. 황준량은 백학서당이 건립될 당시부터 안정적

37 『龜巖集』 續集 卷1, 「二月三十日. 西岳精舍有作. 【二首】」; 『退溪集』 卷3, 「李剛而新置西岳精舍, 有詩見寄, 次韻. 【二首】」. "箕範吾東曾善國, 只今天步屬文明. 多材聖作非無本, 至道人行詎自亨. 寥落塵編尋寶訣, 奮興豪傑出常情. 儒宮好闢仙山境, 老我增思實趁名."; 『西岳志』 「諸賢雜詠·謁西岳祠」. "西兄精舍舊聞名, 遠客初回萬里程. 誰識龜翁開院意, 鷄林葉葉盡風聲."

인 교육을 위한 준비를 갖추고 서원으로 인식하였다.[38] 백학서당은 초기부터 장서를 마련하고, 경제적 기초로서 토지·노비를 확보하고 운영을 위해 원장 등의 조직체계를 갖추었다. 이런 점에서 볼 때 서원으로 명명하지는 않았지만 초창기 서원과 같은 체계를 갖추었고,[39] 황준량도 서원으로 인식하였던 것이다. 황준량이 제향인물 없이 건립한 백학서당을 백학서원으로 인식했던 것과 서악서원의 예는 일정한 차이를 가지고 있었던 것이다. 백학서원은 이후 이황과 황준량을 제향하며 강학과 향사의 두 기능을 모두 갖추었다.

이산서원도 제향인물이 없으나 서원으로 인식되었던 곳이었다. 이산서원은 이황이 생전에 건립하여 강학하던 서원으로 1559년명종 14에 제정된 원규도 가지고 있었다. 이산서원은 1559년 5월에 이황이 영남지역 영주에 건립하여 강학활동을 한 곳으로, 서원에 대한 이황의 기문도 남아있다.[40] 그리고 이산서원은 이황의 사후에 그를 모시면서 제향기능도 가진 곳으로 변화되었다. 「이산원규」에는 향사와 연관된 조항이 보이지 않는데, 이는 이산서원이 강학활동에 주안점을 두었고 제향인물을 모시는 사묘가 없었기 때문이다.

병산서원도 건립기에는 제향인물이 없었으나 서원으로 인식되었던 곳이다. 병산서원은 풍악서당이 전신으로 강학기능만 운영되었다. 1563년명종 18에 건립된 후 1584년에 경상감사 류성룡1542~1607이 학전을 하사받도록 하였고, 1586년선조 19에 그의 권고로 현재의 위치로

38 黃俊良은 詩題로 '白鶴山書院'이라고 명칭하였다(『錦溪集』 卷1, 「白鶴山書院」).

39 이수환, 「금계 황준량의 서원활동과 교육론」, 『嶺南學』 66, 경북대학교 영남문화연구원, 2018, 120~121쪽.

40 『退溪集』 卷42, 「伊山書院記」.

이전되었다.[41] 또한 1587년 3월에 류성룡과 김성일은 '병산원중'에서 『퇴계집』을 편차하였다.[42] 더욱이 1588년에 인동현감 류운룡이 오산서원을 건립한 후 『오산지』를 편찬하면서, '병산원규'를 인용하였다. 이를 보면 병산서원은 16세기에 이미 학전과 원규를 갖춘 곳이었다. 이러한 이유로 병산서원은 1613년광해 5에 류성룡을 제향하기 이전에 이미 서원으로 불리고 있었다.

1564년명종 19에 대구에 건립된 화암서원[연경서원]은 이황의 생사당에서 연원하여 서원이 된 곳이다. 화암서원은 대구지역 사림의 공의로 이황의 학문과 덕행을 기리고 지역의 학풍을 진작하기 위해 건립되었다. 이황은 화암서원에 대한 시를 지으면서,[43] 원院으로 명칭하였다. 이황은 서원을 건립하고, 육경을 외우니 도술이 밝아지고 학문하는 이들이 깨어날 것이라 기대하였다. 이황이 생각하는 서원은 제향인물이 없더라도 도학을 공부하는 공간이면 된다고 생각했다. 이에 비해 이황은 김유신을 제향한 곳을 여전히 서악정사로 불렀다.[44] 이황은 서악정사의 시에서 경주의 현인을 향사한 곳에 비방이 많아 변경하여 학사를 만들었다고 말하고 있다. 즉 '원'과 '사'의 차이가 시에서도 보이는 것

41 이병훈, 「16세기 안동지역 재지사족의 성장과 서당 건립 활동」, 『民族文化論叢』 69, 영남대학교 민족문화연구소, 2018, 116쪽.

42 『西厓年譜』. "十五年丁亥【先生四十六歲】. 三月, 被召西行, 在道辭還, 又累召不赴【有齋居讀易詩一絶, 窮簷讀易歎吾迷, 晨起研朙至日西, 莫道羲文消息遠, 隔窓春鳥數聲啼】. 編次退溪先生文集【先生嘗與李五峯書曰, 老先生文集, 與金士純編次於屛山院中, 欲更有所商訂, 不意宣城人遽用草本入梓, 其中有曾經先生手自刪去者, 尋常繙閱, 未嘗不慨歎云】."

43 『退溪集』 卷4, 「書院十詠」, "畫巖書院【大丘】. 畫巖形勝畫難成, 立院相招誦六經. 從此佇聞明道術, 可無呼寐得群醒."

44 『退溪集』 卷4, 「書院十詠」, "西岳精舍【慶州】. 東都賢祀謗何頻, 變置眞成學舍新. 但使菁莪能長育, 涵濡聖澤屬儒紳."

이다.

이처럼 1550~1560년대까지 건립된 영남지역의 서원은 제향인물의 성격과 관련한 논의가 여러 차례 있었다. 충절자를 제향하려 한 영봉서원은 도학자를 추가하여 논란을 종식시키려 하였으나, 제향인물의 제향 자체가 좌절되었다. 이후 영봉서원은 도학자인 정이, 주희와 김굉필을 제향하고, 서원의 명칭도 천곡으로 변경하였다. 또한 무덕자武德者를 제향한 서악정사은 제향인물의 성격으로 인하여 사우와 정사를 분리하려 하였고, '원院'으로 불리지 못하고, '사舍'로 명칭되었다. 경주지역의 지식인들은 이를 해결하기 위해 문묘에 배향되었던 설총과 최치원을 제향하려 하였으나, 3인이 함께 향사되는 결과를 낳았다. 이후 서악정사는 도학의 계보에 있는 이언적도 제향하였다.[45] 1553년명종 8에 이언적의 사후부터 1573년선조 6 위판이 옥산서원으로 옮겨지는 시기는 4현의 문묘종사운동이 추진되었던 시기였다. 따라서 경주지역 지식인들은 무공인 있는 김유신의 성격을 다시 한 번 희석시키려 했던 것으로 보인다. 하지만 이때까지도 사우는 '향현사'로 불리고 있어, 서원으로 승격되지 못한 상태였다.

결론적으로 16세기 영남지역의 서원은 도학적 성격을 가진 인물만 서원에 향사될 수 있었다. 1550~1560년대 진행된 영남지역 지식인들 사이 제향인물의 성격에 대한 논의는 도학으로 결정이 되었다. 이후 1570~1580년대의 논의에서는 도학에서 한 차원 진화하여 서원의

45 『晦齋年譜』 "四年庚午○五年辛未○六年壬申. 鄕人建書院于. 獨樂堂下【欲觀周道, 捨魯何適, 經始上年, 斷手今秋. ○此山別業, 全仁守之.】. 萬曆元年癸酉, 二月丁卯, 出鄕賢祠【在西岳】位版, 安于書院. 十二月三日."

학통과 도통의 연결로 진전되었다.

2. 영남지역 지식인의 도통론

1) 도학 계보의 정비와 길재

조선에서 서원이 설립된 시기의 도학道學은 도통론道統論에 초점이 맞추어져 있었다. 도학은 도통의식이 내포된 사상이며, 이는 시기마다 변화되었다.[46] 조선초기의 도통론은 매우 다양한 계보를 가지고 있었다. 허형-이색의 도통, 이제현-이색-권근의 도통, 이색-정도전-권근의 도통, 권근-길재-김숙자-김종직-김굉필의 도통 등이 있었다.[47] 하지만 16세기 사림파의 성장은 조선 도통의 정통계보에 대한 담론을 이끌어냈다. 1560년대 이후 이황은 『송계원명리학통록』를 작성하여 송에서 명까지의 도학 계보를 정리하였고, 이 시기에 사림은 '정몽주-길재-김숙자-김종직-김굉필-조광조'로 이어지는 조선의 도통을 정리하였다. 이후 1570년대 사림은 조선의 도통에 본인들의 학통學統을 연결시켰다. 이러한 일련의 과정은 서원의 제향인물 선정과 서원지의 편찬에서 살펴볼 수 있다. 금오서원金烏書院과 오산서원吳山書院의 제향인물

---

46 도학도 시기마다 다른 용례와 성격을 가지고 있었다. 14세기 말 도학은 원에서 도입된 정주학 또는 이학 자체를 뜻하는 용어였다. 15세기 도학은 도문학의 학문방법과 경세실천에 집중되다 말기부터 절의실천적 도학과 존덕성의 학문방법이 권장되었다(심예인, 「여말선초 道學의 성격과 道統論」, 『朝鮮時代史學報』 85, 조선시대사학회, 2018, 7쪽.).

47 심예인, 위의 논문, 2018, 41쪽.

인 길재는 영남지역 사림의 학문적 계보에서 중요한 위치를 점하고 있었다. 동방 이학理學의 조祖로 이야기되는 정몽주와 영남 사림의 학맥을 잇는 가교의 위치였다. 이에 따라 길재를 제향하는 서원의 필요성은 1550년대부터 이황·이정·노경린 등이 제기하였다. 그렇다면 길재를 중심으로 하여 도학의 계보가 정비되는 과정을 살펴보자.

길재는 15세기에서 16세기를 거치면서 위상이 변화하였다. 길재는 조선이 건국된 이후 고려왕조에 대한 충절을 지킨 불사이군의 충신이라는 평가를 들었다. 세종대의 길재는 『삼강행실도』에 충신으로 수록되면서 그 위상이 한층 공고해졌다. 16세기 이후 사림은 성리학을 연구였고, 조선의 '도학의 계보[도통]'를 정립하였다. 이때 길재에 대한 평가도 다른 국면으로 진행되었다.

길재는 조선왕조가 성립된 이후 고려왕조에 대한 충절을 지킨 충신으로 평가되었다. 이러한 평가는 1400년정종 2에 길재가 조선의 관직을 사양했을 때부터 시작되었다. 당시 여론은 고려의 우왕은 위조僞朝였고, 길재의 관직이었던 주서注書는 현달하지 않았으니, 길재가 조선에서 다시 벼슬을 해도 괜찮다는 것이었다. 그렇지만 사관 홍여강洪汝剛 1373~1463은 유교적인 절의관을 기반으로 하여 길재를 충렬한 선비로 평가하였다.[48] 고려왕조에 대한 충절을 지켰던 길재의 행적을 정당하게 평가하는 인식이 등장하였던 것이다.

이 인식은 1401년태종 1에 권근이 길재의 절의에 대하여 포상해줄 것을 상서하면서 표출되었다. 권근은 길재를 절의의 상징으로 주장

48 『定宗實錄』 卷5, 2年 7月 乙丑.

하면서, 그의 고향에 정려문을 세우고 부역을 면제해 주라고 요청하였다.[49] 이와 같은 권근의 의견은 당시의 시대적 상황과도 관련이 있었다. 역성혁명으로 왕조가 교체되었기에, 절의 문제에 많은 부담을 안고 있었던 학자들에게 충절을 포상하자는 의견은 최선의 방법이었다.[50] 조선이 점차 안정되면서 국왕에 대한 충절을 요구하는 시기에 길재는 좋은 모범이었던 것이다. 또한 태종대 정치적 지향의 하나였던 '강상윤리의 확립'이라는 관점에서 그 본보기를 보이려는 의도도 있었다.[51]

길재의 충절을 추숭하는 양상은 점차 파급되어, 그를 백이·숙제에 비견하는 의견이 나타났다. 1403년태종 3에 경상감찰사 남재南在1351~1419는 길재의 절의節義에 찬사를 표하는 시를 지었다.[52] 남재는 서문에서 '불사이군'의 길재를 이야기하였고,[53] 이에 변계량1369~1430, 김겸1375~1425, 박견기, 박서생 등의 인물들이 차운시를 지었다.[54] 1405년에 권근은 여러 인물들의 차운시를 수록한 시권詩卷이 만들어진 전말을 기록하였다.

"아, 고려가 5백 년 동안 교화를 베풀어 선비의 풍도를 권장한 효과가 선생의 한 몸에 모아 다하였고, 조선이 억만년토록 강상綱常을 붙들어 신하의 절

49 『太宗實錄』 卷1, 1年 1月 甲戌.

50 이태진, 「吉再 忠節追崇의 時代的 變遷」, 『吉冶隱硏究論叢』, 서문문화사, 1993, 114~115쪽.

51 강문식, 『權近의 經學思想 硏究』, 일지사, 2008, 71~74쪽.

52 『龜亭遺稿』 卷上, 「年譜」.

53 『冶隱集』 卷下, 「讚詠諸詩[幷序]」.

54 이외에도 유순, 이정, 길구 등이 시를 지었지만, 이 글에서는 『삼강행실도』에 길재의 절의가 수록되기 이전의 인물로 한정하였다.

의를 밝히는 근본이 선생의 일신으로부터 비롯되었으니, 그 명교名教에 공을 끼침이 매우 크다."[55]

권근은 길재를 고려의 유학적 본보기로 설정하고, 조선의 강상과 절개를 밝히는 근본으로 보았다. 그리고 권근도 길재의 충절을 백이·숙제에 비유하는 시를 지었다.

1426년세종 13에 국왕 세종은 길재의 항절抗節을 『삼강행실도』 충신도에 수록하여 그의 절개를 현창하였다. 1418년세종 원에 세종은 길재의 충절을 칭찬하였고,[56] 길재의 아들 길사순吉師舜에게 관직을 제수하였다.[57] 또한 세종은 『삼강행실도』의 편찬을 기획하면서 길재의 절의를 높이 평가하였다.[58] 이듬해 세종은 집현전 부제학 설순?~1435에게 『삼강행실도』의 충신도에 고려왕조에 대한 절의를 지킨 정몽주와 길재의 일화를 수록하고 찬贊을 짓도록 명령하였다.[59] 『삼강행실도』는 유교의 삼강윤리를 일반의 백성에게 보급할 목적을 가지고 편찬되었던 서적이었다. 세종은 고려왕조에 대한 절의를 지킨 길재의 일화를 수록하여 조선의 신료와 백성에게도 같은 충절을 요구하려는 목적이었다. 또한 길재는 정몽주와 함께 수록된 사실도 의미가 있었다. 『삼강행실도』에서 두 사람의 절의가 동시에 찬미되어, 그 둘의 관계는 더욱 긴

55 『陽村集』 卷20, 「題吉再先生詩卷後序」. "嗚呼. 有高麗五百年培養教化, 以勵士風之效, 萃先生之一身而收之. 有朝鮮億萬年扶植綱常, 以明臣節之本, 自先生之一身而基之, 其有功於名教甚大."

56 『世宗實錄』 卷2, 卽位年 11月 戊申.

57 『世宗實錄』 卷2, 卽位年 11月 庚午.

58 『世宗實錄』 卷50, 12年 11月 庚申.

59 『世宗實錄』 卷54, 13年 11月 壬申.

밀하게 인식되었다.

1470년 성종 1에 대사헌 이극돈은 길재와 정몽주의 후손을 녹용해 주기를 주청하였고,[60] 이 안건은 지속적으로 논의되었다.[61] 1485년 성종 16에 경상감사 손순효孫舜孝 1427~1497는 길재의 묘에 직접 찾아가서 제사를 지내고 제문을 올렸다.[62] 검토관 이자李耔 1480~1533는 길재의 절의를 추숭하기 위한 사당을 건립하기를 요청했지만 좌절되었다.[63] 그 대신 중종대 초반까지 길재의 후손에게 관직을 제수하였다.[64] 그리고 사림의 성장과 함께 길재를 도학의 계보에 편입시키는 모습이 나타났다.

조광조 1482~1519는 1518년 중종 13에 길재를 도통의 계승자로 평가하였다. 조광조는 스승인 김굉필 1454~1504의 성리학적인 업적과 무고함을 주장하면서 길재를 도통의 계승자로 평가하였다.[65] 조광조는 정몽주부터 길재-김종직-김굉필로 계승되어 내려오는 도학의 계보를 정립하였다. 이때 조광조는 길재를 정몽주와 김종직의 가교로 위치시켰다. 이로써 길재는 절의의 대표적인 인물에서 도통의 계승자로 거론되었다. 하지만 1519년 중종 14에 발생한 기묘사화는 기묘사림의 몰락으로 이어졌고, 도통에 대한 논의는 진전되지 못하였다.[66]

이후 사림은 김안로 1481~1537의 죽음을 계기로 하여 다시 중앙 진출

60 『成宗實錄』 卷3, 1年 2月 辛未.

61 『成宗實錄』 卷43, 5年 6月 癸酉; 『成宗實錄』 卷70, 7年 8月 癸未. ; 『成宗實錄』 卷202, 18年 4月 丙子.

62 『冶隱集』 卷中, 「孫舜孝祭文」.

63 『中宗實錄』 卷10, 5年 2月 丁亥.

64 『中宗實錄』 卷10, 5年 2月 戊子; 『中宗實錄』 卷29, 12年 8月 戊申.

65 『中宗實錄』 卷32, 13年 4月 丁酉.

66 송웅섭, 「기묘사화와 기묘사림의 실각」, 『韓國學報』, 일지사, 2005, 119쪽.

의 기회를 얻었다. 사림은 1543년중종 38에 조광조의 신원을 요구하면서 '도통의 정립'을 다시 언급하였다. 이 신원운동은 성균관 유생들이 전면에 등장하여 기묘사림의 대표자인 조광조를 현신賢臣이며, '무사無邪' '무죄無罪'하다는 사실을 밝힐 것을 주요한 쟁점으로 삼았다.[67] 그 근거로 송대 성리학의 도통인 '염濂·낙洛·사洙·수泗'에 '정몽주-길재-김종직-김굉필-조광조'의 도통을 연결하였다.[68] 이 신원운동은 조광조에 이르러 확실시 되었던 '학업學業의 대성大成'을 배경으로 하여 도통의 체계를 이전보다 뚜렷하게 제시하였다는 점이 주목된다.[69]

인종대에서 선조대 초기에 이르기까지 조광조의 신원요청은 계속되었고, 길재가 포함된 도통론이 정립되었다. 1545년인종 1 3월 13일에 성균관 유생들은 국왕 인종에게 조광조의 신원을 요청하면서 정몽주부터 길재, 김숙자, 김종직, 김굉필, 조광조까지 연결되는 도학의 계보를 언급하였다.[70] 인종은 조광조의 신원을 승인하였으나, 명종의 등극 후에 을사사화가 일어나 신원되지 못하였다. 1568년선조 1 4월에 국왕 선조는 조광조를 신원한 후 시호를 하사하고 영의정에 추증하였다.[71] 16세기 사림에 의하여 '정몽주-길재-김숙자-김종직-김굉필-조광조'로 이어지는 도학의 계보가 정립되었고, 길재의 위상은 '동방 이학의 계승자'로 높아졌다.[72]

---

67 『中宗實錄』 卷103, 39年 5月 丙寅.

68 김영두, 「宣祖初 文廟從祀 論議와 道統論의 變化」, 『韓國思想史學』 31, 한국사상사학회, 2008, 335쪽.

69 이태진, 앞의 책, 1993, 120쪽.

70 『仁宗實錄』 卷1, 1年 3月 乙亥.

71 『宣祖實錄』 卷2, 1年 4月 癸未; 庚辰; 丙申.

72 『宣祖實錄』 卷3, 2年 閏6月 己酉.

2) 금오서원의 건립과 송당학파의 도통론

1570년대~1580년대 영남지역 사림은 조선의 도통과 서원의 학통을 연결하였다. 이 시기에 선산부善山府를 중심으로 길재를 서원의 제향 인물로 선정하여 그의 학맥을 계승하는 모습이 나타났다. 길재는 충신의 대명사로 추숭되다가, 사림에 의하여 도통[도학의 계보]에 편입되었다. 도통론이 정립되어 가는 시대적 배경으로 길재의 고향인 선산부에서는 그를 제향하는 서원이 설립되었다. 1570년대 송당학파松堂學派는 금오서원을 건립하여 조선 도통과 서원 학통을 연결하였다. 1570년대 송당학파는 조선 도통과 자신들의 학통을 연결하면서 '정몽주-길재-김숙자-김종직-김굉필-정붕1467~1512-박영1471~1540'으로 이어지는 계보의식이 있었고, 이는 금오서원의 건립으로 표출되었다.

선산은 높은 농업생산력에 기초하여 15세기 말부터 16세기 초까지 조선 도학의 중심지 중 한 곳이었다.[73] 선산은 길재의 학맥을 계승한 김숙자와 김종직을 배출한 지역이었다. 그리고 김종직의 동지였던 김지경金之慶1419~1485·정석견鄭錫堅1444~1500에 의해 도학적 기반을 갖춘 곳이었다. 김지경은 김종직의 인척이었고, 집현전의 관료 출신으로 계유정난에 반대하는 절의적 성격을 가졌다. 정석견은 그의 형 정철견鄭鐵堅이 처가인 선산의 신당포에 거주하면서 이 지역과 연을 맺었다. 1494년성종 25 5월에 정철견은 경상관찰사 이극균李克均1437~1504의 추천으로 김굉필과 함께 은일지사로 선발된 이력이 있었다. 1477년성종 8에 김굉필은 선산향교에서 선산부사 김종직에게 수학한 인연을 계기

[73] 김성우, 『조선시대 경상도의 권력중심 이동』, 태학사, 2012, 93~138, 199~248쪽.

로 이 지역을 고향으로 삼았다. 정철견과 김굉필은 출신지역과 사상적 성향, 사승관계 등 여러 방면에서 연결되는 점이 있었다. 정철견의 아들인 정붕은 김굉필의 제자가 되었는데, 이러한 상황은 정석견이 김굉필과도 일정한 친분이 있었던 것으로 추정된다.[74]

정붕은 아버지 정철견이 처향인 선산에 정착하였기에 선산부에서 태어나 성장하였다. 정붕은 정철견과 숙부 정석견에게서 가학을 계승하였다. 이후 정석견의 소개로 김굉필의 문인으로 수학하였고,[75] 갑자사화 때에 김굉필의 문인이라는 이유로 영덕에 유배되었다.[76] 이황은 정붕의 학문에 대하여 정미한 곳까지 나아갔다고 평가하였다.[77] 1500년 연산군 6에 정붕은 사직하고 선산으로 돌아왔고, 자신의 도학을 박영에게 전수하였다.

박영은 선산에 세거하였던 무인 가문의 인물로 무과에 급제한 선전관 출신이었다. 그럼에도 박영은 성리학에 뜻을 두었고, 1494년 성종 25에 국왕 성종이 사망한 이후에 선산으로 낙향하였다. 박영은 낙동강변에 '송당'이라는 명칭의 집을 짓고 본인의 호로 삼았으며, 독자적으로 성리학을 연구하다가 낙향한 정붕을 만났다. 박영은 서른 살이라는 늦은 나이에 도학을 전수받은 무인이자 도학자라는 독특한 성격의 인물이었다.

박영은 1522년 중종 17에서 1538년 중종 33까지 약 17년간 선산에서

---

74 김성우, 「15세기 중후반-16세기 道學運動의 전개와 松堂學派의 활동」, 『歷史學報』 202, 역사학회, 2009, 20~25쪽.

75 『景賢錄』 卷下, 「社友文人錄」.

76 『燕山君日記』 卷55, 10年 9月 丙午.

77 『一善誌』 卷2 人物, 「鄭鵬」. "退溪先生曰, 先生學問所造之精, 後學當觀於案上圖."

강학활동을 하며 다수의 문인을 양성하였다. 이 시기는 기묘사화 이후에 사림이 수세에 몰렸던 때로, 영남지역 사림의 맥을 박영과 그의 문인들이 이어나갔다고 볼 수 있다. 또 박영의 문인들은 을사사화 직전에 훈척에 대항하여 다수의 절의적 학자와 관료들을 배출한 일화로 유명하였다.[78]

박영의 문인들은 『송당집』의 「문인록」을 통해 살펴볼 수 있다. 『송당집』의 「문인록」에는 김취성1492~1551·김취문1509~1570 형제, 박운朴雲1493~1462 등을 비롯하여 모두 14명의 인물이 수록되어 있다.[79] 박영의 문인들 중에서 박운과 밀접히 교유한 인물로는 김취성, 김취문, 박소朴紹1493~1534, 최응룡崔應龍1514~1580, 노수성盧守誠1516~1573, 임건任楗, 길면지吉勉之, 최해崔海, 최심崔深 등이 있었다.[80] 이들 중 박운, 김취성, 김취문, 노수함, 길면지, 최응룡, 최해, 최심의 고향은 선산이었다. 그리고 노수함, 신계성, 최응룡, 최심, 최해는 박영처럼 호에 '송松'을 사용하여 박영에 대한 계승의식을 보였다.[81] 박영의 문인들이 스승에 대한 계승의식을 표출한 것은 금오서원의 건립을 통한 학통과 도통의 연결로 나타났다.

1572년선조 5에 박영의 문인인 최응룡과 김취문 등은 선산 부사 송기충宋期忠에게 서원을 건립하기를 요청하였다.[82] 그들은 안향을 제향하는 백운동서원과 정몽주를 제향하는 임고서원을 선례로 들어 길재

---

78 김성우, 위의 논문, 2009, 40~41쪽.

79 『松堂集』 卷3, 「門人錄」.

80 『龍巖集』 卷4, 「師友門人錄」.

81 김학수, 앞의 논문, 2007, 106~109쪽.

82 『一善誌』 卷5, 「學校·書院」.

를 제향하는 서원의 건립을 허락해달라고 요청하였다. 박영의 문인들은 길재가 충신이며 정몽주를 스승으로 하여 이학을 계승한 인물라고 평가하였고, 길재를 제향하는 서원 건립의 정당성을 주장하였다. 서원을 건립할 장소로는 길재가 노년에 은거하였던 금오산 기슭이 언급되었다.

박영의 문인들의 요청에 따라 선산부 금오산 아래에 길재를 주향으로 금오서원이 건립되었다.[83] 최응룡은 길재를 제향하는 사우를 먼저 세웠고, 이후 김종직·정붕·박영을 합향하였다.[84] 이는 '1572년[융경 임신년] 봄에 사당을 완성하여 야은선생만을 제향하였는데, 이후 김종직·정붕·박영을 병향하였다.'고 전하는 기록과도 일치한다.[85] 그리고 최응룡과 김취성·김취문 형제가 금오서원을 건립하였던 것으로 기록되었다. 그러나 김취성은 1551년 명종 5에 사망하였고, 김취문도 1570년 선조 3에 사망하였기에, 실질적인 서원의 건립은 최응룡의 주도로 이루어졌다. 최응룡은 금오서원이 낙성되자 길재를 봉안하는 봉안문을 지었다. 최응룡은 길재를 백이·숙제에 비견하며 추모했고, 길재의 6

83 『冶隱集』 卷中, 「善山請建書院文」. "本府古稱文獻之方, 道德文章, 代不乏人, 而冶隱先生吉再, 當麗季, 不事二姓, 樹萬古忠義之節, 至誠事母, 倡人子終養之孝, 師事圃隱, 傳東方理學之波, 訓誨諸生, 課讀童孩, 多所開發, 家僮門僕, 亦習聞其說, 以詩相杵, 人比鄭公之鄉, 豈特可祭於社而已哉, 白雲安先生, 臨皐鄭圃隱, 皆已立院享祀, 使諸生知所向方, 而吾鄉獨闕, 斯豈非名府一大欠事乎, 玆欲幷力殫財, 創立書院于冶隱先生終老之地金烏山麓, 庶幾使先生有享, 諸生有學."

84 『寒岡集』 卷6, 「答金烏院生」. "平時金烏書院創立之初, 一鄉呈文本府, 報于監司, 轉啓朝廷, 建廟烏山之下. 其時鄉先生金眞樂堂, 金監司, 崔監司,議以冶隱吉先生, 新堂鄭先生, 松堂朴先生三賢奉享, 而又有李正言幷入之議, 其後李正言之議旋止. 而有佔畢齋不可不入之論, 議未決而眞樂堂, 金監司皆沒, 鄉議互有異同, 終以冶隱, 佔畢齋, 新堂, 松堂四賢幷享."

85 『一善誌』 卷6, 「秩祀·金烏書院奉安文」.

대손인 길회도 백이의 절개와 증자의 효행에 비견하였다.[86] 1575년선조 8에 금오서원은 사액을 받아 국가의 공인을 획득하였다.[87]

송당학파가 길재를 제향한 서원을 건립한 이유는 길재가 위치한 도통에 박영의 학통을 연결시키기 위해서였다. 송당학파는 금오서원을 건립한 이후 길재의 문집인 『야은집』, 선산의 지리지인 『일선지一善志』, 박영의 문집인 『송당집』 등의 서적을 편찬하였다. 이는 송당학파가 자신들의 학통을 정비하여 도통론을 공유하는 과정이었다.

박영의 문인들은 선산부사 윤지향尹之享의 지원을 받아 길재의 문집을 편찬하였다. 1573년선조 6에 최응룡과 길회는 길재의 문집인 『야은선생언행습유冶隱先生言行拾遺』를 1책으로 간행하였다.[88] 길재 가문에서는 길회가 간행을 주도하였는데, 그는 길면지의 아들이자 최응룡의 사위였다. 이듬해 최응룡은 『야은집』 초간본의 발문을 저술하였다.[89] 박영의 문인들이 길재의 문집을 편찬하는 중심이었다는 사실은 본인들의 학통이 길재를 계승하였다는 의식을 보여준다.

금오서원의 건립과 『야은집』의 편찬은 길재에서 박영으로 계승되는 송당학파의 도통의식이 정립되는 과정이었다. 이러한 일련의 과정을 통하여 박영의 문인들은 하나의 학파로 결집할 수 있었고, 그 결과로 송당학파가 성립되었던 것이다. 금오서원은 길재를 위하여 건립되었

86 『冶隱集』 卷中, 「金烏書院享祀文」.

87 『冶隱集』 卷中, 「請建書院牒」.

88 『야은집』은 길재의 문인 박서생이 출간했다는 구전이 있으나 확인할 수 없다. 1573년에 1책으로 간행된 서적이 임진왜란의 병화로 소실되자, 1615년(광해 7)에 길재의 6대손 길흥선과 길종선이 다시 간행하였다. 1858년(철종 9)에 이전에 실리지 않은 문헌 등을 다시 모아 속집을 간행하였다.

89 『冶隱集』 卷下, 「行錄初刊跋」.

던 서원임이 명확하지만, 건립의 주체나 제향인물의 성격으로 보아서 송당학파의 구심체 역할을 수행하였던 것으로 파악된다.[90]

최현崔晛 1563~1640은 송당학파의 학통을 『일선지』에 수록하였다. 최현은 최응룡과 같은 가문이자 동문인 최심의 아들이었다. 최현은 『일선지』의 부록으로 수록된 「금생이문록琴生異聞錄」에서 송당학파의 도통론을 표출하였다.[91] 최현은 「금생이문록」에서 '금생'이란 화자로 등장하였다. 금생은 정몽주를 시작으로 사선생四先生인 길재, 김종직, 정붕, 박영과 사노四老인 김주, 하위지, 이맹전, 김숙자, 처사處士인 박운, 김취성을 만났다.

「금생이문록」의 등장인물들은 정몽주를 제외하고, 모두 선산을 고향으로 한 학자였다. 정몽주와 사선생은 사승관계이며, 사노는 선산지역의 절의를 대표하는 인물들로 서술되었다. 그리고 그들의 제자로 박운과 김취성이 등장하였다. 송당학파의 도통론은 「금생이문록」의 자리 배치에서 살펴볼 수 있다. 스승인 정몽주는 홀로 상석에 위치하였고, 그와 사승관계인 사선생은 동쪽에 앉아서 서쪽을 향하였고, 사노는 사선생의 맞은편에서 동쪽을 향하여 앉았다. 처사는 그들의 제자였기 때문에 같은 자리에 위치하지 못하고 양쪽 기둥의 아래쪽에 앉았다. 여기에서 정몽주와 사승관계인 사선생이 바로 금오서원에 제향된 인물들이었다. 즉, 송당학파는 조선 도통의 시작점인 정몽주와 그들의 학통인 서원의 제향인물을 연결한 것이다. 따라서 「금생이문록」의 자

90 김학수, 앞의 논문, 2007, 116~117쪽.

91 1591년(선조 24)에 최현은 「금생이문록」의 초고를 완성하였다. 하지만 임진왜란 때 분실하였고, 1618년(광해 16) 『일선지』가 완성되는 때에 되찾아 부록으로 수록하였다.

리 배치는 송당학파가 주장한 도통론이 투영된 산물이었다.

송당학파는 금오서원의 건립, 『야은집』의 편찬과 간행, 『일선지』의 편찬을 통하여 그들의 도통론을 정비하였다. 박영의 제자 중 김취문·김취성 형제, 최응룡, 박운은 돈독한 친분을 유지하며 교유하였고,[92] 그들은 금오서원의 건립을 추진하였다.[93] 최응룡은 주도적으로 서원을 건립하여 길재를 주향으로 제향하고, 김종직·정붕·박영을 배향하였다. 또한 길재의 5대손인 길면지와 최응룡은 인척관계로 길면지의 아들 길회와 최응룡의 딸이 부부였다. 길회는 금오서원의 향사문을 저술하였고, 『야은집』의 편찬과 발간을 주도하였다. 『야은집』의 발문은 최응룡이 작성하였다.[94] 최해와 최심은 최응룡과 같은 가문의 인물이었고, 최심의 아들인 최현은 『일선지』를 편찬하여 송당학파의 학통을 조선의 도통과 연결하였다. 금오서원이 건립된 후 송당학파가 그들의 학통과 도통을 정비하는 시기에 인동에서는 류운룡이 오산서원을 건립하여 퇴계학파의 도통론을 반영하였다.

3) 오산서원의 건립과 퇴계학파의 도통론

1560년대 이후 이황과 그의 문인들은 자신들의 학통을 정비하였다. 1560년대에 이황과 그의 문인들은 다수의 성리서를 편찬·저술·간행하였다. 퇴계학파가 간행한 성리서 중에서 『이락연원록』과 『송계원명이학통록』은 도학계보를 정립하는데 있어 중요한 서적이었다.

---

92 『龜尾市誌』 卷2, 「人物」.

93 『一善誌』 卷5, 「學校·書院」.

94 『冶隱集』 卷下, 「行錄初刊跋」.

『이락연원록』은 주희가 주돈이·정호·정이와 그 문인들의 언행을 정리한 서적으로, 송대 성리학자의 계보가 나타나는 책이다. 이 책은 이황이 성리학자의 계보를 정리하는데 영향을 주었고,[95] 결과적으로 1560년 명종 15에 이황은 『송계원명이학통록』의 초고를 완성하였다.[96]

이황은 『송계원명이학통록』에서 송에서 명까지의 성리학자의 계보를 정리하였는데, 이것은 도학의 계보[도통道統]를 정립하는 과정이었다. 이와 같은 도통의식을 기반으로 이황은 조선 도학의 계보에 관한 생각을 정리하였다. 이황은 중앙 정계에서 정비한 '정몽주-길재-김숙자-김종직-김굉필-조광조'의 계보를 수용하였다.[97] 이황은 1560년대부터 조광조의 신원운동을 주도하였다. 또 이황은 자신과 학문적 성격이 유사하였던 이언적을 문묘에 종사함으로써 사림의 정치적 정당성과 학문적 우월성을 확보하려고 노력하였다.[98]

이황은 '정몽주-길재-김숙자-김종직-조광조-이언적'으로 계승되는 도학의 계보를 정립하려 하였다. 이황은 조광조와 이언적의 행장을 찬술하였고,[99] 사현의 문묘종사를 추진하였다. 또 이황의 문인인 이정도 문집이 없었던 김굉필을 위하여 『경현록』을 편찬하였고, 『이존록』의 발문을 작성하면서 이황과 같은 의견을 가졌다.

1570년 선조 3 이황의 사망한 후 사현의 문묘종사운동은 그를 포함한

95 『退溪集』 續集 卷8, 「伊洛淵源錄跋」.

96 『退溪集』 卷10, 「答盧伊齋」.

97 김영두, 앞의 논문, 2008, 347~354쪽.

98 진상원, 「朝鮮中期 道學의 正統系譜 成立과 文廟從祀」, 『韓國史研究』 128, 한국사연구회, 2005, 165~168쪽.

99 『退溪集』 卷48, 「靜庵趙先生行狀」; 『退溪集』 卷49, 「晦齋李先生行狀」.

오현의 문묘종사운동으로 확장되었다.[100] 영남지역 지식인들은 오현의 문묘종사를 요청하였고, 조선 도통은 이황에게로 연결되었다. 이황의 문인들은 스승을 문묘에 종사하여 본인들의 학통을 조선의 도통과 연결시켜 정통성을 확보하고자 하였다.

1580년대에 인동현감 류운룡은 선산부 인동현에 오산서원을 설립하였다. 류운룡이 인동현감으로 재임하면서 가장 열의를 가졌던 사업은 길재의 추숭이었고, 이를 위해 3가지의 일을 추진하였다. 첫 번째, 길재의 묘소를 수축하고 묘역을 정비하는 일이었다. 두 번째, 길재의 묘표墓標와 지주중류비砥柱中流碑의 건립이었다. 세 번째, 길재를 제향하는 오산서원의 건립과 서원지인 『오산지』의 편찬이었다.[101]

첫 번째, 1585년 봄에 류운룡은 인동현 서쪽에 자리한 길재의 묘소를 수축하였다. 앞서 살펴본 바와 같이 16세기에 길재의 추숭이 활발해지면서 류운룡 이전에도 그의 묘소를 정비하려는 동향이 있었다. 1569년 선조 2에 인동현감 조천계趙天啓는 길재의 묘소를 정비하였고, '고려충신 길재의 묘[高麗忠臣吉再之墓]'라고 쓴 묘표를 건립하였다.[102] 이후 1574년 선조 7에 경상관찰사 윤근수尹根壽 1537~1616는 길재의 묘역을 보호하라고는 명령을 하였고,[103] 제문을 올리며 묘소를 정비하였다.[104] 이러한 노력에도 불구하고 길재의 묘소는 시간이 흐름에 따라 다시금 황

100 『宣祖實錄』 卷7, 6年 8月 乙亥.

101 『謙庵集』 卷7, 「年譜」.

102 『吳山志』 卷4, 「考證·吳山書院記」.

103 『冶隱集』 卷中, 「尹根壽祭墓文」에 '萬曆 甲戌'로 기록되어 있어, 윤근수가 1574년에 경상도 관찰사로 부임하였을 때 제문을 올렸으리라 추정된다.

104 『吳山志』 卷1, 「行錄·尹根壽祭文」.

폐해졌다. 류운룡이 길재의 묘소를 수축하고, 묘역을 정비한 이유였다.

두 번째, 1587년선조 20에 류운룡은 길재의 묘소에 묘표와 비를 건립하였다. 1587년 4월에 류운룡은 경상감사 이산보李山甫 1539~1594에게 지주중류비를 만들기를 요청하였고, 선산부사인 류덕수柳德粹가 이 사업을 주관하였다. 길재의 6대손 길운득吉云得은 유사가 되어 해평에서 생산되는 돌을 이용하여 글씨를 새기는 일을 담당하였다.[105] 비석의 앞면에는 유청천楊晴川이 쓴 '지주중류砥柱中流'의 글자를 새겼다. 이 지주중류는 본래 중국 백이·숙제의 묘소 앞에 있는 비석에 새겨진 글씨였다. 정구1543~1620는 이 비석의 탁본을 가지고 있었고, 류운룡은 탁본을 받아서 지주중류비의 글자를 새겼다. 지주중류비의 뒷면에는 류성룡이 저술한 「지주비음기」를 박도생朴道生의 글씨로 새겼다.[106]

1587년 7월에 류운룡은 길재의 묘소 앞의 묘표를 다시 세웠다. 류운룡은 길재의 묘소를 정비하는 사업에서 부족한 부분으로 묘표를 생각하였다. 길재의 묘표는 기존 1569년에 조천계가 만든 것이 있었지만, 그곳에는 길재의 이름이 그대로 적혀 있어 문제가 되었다. 류운룡은 이름을 그대로 새긴 것은 선현을 숭상하는 도리가 아니므로 고쳐야 하고, 이는 예의가 바로잡히고 후세의 본보기가 되는 일이라고 생각하였다.[107] 이러한 이유로 류운룡은 길재의 묘표를 '고려 문하주서 야은 선생의 묘[高麗門下注書冶隱吉先生之墓]'로 고쳐서 다시금 건립하였다.[108]

---

105 『吳山志』 卷4, 「考證·吳山書院記」.

106 『吳山志』 卷1, 「行錄·砥柱碑陰記」.

107 『吳山志』 卷4, 「考證·吳山書院記」.

108 『吳山志』 卷1, 「行錄·冶隱吉先生墓標改修祭文」.

세 번째, 1588년선조 21년에 류운룡은 묘소 옆에 오산서원吳山書院을 창건하였고, 『오산지吳山志』를 편찬하여 추숭사업을 자세히 기록했다. 류운룡은 길재 묘역의 정비, 서원의 설립 과정, 서원의 위치와 명칭, 주도한 인물 등의 사항을 일목요연하게 기록하였다. 또한 류운룡은 『오산지』에서 퇴계학파의 도통론을 강하게 내세웠다. 그 이유는 바로 길재와 송당학파의 학통이 연결된 금오서원이 존재하였기 때문이었다. 류운룡이 오산서원을 건립하기 전, 길재를 주향으로 모신 금오서원이 얼마 멀지 않은 곳에 이미 건립되어 사액까지 받은 상황이었다.

류운룡은 『오산지』를 통해 자신이 길재의 묘소 옆에 서원을 세운 사실에 대한 정당성을 부여하였다. 류운룡은 『오산지』 「고증」에서 『대명일통지』를 인용하면서 서원을 건립하는 장소는 선현 묘소의 옆이 마땅하다고 주장하였다.[109] 즉, 길재의 묘소 옆에 건립한 오산서원이 정당성을 가졌다는 의미로 해석되고, 다분히 선산부의 금오서원을 의식한 것이라 추측된다. 거리도 서로 멀지도 않았으며, 이미 사액을 받은 서원의 주향인 길재를 제향하는 새로운 서원을 건립한 류운룡의 의도가 『오산지』에 반영되었던 것이다.

류운룡은 『오산지』에서 퇴계학파의 도통론을 표출하였다. 류운룡은 『오산지』에서 여러 성리학자들의 저술을 인용하면서 퇴계학파의 도통론을 피력하였다. 류운룡의 스승인 이황은 '길재의 지조가 고결하며, 학문이 순정하다.',[110] '길공吉公은 사람됨이 우뚝하였다.' 등으로 평

109 『吳山志』 卷4, 「考證.

110 『吳山志』 卷1, 「行錄·退溪對語使問」. "吉再慶尙道善山府人, 高麗末爲注書, 志操高潔, 學問醇正, 鄕人化之, 雖庸婦亦以貞烈自守, 國初屢召不屈卒於家."

가하였다.[111] 그리고 이황은 시에서도 '길선생吉先生'이라고 표현하였는데,[112] 이황은 정자, 주자, 이현보, 조광조, 이언적만을 '선생'이라고 불렀다. 그렇기에 시를 통해 볼 때 이황은 길재도 선생으로 생각하고 있었던 것이다.

여기에 한걸음 더 나아가 류운룡과 류성룡은 길재를 '길자吉子'로 칭하였다. 류운룡 형제의 문답으로 이루어진 「지주비음기」에서 길재를 '길자'로 부르고 있었다.[113] 길재를 선생으로 불렀던 이황의 의견이 류운룡 형제에게도 계승되면서 극존칭인 '자'를 붙이며 추숭하였던 것이다.

류운룡이 『오산지』에 인용한 글의 필자들 가운데 이정이 있었다. 이정은 『이존록』의 발문을 지어 조선의 도통을 언급하였다. 이정은 스승 이황과 함께 송대 도통론을 정리한 『송계원명이학통록』과 여러 성리서를 간행한 인물이었다. 『이존록』은 김종직이 아버지인 김숙자의 문집을 대신해서 편찬했던 서적이었다. 따라서 앞서서 송대의 도통을 정리하였던 이정은 조선의 도통을 정립할 필요성을 느꼈을 것이다. 그리고 이정은 조선의 도통을 『이존록』의 발문에서 언급하였으리라 생각된다. 다음 글은 이정이 쓴 『이존록』의 발문이며, 류운룡은 이를 『오산지』에 수록하였다.

"포은 정선생[정몽주]은 도학을 강講하여 밝히고 고려에서 벼슬을 하여 오

---

111 『吳山志』 卷1, 「行錄·附問答一條」 "吉公爲人卓乎, 難及其行事必不苟焉."

112 『退溪集』 卷1, 「過吉先生閭」.

113 『吳山志』 卷1, 「行錄·砥柱碑陰記」. "豊山柳侯雲龍, 宰仁同縣之三年, 大修吉子墓."

> 백년 강상을 이루었다. 야은 길선생[길재]은 실제 포은의 문하에서 직접 배웠고, 사예공司藝公 김숙자의 학문은 야은에게서 점필재[김종직]로 전승되었으니 그 연원이 점차 스스로 원류가 되었다."[114]

위 글에서 이정은 '정몽주-길재-김숙자-김종직'으로 학통이 계승되었음을 명확하게 기록하였다. 이처럼 정몽주에서 김종직까지 이어지는 도학의 계보는 퇴계학파와 송당학파가 공유하였던 사항이었다. 하지만 두 학파는 그 이후의 도통을 계승하는 인물을 서로 다르게 인식하였다.

다음으로 류운룡이 『오산지』에 인용한 필자로 기대승을 꼽을 수 있다. 기대승도 조선의 도통을 언급한 글을 저술하였다. 1569년선조 2에 기대승은 조광조의 신원을 요청하였던 상소「請復職趙光祖疏」를 저술하였다. 이 상소는 이황이 사현의 행적을 정리하면서 문묘의 종사를 추진하였던 시기에 지어졌다. 류운룡은 이를 『오산지』에 수록하였다.

> "광조는 김굉필에게 배웠고 굉필은 김종직에게 배웠고 종직의 학문은 그 아버지 숙자에게서 전승되었고 숙자의 학문은 길재에게서 전승되었고, 재의 학문은 정몽주에게서 얻었으니 몽주는 실로 우리 동방 이학의 원조가 된다."[115]

---

114 『吳山志』 卷1, 「行錄·李楨彝尊錄跋」. "圃隱鄭先生, 講明道學, 身仕高麗氏, 五百年綱常. 冶隱吉先生, 實親炙圃隱之門, 司藝公學於冶隱, 傳於佔畢, 其淵源所漸有自來矣."

115 『吳山志』 卷1, 「行錄·請復職趙光祖疏」. "光祖學於金宏弼, 宏弼學於金宗直, 宗直之學傳於其父叔滋, 叔滋之學傳於吉再, 再之學, 得於鄭夢周, 而夢周實爲吾東方理學之祖."

위의 글에서는 '정몽주-길재-김숙자-김종직-김굉필-조광조'로 이어지는 학통이 명확히 언급되었다. 앞서 살펴본 「이정이존록발李楨彛尊錄跋」은 김종직까지만 언급되었지만, 여기에서는 김굉필과 조광조까지 계승되어 있어서 보다 진전된 도통론을 보여주었다. 이 도통론은 송당학파가 김종직의 이후에 '정붕-박영'으로 계승되는 도통론을 주장한 것과 차이를 가졌다. 퇴계학파의 학자들은 김종직 이후에 '김굉필-조광조'로 계승되는 도통론을 주장하였던 것이다.

류운룡은 유희춘1513~1577이 편찬한 『속몽구』의 내용도 인용하였다. 『속몽구』는 이황이 발문을 쓰고, 이정이 간행을 담당한 서적이었다.[116] 저자인 유희춘은 퇴계학파와 교류했던 인물로 사현의 문묘종사를 주장했다.[117] 즉, 유희춘은 퇴계학파 학자들의 도통의식인 정몽주에서 이언적으로 이어지는 도통론을 공유했던 인물이었다.

퇴계학파는 김종직 이후 '김굉필-조광조'로 그 이후에는 이언적으로 연결되고, 이황의 사후에 그에게로 계승되는 도통론을 가지고 있었다. 류운룡은 퇴계학파의 도통론을 기록으로 정리하여 자신이 오산서원을 건립한 사실에 정당성을 부여하였다. 그리고 류운룡은 이 작업을 통하여 정몽주에서 이황으로 이어지는 도통의식을 정립하였던 것이다.

류운룡은 오산서원의 건립과 『오산지』의 편찬을 통해 퇴계학파의 도통의식을 표출하였다. 오산서원의 경우와 같이 서원건립을 통하여 이황을 도학의 계보에 연결하려는 양상은 퇴계학파의 다른 학자에게

---

116 우정임, 앞의 논문, 2008, 215쪽.

117 『宣祖實錄』 卷4, 3年 5月 辛未.

서도 살펴볼 수 있었다. 나주목사 김성일은 오현을 제향하는 대곡서원大谷書院의 건립을 주도하였고,[118] 1584년선조17에 서원이 낙성되었다.[119] 대곡서원의 건립시기는 류운룡이 오산서원을 건립했던 시기와 동일하였다. 김성일이 오현을 모시는 서원을 건립한 사실과 류운룡이 길재를 모시는 서원을 건립하고 『오산지』를 편찬한 것은 같은 지향점을 가졌다. 그것은 퇴계학파가 '정몽주-길재-김숙자-김종직-김굉필-조광조-이언적'으로 이어지는 도학의 계보에 이황을 연결하고, 이를 서원의 건립을 통하여 표명했다는 점이다. 퇴계학파는 서원 제향인물의 학통과 조선의 도통을 연결하였던 것이다.

16세기 조선의 지식인들은 서원을 건립하면서 제향인물의 성격을 규정하였다. 이 시기 영남지역 지식인들은 개인적인 성향에 따라 서원에 관하여 다양한 인식을 하였다. 따라서 서원이 본격적으로 설립되기 시작한 1550년대에서 1560년대에 영남지역 사림들은 서원의 제향인물의 성격을 규정하는 논의를 하였다. 서원에 도학자 이외의 인물을 제향할 수 있는지에 대한 논의였다. 1550년대 노경린은 영봉서원에서 충절자를 제향하려 하였으나 좌절되었다. 이때 이황과 황준량 등은 도학자만을 서원의 묘사廟祠 제향할 수 있다는 의견이었다. 결국 정구에 의하여 충절자 대신에 정이와 주희가 제향인물이 되었고, 서원의

118 『鶴峯集』 附錄 卷1, 「年譜」. "萬曆十一年"; 『鶴峯集』 卷1, 「大谷書堂董役, 偶得進退體, 示諸生」; 『寒岡集』 續集 卷6, 「有明朝鮮國嘉善大夫慶尙道觀察使兼兵馬水軍節度使巡察使贈嘉義大夫吏曺參判兼同知經筵義楚府春秋館成均館事弘文館提學藝文館提學世子左副賓客金公行狀」; 『鶴峯集』 附錄 卷1, 「年譜」. "萬曆十二年.".

119 대곡서원의 건립과 관련한 연구는 김문택의 연구(김문택, 「16-17世紀 羅州地方의 士族動向과 書院鄕戰」, 『淸溪史學』 11, 청계사학회, 1999.)가 참고된다.

명칭도 변경되었다.

1560년대 서악정사에서는 무덕자武德者를 제향한 후 유학자를 추향하였다. 이정은 무덕이 있는 김유신을 제향하는 사우와 그 옆에 정사를 설립하였고 여러 시설물을 갖추었다. 하지만 이황은 무덕자인 김유신을 정사에서 제향할 수 없으니 분리하여야 한다는 의견이었다. 또 이황은 서악정사가 서원에 준하는 시설물을 갖추었으나 계속하여 정사로만 인식하였다. 무덕자는 서원의 제향인물일 수 없다는 이황의 생각이 드러난 결과로 보인다. 그리고 경주지역 지식인들은 설총과 최치원을 추향하였고, 이언적도 제향하여 무공이 중심인 김유신의 성격을 희석시키려 하였다. 그럼에도 불구하고 서악정사는 이 시기 승원하지 못하였는데, 이는 김유신의 성격 때문인 것으로 보인다. 이처럼 1550년대에서 1560년대에 서원의 제향인물과 관련한 주요 논쟁들은 도학자만이 서원의 제향인물이 될 수 있다는 인식을 정립시켰다.

1570년대에서 1580년대에 영남지역 지식인은 조선의 도통과 서원의 학통을 연결하였다. 이황과 그 문인을 중심으로 1560년대까지 송·명대의 도통과 조선의 도통을 정비하였다. 특히 이황은 조선의 도통을 사림의 영수인 조광조와 이언적으로 연결하였다. 그리고 1570년에 이황이 사망하자 그의 문인들은 학파로 결집하여 스승을 조선의 도통에 연결하려고 시도하였다. 이러한 상황에서 선산부에 건립된 금오서원과 오산서원의 건립 세력은 서로 다른 학통을 가지고 있었다.

1570년대에 송당 박영의 문인들은 선산부에서 금오서원을 건립하여 스승을 조선의 도통과 연결시켰다. 박영의 문인은 금오서원에서 길재, 김종직, 정붕, 박영을 제향하였고, 이것은 김종직 이후에 김굉필과 조광조로 이어지는 도통과는 다른 인식이었다. 즉, 박영의 문인들은 길재의 문집을 편찬하고, 금오서원을 건립하면서 송당학파로 결집되었고 그들의 학통을 조선의 도통과 연결시켰던 것이다.

1580년대에 류운룡은 선산부 인동현에 오산서원을 건립하여 길재를 제향하였다. 인접한 곳에 사액을 받은 금오서원이 존재하는 상황이었다. 하지만 류운룡은 송당학파의 도통론을 수용할 수 없었다. 그래서 류운룡은 길재를 제향하는 새로운 서원을 건립하고, 퇴계학파의 도통론이 담긴 『오산지』를 편찬하였다. 류운룡은 『오산지』에서 길재부터 조광조에 이르는 퇴계학파의 도통을 명시하였고, 이언적과 이황의 문묘종사운동을 통해 조광조 이후 도통의 계승자를 보여주었다. 따라서 류운룡은 오산서원과 『오산지』를 통해 퇴계학파의 도통론을 주장하였던 것이다. 1588년에 퇴계학파 류운룡의 『오산지』가 간행된 후 1591년에 송당학파 최현의 「금생이문록」이 저술되었다. 즉, 류운룡의 도통론을 송당학파에서도 의식하였던 것이다. 이와 같이 영남지역 지식인은 조선의 도통과 서원의 학통을 연결하였고, 이와 같은 현상은 선산부에서 가장 명확히 알 수 있었다.

제6장

결 론

조선의 서원은 16세기 중반 영남지역에서 최초로 등장하였다. 1540년대 백운동서원을 시작으로 조선의 서원은 50여 년 만에 조선 전역에 70여 기가 건립되었다. 영남지역 지식인들은 전체 서원의 절반을 영남지역에 건립하였다. 당시는 정치세력이 사림으로 교체되고 그들의 성리학 이해가 점차 심화되면서, 성리학적 질서를 가시적으로 구현하기 시작하였던 시기였다. 이 시기 영남지역 지식인들은 성리학적 기관을 전국에 보급하려는 의도를 지니고, 서원보급운동을 주도적으로 진행하였다.

주세붕은 중국 백록동서원의 고사를 충실히 따르며 백운동서원을 건립하였다. 주세붕은 강학과 향사의 두 가지 기능을 모두 갖춘 서원을 제향인물인 안향의 고향에 건립하고, 서원을 운영하기 위한 학전과 경서를 구비하였다. 이황은 서원의 사액을 추진하였고, 이를 통해 국가의 공인을 획득하였다. 이들이 추진한 서원의 설립과 사액 과정은 서원의 성격 규정, 제향인물의 선정기준 제시, 지식인의 성리학 보급 및 학파를 형성하게 하는 역할을 하였다. 이후 조선 전역에 건립된 74개소의 서원 중 36개소48.6%가 영남지역의 서원이었고, 28개소48.3%가 사액을 받았다. 그 가운데 18개소가 16세기에 사액을 받았는데, 영남지역 서원은 10개소55.5%였다. 이처럼 영남지역 지식인은 전국적으로 서원을 보급하였고, 그 중심은 영남지역이었다. 16세기의 서원을 연구할 때 영남지역에 분포한 서원들을 연구할 필요성을 여기서 찾을 수 있을 것이다.

영남지역 지식인들은 서원 설립의 당위성과 운영방식을 결정하기 위하여 계속적으로 논의를 이어나갔다. 그리하여 영남지역 지식인들은 서원의 운영과 관련한 내용을 다수 남겼다. 더구나 이외 지역에서는 16세기 서원과 관련한 기록은 거의 남아있지 않은 실정이다. 더욱이 서원을 분석하는 가장 기초적인 사료라고 할 수 있는 서원지도 16세기 영남지역의 자료만이 3종이 남아있다. 영남지역 지식인들은 중국의 서원지에 영향을 받지 않은 조선의 서원지를 편찬하였다. 명대 서원지에서는 서원의 역사와 지리를 확인할 수 있는 연혁·형승의 항목을 중요시하였고, 서원의 장서와 학전을 기록한 항목을 대부분 수록하였다. 하지만 영남지역 지식인들은 제향인물의 행록을 중시하여 서원지의 가장 앞에 배치하였고, 학전과 장서 항목을 수록하지 않는 방향으로 논의를 진행하였다. 즉, 영남지역 지식인들은 명대 서원지를 참고하지 못한 채 조선의 서원지를 편찬한 것이다. 또 이황과 그 문인은 여러 서원을 건립하고 운영하면서 축적된 서원운영론과 도통론을 서원지를 매개로 공유하였다. 그렇기에 16세기 서원의 운영과 관련한 내용을 살피기 위한 기반은 영남지역이 될 수밖에 없다.

영남지역 지식인들은 원규를 제정하여 서원의 운영과 관련한 사항을 정비하였다. 영남지역 지식인들은 서원의 인적구성, 강학·생활, 향사의례과 관련한 사항을 규정하였다. 영남지역 지식인들은 서원의 인적구성을 원임[원장·유사], 원생[원생, 우생, 동몽] 등으로 분류하였다. 이때 영남지역 지식인들과 기호지역 지식인들은 서로 다른 용어와 직책을 규정하였다. 원임에서 영남지역 지식인들은 원장을 지칭하는 용어로 상유사를 사용하였고, 기호지역은 당장, 장의, 직월을 둔 것이 특징적이었다. 그리고 영남지역 지식인들은 서원의 원생 가운데 우생과 동몽을 두어서 기호지역 보다 다양한 규정을 제정하였다. 강학활동과 일상생활 규정은 지역적 차이보다는 공사 간의 차이가 있음을 보여주었다. 영남지역 지식인들은 도학을 강조하여 향교에서 교생의 학습 결과가 직접적으로 과거와 연결되는 것과 차이를 둔 원규를 규정하였다. 향사의례 규정은 지역적 차이와 공사 간의 차이를 모두 보여주었다. 영남지역 지식인은 기호지역 지식인에 비해 자세한 향사의례와 관련한 규정을 제정하였고, 이는 류운룡의 향사의례 규정을 통해서 알 수 있었다. 또한 영남지역 지식인은 향교의 석전의례를 의식하여 향사일을 제정하였고, 제품에서도 향교보다 작은 규모로 하여 차등을 두었다. 영남지역 지식인이 서원을 운영함에 나타나는 특징적인 모습들은 퇴계학파에서 공유하는 서원운영론으로 집성되었다.

서원운영론의 특징은 원규의 집성, 향사의례의 정립, 도학 강조, 관官과의 연계로 볼 수 있다. 16세기에는 서원이라는 제도가 처음 만들어졌기 때문에 그 누구도 서원을 어떻게 운영해야 한다고 확정할 수 없었다. 따라서 이 시기 영남지역 지식인들은 새로운 제도를 수용하여 조선식으로 정착시켰고, 서원의 상황에 따라 서로 다른 원규를 제정하였다. 중국의 제도였던 서원을 점차적으로 시대와 환경에 맞게 조선식으로 정립해나가려 한 조선 지식인들의 노력이 서원의 원규에서 발현되었다. 조선의 지식인들은 서원을 실제 운영하면서 여러 문제가 발생할 수 밖에 없었고, 그 경험은 문제를 대비하기 위해 세부화된 원규를 제정하게 하였다. 이 시기 영남지역 지식인들은 다양한 체제와 형식으로 서원의 원규를 제정하였으며, 후기로 갈수록 점차 세분화되고 체계적으로 정리하는 모습을 보였다. 또한 이황의 서원운영론을 중시하여 이황과 그의 문인이 건립한 서원의 원규를 상호 준용하는 양상이 나타났다. 16세기 말엽에 류운룡은 『오산지』를 편찬하면서 전범이 되는 영남지역 서원의 원규를 체계적으로 정리하여 집성하였다.

이황과 그 문인은 영남지역 서원의 향사의례를 정립하였다. 퇴계학파는 서원의 향사의례를 문묘의 석전의례 보다는 낮으나, 일반적인 속제俗祭보다는 높은 위상으로 설정하였다. 그리고 서원의 향사일을 설정하면서 국가의 석전의례와 분리할 수 없는 관계로 자리매김하게 하였다. 또한 퇴계학파는 국가례를 참고하여 제관, 제품, 의주 등의 규정을 정립하여, 서원 향사의례의 위상을 설정하였다.

이황과 그 문인은 서원에서 도학을 강조하였고, 관과의 연계를 추구하였다. 퇴계학파가 서원에서 도학을 강조한 사실은 원생의 입학자격을 입격入格에 두지 않았다는 점에서 확인할 수 있다. 퇴계학파는 원장의 선정과정, 권학勸學의 주관자와 향사의례의 초헌관, 치부置簿의 보고에서 서원과 관의 연계를 추구하였다. 도학의 강조와 관과의 연계는 퇴계학파가 서원의 성격을 규정하려한 점과 연관성을 가진 문제였다.

퇴계학파는 지역의 수령을 향사의례의 초헌관과 권학의 주관자로 설정하면서 관과 연계하였다. 또 퇴계학파는 원장의 임명과정, 하유사의 인수인계, 학전의 소출 등을 수령에게 보고하여 관과의 유기적 연계하였다. 이처럼 16세기 영남지역 서원은 관의 공인을 받아 사업을 진행하였기에 서원은 향촌 사림의 자치기구로 기능하면서도, 국가의 공인을 획득한 공적 기구이기도 하였다. 이 부분은 영남지역 지식인이 서원을 운영하기 위한 기반이 부족했던 시기에 국가의 공인을 획득하기 위한 노력의 하나로 보인다. 이후 17세기 정구는 도동서원道東書院의 원규를 작성하면서 수령의 명예직과 관련한 조항들이 삭제하였다. 즉,

지식인들이 학파를 형성하고, 지역사회를 장악해나가는 17세기에는 서원의 자립도 역시 높아졌던 것이다.

16세기 영남지역 서원의 장서를 통해 지식인들의 지식 기반을 알 수 있었다. 조선전기 영남지역 지식인들은 개인적으로 다종의 서적을 구비하기 어려웠을 것이다. 따라서 지역사회의 도서관 기능을 가졌던 서원의 장서는 해당 지역의 지식인이 열람할 수 있는 지식의 최대치에 가까웠을 것이다. 또한 조선의 지식인들은 성리서 학습과 편찬을 통해 지식 기반을 형성하였다. 조선의 지식인들은 중국에서 저술된 성리서를 학습하고 간행하였으며, 조선의 성리서를 편찬하고 간행하였다. 특히 이황과 그 문인은 중국 성리서의 간행과 조선 성리서의 편찬에 주도적인 역할을 담당하였다. 그리고 그들이 편찬하고 보급한 성리서는 영남지역 서원의 장서에서 다수 확인할 수 있었다. 이 시기 서원의 장서는 사부四部에 고르게 분포하였지만, 주된 서적은 성리서였다. 따라서 16세기 영남지역 지식인의 지식 기반은 성리서가 중심이었다.

경부는 서원 강학의 기초 교재로 모든 서원에서 고르게 소장하였다. 영남지역 서원에서는 사서삼경류, 예류, 춘추류, 소학류, 효경류의 서적을 1건 이상씩 소장하였다. 경서는 전체 서적의 4분의 1을 초과하였고, 여러 건을 소유하고 있는 경우가 많았다. 따라서 책수로는 다른 부에 비해 월등히 많은 양을 차지하였다. 경서는 서원의 원생을 교육하는 기본 교재였기에 모든 종을 여러 건 구비하였던 것으로 보인다. 그리고 경부에서 제향인물과 관련한 서적들을 보유한 특징이 나타났다. 먼저, 역동서원에서는 이황이 저술한 『사서석의』와 『삼경석의』를 소장하였고, 옥산서원에서는 이언적이 저술한 『봉선잡의』를 소장하였다. 이황이 서원의 건립과 운영에 관여하였던 역동서원과 도산서원은 가례와 의례 관련 서적을 다수 보유하였다. 이는 이황이 연구한 성리학적 예제에 대한 서적들을 그가 건립하거나 제향된 서원에서 장서로 보유한 것이다.

사부는 『통감』을 중시한 모습, 중국 성리서 학습과 조선 성리서의 편찬, 서원관련 정보의 유통이 특징이었다. 중국의 역사서에서는 정사류와 별사류 대신에 통감류 서적을 다수 보유하였다. 남송대 주희가 사마광의 『자치통감』을 중시하였고, 그 결과 『통감강목』을 편찬하였다. 따라서 영남지역 지식인도 주희의 역사관을 중시하여 『자치통감』을 비롯한 여러 통감류를 서원에 구비한 것이다.

그리고 중국 성리서의 학습과 조선 성리서의 편찬은 전기류傳記類 서적을 통해 알 수 있었다. 전기류는 성리학자의 업적을 계승하려는 의식이 포함된 서적이었다. 전기류 서적에서는 주자의 생애와 관련한 서적과 언행록류言行錄類 서적이 확인되었다. 이 서적들은 성리학자의 생애와 사상을 정리하였고, 특히 송대 성리학의 도통론道統論[도학의 계보의식]이 반영되었다. 따라서 송대 도학의 계보를 연구하였던 영남지역 지식인들은 조선 도학의 계보가 반영된 『국조유선록』과 『경현록』, 이언적과 이황의 연보를 편찬하여 서원에 장서로 구비하였다.

서원과 관련한 정보는 주로 정법류政法類와 지리류地理類 서적에서 확인되었다. 중국 서원과 관련한 정보는 『대명일통지』와 『문헌통고』에 수록되어 있었고, 이 서적이 영남지역에서 유통되었다. 그리고 『대명일통지』에 수록된 중국 서원의 정보가 조선의 서원지인 『영봉지』에서 정리되어 영남지역에 전파되었다. 영남지역 지식인들은 전파된 중국 서원의 정보를 참고하여 조선 서원과 관련한 정보를 서적으로 편찬하였다. 특히 『오산지』가 16세기 영남지역 서원의 장서로 확인되었는데, 이 서적의 유통은 퇴계학파의 서원운영론과 도통론이 지식화되어 유통되었던 사실을 반증하는 대목이었다. 이와 함께 『원규』도 서원의 장서로 소장되었는데, 서원의 원규가 첩으로 정리되어 유통되었다는 것을 보여준다. 이처럼 성리학을 가시적으로 보여주는 기관인 서원에 대한 정보가 서적으로 편찬되어 유통되는 모습은 서원과 관련한 정보가 지식화되는 양상을 보여준다.

자부는 유가류의 성리서가 대다수였고, 송·명대 성리서의 학습과 조선 성리서의 편찬을 확인할 수 있었다. 자부는 성리학자의 저술과 그 내용을 집성한 서적, 성리학 개념을 해설한 서적, 독서와 수양을 위한 서적, 성리학자의 언행을 수록한 서적, 서간을 통한 성리학 문답을 정리한 서적, 도통론을 반영한 이학사理學史 서적, 성현과 학자의 일화나 유교윤리[교화서]에 대한 서적이 있었다. 또한 송·명대 성리서의 연구를 통해 조선 성리서가 편찬되었기 때문에 중국과 조선을 나눌 수 있었다.

조선의 지식인들은 중국 성리서의 학습을 통해 성리학적 이해를 심화시켰고, 조선의 성리서를 간행하였다. 중국에서 저술된 성리서의 대다수는 이황과 그 문인들이 간행하고 보급하였다. 그 가운데 『근사록』은 서원에서 이루어진 중국 성리서의 학습을 보여주었고, 서원본으로 간행된 서적이었다. 따라서 『근사록』은 서원에서 이루어지는 성리서의 학습과 간행이 서로 연결되었음을 보여주었다. 그리고 도산서원은 조선에서 편찬된 성리서 가운데 다수를 소장하였는데, 이 서적의 대부분을 이황과 그 문인이 편찬·간행하였다. 특히 이황과 그 문인은 『주자서절요』를 서원에서 편찬하고 간행하여, 이 서적은 대표적인 서원본 성리서에 해당하였다. 이러한 사실은 퇴계학파의 성리서 연구와 간행의 단면을 서원의 장서에서도 확인하였다는 점에서 의미가 있다.

영남지역 지식인들은 송·명대 성리학자의 사상을 계승하기 위해 그들의 생애와 사상을 정리하였고, 도학적 계보 의식을 수용하였다. 그리고 영남지역 지식인들은 송대 도통론을 계승하여 조선 도학의 계보를 정리하였다. 그리고 이 의식이 반영된 성리서를 편찬하였고, 그 서적들은 영남지역 서원에서 장서로 소장하였다. 영남지역 지식인들은 서원에 많은 성리서를 기증하였다. 영남지역 서원은 퇴계학파와 남명학파 문인들의 노력을 통해 많은 성리서를 구비할 수 있었던 것이다. 특히 남계서원의 사례를 통해 지방관과 해당지역 책판의 인출에 대한 상관관계를 유추할 수 있었다.

집부는 송·명대 성리학자의 문집 학습과 조선 지식인의 문집 편찬이 특징이었다. 송·명대 성리학자의 문집은 가운데 대다수의 서적은 이황의 문인인 이정이 간행하여 의미가 있었다. 사부와 자부에서 보이는 중국 성리서의 다수가 퇴계학파의 성리서 연구와 보급과 관련되었고, 이러한 양상이 집부에서도 나타났던 것이다. 또한 조선 지식인의 문집도 이황과 연관된 인물들의 저서가 많았으며, 대부분 성리학자로 분류할 수 있는 인물이었다. 송·명대 성리학자의 문집을 연구한 영남지역 지식인들이 그들의 스승에 해당하는 인물의 문집을 편찬하였고, 이 문집은 저자가 제향된 서원이나 연관된 서원에서 소장한 경우가 많았다.

조선의 지식인들은 스승의 문집을 편찬하면서 학파를 형성하였다.

영남지역 지식인들이 스승의 문집을 편찬하는 장소 중 하나는 서원이었고, 그 문집을 서원의 장서로 소장하였다. 조선 성리학자의 문집을 편찬하는 작업은 1570년대 이후에 주로 이루어졌는데, 조선의 도통과 서원의 제향인물을 연결하려는 시기와 같았다. 따라서 문집의 편찬은 성리학적 계보 의식의 발현과도 연결되었다. 이처럼 영남지역 지식인들은 성리학을 지식 기반으로 하였기에, 서원의 제향인물을 선정하는데 있어서도 도학을 기준으로 할 수 밖에 없었다.

16세기 영남지역 지식인은 서원의 제향인물을 선정하는 기준으로 도학을 우선하면서 도통론을 반영하였다. 더욱이 성리학적 이해가 진전되면서 조선의 도통과 서원의 제향인물을 연결하는 양상이 나타났다. 영남지역 지식인은 서원을 건립하면서 제향인물의 성격을 규정하였다. 16세기 중엽의 영남지역 지식인들은 성리학에 대한 이해의 정도에 따라 개인마다 서원을 인식하는 모습이 달랐다. 서원이 본격적으로 설립되기 시작한 1550년대에서 1560년대에 영남지역 지식인들은 서원의 제향인물의 성격을 규정하는 논의를 하였다. 서원에 도학자 이외의 인물을 제향할 수 있는지에 대한 논의였다. 1550년대 노경린은 영봉서원에서 충절자를 제향하려 하였으나 좌절되었다. 이때 이황과 황준량은 도학자만을 서원의 묘사 제향할 수 있다는 의견이었다. 결국 정구에 의하여 충절자 대신에 정자와 주자가 제향인물이 되었고, 서원의 명칭도 변경되었다.

1560년대 서악정사에서는 무덕자武德者를 제향한 후 유학자를 추향하였다. 이정은 무덕이 있는 김유신을 제향하는 사우와 그 옆에 정사를 설립하였고 여러 시설물을 갖추었다. 하지만 이황은 무덕자인 김유신을 정사에서 제향할 수 없으니 분리하여야 한다는 의견이었다. 또 이황은 서악정사가 서원에 준하는 시설물을 갖추었으나 계속하여 '정사'로만 인식하였다. 이는 무덕자는 서원의 제향인물일 수 없다는 결과로 보인다. 그리고 경주지역 지식인들은 설총과 최치원을 추향하였고, 이언적도 제향하여 무공이 중심인 김유신의 성격을 희석시키려 하였다. 그럼에도 불구하고 서악정사는 이 시기 승원하지 못하였는데, 이는 김유신이 무덕을 가진 인물이었기 때문이었을 것이다. 이처럼 1550년대에서 1560년대에 영남지역 지식인은 서원의 제향인물과 관련한 주요 논쟁을 통하여 도학자만이 서원의 제향인물이 될 수 있다는 인식을 정립시켰다.

1570년대에서 1580년대에 영남지역 지식인은 조선의 도통과 서원의 제향인물을 연결하였다. 이황과 그 문인을 중심으로 1560년대까지 송·명대의 도통과 조선의 도통이 정비되었다. 특히 이황은 조선의 도통을 사림의 영수인 조광조와 이언적으로 연결하였다. 그리고 1570년에 이황이 사망하자 그의 문인들은 학파로 결집하여 조선의 도통에 스승을 연결하려고 시도하였다. 이러한 상황에서 선산부에 건립된 금오서원과 오산서원의 건립 세력은 서로 다른 도통론을 가지고 있었다.

1570년대에 송당 박영의 문인들은 선산부에서 금오서원을 건립하고 스승을 조선의 도통과 연결시켰다. 박영의 문인은 금오서원에서 길재, 김종직, 정붕, 박영을 제향하였고, 이것은 김종직 이후에 김굉필과 조광조로 이어지는 도통론과는 다른 인식이었다. 즉, 박영의 문인들은 길재의 문집을 편찬하고, 금오서원을 건립하면서 송당학파로 결집하였고 그들의 학통學統을 조선의 도통과 연결시켰던 것이다.

1580년대에 류운룡은 선산부 인동현에서 오산서원을 건립하여 길재를 제향하였다. 인접한 곳에 사액을 받은 금오서원이 존재하는 상황이었다. 하지만 퇴계학파 류운룡은 송당학파의 도통론을 수용할 수 없었다. 그래서 류운룡은 길재를 제향하는 새로운 서원을 건립하고, 퇴계학파의 도통론이 담긴 『오산지』를 편찬하였다. 류운룡은 『오산지』에서 길재부터 조광조에 이르는 퇴계학파의 도통道統을 명시하였고, 이언적과 이황의 문묘종사운동을 통해 조광조 이후 도통의 계승자가 누구인지 보여주었다. 따라서 류운룡은 오산서원과 『오산지』를 통해 퇴계학파의 도통론을 주장하였던 것이다. 더욱이 1588년에 퇴계학파 류운룡이 『오산지』를 간행한 후 1591년에 송당학파 최현은 송당학파의 도통론이 수록된 「금생이문록」을 저술하였다. 즉, 송당학파에서도 오산서원의 건립과 『오산지』의 편찬을 통해 표출된 퇴계학파의 도통론을 의식하였던 것이다. 이와 같이 영남지역 지식인들은 조선의 도통과 서원의 학통을 연결하였고, 이와 같은 현상은 선산부에서 가장 명확히 알 수 있었다.

결론적으로 16세기 조선의 지식인들은 조선 서원이 나아가야할 길을 정비하였다. 먼저, 그들은 서원이 가진 강학과 향사의 기능, 학전과 경서의 구비, 사액과 그 절차 등의 개념을 정립하였다. 그리고 영남지역 지식인들은 중국의 서원지의 영향을 받지 않은 독자적인 조선의 서원지를 편찬하였다. 그들은 이 과정에서 서원의 원규를 정비하며 서원 운영론을 설정하고, 조선의 향사의례를 정립하였다. 또한 서원을 운영하면서 관과 연계하여 국가의 공인을 획득하였고, 서원을 지역사회에서 공적 기구로 위치시켰다. 그리고 영남지역 지식인들은 서원의 장서를 구비하여 지식 기반을 구축하였다. 그들은 송·명대 성리서의 학습을 통해 조선 성리서를 편찬하였다. 이 성리서는 서원의 장서로 확인되어 그들의 지식 기반이 성리학이였음을 보여준다. 영남지역 지식인들은 서원에서 도학자[성리학자]를 제향하도록 규정하였다. 그리고 영남지역 지식인들은 점차 성리학에 대한 이해를 진전시키면서 도통론을 의식하였고, 서원을 건립하고 스승의 문집을 편찬하면서 학파를 형성하였다. 영남지역 지식인들은 학파로 결집되면서 서원의 학통과 조선의 도통을 연결하였다. 이처럼 영남지역 지식인들의 서원 설립은 조선만의 독창적인 학문전개의 시작점이라고 할 수 있었다. 이 때문에 16세기 영남지역 서원이 가지는 다양한 의미는 지식사의 관점에서도 매우 중요하다.

16세기 영남지역 지식인들의 서원 설립은 조선시대 전반을 아우르는 파급력이 있었다. 16세기 이후 영남지역 지식인들은 서원을 통하여 지식 기반을 형성하였고, 결국 지식 집단이라고 할 수 있는 학파로 성립하였다. 영남지역의 지식인들은 서원을 통해 학파를 형성하고 자신들의 사상을 정립하여 중앙 정계에 영향력을 미쳤다. 영남지역 지식인들은 서원을 매개로 17세기 이후 중앙 정계에서 지역을 의식하게 만들었다. 그리고 중앙 정계의 의견에 대항할 수 있었던 세력이 영남지역 지식인들이었다. 이것은 영남지역 지식인들이 타 지역에 비하여 서원이 월등히 많이 건립하였고, 그에 비례하여 지역사회에 미치는 영향력도 확대되었기 때문이다. 이러한 영향력을 지닌 서원을 통해 영남지역 지식인들은 지식 집단으로 결집하였다. 영남지역 지식인들은 서원을 중심으로 성리학의 직계 또는 수호자라는 자부심을 가지고 있었다. 영남지역 지식인들의 자부심은 18세기 정조대 영남만인소, 19세기 후반 위정척사의 중심지로 나타났다. 즉, 지식의 중심지인 서원이 구심점이 되어 영남지역 지식인 전체의 목소리를 낼 수 있었던 것이다. 이러한 영남지역의 특징은 지금까지도 성리학을 중시하는 학풍으로 이어지고 있다. 16세기 영남지역 지식인들은 서원을 건립하였고, 그 서원은 조선후기부터 현재까지 한국에 정치·사회·문화적으로 큰 영향력을 끼치고 있음이 분명하다.

참고 문헌

1. 사료

韓國

『高麗史』

『國朝五禮儀』

『國朝五禮儀序例』

『東國輿地勝覽』

『三綱行實圖』

『列邑院宇事蹟』

『朝鮮王朝實錄』

盧慶麟 1516~1568, 『迎鳳志』

柳雲龍 1539~1601, 『吳山志』

鄭克後 1577~1658, 『西岳志』

周世鵬 1495~1554, 『竹溪志』

崔晛 1563~1640, 『一善誌』

權近 1352~1409, 『陽村集』

權文海 1534~1591, 『草澗集』

奇大升 1527~1572, 『高峯集』

吉再 1353~1419, 『冶隱先生言行拾遺』

金誠一 1538~1593, 『鶴峯集』

金希參 1497~1560, 『七峯先生逸集』

南在 1351~1419, 『龜亭遺藁』

柳雲龍 1539~1601, 『謙庵集』
柳成龍 1542~1607, 『西厓集』
朴承任 1517~1586, 『嘯皐集』
朴英 1471~1540, 『松堂集』
朴雲 1493~1562, 『龍巖集』
卞季良 1369~1430, 『春亭集』
申光漢 1484~1555, 『企齋集』
安軸 1287~1348, 『謹齋集』
尹根壽 1537~1616, 『月汀集』
李穀 1298~1351, 『稼亭集』
李穡 1328~1396, 『牧隱藁』
李珥 1536~1584, 『栗谷全書』
李楨 1512~1571, 『龜巖集』
李滉 1501~1570, 『退溪集』
鄭逑 1543~1620, 『寒岡集』
周世鵬 1495~1554, 『武陵雜稿』
黃俊良 1517~1563, 『錦溪集』

『退溪先生年譜』
『德溪先生年譜』
『謙菴先生年譜』
『西厓先生年譜』

『景賢錄』
『攷事撮要』
『續蒙求』
『慵齋叢話』

『彝尊錄』
『海東雜錄』
『晦軒實記』

『經任案』『古文書集成』24 濫溪書院篇, 韓國精神文化研究院, 1995.
「慶州鄕校學令」『慶北鄕校資料集成』1. 嶺南大學校 民族文化研究所. 1992
『德川書院院任錄』김경수 엮음, 『德川書院誌』, 글로벌콘텐츠, 2017.
『裒寶錄』『古文書集成』24 濫溪書院篇, 韓國精神文化研究院, 1995.
『書院規範』韓國國學振興院 所藏本
『書冊帙』韓國國學振興院 所藏本
「安文成公春秋大享圖」『朝鮮時代嶺南書院資料』, 국사편찬위원회, 1999.
『臨皐書院凡規』韓國國學振興院 所藏本

中國
『大明一統志』

歐陽守道 1208~1272, 『巽齋集』
杜佑 735~812, 『通典』
馬端臨 1254~1323, 『文獻通考』
蘇軾 1037~1101, 『東坡集』
蘇天爵 1294~1352, 『元文類』
王應麟 1223~1296, 『玉海』
姚勉 1216~1262, 『雪坡集』
熊禾 1253~1312, 『勿軒集』
朱熹 1130~1200, 『朱子全書』

2. 연구논저

단행본

강문식, 『權近의 經學思想 硏究』, 일지사, 2008.

국사편찬위원회, 『韓國史』 28, 국사편찬위원회, 1998.

______________, 『韓國史論』 8, 국사편찬위원회, 1980.

규장각한국학연구원, 『책판, 조선의 문화를 새기다』, 규장각한국학연구원, 2017.

김성우, 『조선시대 경상도의 권력중심 이동』, 태학사, 2012.

鄧洪波, 『中國書院史』, 東方出版社, 2004.

白鹿洞書院古志整理委員會, 『白鹿洞書院古志五種』, 中華書局出版, 1995.

윤희면, 『조선시대 서원과 양반』, 집문당, 2004.

李樹煥, 『朝鮮後期 書院硏究』, 일조각. 2001.

李春熙, 『李朝書院文庫目錄』, 國會圖書館, 1969.

李海濬, 『朝鮮後期 門中書院 硏究』, 경인문화사, 2008.

鄭萬祚, 『朝鮮時代 書院硏究』, 집문당. 1997.

丁淳睦, 『中國書院制度』, 문음사, 1990.

______, 『韓國書院教育制度硏究』, 영남대학교 민족문화연구소, 1979.

정순우, 『서원의 사회사』, 태학사, 2014.

정재훈, 『조선전기 유교 정치사상 연구』, 태학사, 2005.

趙所生·薛正興主編, 『中國歷代書院志』 1~2, 江蘇教育出版社, 1995.

피터버크, 『지식은 어떻게 탄생하고 진화하는가』, 생각의 날개, 2017.

논문

강상택, 「朝鮮後期 嶺南地方 書院의 經濟的 基盤: 現 慶尙南道 地域을 中心으로」, 『역사와 세계』 15-16, 효원사학회, 1992.

구완회, 「錦溪 黃俊良의 官歷과 牧民 活動」, 『嶺南學』 63, 경북대학교 영남문화연구원, 2017.

金基柱, 「『心經』에서 『心經附註』로: 미완의 '朱子學的 心學'」, 『퇴계학논집』 13, 영남퇴계학연구원, 2013.

김동협, 「「琴生異聞錄」의 創作背景과 敍述意識」, 『東方漢文學』 27, 동방한문학회, 2004.

김문식, 「조선시대 중국 서적의 수입과 간행」, 『규장각』 29, 서울대학교 규장각한국학연구원, 2006.

김문택, 「16-17世紀 羅州地方의 士族動向과 書院鄕戰」, 『淸溪史學』 11, 청계사학회, 1999.

김성수, 「忠淸監營의 刊行圖書에 관한 분석」, 『조선시대 지방감영의 인쇄출판 활동』, 청주고인쇄박물관, 2015.

김성우, 「15세기 중후반-16세기 道學運動의 전개와 松堂學派의 활동」, 『歷史學報』 202, 역사학회, 2009.

김소은, 「16세기 星州지역 士族의 交遊와 書院 건립계획」, 『정신문화연구』 26-2, 한국학중앙연구원, 2003.

김영두, 「宣祖初 文廟從祀 論議와 道統論의 變化」, 『韓國思想史學』 31, 한국사상사학회, 2008.

김영식, 「『博物志』 試論」, 『中國文學』 32, 한국중국어문학회, 1999.

김윤식, 「조선조 서원 문고에 관한 일고찰」, 『書誌學硏究』 41, 한국서지학회, 2008.

김자운, 「19세기 소수서원 『중용』 강회의 특징과 퇴계학의 분화 -'호학 湖學'의 계승과 분화를 중심으로-」, 『퇴계학논집』 19, 영남퇴계학연구원, 2016.

______, 「16세기 소수서원 교육의 성격」, 『유교사상문화연구』 58, 한국유교학회, 2014.

______, 「조선시대 서원교육의 公的 기반 변화와 그 대응」, 『지방사와 지방문

화』 18-2, 역사문화학회, 2015.
______, 「朝鮮時代 紹修書院 講學 研究」, 韓國學中央研究院 博士學位論文, 2014.
______, 「퇴계의 서원관과 조선후기 소수서원 講學의 변화」, 『퇴계학논집』 18, 영남퇴계학연구원, 2016.
김학수, 「덕천서원德川書院: 경의학敬義學을 지향한 조선의 학문문화공간」, 『南冥學』 20, 남명학연구원, 2015.
______, 「17세기 영남학파 연구」, 韓國學中央研究院 韓國學大學院, 博士學位論文, 2007.
______, 「17세기 초반 永川儒林의 學脈과 張顯光의 臨皐書院 祭享論爭」, 『朝鮮時代史學報』 35, 조선시대사학회, 2005.
______, 「조선후기 영천지역 사림과 임고서원」, 『圃隱學研究』 6, 포은학회, 2010.
김해용, 「학규學規를 통해 본 조선시대 서원 교육과정의 변천」, 한국교원대학교 대학원 석사학위논문, 2010.
김형수, 「李滉 書翰을 통해본 明宗代 書院의 創設과 運營」, 『퇴계학과유교문화』 53, 경북대학교 퇴계학연구소, 2013.
김형찬, 「조선시대 지식생산체계 연구방법과 지식사회의 층위」, 『民族文化研究』 65, 고려대학교 민족문화연구원, 2014.
남권희, 「「三五庫重記」로 본 箕營의 出版文化」, 『조선시대 지방감영의 인쇄출판 활동』, 청주고인쇄박물관, 2015.
鄧洪波, 「元代 湖南書院의 規模와 規制」, 『韓國書院學報』 3, 한국서원학회, 2015.
문태순, 「교육기관으로서 서원의 성격 연구」, 『교육문제연구소 논문집』 20-1, 慶熙大學校 教育問題研究所 論文集, 2004.
민병하, 「조선서원의 경제구조」, 『大東文化研究』 5, 성균관대학교 대동문화연구원, 1968.

_____, 「조선시대의 서원교육」, 『大東文化研究』 17, 성균관대학교 대동문화연구원, 1983.

閔丙禧, 「1990년대 美國 宋代 知性史 研究 動向」, 『中國史研究』 9, 中國史學會, 2000.

박양자, 「李退溪의 書院觀」, 『退溪學報』 83, 1995.

박장승, 「조선시대 慶州府 板刻 冊板의 서지적 분석」, 경북대학교 일반대학원 석사학위논문, 2019.

박정미, 「조선 명종대 星州 安峯寺의 儒佛儀禮-『묵재일기』를 중심으로-」, 『泰東古典研究 』 32, 한림대학교 태동고전연구소, 2014.

박종배, 「병산서원 교육 관계 자료 검토」, 『교육사학연구』 18-2, 교육사학회, 2008.

_____, 「19세기 후반 武城書院의 講習禮에 관한 일 고찰」, 『韓國書院學報』 1, 한국서원학회, 2011.

_____, 「조선시대 문묘 향사 위차의 특징과 그 교육적 시사-명청시기 중국과의 비교를 중심으로」, 『한국교육사학』 34-3, 한국교육사학회, 2012.

_____, 「조선시대 유학 교육과정의 변천과 그 특징」, 『한국교육사학』 33-3, 한국교육사학회, 2011.

_____, 「조선시대 학령學令 및 학규學規」, 『한국교육사학』 28-2, 한국교육사학회, 2006.

_____, 「학규를 통해서 본 조선시대의 서원 강회」, 『교육사학연구』 19-2, 교육사학회, 2009.

_____, 「學規에 나타난 조선시대 서원교육의 이념과 실제」, 『한국학논총』 33, 국민대학교 한국학연구소, 2010.

박지훈, 「12세기 南中國 地域社會의 書院 네트워크」, 『中國學報』 49, 한국중국학회, 2004.

方承熙, 「朝鮮中期 嶺南·畿湖地域의 書院-中宗~光海君代를 중심으로-」, 숙명여자대학교 교육대학원 석사학위논문, 2002.

裵賢淑,「紹修書院 收藏과 刊行 書籍考」,『書誌學研究』 31, 한국서지학회, 2005.

_____,「嶺南地方 書院藏書의 淵源과 性格」,『大東漢文學』 46, 대동한문학회, 2016.

_____,「朝鮮朝 書堂의 書籍 刊行과 收藏에 관한 研究」,『書誌學研究』 35, 한국서지학회, 2006.

_____,「退溪 藏書의 集散考-個人文庫의 書院文庫化의 一例로서-」,『書誌學研究』 10, 한국서지학회, 1994.

渡部學, 도광순 譯,「道東書院規目의 構成과 內容」,『寒暄堂의 生涯와 思想』, 寒暄堂 先生 紀念 事業會, 1980.

_____,「栗谷先生의 教育思想」,『韓國思想論叢』 2, 율곡사상연구원, 1980.

서정문,「朝鮮中期의 文集編刊과 門派形成」, 국민대학교 대학원 박사학위논문, 2006.

설석규,「謙庵 柳雲龍의 學問과 現實對應 자세」,『東方漢文學』 20, 동방한문학회 2001.

_____,「16세기 退溪學派의 分化와 柳雲龍의 역할」,『조선사연구』 9, 조선사연구회, 2000.

손계영,「조선시대 監營의 문집간행과 그 배경 연구」,『조선시대 지방감영의 인쇄출판 활동』, 청주고인쇄박물관, 2015.

손병규,「조선후기 경주 옥산서원의 원속 파악과 운영」,『朝鮮時代史學報』 35, 조선시대사학회, 2005.

宋楊燮,「江原道 書院現況調查」,『論文集』 26, 春川教育大學, 1986

_____,「朝鮮時代의 書院教育-江原道와 관련하여-」,『江原文化研究』 13, 강원대학교 강원문화연구소, 1994.

_____,「朝鮮時代의 書院分布에 관한 一考察」,『春川教育大學論文集』 28, 춘천교육대학교, 1988.

송웅섭,「기묘사화와 기묘사림의 실각」,『韓國學報』 119, 일지사, 2005.

송정숙,「紹修書院 任事錄 연구-16,17세기를 중심으로」,『書誌學研究』38, 한국서지학회, 2007.
______,「18·19세기 소수서원의 院生 연구: 「소수서원 입원록紹修書院 入院錄」 제2권을 중심으로」,『書誌學研究』41, 한국서지학회, 2008.
신병주,「16 세기초 처사형 학자의 학풍과 현실관- 김대유와 박하담을 중심으로-」,『南溟學』5, 남명학연구원, 1997.
심예인,「여말선초 道學의 성격과 道統論」,『朝鮮時代史學報』85, 조선시대사학회, 2018.
安敏燁,「書院 勃興期 朝鮮 士林의 書院認識」, 국민대학교 대학원 석사학위논문, 2007.
安炳周,「『古鏡重磨方』解題」,『退溪全書』21, 退溪學研究院, 1996.
______,「『自省錄』解題」,『退溪全書』21, 退溪學研究院, 1996.
______,「『七先生遺像贊』解題」,『退溪全書』21, 退溪學研究院, 1996.
安柾,「竹溪志 解題」,『國譯 竹溪志』, 紹修博物館, 2009.
오세현,「주희朱熹의 스승 이통李侗을 바라보는 조선시대 사대부들의 시선 -『연평답문 延平答問』의 간행 및 독서와 이통의 문묘종사文廟從祀를 중심으로 - 」,『韓國思想史學』58, 한국사상사학회, 2018.
吳洙彰,「17, 18세기 平安道 儒生層의 정치적 성격」,『韓國文化』16, 서울대학교 규장각 한국학연구원, 1995.
옥영정,「『竹溪志』의 編纂과 版本에 관한 書誌的 研究」,『書誌學研究』31, 書誌學會, 2005.
______,「엄격한 서책관리와 도서관 역할」,『도산서원과 지식의 탄생』, 글항아리, 2012.
______,「조선시대 完營의 고인쇄문화에 대한 고찰」,『조선시대 지방감영의 인쇄출판 활동』, 청주고인쇄박물관, 2015.
우정임,「龜巖 李楨의 서적편찬과 간행이 道統 확립에 미친 영향」,『지역과 역사』38, 부경역사연구소, 2016.

_____, 「‘言行錄’類 서적의 수입과 이해과정을 통해 본 16세기 道統 정립과정 연구」, 『역사와 세계』 47, 효원사학회, 2015.
_____, 「조선전기 性理書의 간행과 유통에 관한 연구」, 부산대학교 대학원 박사학위논문, 2009.
_____, 「退溪 李滉과 그의 門徒들의 서적 간행과 書院의 기능」, 『지역과 역사』 22, 부경역사연구소, 2008.
유승현·민관동, 「16세기 관료 權撥의 朝鮮·明刊本 수집 경로 탐색」, 『동아시아고대학』 54, 동아시아고대학회, 2019.
윤병태, 「慶尙監營과 大邱地方의 出版印刷文化」, 『출판학연구』 31, 한국출판학회, 1989.
윤상기, 「경남 함양군 서원판본에 대한 연구」, 『書誌學硏究』 32, 한국서지학회, 2005.
_____, 「慶州 玉山書院板本에 관한 연구」, 『조선시대 지방감영의 인쇄출판 활동』, 청주고인쇄박물관, 2015.
_____, 「密陽 禮林書院板本考」, 『조선시대 지방감영의 인쇄출판 활동』, 청주고인쇄박물관, 2015.
_____, 「조선조 경남지방의 서원판본」, 『書誌學硏究』 60, 한국서지학회, 2014.
윤선자, 「일제하 호남지역 서원·사우의 복설과 신설」, 『한중인문학연구』 22, 한중인문학회, 2007.
윤숙경, 「鄕校와 書院의 祭禮에 따른 祭需에 관한 연구」, 『韓國食生活文化學會誌』 13, 한국식생활문화학회, 1998.
윤진영, 「星州李氏 家門의 초상화 연구」, 『藏書閣』 22, 한국학중앙연구원, 2009.
윤희면, 「경상도 함양의 濫溪書院 연구」, 『南冥學硏究』 26, 남명학연구소, 2008.
_____, 「白雲洞書院의 設立과 豊基士林」, 『震檀學報』 49, 震檀學會, 1980.

_____, 「朝鮮時代 書院 院任 硏究」, 『역사교육』 54, 역사교육연구회, 1993.
_____, 「조선시대 서원의 도서관 기능 연구」, 『歷史學報』 186, 역사학회, 2005.
_____, 「조선시대 書院의 祭禮와 位次」, 『진단학보』 90, 진단학회, 2000.
_____, 「조선후기 서원의 경제기반」, 『동아연구』 2, 서강대학교 동아연구소, 1983.
_____, 「조선후기 서원의 경제기반2」, 『전남사학』 19, 호남사학회, 2002.
_____, 「조선시대 서원정책과 서원의 설립 실태」, 『歷史學報』 181, 역사학회, 2004.
이경동, 「16세기 도통론의 전개와 포은 정몽주의 위상」, 『圃隱學硏究』 17, 포은학회, 2016.
李瑾明, 「12세기 兩浙 일대의 書院과 讀書人」, 『中國史硏究』 119, 중국사학회, 2019.
이병훈, 「경주 옥산서원의 장서 수집 및 관리 실태를 통해 본 도서관적 기능」, 『한국민족문화』 58, 부산대학교 한국민족문화연구소, 2016.
_____, 「도동서원 소장 자료의 현황과 특징」, 『韓國書院學報』 2, 한국서원학회, 2013.
_____, 「16세기 안동지역 재지사족의 성장과 서당 건립 활동」, 『民族文化論叢』 69, 영남대학교 민족문화연구소, 2018.
_____, 「朝鮮後期 慶州 玉山書院의 運營과 役割」, 영남대학교 대학원 박사학위논문, 2018.
_____, 「조선후기 영남지역 원사의 건립과 변화 검토」, 『韓國書院學報』 6, 한국서원학회, 2018.
이수환, 「금계 황준량의 서원활동과 교육론」, 『嶺南學』 66, 경북대학교 영남문화연구원, 2018.
_____, 「서원 기록자료 정리의 현황과 과제」, 『民族文化論叢』 52, 민족문화연구소, 2012.

______,「星州 迎鳳書院 연구」,『歷史敎育論集』54, 역사교육학회, 2015.
______,「16세기 전반 영남사림파의 동향과 동방오현 문묘종사」,『한국학논집』45, 계명대학교 한국학연구원, 2011.
______,「영남서원의 자료 현황과 특징」,『대구사학』65, 대구사학회, 2001.
______,「嶺南地方 書院의 經濟的 基盤」,『民族文化論叢』2-3, 영남대학교 민족문화연구소, 1982.
______,「영남지방 서원의 경제적 기반 2」,『대구사학』26, 대구사학회, 1984.
______,「朝鮮後期 書院奴婢 身貢에 대한 연구」,『民族文化論叢』10, 영남대학교 민족문화연구소, 1989.
이유리,「17세기 일본 간행 조선본 性理學書의 서지적 연구」, 한국학중앙연구원 고문헌관리학전공 박사학위논문, 2019.
이종문,「초창기初創期 임고서원臨皐書院 연구」,『한국학논집』63, 계명대학교 한국학연구원, 2016.
이태진,「吉再 忠節 追崇의 時代的 變遷」,『吉冶隱硏究論叢』, 서문문화사, 1993
임기영,「『自警編』의 수용 및 간행 판본 연구」,『書誌學硏究』74, 한국서지학회 2018.
임근실,「16세기 善山지역 서원 건립에 나타나는 道統意識」,『退溪學報』137, 퇴계학연구원, 2015.
______,「16세기 書院의 藏書 硏究」,『韓國書院學報』4, 한국서원학회, 2017.
______,「16세기 書院의 學規에 대한 검토와 그 특징」,『韓國書院學報』6, 2018.
______,「『迎鳳志』의 지식사적 의미」,『民族文化論叢』69, 영남대학교 민족문화연구소, 2018.
______,「柳雲龍의『吳山志』편찬 의도」,『韓國書院學報』2, 한국서원학회, 2013.

장동우, 「『家禮』 註釋書를 통해 본 朝鮮 禮學의 發展過程」, 『東洋哲學』 43, 한국동양철학회, 2010.

______, 「『주자가례』의 수용과 보급과정」, 『국학연구』 16, 한국국학진흥원, 1998.

장동표, 「예림서원의 건립 중수와 김종직 추숭 활동」, 『역사와 경계』 64, 부산경남사학회, 2007.

전형택, 「朝鮮後期 筆巖書院의 經濟基盤과 財政」, 『역사학연구 구 전남사학』 11, 전남사학회, 1997.

정만조, 「조선시대 書院志 體例에 관한 연구」, 『韓國學論叢』 29, 국민대학교 한국학연구소, 2006.

정우락, 「성주지역 道學의 착근과 江岸學派의 성장」, 『嶺南學』 21, 경북대학교 영남문화연구원, 2012.

정진옥, 「學規分析을 通한 朝鮮時代 書院의 教育機能 研究」, 경북대학교 교육대학원 석사학위논문, 2011.

조준호, 「書院志 分析을 통해 본 初期 書院의 성격」, 『韓國學論叢』 33, 국민대학교 한국학연구소, 2010.

______, 「朝鮮時代 鄭夢周 祭享書院의 建立 推移와 性格」, 『圃隱學研究』 6, 포은학회, 2010.

______, 「退溪 李滉의 서원건립 활동과 서원론의 실현」, 『역사문화논총』 2, 역사문화연구소, 2006.

조춘호, 「慶山地域 鄕校·書院의 祭享 笏記」, 『東洋禮學』 7, 동양예학회, 2002.

진상원, 「朝鮮中期 道學의 正統系譜 成立과 文廟從祀」, 『韓國史研究』 128, 한국사연구회, 2005.

최경훈, 「조선시대 原州 지역의 인쇄 문화 연구」, 『조선시대 지방감영의 인쇄 출판 활동』, 청주고인쇄박물관, 2015.

최채기, 「한국에서의 朱子文集 수용방식」, 『書誌學研究』 60, 한국서지학회, 2014.

崔春緖, 「예천 금당실 마을의 형성과 전통주거 연구」, 서울시립대학교 건축학과 박사학위논문, 2011.

韓文鐘, 「全北地方의 書院·祠宇에 대한 試考-『全北院宇錄』을 中心으로-」, 『全羅文化論叢』 3, 전북대학교 전라문화연구소, 1989.

한재훈, 「退溪의 書院 享祀禮定礎에 대한 考察」, 『退溪學과 儒教文化』 53, 경북대학교 퇴계연구소, 2013.

부 록

부표

〈부표-1〉『죽계지』 체제표

卷	細目
卷首	1 竹溪志序[周世鵬] 2 白雲洞文成公廟記[成世昌]
卷1 行錄	1 文成公傳[高麗史] 2 大元故將仕郎 遼陽路蓋州判官 高麗國三重大匡 興寧府院君 領藝文館事 謚文貞安公墓誌銘[李穀] 3 雞林府尹 謚文敬公 安先生 墓誌銘【幷序】[李穡] 4 有明朝鮮國推忠翊戴開國功臣輔國崇祿大夫興寧府院君謚良度安公墓誌銘【幷序】[尹淮] 5 有明朝鮮國謚文簡公安公墓碑銘【竝序】[權近] 6 有明朝鮮國崇祿大夫判中樞院事修文殿大提學兼判戶曹事仍令致仕謚靖肅公安公墓誌銘【幷序】[卞季良] 7 文貞公傳[高麗史] 8 送謹齋安大夫赴尙州牧序[李穡] 9 送安修撰序[李穀] 10 賀竹溪安氏三子登科詩序[李穡] 11 送楊廣道按廉使安侍御詩序[李穡 12 順興鳳棲樓重營記[安軸] 13 襄陽新學記[安軸] 14 按部之行東韓 重命 始臨境也 鄕先生率生徒 述獻詩啓者 尙矣 然閱前代之作 皆韜襲陳言 而不能表出新意 故皆不足觀也 近者 起注李公 自中朝登第而還 士夫賦詩贈行 各占三韓異迹爲題 語意不類 眞奇作也 僕等謹效其体 各賦東南八景一絶[安軸] 15 諸生示予以獻按部歌謠一軸 愛其新意 玩讀至三 然吾興所有靈龜山宿水樓 其風致不居八景之後 而漏而不賦 余甚怪焉 使家贅鄭生賦一絶 書于卷末 以雪吾鄕山水之恥[安軸] 16 竹溪別曲[安軸]
行錄後	1 白雲洞文成公廟開基祭后土文[周世鵬] 2 附安注書【珽】書[安珽] 3 與安牧使【瑋】書[周世鵬] 4 附安承旨【玹】答書[安玹] 5 與安挺然書[周世鵬] 6 奉安文成公遺像跋[周世鵬] 7 奉安文成公祭文[周世鵬] 8 竹溪辭三章[周世鵬] 9 祭告文成廟從祀文貞文敬文[周世鵬] 10 奉安文貞公祭文[周世鵬] 11 奉安文敬公祭文[周世鵬] 12 道東曲九章[周世鵬] 13 六賢歌[周世鵬] 14 儼然曲七章[周世鵬] 15 君子歌[周世鵬] 16 學而歌[周世鵬] 17 問津歌[周世鵬] 18 浴沂歌[周世鵬] 19 春風歌[周世鵬] 20 至善歌[周世鵬] 21 孝悌歌[周世鵬] 22 靜養吟[周世鵬] 23 動察吟[周世鵬] 24 太平曲五章[周世鵬] 25 〈小識〉[周世鵬] 26 唐虞歌[周世鵬] 27 附黃學正【俊良】書 28 答黃仲擧書[周世鵬] 29 安文成公春秋大享圖 配位同[周世鵬] 30 依圖祭用雜物式[周世鵬] 31 祭式[周世鵬] 32 上監司沈公書[李滉] 33 白雲洞紹脩書院記[申光漢]
卷2 尊賢錄	1 徽州婺源縣學三先生祠[朱熹] 2 韶州州學濂溪先生祠記[朱熹] 3 德安府應城縣上蔡謝先生祠記[朱熹] 4 黃州州學二程先生祠記[朱熹] 5 建寧府學游御史祠記[朱熹] 6 建寧府崇安縣學二公祠記[朱熹] 7 建康府學明道先生祠記[朱熹] 8 景行堂記[朱熹] 9 江州重建濂溪先生書堂記[朱熹] 10 袁州州學三先生祠記[朱熹] 11 壯節亭記[朱熹] 12 冰玉堂記[朱熹] 13 祭屯田劉居士墓文[朱熹] 14 名堂室記[朱熹] 15 克齋記[朱熹]
尊賢錄後	1 考亭書院上梁文[馮夢得] 2 九先生祠上梁文[薛友涼] 3 同文書院上梁文[退齋] 4 西澗書院楔新梁文[雪坡] 5 重創忠節祠堂上梁文[周忱]
卷3 學田錄	1 建寧府崇安縣學田記[朱熹] 2 衡州石鼓書院記[朱熹] 3 玉山劉氏義學記[朱熹] 4 〈竹溪志學田錄跋〉[周世鵬] 5 〈學田〉[周世鵬]
卷4 藏書錄	1 徽州婺源縣學藏書閣記[朱熹] 2 建寧府建陽縣學藏書記[朱熹] 3 同安縣學經史閣上梁文[朱熹] 4 刊四經成告先聖文[朱熹] 5 跋白鹿洞所藏漢書[朱熹] 6 白雲洞書院藏書[周世鵬]

卷	細目
卷5 雜錄	1 白鹿洞牒[朱熹] 2 申修白鹿洞書院狀[朱熹] 3 白鹿洞成告先聖文[朱熹] 4 白鹿洞成告先師文[朱熹] 5 跋金谿陸主簿白鹿洞書堂講義後[朱熹] 6 白鹿書堂策問[朱熹] 7 答白鹿長貳[朱熹] 8 白鹿洞賦[朱熹] 9 講座銘[朱熹] 10 四齋銘[朱熹] 11 又四齋銘[朱熹] 12 學古齋銘[朱熹] 13 尊德性齋銘[朱熹] 14 敬恕齋銘[朱熹] 15 求放心齋銘[朱熹] 16 劉屛山復齋蒙齋二琴銘[朱熹] 17 黃子厚琴銘[朱熹] 18 紫陽琴銘[朱熹] 19 窓銘 20 寫照銘[朱熹] 21 藏書閣書廚字號銘[朱熹] 22 敬齋箴[朱熹] 23 調息箴[朱熹] 24 六先生畵像贊[朱熹] 25 張敬夫畫象贊[朱熹] 26 呂伯恭畫象贊[朱熹] 27 陳明仲畫象贊[朱熹] 28 程正思畫象贊[朱熹] 29 書畵象自警[朱熹] 30 復卦贊[朱熹] 31 尋白鹿洞故址 愛其幽邃 議復興建 感歎有作[朱熹] 32 和子澄白鹿之句[朱熹] 33 次卜掌書落成白鹿佳句[朱熹] 34 白鹿講會次卜文韻[朱熹] 35 次韻四十叔父白鹿之作[朱熹] 36 奉酬敬夫[朱熹] 37 齋居感興 二十首[朱熹] 38 詠開窓[朱熹] 39 克己[朱熹] 40 觀書有感[朱熹] 41 春日[朱熹] 42 啓蒙[朱熹] 43 白鹿洞書院揭示[朱熹] 44 滄洲精舍諭學者[朱熹] 45 又諭學者[朱熹] 46 小學題辭[朱熹] 47 〈與季通書〉[朱熹] 48 〈敬字 刻石〉[周世鵬] 49 〈朱子 語錄〉 50 晦菴八大字[周世鵬]
雜錄後	1 〈白雲洞致敬說〉[周世鵬] 2 〈院規〉[周世鵬] 3 白雲洞 次朱文公白鹿洞賦[周世鵬] 4 豊基俗尙記[周世鵬] 5 豊基古跡記[周世鵬] 6 豊基移建學校記[周世鵬]
卷6 別錄	1 爲學[四書] 2 立教[四書] 3 闢邪[四書]

〈부표- 2〉『영봉지』 체제표

	편목	내용
①	迎鳳書院記	李滉 記
②	㉠ 書院錄	衡州石鼓書院記(朱熹 記) 玉山劉氏義學記(朱熹 記) 附 退溪先生上沈方伯書(李滉 書)
	㉡ 書院錄	中國 99州 312개소의 書院 목록
③	李氏行錄	文烈公傳 文忠公傳 寒暄堂墓誌 議政府議 弘文館議
④	學規錄	7개조의 學規와 細目
⑤	㉠ 藏書錄	李君山房藏書記(蘇軾 記) 徽州府婺源縣學藏書閣記(朱熹 記) 建寧府建陽縣學藏書記(朱熹 記)
	㉡ 藏書錄	55種 462卷 5部 장서 목록
⑥	學田錄	建寧府崇安縣學田記(朱熹 記)
⑦	書院學田錄	田畓 등 학전 목록
⑧	廟院定議錄	祭享人物 선정 논의
⑨	春秋大享圖	春秋享祀의 陳設圖
⑩	祭式	春秋享祀의 의식절차

〈부표- 3〉『오산지』[1] 체제표

권	제목	세목	내용(지은이, 저술연도)
1	行錄	行狀	行狀(박서생, 1422)
		吏曹牒	追贈牒(1427)
			三綱行實(1434)
			輿地勝覽(1530)
			權近詩叙(권근, 『陽村集』권20 序類 題吉再先生詩卷後序)
			南在詩叙(남재, 1403)
			彜尊錄(김종직)
			慵齋叢話(성현, 1525)
			續蒙求(유희춘, 1566)
			請復職趙光祖䟽(기대승, 1569)
			李楨彜尊錄跋(이정)
			金烏建院議
			對語使問(이황, 1567)
			賜祭議[2]
		祭文	賜祭文(선조, 1577)
			孫舜孝祭文(손순효, 1485~1487)
			尹根壽祭文(윤근수, 1574)
			柳成龍撰[冶隱先生墓標改豎祭文(유성룡,1587),[3] 吳山書院奉安文(유성룡, 1588)
		砥柱碑陰記	砥柱碑陰記(유성룡, 1587)
		附問答一條	附問答一條(길겸-이황의 문답)
2	享祀	題吳山志	題吳山志(유운룡, 1588)
		享祀	『朱子大全』, 『竹溪志』, 川谷院規
		祭儀	春秋大享圖, 祭器, 齋戒, 序立, 陳器, 行禮, 行奠幣禮, 行初獻禮, 行亞獻禮, 行終獻禮, 行飮福禮, 行望瘞禮, 大享祝文, 墓祭祝文, 祭官
		展謁	川谷院規
3	學規	有司	陶山(1), 川谷(3), 金烏(1), 屛山(2), 按(2)
		院士	陶山(2), 竹溪志(2), 川谷(3), 屛山(2), 按(2)
		居業	陶山(5), 川谷(3), 屛山(2), 按(1)
		勸課	陶山(1), 川谷(1), 金烏(1), 按(1)
		防檢	陶山(2), 竹溪志(3), 川谷(4), 按(3)
		交際	陶山(1), 竹溪志(1), 川谷(3), 按(1)
		相正	陶山(1), 川谷(5), 屛山(7), 按(4)
		養賢	竹溪志(1), 屛山(3), 按(3)
		修宇	竹溪志(1), 川谷(1)
		點書	川谷(1)
		典僕	屛山(1), 按(2)

1 『吳山志』의 목록에는 권1이 「行錄」, 「祭文」, 「碑陰記」로 구성되어 있다. 하지만 그렇게 되면 「吏曹牒」과 「附問答 一條」을 나타낼 수 없어 편의상 모두 세목으로 분류하였다.

2 賜祭議 : 『冶隱集』에는 「賜祭議」으로 수록되어 있다.

3 祭文(柳成龍撰) : 『謙菴集』에는 「冶隱先生墓標改豎祭文」으로 수록되어 있다.

권	제목	세목	내용(지은이, 저술연도)
4	考證	考證	『輿地勝覽』, 『大明一統志』
		事跡	吳山書院記(유운룡, 1588)

〈부표-4〉 백운동서원의 장서 목록

區分	類別	書名		소계
經部	易類	周易大全14卷		22종, 2건 모두 합하면 195책
	詩類	詩大全9卷	詩大文2卷	
	書類	書大全14卷	書諺吐8卷	
		書大文1권		
	春秋類	春秋附錄大全17卷	左傳大全23卷	
		春秋胡傳大全7卷	春秋胡傳小全4卷	
	禮類	禮記大全16卷	禮記唐板小全10卷	
		周禮7卷		
	四書類	中庸1部	大學1部	
		中庸或問1部	論語大全2件各7卷	
		孟子大全2件各7卷	孟子大文2卷	
		大學衍義12卷		
	小學類	小學2件各4卷	韻府群玉10卷	
史部	編年類	宋鑑 16卷	通鑑15卷	5종, 78책
		東國通鑑29卷		
	傳記類	伊洛淵源錄 2卷	名臣言行錄16卷	
子部	儒家類	近思錄 2건 4卷	自警編7卷	8종, 2건 모두 합하면 184책
		眞西山心經2卷	朱子語類59卷	
		性理大全36卷	朱子大全70卷	
	類書類	博物志1卷	續博物志1卷	
集部	總集類	文選15卷	楚辭2卷	8종, 73책
		文章軌範2卷	儷語編錄20卷	
	別集類	韓昌黎集16卷	柳子厚集13卷	
		樊川集4卷	完陵集1卷	
合計		43種503 (500권+3부), 2건을 모두 합하면 525책		

〈부표- 5〉 역동서원의 장서 목록

區分	類別	書名		소계
經部	易類	周易 1건 12卷	啓蒙翼傳 1건 3卷	21종, 2건 모두 합하면 210책
	詩類	詩傳 1건 9卷		
	書類	書傳 1건 9卷		
	總經類	三經釋義 1권		
	春秋類	左傳 1건 14권	春秋胡傳 1건 8卷	
	禮類	禮記 1건 15권	家禮儀節 1건 4권	
		周禮注疏 1건 22권		
	四書類	中庸 2건 2	四書釋義 1권	
		孟子 2건 14卷	論語 2건 14卷	
		大學衍義 1건 14권	(中庸)或問 2건 2	
		(大學) 或問 2건 2	大學 2건 2	
	小學類	小學集成 1건 6卷		
		韻會 1건 10권	韻府群玉 1건 10권	
史部	編年類	宋鑑 2건 15卷	通鑑 1건 15卷	11종, 2건 모두 합하면 300책
	傳記類	三仁錄 1권	朱子年譜 1건 2권	
		退溪先生年譜 1권	[晦齋]年譜 1건 1권	
		皇明名臣言行錄 1건 4권	名臣言行錄 1건 12권	
	正史類	晉書 1건 43권		
	政法類	大明一統志 1건 51권	文獻通考 1건 140권	
子部	儒家類	性理大全 1件 24卷	朱子大全 1건 76권	6종, 113책
		古鏡重磨方 1권	朱子語錄類要 1건 9권	
		延平問答 1건 2권	聖學十圖 1건 1권	
集部	總集類	古文眞寶前集 4권	[古文眞寶]後集 4권	20종, 板 모두 합하면 103책
		選文掇英 2卷		
	別集類	睡軒集 1건 2권	晦齋集 1건 4권	
		艮齋集 4卷	冲齋集 5卷	
		溫溪集 3卷	溪巖集 3卷	
		文節公遺稿 2卷	退溪先生後集 4卷	
		退溪先生文集 31권	李白詩 15권	
		晦庵語錄 1건 6권	梅花時 1권	
	詞曲類	陶山十二曲 1건		
	?	扁額 9板	院規 1건 1권	
		遊院錄 1건 1권	尋院錄 1건 1권	
合計		58종, 2건과 板 모두 합하면 726책		

〈부표- 6〉 도산서원의 장서 목록

區分	類別	書名		소계
經部	易類	周易 2건 26卷	易大文 1건 1卷	33종, 2건 모두 합하면 534책
	詩類	詩大文 1건 2卷	詩傳 2건 18권 詩傳 9권	
	書類	書大文 1건 2권	書傳 1건 10권 書傳 2건 18권	
	春秋類	春秋 2건 16권 春秋 8권	左傳 17卷	
	禮類	禮記 2건 32권		
		儀禮經傳通解續 32권	鄕校禮輯 5권	
		儀禮圖 2건 8권	儀禮 4권	
		儀禮集傳 20권	儀禮經傳通解續 32권	
		唐本禮記 10권		
	孝經類	孝經1건 1권		
	四書類	論語或問 1건 4권	四書章圖 20권	
		孟子 2건 14卷	論語 2건 14卷 論語 1건 7권	
		孟子諺解 7권	孟子或問 1건 1권	
		論語諺解 4권	大學諺解 1	
		中庸 2건 2권 中庸 1건 1권	大學 2건 2권 大學 3건 1권	
		中庸諺解 1건		
	小學類	小學 1건 4卷	小學諺解 4卷	
		韻會 11권	韻府群玉 10권	
		大廣益會 3卷		
史部	編年類	綱目 150권	通鑑 15卷	18종, 2건 모두 합하면 420책
		唐鑑 2건 5卷	通鑑續編 15권	
		十九史畧 8卷	後漢書1건 32권	
	傳記類	伊洛淵源 2건 5卷	先生年譜 1권	
		景賢錄 1건 1권	精忠錄 3권	
		皇明名臣言行錄 3권	名臣言行錄 21권	
	正史類	陣書		
	政法類	通典 1건 75권	大明一統志 60권	
	地理類	院規約帖 1권	闕里誌 13권	
		吳山志 1권		
子部	儒家類	近思錄 1건 4卷 近思錄 3권	二程全書 15卷	23종, 2건 모두 합하면 277책
		鄕約 1건 1권	理學類編 1건 1卷	
		朱子語類 75권	讀書錄 1건 9권	
		自省錄 1권	抄讀書錄 1권	
		性理大全 26卷	性理類編	
		劉向說苑 4卷	小學日記 4卷	
		朱子大全 95권	啓蒙傳疑 1권	
		延平答問 2건 2권	學蔀通辨 1건 4권	
		古鏡重磨方 1권	皇明理學名臣言行錄 1권	
		晦菴書節要 8권	性理節要 4권	
		聖學十圖 1권	孔子通紀 1건 2권	
		性理群書 10권	七先生贊 2건 1권	

區分	類別	書名		소계
集部	總集類	選文掇英 2	文選 30권	20종, 178책
		古文眞寶前後集 8卷	濂洛風雅 1卷	
		選詩 11卷		
	別集類	陶明淵集 1건 1권	樊川集 5권	
		秋江集 5卷	先生文集 31卷	
		益齋集 3卷	擊壤集 1건 4卷	
		睡軒集 2卷	陶山記 1권	
		白氏文集 31권	眞西山集 24권	
		武陵雜藁 4권	溪山雜詠 1권	
	詩文評類	詩人玉屑 1건 5권		
		屛書帖 1건 1권	顔眞卿書體 8권	
合計		94종, 2건 모두 합쳐 1409책		

〈부표-7〉 남계서원의 장서 목록

區分	類別	書名		소계
經部	易類	周易 2건 14卷	翼傳 3卷	25종, 2건 합쳐서 200책
	詩類	詩傳 10卷		
	春秋類	春秋 1권 春秋 13권 春秋 8권 春秋 7권	左傳 17卷	
	禮類	禮記 16권	家禮 6권 家禮 2권	
		儀節 4권	儀禮圖 10권	
	四書類	中庸 2건 1권	大學(大字) 1권	
		孟子 7卷	論語 3건 7卷	
		大學衍義 12	中庸或問 1권	
		大學或問 3건	大學 2건 1권	
		大學講義 2건	論孟或問 7권	
		大學補遺 1권		
	小學類	小學 3卷 小學 2권 小學 2건	諺解小學 4卷	
		童蒙須知 1권		
		禮部韻 1卷	大廣益會 3卷	
史部	編年類	宋鑑 12卷	通鑑 17卷	19종, 2건 합쳐서 90책
		唐鑑 5卷	通鑑小傳 7	
		十九史畧 8卷	通鑑傳紀 4권	
	傳記類	伊洛淵源錄 2건 2卷	朱子年譜 2권	
		國朝儒先錄 4권	精忠錄 3권	
		朱子實記 5권	朱子行狀 1部	
		比干錄 1권	皇明名臣言行錄 4권	
	詔令奏議類	陸宣公奏議 4卷	[陸宣公奏議]後集 4권	
		朱子封事 2권		
	地理類	溪志 3권		

區分	類別	書名		소계
子部	儒家類	近思錄 2건 4卷	二程全書 15卷	19종, 2건 합쳐서 430책
		性理字義 2건 1卷	理學類編 3건 2卷	
		朱子語類 50권 朱子語類 75권	讀書錄 2건 1권	
		性理大全 1件 25卷	心經 2건 1部	
		朱子書節要 10卷	夙興夜寐箴 1卷	
		[朱子]大全 10권 朱子大全 80권 朱子大全 95권	[朱子]言行錄 12권	
		延平問答 2권	小學日記 3권	
		二程粹言 2권		
		續蒙求 4권	孔子通紀 2권	
		性理群書 12권 性理群書 11권	上蔡語錄 1권	
集部	總集類	三蘇文 5권	東文選 68권	24종, 2건 합쳐서 212책
		唐音 9卷	文章軌範 1卷	
		選詩 10卷	感興詩 1卷	
		楚辭 2		
	別集類	杜詩 8	晦齋集 4권	
		秋江集 5卷	朱子詩集 4卷	
		紫陽集 10卷	擊壤集 4卷	
		程氏遺書 8卷	樊川集 4卷	
		醫閭集 3卷	孟浩然集 1	
		晦庵文抄 3권	韋蘇州 2	
		柳州集 21권	太白集 15권	
		西山集 17권	陸放翁 2권	
	小說類	兩山墨談 5권		
合計		총 86종, 2건 모두 합쳐 932책		

〈부표- 8〉 옥산서원의 장서 목록

區分	類別	書名		소계
經部	易類	周易 2건 26卷		20종
	書類	書傳 2件 18卷		
	詩類	詩傳 9卷		
	春秋類	春秋 8卷	左傳	
	禮類	禮記 2건 31卷	奉先雜儀 6건 6권	
	四書類	中庸 2건 2部	大學 2건 2部	
		中庸諺解	大學諺解	
		孟子諺解	論語 2건 14卷	
		論語諺解 1卷	孟子 2건 16卷	
		大學補遺	孟子大文 1건4책	
	小學類	諺解小學	小學諺解 2건 4권	
		飜譯小學1건 7권		

區分	類別	書名		소계
史部	編年類	唐鑑	三國史記	5종
	傳記類	忠烈錄 1권	國朝儒先錄 1건 4권	
		皇朝名臣言行錄		
子部	儒家類	朱子語類 1건 75권	續蒙求 1건 4권	8종
		宋季元明理學通錄	孔子通紀	
		性理大全 1件 25卷	二程先生傳道粹言	
		性理大全書 1건 25권	朱子大全 1건 95권	
集部	總集類	選文撥英 1건 2권		5종
	別集類	武陵雜稿 8卷	退溪先生文集 1건 28卷	
	隨筆類	櫟翁稗說 1건 1권	筆談 2권	
合計		28종 卷 部 冊 수는 불명확함.		

〈부표- 9〉 영봉서원의 장서 목록

區分	類別	書名		소계
經部	易類	周易大全 14卷	(周易大全)大文 1卷	20종
	書類	書大全 3件 10卷	(書大全)大文 2卷	
	詩類	詩大全 10卷	(詩大全)大文 2卷	
	春秋類	春秋左傳 25卷	春秋附錄 17卷	
		春秋胡傳 2件 7卷	-	
	禮類	禮記大文 6卷	-	
	四書類	中庸 2部	大學 1部	
		或問大學 2部	論語大全 9卷	
		(論語大全)大文 1卷	孟子大全 7卷	
	小學類	小學集解 3卷	韻府群玉 11卷	
		韻會 13卷	大廣益會 3卷	
史部	編年類	宋鑑 16卷	元史節要 2卷	7종
		後漢書 46卷	通鑒 14卷	
		十九史畧 8卷	-	
	傳記類	淵源錄 2卷	-	
	詔令 奏議類	陸宣公奏議 7卷	-	
子部	儒家類	近思錄 4卷	性理字義 1卷	10종
		自警編 5卷	理學類編 2卷	
		性理大全 2件 25卷	心經付註 1卷	
		三綱行實 1卷	續三綱 1卷	
	類書類	博物志 1卷	-	
	醫家類	活人心方 1卷	-	
集部	總集類	古文眞寶 7卷	東文選 46卷	18종
		古文選 17卷	文章軌範 2卷	
		文章歐冶 1卷	三韓詩龜鑑 1卷	
		朝鮮賦 1卷	唐音詩集 3卷	
	別集類	東坡詩集 14卷	昌黎集15卷	
		柳文 13卷	晦庵詩集 2卷	
		樊川 4卷	蘇詩摘律 2卷	
		靖節先生集 1卷	訥齋集 2卷	
		遺山樂府 1卷	成廟御書 1卷	
合計		55종 464卷 5部		

〈부표- 10〉 16세기 서원 장서 총목록

	서명	백	영	역	옥	남	도	서	비고
1	家禮					2			
2	家禮儀節			1					
3	艮齋集			1					
4	感興詩					1			
5	綱目						1		
6	擊壤集					1	1		
7	經國大典							○	
8	景賢錄						1		
9	啓蒙翼傳			1					
10	啓蒙傳疑						1		
11	溪山雜詠						1		
12	溪巖集			1					
13	桂苑筆耕							○	
14	溪志					1			
15	古鏡重磨方			1			1		
16	古文選		1						
17	古文眞寶		1	1			1	○	
18	孔子通紀				1	1	1		
19	國朝儒先錄				1	1			
20	闕里誌						1		
21	近思錄	2	1	1		2	2		
22	論孟或問					1			
23	論語			2	2	3	3	○	
24	論語大文		1						
25	論語大全	2	1						
26	論語諺解				1		1		
27	論語或問						1		
28	訥齋集		1						
29	唐鑑				1	1	2		
30	唐本禮記						1		
31	唐音					1			
32	唐音詩集		1						
33	唐板小傳	1							
34	大廣益會		1			1	1		
35	大明一統志			1			1		
36	大學	1	1	2	2	2	5	○	部
37	大學(大字)					1			
38	大學講義					2			
39	大學補遺				1				
40	大學諺解				1		1		
41	大學衍義	1		1		1			
42	大學或問	1	2	2		3	1	○	
43	陶明淵集						1		
44	陶山記						1		

	서명	백	영	역	옥	남	도	서	비고
45	陶山十二曲			1					
46	讀書錄					2	1		
47	東國通鑑	1							
48	童蒙須知					1			
49	東文選		1			1			
50	東坡詩集		1						
51	杜詩					1			
52	儷語編錄	1							
53	櫟翁稗說				1				
54	濂洛風雅						1		
55	梅花詩			1					
56	孟子			2	2	1	2	○	
57	孟子大文	1			1				
58	孟子大全	1	1						
59	孟子諺解				1		1		
60	孟子或問						1		
61	孟浩然集					1			
62	名臣言行錄	1	1				1		
63	明皇誡鑑							○	
64	武陵雜稾				1		1		
65	文選	1					1		
66	文章歐冶		1						
67	文章軌範	1	1			1			
68	文節公遺稿			1					
69	文獻通考			1					
70	博物志	1	1						
71	白氏文集						1		
72	飜譯小學				2				
73	樊川集	1	1			1	1		
74	兵書							○	
75	屛書帖						1		
76	本草衍義							○	
77	奉先雜儀				1				
78	比干錄					1			
79	四書釋義			1					
80	四書章圖						1		
81	三綱行實		1					○	
82	三經釋義			1					
83	三國史記				1				
84	三蘇文					1			
85	三仁錄			1					
86	三韓詩龜鑑		1						
87	上蔡語錄					1			
88	書大文	1	1				1		
89	書大全	1	1						

	서명	백	영	역	옥	남	도	서	비고
90	書諺吐	1							
91	西山集					1			
92	書傳			1	2		3	○	
93	西河集							○	
94	選文掇英			1	1		1		
95	[退溪]先生文集-						1		
96	[退溪]先生年譜						1		
97	選詩					1	1		
98	性理群書					2	1		
99	性理大全	1	2	1	1	1	1	○	
100	性理大全書				1				
101	性理類編						1		
102	性理字義		1			2			
103	性理節要						1		
104	成廟御書		1						
105	聖學十圖			1			1	○	
106	蘇詩摘律		1						
107	小學	1				4	1		
108	小學大文							○	
109	小學諺解						1		
110	小學日記					1	1		
111	小學集成			1				○	
112	小學集解		1						
113	少微通鑑							○	
114	續蒙求				1	1			
115	續博物志	1							
116	續三綱		1						
117	宋鑑	1	1	2		1			
118	宋季元明理學通錄				1				
119	宋元節要							○	
120	睡軒集			1			1		
121	夙興夜寐箴					1			
122	詩大文	1	1				1		
123	詩大全	1	1						
124	詩人玉屑						1		
125	詩傳			1	1	1	3	○	
126	心經					2			部
127	心經付註		1					○	
128	尋院錄			1					
129	十九史略		1			1	1	○	
130	顔眞卿書體						1		
131	兩山墨談					1			
132	諺解小學				1	1			
133	歷代兵要							○	
134	歷代要錄					1			部

	서명	백	영	역	옥	남	도	서	비고
135	[晦齋]年譜			1					
136	延平問答			1		1	2		
137	禮記			1	2	1	2	○	
138	禮記大全	1	1						
139	禮部韻					1			
140	吳山志						1		
141	溫溪集			1					
142	完陵集	1							
143	韻府群玉	1	1	1			2	○	
144	韻會		1	1			1	○	
145	院規			1					
146	院規約帖						1		
147	元史節要		1						
148	韋蘇州					1			
149	柳文		1						
150	遺山樂府		1						
151	遊院錄			1					
152	柳子厚集	1							
153	柳州集					1			
154	劉向說苑						1		
155	陸放翁					1			
156	陸宣公奏議		1			1			
157	陸宣公奏議後集					1			
158	醫閭集					1			
159	儀禮						1		
160	儀禮經傳通解續						2		
161	儀禮圖					1	2		
162	儀禮集傳						1		
163	儀節					1			
164	伊洛淵源錄	1	1			1	1		
165	伊洛淵源續錄					1			
166	李白詩			1					
167	二程先生傳道粹言				1				
168	二程粹言					1			
169	二程全書					1	1		
170	理學類編		1			3			
171	益齋集						1		
172	翼傳					1			
173	自警編	1	1						
174	自省錄						1		
175	紫陽集					1			
176	程氏遺書					1			
177	靖節先生集		1						
178	精忠錄					1	1		
179	朝鮮賦		1						

	서명	백	영	역	옥	남	도	서	비고
180	左傳			1	1	1	1	○	
181	左傳大全	1							
182	周禮	1							
183	周禮注疏			1					
184	周易			1	2	2	2	○	
185	周易大文		1						
186	周易大全	1	1				1		
187	朱子大全	1		1	1	3	1		
188	朱子封事					1			
189	朱子書節要					1			
190	朱子詩集					1			
191	朱子實記					1	1		
192	朱子語錄類要			1					
193	朱子語類	1			1	2	1		
194	朱子言行錄					1			
195	朱子年譜			1		1			
196	朱子行狀					1			部
197	中庸	1	2	2	2	2	3	○	部
198	中庸諺解				1		1		
199	中庸或問			2		1		○	
200	晉書			1					
201	陣書						1		
202	眞西山心經	1							
203	眞西山集						1		
204	昌黎集		1						
205	抄讀書錄						1		
206	楚辭	1				1			
207	秋江集					1	1		
208	春秋				1	4	2		
209	春秋附錄		1					○	
210	春秋附錄大全	1							
211	春秋左傳		1						
212	春秋胡傳		2	1					
213	忠烈錄				1				
214	冲齋集			1					
215	七先生贊						2		
216	太白集					1			
217	通鑑	1	1	1		1	1		
218	通鑑小傳					1			
219	通鑑續編						1		
220	通鑑傳紀					1			
221	通典						1		
222	退溪先生文集			1	1				
223	退溪先生年譜			1					
224	退溪先生後集			1					

	서명	백	영	역	옥	남	도	서	비고
225	扁額			9					板
226	筆談				1				
227	學蔀通辨						1		
228	韓昌黎集	1							
229	鄕校禮輯						1		
230	鄕約						1		
231	鄕藥集成方							○	
232	胡傳春秋	1						○	
233	活人心方		1						
234	皇明名臣言行錄			1		1	1		
235	皇明理學名臣言行錄						1		
236	皇朝名臣言行錄				1				
237	晦庵文抄					1			
238	晦菴書節要						1		
239	晦菴詩集		1						
240	晦庵語錄			1					
241	晦齋集			1		1			
242	孝經						1		
243	後續錄							○	
244	後漢書		1			1			

〈부표- 11〉『영봉지』와 『대명일통지』의 중국 서원 목록 비교표

	卷	府	書院名	迎鳳志	四庫全書 明一統志	비고
1	1	順天府	太極書院	○	○	順天府, 4.
2			諫議書院	○	○	
3			文靖書院	○	○	
4			益津書院	○	○	
5	2	保定府	静修書院	○	○	保定府, 1.
6		河間府	毛公書院	○	○	河間府, 2.
7			董子書院	○	○	
8	3	真定府	封龍書院	○	○	真定府, 5.
9			太行書院	○	○	
10			西谿書院	○	○	
11			中谿書院	○	○	
12			壁里書院	○	○	
13	4	大名府	崇義書院	○	○	大名府, 1.
14	5	萬全都指揮使司	景賢書院	○	○	萬全都指揮使司, 9.
15			獨石書院	○	○	
16			西關書院	○	○	
17			雲州書院	○	○	
18			東莊社學	○	○	
19			赤城社學	○	○	
20			馬營社學	○	○	
21			鵰鶚社學	○	○	
22			長安社學	○	○	

	卷	府	書院名	迎鳳志	四庫全書 明一統志	비고
23	6	應天府	明道書院	○	○	應天府, 3.
24			南軒書院	○	○	
25			昭文書院	○	○	
26	7	鳳陽附	崇聖書院	○	○	鳳陽附, 3. 迎鳳志 1 누락.
27			西湖書院	○	○	
28			獨山書院	×	○	
29	8	蘇州府	學道書院	○	○	蘇州府, 9. 迎鳳志 2 누락.
30			甫里書院	○	○	
31			文正書院	○	○	
32			和靖書院	○	○	
33			鶴山書院	○	○	
34			金鄕書院	×	○	
35			練川書院	×	○	
36			范氏義學	○	○	
37			東陽義學	○	○	
38	9	松江府	孔宅書院	○	○	松江府, 5.
39			九峯書院	○	○	
40			西湖書院	○	○	
41			清忠書院	○	○	
42			邵氏義塾	○	○	
43	10	常州府	龜山書院	○	○	常州府, 2.
44			東坡書院	○	○	
45	11	鎭江府	淮海書院	○	○	鎭江府, 6. 迎鳳志 1 누락.
46			濂溪書院	○	○	
47			景賢書院	×	○	
48			申義書院	○	○	
49			龍山書院	○	○	
50			茅山書院	○	○	
51	12	楊州府	謝安書院	○	○	楊州府, 4. 迎鳳志 2 누락.
52			安定書院	○	○	
53			維揚書院	×	○	
54			甘泉書院	×	○	
55	13	淮安府	仰止書院	×	○	淮安府, 2. 迎鳳志 2 누락.
56			節孝書院	×	○	
57	14	盧州府	包公書院	×	○	盧州府, 5. 迎鳳志 2 누락
58			文翁書院	○	○	
59			龍眠書院	○	○	
60			三賢書院	○	○	
61			毛公書院	×	○	
62		安慶府	山谷書院	○	○	安慶府, 5. 迎鳳志 4 누락.
63			二良書院	×	○	
64			近思書院	×	○	
65			龍山書院	×	○	
66			皖山書院	×	○	

	卷	府	書院名	迎鳳志	四庫全書 明一統志	비고
67	15	太平府	天門書院	○	○	太平府, 4. 迎鳳志 1 누락.
68			采石書院	○	○	
69			丹陽書院	○	○	
70			于湖書院	×	○	
71		寧國府	宛陵書院	○	○	寧國府, 2. 迎鳳志 1 누락.
72			鳳山書院	×	○	
73	16	池州附	齊山書院	○	○	池州附, 4. 迎鳳志 3 누락.
74			李白書院	×	○	
75			陽明書院	×	○	
76			甘泉書院	×	○	
77		徽州府	紫陽書院	○	○	徽州府, 3. 迎鳳志 1 누락.
78			明經書院	○	○	
79			東山書院	×	○	
80	19	太原府	冠山書院	○	○	太原府, 2.
81			松峯書院	○	○	
82	20	平陽府	温公書院	○	○	平陽府, 3.
83			董澤書院	○	○	
84			晉山書院	○	○	
85	21	大同府	暖泉書院	○	○	大同府, 1.
86		澤州	文忠書院	○	○	澤州, 1.
87	22	濟南府	閔子書院	○	○	濟南府, 3.
88			伏生書院	○	○	
89			泰山書院	○	○	
90	23	兗州府	洙泗書院	○	○	兗州府, 8.
91			聖澤書院	○	○	
92			尼山書院	○	○	
93			曾子書院	○	○	
94			性善書院	○	○	
95			思聖書院	○	○	
96			野齋書院	○	○	
97			中庸精舍	○	○	
98	24	東昌府	弘歌書院	○	○	東昌府, 1.
99	25	萊州府	鄭玄書院	○	○	萊州府, 2.
100			東萊書院	○	○	
101	26	開封府	儒林書院	○	○	開封府, 5. 迎鳳志 3 누락.
102	27		應天書院	×	○	
103			崇正書院	×	○	
104			澮濱書院	○	○	
105			錦襄書院	×	○	
106	29	河南府	嵩陽書院	○	○	河南府, 5. 기사에서 차이가 큼.
107			穎谷書院	○	○	
108			伊川書院	○	○	
109			洛西書院	○	○	
110			同文書院	○	○	

	卷	府	書院名	迎鳳志	四庫全書 明一統志	비고
111	30	南陽府	諸葛亮書院	○	○	南陽府, 3. 迎鳳志 2 누락.
112			志學書院	×	○	
113			豫山書院	×	○	
114	31	汝寧府	汝南書院	×	○	汝寧府, 3. 迎鳳志 1 누락.
115			涑水書院	○	○	
116			謝顯道書院	○	○	
117	32	西安府	魯齋書院	○	○	西安府, 2.
118			學古書院	○	○	
119	34	鳳翔府	橫渠書院	○	○	鳳翔府, 1.
120	38	杭州府	龜山書院	○	○	杭州府, 3.
121			西湖書院	○	○	
122			黄岡書院	○	○	
123	39	嘉興府	宣公書院	○	○	嘉興府, 2.
124			傳貽書院	○	○	
125	40	湖州府	安定書院	○	○	湖州府, 2.
126			東湖書院	○	○	
127	41	嚴州府	釣臺書院	○	○	嚴州府, 2.
128			石峽書院	○	○	
129	42	金華府	麗澤書院	○	○	金華府, 4.
130			月泉書院	○	○	
131			四賢書院	○	○	
132			橫城義學	○	○	
133	43	衢州府	淸獻書院	○	○	衢州府, 4.
134			柯山書院	○	○	
135			包山書院	○	○	
136			明正書院	○	○	
137	44	處州府	桂山書院	○	○	處州府, 4.
138			石門書院	○	○	
139			獨峯書院	○	○	
140			美化書院	○	○	
141	45	紹興府	稽山書院	○	○	紹興府, 2.
142			高節書院	○	○	
143	46	寧波府	桃源書院	○	○	寧波府, 7.
144			廣平書院	○	○	
145			甬東書院	○	○	
146			慈湖書院	○	○	
147			東湖書院	○	○	
148			鄮山書院	○	○	
149			鄞江書院	○	○	
150	47	台州府	上蔡書院	○	○	台州府, 5.
151			桐江書院	○	○	
152			鑑溪書院	○	○	
153			回浦書院	○	○	
154			安洲書院	○	○	

	卷	府	書院名	迎鳳志	四庫全書 明一統志	비고
155	48	温州府	永嘉書院	○	○	温州府, 2.
156			宗晦書院	○	○	
157	49	南昌府	梧桐書院	○	○	南昌府, 7. 迎鳳志 1 누락. 기사 차이 큼.
158			東湖書院	○	○	
159			宗濂書院	○	○	
160			華林書院	○	○	
161			龍光書院	○	○	
162			貞文書院	○	○	
163			正學書院	×	○	
164	50	饒州府	鄱江書院	○	○	饒州府, 9.
165			忠定書院	○	○	
166			東山書院	○	○	
167			石洞書院	○	○	
168			南溪書院	○	○	
169			慈湖書院	○	○	
170			新田書院	○	○	
171			錦江書院	○	○	
172			初庵書院	○	○	
173	51	廣信府	稼軒書院	○	○	廣信府, 8.
174			端明書院	○	○	
175			象山書院	○	○	
176			鵝湖書院	○	○	
177			疊山書院	○	○	
178			桐源書院	○	○	
179			藍山書院	○	○	
180			劉氏義學	○	○	
181	52	南康府	白鹿書院	○	○	南康府, 2. 迎鳳志 1 누락.
182			馬融書院	×	○	
183		九江府	景星書院	○	○	九江府, 5.
184			濂溪書院	○	○	
185			靖忠書院	○	○	
186			義門書堂	○	○	
187			匡山精舍	○	○	
188	53	建昌府	盱江書院	○	○	建昌府, 2.
189			南豐書院	○	○	
190	54	撫州府	臨汝書院	○	○	撫州府, 10.
191			峩峯書院	○	○	
192			槐堂書院	○	○	
193			鹿岡書院	○	○	
194			文谿書院	○	○	
195			草廬書院	○	○	
196			邵菴書院	○	○	
197			青田書院	○	○	
198			柳塘書院	○	○	
199			龍溪書院	○	○	

	卷	府	書院名	迎鳳志	四庫全書 明一統志	비고
200	55	臨江府	高峰書院	○	○	臨江府, 5. 迎鳳志 2 누락.
201			清江書院	○	○	
202			金鳳書院	○	○	
203			惜陰書院	×	○	
204			金川書院	×	○	
205	56	吉安府	鷺洲書院	○	○	吉安府, 12. 迎鳳志 1 누락.
206			龍洲書院	○	○	
207			文溪書院	○	○	
208			雲津書院	○	○	
209			柳溪書院	○	○	
210			清節書院	○	○	
211			匡山書院	○	○	
212			磻溪書院	○	○	
213			陽豐書院	○	○	
214			武城書院	○	○	
215			龍溪書院	○	○	
216			一峰書院	×	○	
217	57	瑞州府	西澗書院	○	○	瑞州府, 5.
218			樂善書院	○	○	
219			文溪書院	○	○	
220			正德書院	○	○	
221			石溪書院	○	○	
222		袁州府	南軒書院	○	○	
223			鈐岡書院	○	○	
224			胡安之書院	○	○	
225			宗濂書院	○	○	
226			張巖書院	×	○	
227	58	贛州府	濂溪書院	×	○	贛州府, 5. 迎鳳志 府 전체 누락.
228			先賢書院	×	○	
229			安湖書院	×	○	
230			梅江書院	×	○	
231			陽明書院	×	○	
232	59	武昌府	東山書院	○	○	武昌府, 7. 迎鳳志 2 누락. 府 수록된 순서가 迎鳳志와 다름.
233			濂溪書院	×	○	
234			南湖書院	○	○	
235			龍川書院	○	○	
236			竹溪書院	×	○	
237			新溪書院	○	○	
238			疊山書院	○	○	
239	60	承天府	郢門書院	×	○	承天府, 4. 府 전체 누락.
240			南湖書院	×	○	
241			東山書院	○	○	
242			同仁書院	×	○	
243		襄陽府	昭明書院	×	○	襄陽府, 4. 1 누락
244			隆中書院	○	○	
245			鹿門書院	×	○	
246			鳳棲書院	×	○	

	卷	府	書院名	迎鳳志	四庫全書 明一統志	비고
247	61	德安府	長庚書院	×	○	德安府, 1. 府 전체 누락.
248		黃州府	河東書院	○	○	黃州府, 4. 2 누락.
249			東坡書院	○	○	
250			二程書院	×	○	
251			南門書院	×	○	
252	62	荊州府	公安書院	×	○	荊州府, 2. 府 전체 누락.
253			白水書院	×	○	
254		岳州府	車渚書院	○	○	岳州府, 4. 1 누락.
255			文山書院	○	○	
256			溪東書院	○	○	
257			龍峯書院	×	○	
258	63	長沙府	城南書院	○	○	長沙府, 10.
259			嶽麓書院	○	○	
260			碧泉書院	○	○	
261			東萊書院	○	○	
262			漣溪書院	○	○	
263			東岡書院	○	○	
264			喬江書院	○	○	
265			文靖書院	○	○	
266			湘西書院	○	○	
267			慶洲書院	○	○	
268	64	衡州府	南軒書院	×	○	衡州府, 5. 迎鳳志 1 누락.
269			石鼓書院	○	○	
270			南嶽書院	○	○	
271			杜陵書院	○	○	
272			清溪書院	○	○	
273		常德府	沅陽書院	○	○	常德府, 1.
274	65	辰州府	陽明書院	×	○	辰州府, 1. 府 전체 누락.
275		永州府	浯溪書院	○	○	永州府, 2.
276			濂溪書院	○	○	
277	66	沔陽州	南湖書院	○	×	沔陽州, 1. 승천부에서 분리됨.
278		靖州	鶴山書院	○	○	靖州, 2.
279			作新書院	○	○	
280		郴州	觀瀾書院	×	○	迎鳳志 누락.
281	67	成都府	紫巖書院	○	○	1
282	68	保寧府	丹梯書院	○	○	
283		順慶府	果山書院	○	○	
284	69	叙州府	柳溝書院	○	○	3
285			雲臺書院	○	○	
286			南溪書院	○	○	
287		重慶府	濂溪書院	○	○	2
288			北巖書院	○	○	
289	70	夔州府	鳳山書院	○	○	1

	卷	府	書院名	迎鳳志	四庫全書 明一統志	비고
290	71	潼川州	金華書院	○	○	
291			張九宗書院	○	○	
292			東臺書院	○	○	
293		眉州	東舘書院	○	○	
294			柵頭書院	○	○	
295	72	瀘州	鶴山書院	○	○	
296			五峯書院	○	○	
297			龍門書院	○	○	
298		邛州	魏了翁書院	○	○	迎鳳志에는 가정주에 수록됨.
299	73	黎州安撫司	玉淵書院	○	○	
300	74	福州府	勉齋書院	○	○	8
301			三山書院	○	○	
302			尊拙書院	○	○	
303			龍江書院	○	○	
304			城南書院	○	○	
305			浣溪書院	○	○	
306			螺峯書院	○	○	
307			藍田書院	○	○	
308	75	泉州府	石井書院	○	○	
309	76	建寧府	紫芝書院	○	○	11 雲花書院 迎鳳志에서 만 보임.
310			鰲峯書院	○	○	
311			鷹山書院	○	○	
312			考亭書院	○	○	
313			同文書院	○	○	
314			武夷書院	○	○	
315			廬峯書院	○	○	
316			文定書院	○	○	
317			屛山書院	○	○	
318			湛盧書院	○	○	
319			雲花書院	○	×	
320	77	延平府	諫議書院	○	○	5
321			龜山書院	○	○	
322			延平書院	○	○	
323			南溪書院	○	○	
324			鳳岡書院	○	○	
325		興化府	涵江書院	○	○	1

	卷	府	書院名	迎鳳志	四庫全書 明一統志	비고
326	78	邵武府	樵溪書院	○	○	4
327			雲巖書院	○	○	
328			雲谷書院	○	○	
329			崇仁書院	○	○	
330		漳州府	龍江書院	○	○	7. 迎鳳志 2 누락.
331			丹詔書院	○	○	
332			薌江書院	○	○	
333			鴻江書院	○	○	
334			泰亨書院	○	○	
335			狀元書院	×	○	
336			東瀛書院	×	○	
337	79	廣州府	濂泉書院	○	○	4
338			尊韓書院	○	○	
339			丞相書院	○	○	
340			古岡書院	○	○	
341		韶州府	湘江書院	○	○	2
342			涵暉谷書院	○	○	
343	80	南雄府	孔林書院	○	○	1
344		惠州府	豐湖書院	○	○	4
345			張留書院	○	○	
346			羅浮書院	○	○	
347			鼇峰書院	○	○	
348		潮州府	韓山書院	○	○	3
349			元公書院	○	○	
350			得全書院	○	○	
351	81	肇慶府	崧臺書院	○	○	4
352			星巖書院	○	○	
353			三洲書院	○	○	
354			濂溪書院	○	○	
355		高州府	茂山書院	○	○	3
356			松明書院	○	○	
357			翔龍書院	○	○	
358	82	雷州府	平湖書院	○	○	2
359			文明書院	○	○	
360		瓊州府	東坡書院	○	○	2
361			桐墩書院	○	○	
362	83	桂林府	宣成書院	○	○	2
363			清湘書院	○	○	
364		柳州府	駕鶴書院	○	○	2
365			真僊書院	○	○	
366	84	平樂府	江東書院	○	○	1
367		梧州府	勾漏書院	○	○	2
368			三元書院	○	○	

현존 서원지 자료 현황

1. 조선시대 서원지: 59종

순번	서명	편저자	卷	冊	형태	간행지역	간행장소	왕력	서기	소장처	비고
1	竹溪誌	周世鵬	6卷	3冊	木板本			中宗39	1544	고려대학교	
2	迎鳳志	盧慶麟(編)		1冊	木活字	星州	迎鳳書院	明宗-宣祖年間	1560	고려대학교	
3	吳山志	柳雲龍	4卷	1冊	木活字本			宣祖21	1588	국립중앙도서관	
4	鼎山書院事蹟			1冊	筆寫			光海 4	1612	고려대학교 영남대학교	
5	西岳志	鄭克後(編)		1冊 44張	木版			仁祖20	1642	고려대학교 장서각	
6	道山書院事蹟	金載章		23張	筆寫本				1670	국립중앙도서관	
7	彰烈祠志	李端夏		71張	木板本			肅宗 44	1718 後刷	국립중앙도서관	
8	龍山書院日記	龍山書院		1冊 15張	筆寫本			肅宗 8-19	1643- 1719	성암고서박물관	
9	華陽誌	宋周相	2卷	2冊	木版本			英祖 23	1747	경상대학교 전남대학교	初刊本
10	鼎山志	朴旨瑞(編)		1冊	木板			英祖 29	1753	국립중앙도서관	
11	表忠祠志	編著者未詳		1冊 52張	木板	濟州		英祖 45	1767	국립중앙도서관	
12	彰烈祠誌	李端夏(輯)	2卷	2冊	木版			英祖 49	1773	성균관대학교	
13	表忠祠志	表節祠		1冊 53長	木板本		表忠祠	英祖 49	1773	규장각 성균관대학교 장서각	
14	臨皐書院事蹟	臨皐書院		1冊 28張				英祖年間	1725- 1775	성암고서박물관	
15	龍山書院事實	龍山書院		19張	木板本				1777 以後	국립중앙도서관 계명대학교 동국대학교 영남대학교	
16	書院誌			1冊 111張	筆寫本			嘉慶 4	1799	국립중앙도서관	전국 서원 제향인
17	鴨溪祠誌	陸洪鎭(編)		1冊	丁酉字板			正祖24	1800	성균관대학교	
18	華陽誌	宋周相	2卷	2冊	木版本			3周 丁卯	1807	국립중앙도서관 단국대학교 연세대학교	
19	忠烈祠志	嚴璹(編)	11卷	4冊	木版			純祖 8	1808	국립중앙도서관 규장각 장서각	
20	鼎山志(幷)續	朴旨瑞		1冊	木板		鼎岡書院	崇禎三癸酉	1813	경상대학교	
21	吉城君祠宇誌	許祥(編)		1冊	木版本	咸鏡道吉州	溟川書院	崇禎190年 丁丑 10月	1817	국립중앙도서관 연세대학교	
22	考巖書院誌	金性濦	4卷	1冊	木板本				1817	국립중앙도서관 국민대학교	
23	考巖院誌	金性溵 (等篇)	4卷	2冊	木版本			純祖 21	1821	규장각	
24	古巖書院事實總錄	古巖書院	1卷	1冊	木活字本	慶南 陜川	古巖書院		1823	경상대학교	古巖書院三先生實錄
25	秀巖誌	李圭夏等編	2卷	1冊 84張	古活字本	康津	秀巖書院	刊年未詳	1831	국립중앙도서관 장서각	

순번	서명	편저자	卷	冊	형태	간행지역	간행장소	왕력	서기	소장처	비고
26	勝盤院誌	柳命基		62張	坊刻木活字	金堤	勝盤院		1836	국립중앙도서관	
27	東國闕里誌	孔明烈(篇)		1冊	木活字本	水原	闕面祠	憲宗 5	1839	국립중앙도서관 규장각 한국국학진흥원	
28	柄山祠誌	朴昌瑛 朴羲永	2卷	1冊	木活字				1849	국립중앙도서관	
29	至德誌	李克善	5卷	2冊	木板本	全南秋城	夢漢閣		1852	국립중앙도서관	至德祠
30	杜洞祠誌	金再奎	4卷	1冊	木活字本			哲宗 5	1854	대구가톨릭대학교	
31	社洞祠誌	金國落 金國洪	2卷	1冊	木活字本	山淸	忠壯祠	哲宗 5	1854	국립중앙도서관 단국대학교 숙명대학교	
32	廬江志	廬江書院 編	7卷	2冊	木版本			未刊年未詳	1857	국립중앙도서관 규장각, 장서각 성균관대학교 연세대학교	
33	魯城闕里誌	孔敏洙				魯城		哲宗 10	1859	국립중앙도서관 영남대학교 전남대학교 전주대학교 충남대학교	
34	華陽志	宋周相 (編)	6卷	2冊	木活字版			哲宗 12	1861	국립중앙도서관	增修本
35	崇烈書院誌	朴元植	2卷	2冊	木活字本			哲宗 13	1862	규장각	
36	忠賢書院誌	金泳根 等 (篇)	2卷	2冊	活字本			哲宗14年癸亥	1862	국립중앙도서관 간송박물관 장서각	
37	竹溪誌	周世鵬	3卷	1冊	木活字本			哲宗 14	1864	국립중앙도서관	
38	陽湖影堂志	李裕元, 金基纘		1冊 12張	金屬活字本(整理字)	鎭川	陽湖影堂	高宗 5	1868	국립중앙도서관 계명대학교 고려대학교	
39	楊根郡迷源書院事蹟成冊			8張	筆寫本				1868	국립중앙도서관	
40	全羅道順天府玉川書院事蹟錄			1張	筆寫本				1868	국립중앙도서관	
41	顯忠祠誌	白鳳爽(編)	2卷	4冊	木活字本			高宗 6	1869	규장각	
42	武城書院誌	崔成在(編)	2卷	2冊	木活字本		武城書院	高宗 21	1884	국립중앙도서관 계명대학교 장서각	
43	竹溪誌	周世鵬	3卷	1冊	木活字本			高宗 21	1884	국립중앙도서관	
44	淵谷書院事蹟錄	安仁煥		1冊	筆寫本	長興		高宗 25	1888	계명대학교	長興淵谷書院事蹟錄
45	長興淵谷書院事蹟錄	安仁煥						高宗25	1888	고려대학교	淵谷書院事蹟錄
46	雲谷書院誌			3冊				光武 1-3,	1897-1910		1-2책 光武 1~3/ 3책 1910
47	水落影堂誌	李必榮	2卷	1冊	木活字本			光武 4	1900	국립중앙도서관 전북대학교	
48	葦溪書院追享實記			1冊 35張					1900頃	성균관대학교	
49	竹溪志	周世鵬(編)	3卷	1冊	木活字版				1900年頃	장서각	

순번	서명	편저자	卷	冊	형태	간행지역	간행장소	왕력	서기	소장처	비고
50	華陽志	宋周相(篇)	6卷	2冊	寫本				1900年代	고려대학교 성균관대학교	
51	莘巷書院誌	朴性仲		1冊	石印本				1900이후	고려대학교	
52	濫溪書院尊衛錄	鄭淳永	3卷	1冊	木活字本			壬寅	1902	단국대학교	
53	淸溪誌	鄭象奎		63張	古活字本(坊刻木活字)	晋州	龍山齋	壬寅	1903	국립중앙도서관	
54	忠烈祠志	梁勳錫	11卷	4冊	筆寫本			光武 7	1903	국립중앙도서관	
55	棲山齋誌	吳敬煥	3編	1冊	木活字本		吳敬煥	光武 8	1904	국립중앙도서관	
56	武烈祠誌	陳善洙		1冊 44張	鉛活字本	高興郡	武烈祠		1905	국립중앙도서관	
57	永玉兩祠志		2卷	1冊	木活字本	玉果	扶義堂	光武 9	1905	전주대학교	
58	靜會堂誌	金志洙	2卷	1冊 42張	原本 木活字				1909	국립중앙도서관	遯巖書院
59	竹溪誌尊賢錄	朱世鵬(編)	5卷	1冊	木板				1909	국립중앙도서관 동국대학교	

2. 일제강점기 서원지: 61종

순번	서명	편저자	卷	冊	형태	간행지역	간행장소	왕력	서기	소장처	비고
1	南康院誌	朴桂華 (等篇)	6卷	3冊	木活字版				1912	국립중앙도서관 성균관대학교 연세대학교 장서각 전남대학교	
2	楓溪書院誌	李相儀		1冊	鉛印本			癸丑	1913	장서각	
3	江城院誌	李玟秀	4卷	1冊			江城書院	乙卯	1915	조선대학교 전남대학교	
4	靑溪精舍實記	金昊柱		1冊	木活字本	光州	東谷		1916	국립중앙도서관	
5	西岳書院志	鄭克後 (著)		1冊 79張	木版本	慶州	西岳書院		1916	국립중앙도서관 계명대학교 동국대학교 연세대학교 용인대학교	
6	誠久祠誌	卞應洙		1冊 60張	木活字本				1922	국립중앙도서관 계명대학교	
7	南關影堂誌	崔在奎		1冊 29張	木活字本	全州	全州鄕校		1924	국립중앙도서관	
8	道南誌	南敎喆	2卷	1冊	新鉛活字本	慶州	止淵精舍	大正 14	1925	국립중앙도서관	壇祠
9	集成閣誌	崔敬柱		59張	石版本				1925	국립중앙도서관	
10	西岳書院志	鄭克後 (著)		1冊	木版本	慶州	金山齋		1925	국립중앙도서관 계명대학교 전북대학교	
11	王山誌	金尙坤	5卷	2冊	木活字本	山淸	金尙根		1925	국립중앙도서관	
12	紫溪書院誌	金峻坤		1冊 60張					1926	국립중앙도서관 고려대학교 단국대학교 성균관대학교 규장각	
13	景老祠誌	全恒植	3卷	1冊	鉛活字本	北靑	景老祠		1927	국립중앙도서관	
14	遠慕齋誌	鄭載遇		104張	新鉛活字本	咸悅	永慕齋		1927	전남대학교	鄭需(高麗)墓山誌

순번	서명	편저자	卷	冊	형태	간행지역	간행장소	왕력	서기	소장처	비고
15	花巖祠誌	尹在玉		1冊	木活字本	京城	申鉉台	昭和 2	1927	국립중앙도서관 계명대학교 원광대학교	
16	華城闕里誌	權泰字		1冊	鉛活字本	京城	車奎範家		1928	국립중앙도서관	
17	長淵院誌	文炳九 等(編)	4卷	2冊	木活字本	全南 羅州			1928	국립중앙도서관	1928 1929 1938 동일본
18	長淵院誌	文秀士等編	4卷	1冊	古活字本	潭陽			1929	국립중앙도서관	
19	道巖書院事實			1冊 25張	筆寫本				1930頃	성균관대학교	
20	曲阜闕里院誌	鹿洞書院(篇)		1冊	新鉛活字本	始興	鹿洞書院		1931		미상
21	曲阜聖廟慰安事實記	鹿洞書院		1冊	鉛活字本	京城			1931	국립중앙도서관 고려대학교 국회도서관 단국대학교 성균관대학교 안동대학교	
22	武城書院院誌	金煥豊	3卷	3冊	石版本	井邑	武城書院		1931	국립중앙도서관 고려대학교 성균관대학교 연세대학교	
23	五峯書院古蹟	崔東吉		23張	石板本	江陵	三山事齊		1931	국립중앙도서관	
24	金谷誌	丁允杓	3卷	2冊	木活字本	金山	金谷祠		1932	국립중앙도서관	
25	務安鄕校誌	朴郁相	2卷	2冊	石版本	務安郡	務安郡鄕校		1932	국립중앙도서관	
26	魯城闕里誌	朴炳文(篇)	4卷	2冊	印書體木活字版	論山	闕里祠		1933	국립중앙도서관 성균관대학교 원광대학교 전남대학교 중앙대학교	
27	鹿門精舍勸牓帖	訥隱		5張	筆寫本				1933	국립중앙도서관	
28	長山誌	黃洙建	2卷	1冊	石版本	昌原	長山齋		1933	국립중앙도서관	
29	西岳書院誌	鄭克後(著)		1冊 81張	石印版	京城	金海金氏大同宗約所		1933	국립중앙도서관 성균관대학교	
30	梁山院誌	廉成鉉		1冊 70張	石板本		綾州鄕校	歲癸酉	1933	국립중앙도서관	
31	廉義院誌	高瑢鉉	2卷	1冊 140張		沃溝	廉義書院	癸酉	1933	국립중앙도서관 원광대학교	속수염의원지
32	靖北祠四賢實紀	安鳳郁	6卷	2冊	鉛活字本	鏡城	靖北院		1934	국립중앙도서관	정북원사현실기
33	武陽院誌	崔鍾涉	5卷	2冊	石版本	光州	武陽書院		1934	국립중앙도서관 계명대학교 연세대학교 전남대학교	
34	保寧院誌	金容玩(編)		1冊 46張	木活字版				1934	국립중앙도서관 계명대학교 단국대학교 성균관대학교	

순번	서명	편저자	卷	冊	형태	간행지역	간행장소	왕력	서기	소장처	비고
35	景賢祠誌	宋祖憲	6卷	4冊	木活字本				1935	계명대학교 단국대학교 성균관대학교 숙명대학교 전남대학교 전주대학교 영남대학교 한양대학교	
36	集成祠誌	柳春淵 安東燮(篇)	5卷	1冊	印書體木活字版	羅州	玉振堂		1935	국립중앙도서관 성균관대학교	
37	四忠書院誌	徐相春(篇)	4卷	2冊	石印本	京城	四忠書院誌發行所	昭和10 乙亥	1935	국립중앙도서관 간송미술관 계명대학교 고려대학교 성균관대학교 연세대학교 충남대학교 장서각 국회도서관	
38	咸鏡聖院誌	崔眞淳	2卷	2冊	鉛活字本	甲山	咸鏡聖院		1935	국립중앙도서관	
39	孝巖書院誌	安承圭		65張	石版本	論山	孝巖書院	昭和 10	1935	국립중앙도서관 계명대학교 성균관대학교 연세대학교	
40	孝巖書院誌	安承圭(編)		1冊	鉛印	京城	孝巖書院		1935	고려대학교	
41	景賢祠誌	宋祖憲	6卷	4冊	木活字本				1936	국립중앙도서관	
42	魯城闕里祠新安誌	朴在鳳		1冊 64張	石版本	扶餘		昭和 11	1936	국립중앙도서관	
43	新安誌	朱顯基 編; 朴炳文 校	2卷	1冊	石版本	扶餘			1936	국립중앙도서관	魯城闕里祠新安誌?
44	龍洲書院誌	白相鉉 (編)	2卷	2冊	石版本		龍洲書院		1936	국립중앙도서관 계명대학교 단국대학교 연세대학교 충남대학교 국회도서관	
45	敬慕齋誌	鄭관喜	3卷	1冊		公州	敬慕齋		1937	국립중앙도서관 국민대학교	書院誌叢書 5
46	敬慕齋誌	鄭泰鉉	4卷	1冊	石版本	公州	敬慕齋		1937	국회도서관	
47	慕聖誌	朴東翼		104張	鉛活字本				1937	국립중앙도서관	咸北茂山郡鄉校慕聖誌
48	德陽書院誌	申奭均		106張	新鉛活字本	谷城	德陽書院		1937	국립중앙도서관 장서각 전남대학교 전북대학교 조선대학교	
49	德陽院誌	申鉉濟		1冊	鉛印	谷城郡	德陽書院		1937	국립중앙도서관	德陽書院誌
50	杜門洞書院誌	孔聖學	3卷	1冊	新鉛活字本	開城	杜門洞書院事務所		1937	국립중앙도서관 간송미술관 계명대학교 고려대학교 성균관대학교	

순번	서명	편저자	卷	冊	형태	간행지역	간행장소	왕력	서기	소장처	비고
51	紹修書院謄錄	朝鮮史編修會 紹修書院(篇)		不分卷 1匣 1冊	影印本	京城	朝鮮總督府	昭和12 3月	1937	국립중앙도서관 간송미술관 계명대학교 단국대학교 성균관대학교 장서각 충남대학교	
52	楊江書院誌	楊江書院	2卷	1冊 40張	石版本			戊寅	1938	국립중앙도서관 고려대학교	
53	長淵院誌	文鶴錫	4卷	2冊	石版本	扶餘	泉谷		1938	국립중앙도서관	
54	鹿洞書院誌	安敎煥	4卷	2冊	石版本	始興	鹿洞書院		1939	국립중앙도서관 고려대학교 단국대학교 장서각	
55	江城院誌		4卷	1冊	石印本		江城書院		1939 序	충남대학교	
56	七賢祠誌	柳自永		103張	木板本	蔚山	楊亭		1939 識	국립중앙도서관 계명대학교	
57	知川書院誌	金商鶴等(編)	6卷	2冊	石版本	忠州			1939/ 1940	국립중앙도서관 단국대학교 장서각	
58	眉泉書院實記	權井奎 尹永夏	10卷	2冊	石版本	羅州	眉泉書院講堂	昭和 15	1940	국립중앙도서관 경상대학교 고려대학교 성균관대학교 성암고서박물관 연세대학교 원광대학교 전북대학교 전남대학교	
59	秉天祠誌	池應鉉 吳東洙	4卷	2冊	石版本	光州			1941	국립중앙도서관 계명대학교 경기대학교 용인대학교 장서각	
60	五峯祠誌	鄭友源	5卷	1冊	石版本				1943	경기대학교 고려대학교 전남대학교	
61	鰲山祠誌	鄭圭綜	2卷	2冊	筆寫本				1943	국립중앙도서관	

3. 해방이후 서원지: 190종

순번	서명	편저자	卷	冊	형태	간행지역	간행장소	왕력	서기	소장처	비고
1	玉堤祠誌	高光斗		63張	石印本	興德 高敞	玉堤祠		1946	국립중앙도서관	
2	榮江書院誌	李鍾奭	2卷	1冊				丁亥	1947	고려대학교 장서각	
3	華南祠誌	華南祠		1冊 52張	木活字本	淳昌	華南祠		1949	국립중앙도서관 단국대학교	
4	吉祥祠誌	吉祥祠誌刊行所		1冊 94張	石版本				1950	계명대학교 고려대학교	
5	泗山祠誌	孔學源	2卷	1冊		長城	書林精舍	辛卯	1951	전북대학교	
6	合湖書院誌	林憲斌(編)	2卷	1冊 63張	石印本				1954	국립중앙도서관 연세대학교	
7	大東祠院誌	鄭琮源	2卷	1冊	石版本			乙未	1955	국립중앙도서관 연세대학교 장서각	
8	松陽祠誌	鄭晙洙	2卷	1冊	石版本			乙未	1955	전주대학교	

순번	서명	편저자	卷	冊	형태	간행지역	간행장소	왕력	서기	소장처	비고
9	花潭祠誌	花潭祠誌刊所	4卷	1冊 87張	石板本				1955	국립중앙도서관 전주대학교	
10	白石院誌	金昌培 等(編)	3卷	1冊 102張	石印版	金堤	白石書院		1957	국립중앙도서관 계명대학교 성균관대학교 원광대학교 충남대학교	
11	靑溪書院誌	金容淳	2卷	1冊 59張					1957	국립중앙도서관 계명대학교 영남대학교 원광대학교 전주대학교	
12	遯巖書院誌			1冊 81張	石印本				1958	국립중앙도서관	
13	遯巖書院誌	金延洙(篇)	2卷	1冊	石印版				1958	성균관대학교 계명대학교 전북대학교 충남대학교	
14	武陽院誌	鄭準源 等(編)		1冊 (不分卷, 177張)	石印版				1958	성균관대학교 고려대학교	
15	報遺齋誌	李鐘雷		1冊 59張	石版本		慶州李氏霽亭先生墓舍營建會		1959	국립중앙도서관	
16	襃忠祠誌	柳思敬		1冊	鉛印本				1959	경기대학교 원광대학교 전남대학교 중앙대학교	
17	瑞山聖巖書院誌	尹復榮		1冊	石版本				1959	춘호재	
18	竹林書院誌	宋在晟	2卷	1冊	石板本				1959	전남대학교 충남대학교	
19	續修廉義院誌	廉義書院	1卷	1冊	石版本				1959 重刊序	국립중앙도서관 계명대학교 원광대학교 충남대학교	
20	盤溪祠誌	曹秉儀(篇)	3卷	1冊	石印版	光州			1960 跋	성균관대학교 계명대학교	
21	南康院誌	安斗煥(等編)	2卷	2冊	鉛活字本				1960	연세대학교	1960 重刊序
22	平山祠誌	平山祠		1冊	石版本		平山祠		1961	국립중앙도서관 계명대학교 고려대학교 전주대학교	
23	湖山齋誌	李鍾文	2卷	1冊	木板本				1961	경상대학교 영남대학교	
24	華山影堂誌	朴泳恩	3卷	1冊	石版本	公州	華山影堂		1961	전남대학교 경기대학교	
25	黃岡院誌	李學根(編)		48張	石印本影印	全州	正文社	檀紀 4294	1961	연세대학교	
26	石岡書院誌	蔣炳璣 等(編)		1冊 73張	石版本	淸道	石岡書院	辛丑	1961 跋	국립중앙도서관 계명대학교 연세대학교 용인대학교	
27	登臨祠誌	鄭琮源	2卷	1冊	石版本				1962 序	전남대학교	

순번	서명	편저자	卷	冊	형태	간행지역	간행장소	왕력	서기	소장처	비고
28	鳳山影堂誌	朴夏炯, 崔允煥		1冊	石版本				1962	국립중앙도서관 고려대학교 장서각	
29	龍江祠誌	廉琮洙		1冊	石印本			檀紀 4295	1962	성암고서박물관 용인대학교 조선대학교	
30	海望祠誌	海望祠	2卷	1冊 86張	石版本			檀紀 4295	1962	국립중앙도서관 계명대학교	
31	濫溪書院尊衛錄	濫溪書院		95張	鉛活字本				1962	국립중앙도서관	
32	西岳誌	鄭克後(篇)	1卷	1冊	新鉛活字版				1962	국립중앙도서관 단국대학교 성균관대학교 연세대학교 용인대학교	
33	竹林書院誌	李東淵 等(編)		1冊 89張	石版本				1962	국립중앙도서관 계명대학교 원광대학교	
34	咸陽濫溪書院尊衛錄	濫溪書院	3卷	1冊 95張	鉛活字本				1962	국립중앙도서관	
35	華山齋誌	鄭寅哲		61張	鉛活字本	釜山	華山齋		1963	국립중앙도서관	
36	龍津院誌	黃義東(編)		49張	石印本				1963 序	연세대학교	
37	玉坪祠誌	趙敏植	2卷	1冊	石版本				1964 跋	성균관대학교	
38	高敞院宇誌	高敞		42p		高敞			1964	국립중앙도서관	
39	南岳祠誌			1冊	石印本		南岳祠	甲辰	1964	영남대학교 용인대학교	
40	道統祠誌	安明植		1冊 71張	鉛活字本	晉州	一鵬精舍	檀紀 4297	1964	국립중앙도서관 계명대학교 성균관대학교 연세대학교	
41	密陽朴氏糾正公波鳳棲齋誌	鳳棲齋		1冊 79張	鉛活字本	全州	鳳棲齋		1964	국립중앙도서관	
42	道天書院誌	道天書院	2卷	1冊	石板本				1964	국립중앙도서관 단국대학교	
43	龍山書院誌	龍山書院	2卷	1冊	石版本				1964	국립중앙도서관	
44	社洞祠誌	金容根	2卷	1冊	石版本		社洞書院		1965	계명대학교	
45	道溪書院誌	道溪書院		1冊 68張	石版本	榮州	道溪書院		1965	국립중앙도서관	
46	龍章書院誌	李相儀 (編)		1冊	鉛活字本	全北 南原			1965	고려대학교 성균관대학교 연세대학교	
47	長山院誌	丁東秀(編)		54張	鉛活字本	光州	重川印刷社	檀紀 4298	1965	국립중앙도서관 연세대학교	
48	金谷祠誌	文玉鉉 安時魯	4卷	1冊	新式鉛活字本	光州			1966	단국대학교 전주대학교 안동대학교 영남대학교 원광대학교 전남대학교 전주대학교	
49	東津祠誌	趙敏植 等(編)	5卷	1冊	石版本	全南 谷城	東津祠	丙午	1966	국립중앙도서관 계명대학교 성균관대학교 전남대학교 전주대학교	

순번	서명	편저자	卷	冊	형태	간행지역	간행장소	왕력	서기	소장처	비고
50	萬谷祠誌	奉萬洪 奉正淳	2卷	1冊	新鉛活字本	長城	青友出版社	檀紀 4299	1966	고려대학교 연세대학교	
51	慕聖誌	盧甲泳	3卷	1冊 141張	石版本	谷城	谷城		1966	국립중앙도서관	
52	蓮城齋誌	姜大崑		1冊 76張	石板本		綾州鄉校		1966	국립중앙도서관	
53	玉山祠誌	金亨在, 金容寶	2卷	1冊	石板本				1966 跋	국립중앙도서관 경기대학교 전남대학교	
54	東魯祠誌	宋炳瓘	2卷	1冊	石印本			丁未	1967	충남대학교	
55	佳山書院誌	李永熙	3卷	1冊	石版本				1967	원광대학교	
56	龜淵祠誌	廉琮洙		1冊	石印本		永昭齋	檀紀 4301	1968	용인대학교 사우당종택	
57	佳山書院誌	李冕雨	3卷	1冊	石版本				1968	국립중앙도서관 국회도서관 규장각 단국대학교 성균관대학교 전남대학교 중앙대학교	
58	新安書院誌	韓重錫(等編)	3卷	1冊 130張	石印本				1968 跋	국립중앙도서관 계명대학교 전주대학교	
59	高山書院誌	高山書院		4卷	1冊				1968 跋	국립중앙도서관 경기대학교 고려대학교 전북대학교	
60	高山書院誌	高山書院		4卷	1冊				1968 跋	국회	
61	介川精舍誌	介川精舍	3卷	1冊 113張	石版本	長城	介川精舍誌編輯所		1969	국립중앙도서관	鄭運龍 書室
62	杜門洞書院誌	林河永 等	3卷	1冊	石版本	서울	杜門洞慕忠事業會		1969	국립중앙도서관	
63	畝長書院誌	李文彩	2卷	1冊	石板本				1969	국립중앙도서관 전남대학교 조선대학교	
64	秀巖院誌	李玟秀(編)	2卷	1冊	新活字本	康津	秀巖書院		1969	국립중앙도서관 국회도서관	
65	南原校誌	南原鄉校(編)	4卷	1冊	新鉛活字版	南原	南原鄉校		1970	국립중앙도서관 경기대학교 계명대학교 단국대학교 성균관대학교 전주대학교 장서각 용인대학교	
66	德溪祠誌	盧甲永 李一根		1冊 136張	石印版				1970	계명대학교 성균관대학교 연세대학교 전북대학교 전주대학교	
67	竹山祠誌	李玟秀	2卷	1冊	鉛活字本	全南和順	竹山講堂	檀紀 4303	1970	국립중앙도서관 전남대학교 충남대학교	
68	繼陽祠誌	金智煥		1冊	石版本	全羅北道	繼陽祠	辛亥	1971	경기대학교 전주대학교	

순번	서명	편저자	卷	冊	형태	간행지역	간행장소	왕력	서기	소장처	비고
69	南陽祠誌	洪淳民		149p		서울	南陽洪氏大宗中中央宗會		1971	국회도서관	
70	松陽祠誌	愼思範(篇)	2卷	1冊	新鉛活字版	靈巖	二友講堂		1971	국립중앙도서관 성균관대학교 원광대학교 전남대학교 조선대학교	
71	江城院誌	白亨模	4卷	1	石版本	長城	長城鄕校		1971	원광대학교	
72	龜山書院誌	宋升煥	2卷	1冊			龜山書院		1971	국립중앙도서관 전주대학교	
73	東山書院誌	黃祥奎(編)	5卷	1冊	新鉛活字版				1971	성균관대학교	
74	西齋實紀	宋文燮, 宋永燮		1冊 69張	新鉛活字本	高興	齋洞書院		1971	국립중앙도서관	
75	竹亭書院誌			1冊 37張	石印本				1971	단국대학교 율곡	
76	茅山祠誌	鄭泓采		1冊	石印版				1971 跋	충남대학교	
77	大巖精舍誌	全河泰	2卷	1冊 81張	石版本		全河泰		1972	국립중앙도서관	
78	南山書院誌	黃祥圭		1冊 127張	鉛活字本				1972	국립중앙도서관	
79	東山書院誌續編	金三斗		1冊 51張	鉛活字本				1972	국립중앙도서관	
80	華東書院誌	成夏潤(等編)	3卷	1冊	石印本		進修堂	壬子 仲春	1972	장서각 연세대학교	
81	萬賴祠誌	趙完相		1冊	石版本				1973	고려대학교	
82	萬壽祠誌	萬壽祠		150張		長興	萬壽祠		1973	계명대학교 전남대학교 충남대학교	
83	忠孝祠誌	崔允煥		1冊 114張	石板本			癸丑	1973	국립중앙도서관	
84	妥靈祠誌	河柱炯		1冊	新鉛活字本	南海	妥靈祠		1973	전북대학교	
85	玄洲祠誌	玄洲祠	2卷	1冊	石版本				1973	국립중앙도서관 전주대학교 충남대학교	
86	楓溪書院誌	黃鶴周 等(編)		1冊 137張	新鉛活字版				1973	국립중앙도서관 성균관대학교	
87	德山誌	李秉鶴 德山精舍	2卷	1冊	石印本		德山精舍		1973 跋	국립중앙도서관 단국대학교 연세대학교 장서각 충남대학교	
88	遠德祠誌	朴淵浩		1冊 38張	鉛活字本				1974	국립중앙도서관 단국대학교	
89	黃山祠誌		3卷	1冊	石版本		黃山祠儒會所		1974	고려대학교 전남대학교 전주대학교	
90	桂松書院誌	桂松書院	2卷	1冊	石版本			甲寅	1974	원광대학교 전북대학교 춘호재	
91	栢峴書院誌	具吉祖	5卷	1冊	石板本	完州郡	栢峴書院		1974	국립중앙도서관	
92	月巖書院誌	權純命(篇)	2卷	1冊	新鉛活字版	高敞	月巖書院		1974	국립중앙도서관 단국대학교	
93	武烈祠誌	진선수		1冊 44張		高興郡	武烈祠		1975	국립중앙도서관	1905년본?

순번	서명	편저자	卷	冊	형태	간행지역	간행장소	왕력	서기	소장처	비고
94	雲谷祠誌	雲谷祠	3卷	1冊 114張	鉛活字本	高興	雲谷祠		1975	국립중앙도서관	
95	雲湖祠誌	金鶴炫	2卷	1冊	石版本	全羅北道	雲湖祠		1975	전주대학교	
96	壯烈祠誌	壯烈祠		420p		光州	壯烈祠		1975	성균관대학교 원광대학교 전주대학교 조선대학교	
97	壯烈祠誌	金鎬永(篇)	3卷	1冊	石印版	光州	壯烈祠		1975	국립중앙도서관 성균관대학교 원광대학교 전주대학교	
98	鶴山祠誌	金鍾洙	4卷	1冊	石板本	光山	鶴山祠		1975	국립중앙도서관 성균관대학교	
99	道溪書院誌	金洛杓(編)	4卷	2冊	石版本	長城	編刊會		1975	국립중앙도서관 고려대학교	
100	雪齋書院誌	雪齋書院編纂委員會		1冊		全南	雪齋書院編纂委員會		1975	전남대학교 조선대학교	
101	筆巖書院誌	邊時淵(編)		3冊	石版本	長城	文苑編刊會		1975	국립중앙도서관 단국대학교 동국대학교 성균관대학교 충남대학교	
102	筆巖書院誌	邊時淵(編)	12卷	3冊	石印本	長城	文苑編刊會		1975	국회도서관	
103	靈巖鄉祠誌	魯炳燦		1冊 51張	新鉛活字本	靈巖	靈巖鄉祠會		1976	전남대학교	
104	虎溪祠誌	虎溪祠	2卷	1冊 78張	鉛活字本	淳昌	虎溪祠		1976	국립중앙도서관	
105	魯岡書院誌	金亨在(等編)	5卷	1冊	鉛活字本	論山	魯岡書院	光復後32年丙辰	1976	연세대학교	
106	五忠祠誌	丁相忠			新鉛活字本	麗水			1977	고려대학교	
107	南皐書院誌	金徵洛	4卷	2冊	石印本	井邑	南皐書院		1977	단국대학교 전북대학교 충남대학교	
108	魯岡書院誌	梁哲容(編)	5卷	1冊	新活字本	忠南	魯岡書院	光復後33	1977	국립중앙도서관 동국대학교 성균관대학교	
109	東竹書院誌	東竹書院編纂委員會	2卷	1冊 109張	石版本	井邑	東竹書院		1977	국립중앙도서관	
110	武靈書院誌			1冊		靈光			1977	조선대학교	莫城君 金審言
111	荷江書院誌	金鍾聲,金容駿,權寧珏(等編)	2卷	1冊	石印本	中原郡	荷江書院	檀紀4310	1977	계명대학교 성균관대학교 중앙대학교 충남대학교	
112	滄洲書院誌			2冊	筆寫本				1977	국립중앙도서관 전남대학교	
113	錦湖祠誌	羅杺均		1冊 103張	新鉛活字本	羅州			1978	국립중앙도서관 전남대학교	
114	遠慕齋重建誌	鄭喆煥	2卷	1冊	石版本	淸州	遠慕齋		1978	원광대학교	
115	道山書院誌	權正遠(著)	3卷	1冊	石印本				1978	안동대학교 충남대학교	

순번	서명	편저자	卷	冊	형태	간행지역	간행장소	왕력	서기	소장처	비고
116	武陽書院誌	進修契(編)	4卷	1冊 123張	石版本	淳昌	武陽書院		1978	국립중앙도서관 고려대학교 영남대학교 원광대학교	
117	鳳陽書院誌	卞秀弘 等(編)		1冊	石版本	淸道			1978	계명대학교 동국대학교 용인대학교	
118	龍巖書院誌	龍巖書院	2卷	1冊 107張	石版本	長水	龍巖書院	檀紀 4311	1978	국립중앙도서관	
119	月岡書院誌	月岡書院		1冊	鉛活字本				1978	국립중앙도서관 부산시립도서관	
120	芝陰書院誌	柳炳泰		1冊	石版本		芝陰書院誌刊行所		1978	고려대학교 원광대학교 전남대학교	
121	鳳山祠誌	鳳山祠誌任員會		1冊 96張	鉛活字本		鳳山祠誌儒會所		1979	국립중앙도서관 전남대학교 전주대학교	
122	東山書院誌	裵文準	3卷	1冊	石印版			檀紀 4312	1979	용인대학교	
123	詠歸書院誌	許基洪(編)	2卷	1冊	鉛印				1979	고려대학교 원광대학교 전남대학교 조선대학교	
124	寶城宣氏江陵五忠祠誌	閔南植		1冊	石印本				1980	경기대학교 용인대학교	
125	靈光院宇誌	靈光鄕校		1冊 119張			靈光鄕校		1980	국립중앙도서관 전남대학교 전북대학교 조선대학교	
126	文獻書院誌	李侊珪	2卷	1冊	石印本	舒川郡	文獻書院	檀紀 4313	1980	국립중앙도서관 장서각 충남대학교	
127	箕山壇祠誌	申明欽	2卷	1冊	新鉛活字本				1980 刊	성균관대학교 전주대학교	
128	忠愍祠志			1冊 96張	新鉛活字本	全南 寶城郡	麗水 忠愍祠	檀紀 4314	1981	부산대학교	
129	金谷書院誌	吳世春(編)		1冊 (零本)	石印本	論山郡	金谷書院		1981	국립중앙도서관	
130	靈溪書院誌	宋升煥(編)		1冊	石印				1981	국립중앙도서관 고려대학교 단국대학교	
131	枕泉齋誌	裵榮淳		1冊 80張	鉛活字本	大田	回想社		1982	국립중앙도서관	
132	葛川書院院誌	朴護秀	2卷	1冊	石版影印本			檀紀 4315	1982	부산대학교	
133	和陽祠誌	金源根			新鉛活字本	高敞	和陽祠		1982 刊	성균관대학교	
134	景賢書院誌	景賢書院誌會	3卷	1冊	新鉛活字本 / 石印版	全南 羅州		癸亥	1983	성균관대학교 용인대학교 전남대학교 전북대학교 조선대학교	
135	承芳書院誌	承芳書院	1卷	1冊	石版本	金堤	承芳書院		1983	원광대학교	
136	齋洞書院誌	齋洞書院		2冊		高興郡	齋洞書院		1983	단국대학교 경상대학교 조선대학교 충남대학교	

순번	서명	편저자	卷	冊	형태	간행지역	간행장소	왕력	서기	소장처	비고
137	車山書院誌	朴載訓		1冊 54張	石版本	清道	車山書院誌		1983	국립중앙도서관	
138	竹川祠誌	魏啓虎		114張	新鉛活字本	長興	竹川祠		1984	전남대학교 전북대학교 조선대학교	
139	冠峰祠誌	魯炳粲		1冊	新鉛活字本		祠誌編輯委員會		1985	경기대학교	
140	大老祠誌	大老祠儒會		137張		驪州郡	大老祠儒會		1985	국립중앙도서관	
141	德林祠誌	柳漢相		1冊 97張	鉛活字本	光山郡	德林祠		1985	국립중앙도서관 영남대학교 원광대학교 전남대학교	
142	文簡祠誌	韓瑞愚				東海市			1985	조선대학교	
143	世德祠誌	朴昌鉉		1冊 34張	鉛活字本	永同郡	密陽朴氏僕射公派宗約所		1985	국립중앙도서관	
144	忠節祠誌	忠節祠講堂		1冊 66張	石板本				1985	국립중앙도서관 단국대학교	
145	花巖祠誌	金錫民		1冊 141張	石板本	光山郡	花巖祠崇節堂	檀紀 4218	1985	국립중앙도서관	
146	丹邱院誌	李源轍(編)		1冊	新鉛活字版				1985	국립중앙도서관 성균관대학교 연세대학교	
147	丹邱院誌	李源轍(編)	1卷	1冊	鉛印本	月城	丹邱書院		1985	국회도서관	
148	西峴祠誌	高光準		82張	石板本	井邑		丙寅	1986	전남대학교 조선대학교	
149	五賢祠誌	河千秀 等(編)		1冊 (不分卷)	新鉛活字版				1986	성균관대학교 원광대학교 전남대학교 전북대학교 충남대학교	
150	玉南祠誌	羅相珍		1冊	鉛活字本		玉南祠		1986	국립중앙도서관 전남대학교	
151	德峰書院誌	李殷弼		1冊 55張			德峰書院		1986	국립중앙도서관 고려대학교 단국대학교	
152	德峰書院誌	編著者未詳		1冊	鉛印本	安城	德峰書院		1986	국회도서관	
153	龍湖書院誌	龍湖書院(編)		1冊 (不分卷)	新鉛活字版	南原	龍湖書院		1986	성균관대학교 고려대학교 충남대학교	
154	中洞書院誌	李相學 編輯 ;李煥浩 校正		244張	石印本				1986	국립중앙도서관 단국대학교 경상대학교 영남대학교 용인대학교 전북대학교	
155	榮江祠誌	榮江祠			鉛印本	大田	譜典出板社	丙寅	1986 跋	충남대학교	
156	靈山祠誌	宋升煥	1卷	1冊	新活字本	大田	譜典出板社		1987	원광대학교 전남대학교 충남대학교	
157	牛山祠誌	金大鉉 等(編)	4卷	1冊 150張	石印版				1987	국립중앙도서관 국민대학교 성균관대학교 경희대학교 고려대학교	

순번	서명	편저자	卷	冊	형태	간행지역	간행장소	왕력	서기	소장처	비고
158	沖谷書院誌	沈宜元	4卷	1冊 186張	寫眞版本	全州	三省印刷社	檀紀 4320	1987	국립중앙도서관 원광대학교 전북대학교	
159	鳳谷書院誌	同編纂會		1冊	新鉛活字本	論山郡	同編纂委員會	檀紀 4320	1987	국립중앙도서관 충남대학교	
160	梅洞祠誌	梅洞祠		60張		光州	梅洞祠	檀紀 4321	1988	조선대학교 충남대학교	
161	三默齋誌	金世煥		1	新鉛活字本	山淸	三默齋		1988	성균관대학교	
162	鼎山祠誌	曺秉㪷		395p	影印本	전주	鼎山祠		1988	국립중앙도서관 단국대학교	
163	溪山書院誌	金在天		1冊 124張	新鉛活字本	茂長/高敞	溪山書院		1988	국립중앙도서관 영남대학교 원광대학교 장서각 조선대학교 충남대학교	
164	龍溪書院誌	宋升煥		1冊 52張	新鉛活字版				1988	국립중앙도서관 단국대학교 성균관대학교 전북대학교 충남대학교	
165	劍山祠誌幷繇訣文	具滋凡		1冊 91張	鉛活字本	舒川	具滋凡		1989	국립중앙도서관	
166	淵谷書院誌	金太璟		1冊	鉛印本	全南	淵谷書院	檀紀 4323	1990	원광대학교 전남대학교 충남대학교	
167	崇德祠誌	德星書院		1冊	石印本	燕岐	德星書院	檀紀 4324	1991	경상대학교 단국대학교 충남대학교	
168	龍岡祠誌			1冊	鉛印本	高敞	龍岡祠		1992	국회도서관	
169	遠慕齋重建誌	鄭憲國		2冊	鉛活字本		鄭卓淵		1992	국립중앙도서관	
170	廉義院誌	杜成宅		598p		沃溝郡			1992	국립중앙도서관	
171	淸河書院誌	李明坤		1冊	石版本	全羅北道	淸河書院		1992	전주대학교	
172	柳川祠誌	柳川祠誌編纂委員會		1冊		和順	柳川祠儒會所		1993	조선대학교	
173	聖巖書院誌	鄭斗永 編; 李鍾醇 譯		456p			瑞山文化院		1996	국립중앙도서관 단국대학교	
174	筆巖書院藏書	河西記念會		68張					1997	국립중앙도서관	
175	休亭書院誌	金珠鉉		230張	筆寫影印本	大田	回想社		1997	국립중앙도서관	
176	玉山祠誌	李建燮		276p		서울	全州李氏德陽君派蓬山君宗中		1999	국립중앙도서관	
177	竹樹書院誌	변시연				大田	學民文化社		2001	국립중앙도서관 전남대학교 전북대학교 충남대학교	
178	大勝書院誌	洪斗炫		1冊	寫眞板本	全州	三省印刷社		2003	전주대학교	
179	盤龜書院誌	盤龜書院		390p		서울	반구서원		2003	단국대학교	鄭夢周, 李彦迪, 鄭逑
180	莘巷書院誌	宋基永		418p		淸州	莘巷書院		2003	국립중앙도서관	
181	雲谷書院誌	忠北 鄕土文化硏究所							2003	단국대학교	

순번	서명	편저자	卷	冊	형태	간행지역	간행장소	왕력	서기	소장처	비고
182	(國譯)知川書院誌	慶州金氏桑村公派宗會		1120p					2006	단국대학교	
183	華陽誌			330p			한솔		2007	단국대학교	
184	紹修書院誌	安柾 영남문헌연구소		1182p					2008		
185	玉川書院誌	권준표		557p		순천	순천예술문화재단		2008	광주광역시립 무등도서관	
186	月巖書院誌	月巖書院復元推進委員會 編							2011	단국대학교	
187	陶溪精舍事蹟			203p		盈德郡	陶溪精舍事蹟國譯刊行委員會		2013		
188	壯烈祠誌	장열사 보존회		420p					2015	국립중앙도서관	
189	德川書院誌	德川書院(篇) /김경수		1冊					2017	경상대학교	
190	新山書院誌	김경수							2017		

4. 시기 미상 서원지: 54종

순번	서명	편저자	卷	冊	형태	간행지역	간행장소	왕력	서기	소장처	비고
1	藎溪書院誌	編著者未詳	2卷	1冊 44張	木活字本			소화10	刊年未詳	국립중앙도서관 단국대학교 연세대학교 용인대학교 장서각	
2	[花巖]書院追配事實			1冊 13張	筆寫本	槐山			미상	국립중앙도서관	
3	道正書院事實			1冊	筆寫本				미상	고려대학교	
4	玉洞書院事實			26張	筆寫本				미상	국립중앙도서관	1681년 이후
5	興巖書院事實錄			29張	筆寫本				미상	국립중앙도서관	
6	臨川誌			41張	轉寫本				朝鮮後紀	국립중앙도서관	
7	竹溪書院誌	竹溪書院誌編集委員會		164張	寫眞版本	大田	回想社		回想社	국립중앙도서관	
8	景老祠誌									『書院誌叢書』 2	
9	慕賢祠誌			1冊	影印本					국회	附: 沂川書院誌
10	武烈祠事實			1冊 17張	筆寫本					규장각	
11	務安鄉校誌									『書院誌叢書』 5	
12	盤溪祠誌	丁泰重	3卷	1冊	石版本			庚子		국립중앙도서관	
13	栗里祠誌	申錫九(編)		1冊	寫本			朝鮮朝末期		성균관대학교	
14	日新齋誌										月峯 方夏洙
15	靖北院四賢實記									『書院誌叢書』 3	
16	集成閣誌									『書院誌叢書』 9	
17	咸北茂山郡鄉校慕聖誌									『書院誌叢書』 8	慕聖誌
18	洛峯書院事蹟	編著未詳		5張	寫本			刊年未詳		국립중앙도서관	

순번	서명	편저자	卷	冊	형태	간행지역	간행장소	왕력	서기	소장처	비고
19	南山書院誌	尹滋千	1卷	1冊 56張	石印本					단국대학교	
20	鹿洞書院院誌									『書院誌叢書』 4	
21	大溪書院事蹟			1冊	筆寫本					계명대학교	
22	陶山書院道會實記	李艮齋	2卷	1冊	筆寫本					단국대학교	
23	東溪書院實紀			1冊	筆寫本					한국국학진흥원	
24	東谷書院誌	東谷書院		87張	石版本	扶餘	東谷書院			국립중앙도서관	
25	東儒書院叢錄		2卷	2冊	筆寫本					국립중앙도서관	
26	東儒書院叢錄乾坤									『書院誌叢書』 1	
27	遯巖書院誌			1冊 100張	木板本					국립중앙도서관	
28	廬江志		7卷	2冊	木版		虎溪書院			단국대학교	
29	廬江志(及)續		7卷	2冊	木版本		廬江書院	刊年未詳		국회도서관	
30	臨皐書院誌	編者未詳		1冊 98張	石印版					단국대학교	
31	萬東廟事實	未詳		1冊 (不分卷)	寫本			丙寅(?)		성균관대학교	
32	溟川書院事蹟			14張	筆寫本					국립중앙도서관	
33	武城書院院誌									『書院誌叢書』 9	
34	社門洞書院誌									『書院誌叢書』 7	
35	尙州西山書院事實	編者未詳		6張	寫本			年紀未詳		국립중앙도서관	36의 이본
36	西山書院事實			6張	筆寫本					국립중앙도서관	35의 이본
37	紹修書院立議			1冊 7長	原本	順興	紹修書院	甲申(?)			
38	松亭書院事蹟			1冊 15張	筆寫本					부산대학교	
39	秀巖誌									『書院誌叢書』 7	
40	新浦書院事蹟			1冊 36張	筆寫本					단국대학교	
41	龍巖書院誌	김경수				김해					
42	雲谷書院日記			1冊	精寫本			丙戌(?)			
43	月峰書院文獻錄	李碩弼		1冊 73張	筆寫本					전남대학교	
44	臨川書院遺錄			1冊	電子復寫本					경상대학교 『慶尙右道地域古文獻叢書』	45와동일
45	臨川書院節目		1卷	1冊	電子復寫本					경상대학교 『慶尙右道地域古文獻叢書』	44와 동일
46	紫溪誌									『書院誌叢書』 4	자계서원지?
47	長山院誌									『書院誌叢書』 2	
48	長淵院誌									『書院誌叢書』 3	
49	竹溪志	周世鵬		448p						단국대학교	
50	竹溪志	周世鵬		2冊 零本	木板本					규장각	
51	竹溪志	周世鵬	3卷	1冊	木活字本					국회도서관	
52	忠賢書院誌									『書院誌叢書』 9	
53	咸鏡聖院誌									『書院誌叢書』 6	
54	孝巖書院誌									『書院誌叢書』 4	

임근실

단국대학교 사학과를 졸업하고, 동 대학원에서 문학박사 학위를 받았다. 한국국학진흥원 전임연구원을 거쳐 현재 단국대학교 자유교양대학 강의전담조교수로 재직하고 있다. 조선의 서원과 서원지書院志에 관한 논문을 발표하였으며, 동아시아 지식 기관에 관하여 관심을 가지고 연구를 진행하고 있다.

『동아시아 서원 아카이브와 지식 네트워크』(공저, 영남대학교 민족문화연구소, 2022)
『동아시아 서원의 기원과 제의례의 완성』(공저, 영남대학교 민족문화연구소, 2021)
「조선시대 길재 제향 서원의 건립 추이와 성격」(『한국서원학보』 15, 2022)
「16세기 한중 서원지의 지식사적 의미」(『민족문화논총』 79, 2021)
「16세기 명明 백록동서원白鹿洞書院 장서藏書의 특징과 의미」(『서강인문논총』 58, 2020)

16세기 영남지역 서원의 운영

2024년 2월 20일 초판 인쇄
2024년 2월 25일 초판 발행

지은이 _ 임근실
엮은곳 _ 단국대학교동양학연구원
펴낸이 _ 안순철
기　획 _ 남재걸
제　작 _ 성두현
마케팅 _ 이어진
펴낸곳 _ 단국대학교출판부
등　록 _ 1968.2.27 : No. 제03-00095호
주　소 _ 경기도 용인시 수지구 죽전로 152
전　화 _ 031-8005-2402
팩　스 _ 031-8021-7154

값 25,000원

ISBN 978-89-7092-835-7 93900